KB047031

1871년
경상도 영해
동학혁명

동학총서 001

1871년
경상도 영해 동학혁명

이이화 김기현 성주현 임형진 신영우 임상욱 김영철 조극훈

도서출판 모시는사람들

* 이 책은 2014년도 영덕군의 지원으로 출판되었음.

머리말

　1998년 창립 이래 동학학회는 동학에 대한 학제적 연구를 통하여 한국사상의 정체성을 확립하는 데 기여해 왔습니다. 동학 연구의 범위도 협의의 동학에만 국한시키지 않고, 근대사와 근대사상을 포괄하는 것은 물론 동서고금의 사상 및 현대 과학의 사상과도 비교하는 광의의 동학으로 그 외연을 확대하였습니다. 그동안 동학학회는 서울과 지역을 순회하며 34차에 걸친 학술회의를 개최함으로써 동학의 글로컬리제이션(glocalization)에 총력을 기울여 왔습니다. 지역 순회 학술대회는 2011년 경주 추계학술대회를 시작으로 2012년 정읍 춘계학술대회와 고창 추계학술대회, 2013년 보은 춘계학술대회와 예산 추계학술대회, 그리고 2014년 영해 춘계학술대회를 개최하였습니다. 또한 2010년도에 『동학학보』가 한국연구재단 등재학술지로 선정된 데 이어, 2013년도에 '계속 유지' 평가를 받음으로써 학회지의 질 제고와 양적 성장의 기틀을 마련하였으며, 2014년도부터는 『동학학보』를 연 4회 발간함에 따라 동학학보가 명실공히 권위 있는 학술지로 발돋움하게 되었습니다.

　2014년 3월 27일 동학농민혁명 제120주년을 맞이하여 '영해동학혁명'의 현장인 영덕에서 "동학혁명의 시발점, 1871년 3월 '영해동학혁명'"을 대주제로 개최한 춘계학술대회에서 발표한 7편의 논문과 기조강연, 그리고 관련

자료들을 정리하여 단행본으로 발간하게 된 것을 매우 뜻 깊고 또한 기쁘게 생각합니다. 영덕군 주최, 동학학회 주관, 문화체육관광부·경상북도·한국지역진흥재단·동학학회후원회가 후원한 영덕 춘계학술대회는 영해의 동학과 1871년 봉기의 성격과 전개과정 및 역사적 의미 그리고 1894년 전국 봉기에 이르기까지 민권과 국권을 지키기 위해 분투 노력한 해월의 활동을 글로컬리제이션의 관점에서 재조명함으로써, 영해동학의 세계화·지역화를 심화시키는 동시에 영해가 한국근대사의 발전 과정에서 차지하는 역사적 위상을 재정립하는 뜻 깊은 학술대회였습니다.

역사학, 정치학, 철학, 종교학, 국문학 등 다양한 분야의 동학 전문가들이 모여 개최한 영덕 춘계학술대회는 영해 동학혁명의 성격을 규명해 온 지금까지의 연구를 재검토하고 관련 사료를 확인하는 동시에 향후 과제와 전망에 대한 심도 있는 고찰을 통해 역사적 사실과 미래적 가치에 대한 인식을 고취시킴으로써 영해의 위상을 재정립하는 계기가 되었습니다. 또한 조선후기의 사회구조적 변동 속에서 동학이 창도되어 1894년의 대규모 혁명에 이르기까지의 과정적 관점에서 영해 동학의 위상을 재조명함으로써 동학의 정체성과 의의를 밝히고 역사성을 제고하여 동학 발전의 새로운 전기를 마련하였습니다. 특히 영덕 춘계학술대회는 1871년 봉기의 현장인 영덕에서 지역민들과 전문 연구자 및 대학생들의 참여를 통해 학문적 교류와 소통의 장을 마련하고, 지역적 정체성과 애향심을 고취시켜 애국·애족·애민의 정신을 함양하고, 동학 정신과 동학혁명의 가치를 후속 세대에 전승하며, 아울러 국내외 전문가를 포함한 인적 인프라 구축을 통해 동학의 글로컬리제이션에 기여할 수 있었다는 점에서 그 의의가 실로 크다 하겠습니다.

동학은 진정한 의미에서의 인간학이고, 동학학회는 이러한 진정한 인간학을 연구하고 그것을 삶 속에 투영시키는 학회입니다. 동학은 상고시대 이래 면면히 이어져 온 민족정신의 맥을 살려 주체적으로 개조·통합·완성하여 토착화시킨 것으로, 전통과 근대 그리고 탈근대를 관통하는 '아주 오래된 새것'입니다. 동학의 즉자대자적(卽自對自的) 사유체계는 홍익인간·광명이세의 이념을 현대적으로 구현하는 원리를 제공하고 나아가 평등하고 평화로운 세계를 창조하는 토대가 될 수 있게 한다는 점에서, 백가쟁명의 사상적 혼란을 겪고 있는 오늘의 우리에게 그 시사하는 바가 실로 크다 하겠습니다. 문명의 대전환이라는 맥락에서 볼 때 동학은 새로운 문명의 패러다임, 즉 전일적인 새로운 실재관을 제시함으로써 데카르트–뉴턴의 기계론적 세계관의 근저에 있는 가치체계의 한계성을 극복할 수 있게 한다는 점에서 서구적 근대를 초극하는 의미가 있다 하겠습니다. 특수성과 보편성, 지역화와 세계화, 국민국가와 세계시민사회의 유기적 통일성을 핵심 과제로 안고 있는 오늘의 우리에게 이번에 발간하는 단행본이 해결의 단서를 제공해 주기를 기대해 봅니다.

　끝으로, 영해 춘계학술대회 개최와 이번 단행본 발간을 위해 지원과 배려를 아끼지 않으신 영덕군 김병목 군수님과 영덕군의회 의장님을 비롯한 관계자 여러분께 충심으로 감사드립니다. 그리고 이 책을 발간해 주신 '도서출판 모시는사람들'에도 감사의 마음을 전합니다.

2014년 6월

동학학회 회장 최민자

차례

1871년
경상도 영해 동학혁명

머리말 —— 5

조선후기 향촌사회 지배구조와
영해지방의 동학 변혁운동 | 이이화 ——————————— 13

1. 조선후기 향촌사회 지배구조 ——————— 13
2. 동학의 영해지방 변혁운동 ——————— 22
3. 마무리 말–동학의 교난과 이필제 재평가 ——— 29

1871년 영해 동학혁명의 사료와 자취 | 김기현 ————— 31

1. 서론 ———————————————— 31
2. 영해 동학혁명의 발생 배경 및 원인 ————— 33
3. 영해 동학혁명의 전개 과정 ——————— 43
4. 영해 동학혁명의 현장과 인식 제고 ————— 88
5. 결론 ———————————————— 93

초기 동학 교단과 영해지역의 동학 | 성주현 ————— 95

1. 머리말 ——————————————— 95
2. 영해지역 동학과 박하선 ———————— 96
3. 영해지역 향촌 세력의 갈등과 동학 ————— 105
4. 영해지역 동학 조직과 신원운동 ————— 109
5. 맺음말 ——————————————— 116

혁명가 이필제의 생애와 영해 | 임형진 ——————— 119

1. 이필제와 영해동학농민의 난 ——————— 119
2. 이필제의 출생과 신분 ——————— 121
3. 이필제와 허선의 만남 ——————— 124
4. 진천작변과 진주작변을 주도 ——————— 128
5. 영해동학농민의 난 ——————— 133
6. 이필제의 최후 ——————— 141
7. 이필제와 영덕 ——————— 144

1894년 영남의 동학농민군과 동남부 일대의 상황 | 신영우 ——— 149

1. 머리말 ——————— 149
2. 1894년 봄 경상도의 동학 조직과 세력 확대 ——————— 151
3. 일본군 5사단 경상도 지역 군용전신·병참망 설치 — 159
4. 1894년 여름 이후 경상도의 동학농민군과 봉기상황— 172
5. 1894년 경상도 동남부 일대의 농민항쟁과 수습책 —— 185
6. 맺는 말 ——————— 196

이필제와 최시형 | 임상욱 ——————— 201

1. 들어가는 말 ——————— 201
2. 이필제의 동학 관련 정체성 ——————— 202
3. 영해의 민중 봉기는 동학혁명인가? ——————— 218
4. 나가는 말 ——————— 224

영해 동학혁명과 해월의 삶에 나타난 사인여천 사상 | 김영철 ── 227

1. 들어가는 말 ──────────── 227
2. 해월의 사인여천의 삶 ──────────── 232
3. 사인여천 사상의 성립 ──────────── 237
4. 사인여천 사상의 실천으로서의 해월 사상 ──── 241
5. 나가는 말 ──────────── 252

동학 문화콘텐츠 개발을 위한 인문학적 기반 연구 | 조극훈 ── 255

1. 서론 ──────────── 255
2. 해월 최시형과 동학의 정신 ──────────── 257
3. 영해 동학혁명의 문화적 의미 ──────────── 267
4. 동학 문화콘텐츠와 인문학 ──────────── 272
5. 동학 문화콘텐츠의 개발 방향 ──────────── 284
6. 결론 ──────────── 291

부록 ────── 293
주석 ────── 313
참고문헌 ────── 337
찾아보기 ────── 345

조선후기 향촌사회 지배구조와 영해지방의 동학 변혁운동

이이화_전 동학농민혁명기념재단 이사장

조선후기는 역동적인 사회였다. 여러 분야에서 새로운 세력이 등장해 향촌 질서를 개편하였다. 여기에 주목되는 세력이 신향(新鄕)이었다. 신향은 기존의 향촌 지배에 맞서 새로운 향촌 질서를 추구했다. 이향이라 불리는 신향은 수령과 결탁해 향촌 질서를 새롭게 개편했다. 동학이 일어나 지하 활동을 벌이면서 19세기 후반기에 처음에는 경상도와 강원도 중심으로 전파되었다. 여기에 몰락 양반 등 신진 지식인 그룹이 합류했다. 1871년에 전개된 영해봉기는 바로 변혁을 지향한 신진 지식인 그룹이 가담한 동학 세력이 주도했다. 이는 최시형을 중심으로 한 순수한 동학교단 세력과 동학 세력과 연합해 봉기를 이끈 이필제 중심의 변혁 세력이 결합한 형태로 나타났다. 따라서 이 논고에서는 신향의 등장으로 향촌 질서가 개편되는 과정, 종래 관변에서는 영해민란, 동학교단에서는 신해사변이라 부른 영해부 점거 사건을 영해지방 동학의 변혁운동으로 설정하고 풀어 보려 한다.

1. 조선후기 향촌사회 지배구조

조선후기는 임진왜란과 병자호란이 끝난 뒤인 17세기 이후의 시기를 말한다. 대체로 개항 이전 전근대 시기에 해당할 것이다. 이 시기에 향촌의 지배구조는 많은 변화를 보여 중세 봉건 질서의 붕괴기로 이해한다.

1) 향약 동계를 통한 공동체

유교에서 중시하는 선비의 의식으로 향사례(鄕射禮)와 향음주례(鄕飮酒禮)가 있다. 곧 활쏘기를 정확하게 하듯 "뜻을 바르게 갖는다"는 것을 표방하고 어른을 모시고 술 마시는 예법을 익히는 것이다. 고려시대에는 불교 의식과 함께 거행되었으나 조선시대에 향사례는 효제충신(孝悌忠信)하고 예법을 잘 지켜 어른을 모시는 자리로, 향음주례는 나이가 많고 덕과 재주가 있는 어른을 주인으로 받드는 자리로 매김해서 본받으려 했다.

향사례는 수령이 주인이 되고 사족 중심의 유향소(留鄕所)에서 실무를 맡았고 덕망 있는 어른을 주빈으로 모셨다. 그 지방의 벼슬아치와 사족들이 손님이 되었다. 장소는 사대(射臺)와 사정(射亭)이 있는 곳에 단을 설치한다. 단 위에서 주인과 주빈이 술잔을 주고받는다. 술을 세 순배 돌린 뒤 주빈이 단 아래로 내려와 세 번 활을 쏘고 난 뒤 다른 사람들도 차례로 세 번 활을 쏜다. 과녁을 맞힌 사람은 술을 먼저 마시고 술을 마신 뒤 술잔을 씻어 돌린다. 이렇게 의식이 끝난 뒤 서로 전별의 인사를 한다.

향음주례에도 나이 많고 덕망이 있는 사람을 주빈으로 모시고, 의식은 향사례와 비슷하지만 참여하는 사람은 서원 향교의 학생과 서민 등 다양한 사람들이었고, 의식 장소는 서원이나 향교였다. 주인과 주빈이 술잔을 다섯 번 돌리는데 이를 통해 술 따르는 법, 술잔 드리는 법, 술 마시는 법 등 음주 예절을 익힌다. 마지막 사정(司正)이 나와 맹세의 글을 읽는다.

국가에서 옛 법도에 따라 예교를 숭상해 지금 향음주례를 거행하노니 마시고 먹는 자리로만 베푼 것이 아니라 무릇 우리 어른과 젊은이들은 각기 나라에 충성하고 어버이에게 효도할 것이며 안으로는 가정을 화목하게 할 것이며 밖으로는 마을사람들과 잘 어울려 서로 가르치고 깨우칠 것이요 조금이라도 허물을 짓거나 게을러서 삶을 욕되게 하지 않을 것이다.(국조오례의 가례)

이 두 가지 행사를 통해 어른과 젊은이 사이에 지켜야 할 질서와 예절을 강조하면서 서로 소통하는 것이다. 날을 정해 놓고 규칙에 따라 행사를 치렀으나 벼슬아치와 선비들이 중심을 이루었다. 향약은 이와 달랐다. 향촌에서 누구나 지켜야 조목을 제시하고 이를 실천하도록 권장했다.

향약의 원조라 할 여씨향약의 네 가지 조항은 이러하다. 덕업상권(德業相勸; 덕스런 일을 서로 권장할 것) 과실상규(過失相規; 잘못을 서로 규찰할 것) 예속상교(禮俗相交; 예절과 풍속을 서로 사귈 것) 환난상휼(患難相恤; 환난을 서로 구제할 것).

우리나라에서 향약을 열심히 실시한 이황과 이이는 지방관으로 재직하면서 위 네 가지 조항을 현실에 맞게 변형시켜 실시케 했다. 그 보기를 들면 과실상규의 경우, 술을 먹고 고래고래 소리를 치며 분탕을 놓거나, 돈을 걸고 도박을 일삼거나, 말을 함부로 하며 싸우거나 남을 무고해 송사를 벌이는 따위, 또 나쁜 사람을 벗 삼거나 유희에 깊이 빠지거나 의관을 쓰지 않고 거리를 다니거나 쓰더라도 바르지 못한 짓 따위의 행동을 두고, 한 번은 남몰래 타이르고, 그래도 듣지 않으면 여럿이 모여 훈계하고, 그래도 듣지 않으면 향약 조직에서 내쫓는다는 규약을 두었다.

향약은 지방장관의 의지로 추진되었는데 지방의 품관과 사족이 운동의 중심이 되었다. 그 영향을 받아 고을마다 약정(約正) 등의 직함을 두고 지속적으로 실시케 했다. 그 조선 중후기에는 전국에 걸쳐 퍼졌다. 이를 주관하는 자들인 양반 사족들은 상민에게 횡포를 일삼기도 했다.

2) 신향의 등장과 수탈체제의 강화

임진왜란과 병자호란을 거친 뒤 위와 같은 사족 중심의 향촌 지배구조는 변화를 보이며 위기에 부딪쳤다. 첫째, 양란으로 인한 사회경제적 기반의 동요, 둘째, 중앙집권층의 벌열화와 지배층의 분열, 셋째, 농업 생산력의 증대와 이에 따른 화폐경제의 발달에 따른 것이었다.(이해준,「조선후기 향촌사회지배구조의 변화」,『한국사 9–중세사회의 해체』)

이를 부연해 설명하면 재지 사족들이 문중의 힘과 향약을 이용해 향권을 장악해 평민과 천민을 압제했고, 중앙 권력을 척족세력이 쥐고 일부 벌열가(閥閱家)들이 권력을 독점하는 현상이 일어나면서 당쟁이 격화되었고, 이앙법(移秧法)의 보급으로 잉여농업생산력이 높아졌고, 화폐경제의 발달에 힘입어 잉여 생산물을 팔아 자본을 축적한 요호부농층이 등장해서 향촌 지배구조의 변화를 보인 것이다. 그 결과 조선후기에는 향권을 두고 사족끼리 쟁투를 벌이면서 향약은 상민·천민을 압제하는 도구로 전락했는데 정약용은 "향약은 도둑보다 더 폐단이 많다."고 지적할 지경이었다.

또 재지 사족들은 면천(免賤)에 따른 양반층의 증가와 노비 도망 등으로 몰락을 거듭했다. 재지 사족에 맞서 지방 권력에 도전한 세력은 이향(吏鄕)이었다. 이들은 향권을 두고 수령과 결탁해서 사족의 지배질서를 무너뜨렸다. 재지 사족 출신의 좌수 별감은 단순한 자문이나 하는 수준으로 밀려나고 수령권이 강화되고 아전이라 불리는 이향이 삼정의 수취 등 권한을 틀어쥐었다. 아전들은 지방 실정에 어두운 수령을 등에 업고 지방 권력을 장악했던 것이다. 이들은 아전을 중심으로 요호부민(饒戶富民) 그리고 중인으로 짜여져 향권을 장악하고서 기층민중인 평민 천민을 대상으로 수탈 구조를 만들어내고 작폐를 일삼았다.

또 요호부민들은 수령 아전과 결탁해 전호(佃戶)에게서 도조를 과도하게 받아 내는 횡포를 부렸다. 재지 사족들은 향권에서 밀려나 서원 중심으로 결속했다. 지방장관인 수령은 정해진 임기를 채우지 못하고 자주 갈려 지방 실정에 어두워서 아전에 기대서 지방행정을 펼쳤고 이에 따라 수탈 체제도 가중되었다.

한편 조선후기에 들어 향약의 대안으로 주민 중심의 동계(洞契)가 조직되었다. 동계는 온 마을 사람을 하나로 묶어 교화를 하고 질서를 잡는다는 목적으로 만들었기 때문에 양반과 상인, 적자와 서자, 상전과 종의 관계를 엄격하게 구분했다. 때로는 충신 효자 열녀를 표창하고 상놈이 양반에 대든다든지 하면 회초리를 때리는 따위 사형(私刑)을 가하기도 했다. 또 공동으로 재원을 마련해 혼인과 상례에 부조를 했으며, 마을에 천재지변 따위 재앙이 일어나면 공동으로 다리를 가설하는 등 작업을 했다. 또 조세를 납기일 안에 내라는 독려를 하기도 했다. 부모에게 불효하거나 과부가 서방질을 하면 등에 끈을 단 북을 매달아 소리를 내면서 동네를 돌게 한 뒤 마을에서 쫓아내기도 했다.

동계의 동약은 합의체로 이루어지지만 향약처럼 양반 사족이 주도해 평민의 권한이 적었다. 평민들은 차츰 동계에서 떨어져 나가 따로 하계(下契) 또는 촌계(村契)를 조직했다. 하계는 평민들이 주도했으므로 많은 동민들이 차츰 하계에 들어가서 구성원들이 더 늘어나서 동계는 차츰 그 기능을 상실했다. 그래서 재지 사족들은 18세기 이후 차츰 향촌의 주도권을 상실했다.

3) 두레는 마을 공동체의 모델

촌계는 두레와 결합하는 형태로 발전되었다. 두레는 조선 중기 이후 널리 퍼졌으며 18세기 이후 본격으로 조직되었다. 두레는 기본적으로 마을 단위로 조직되었다. 조선후기 촌락은 양반, 상인, 서자, 구실아치, 백정 등 신분에 따라 집단마을이 형성되었는데 이들이 두레의 구성원이 되었다. 두레는 행정 조직이 아니므로 구성원의 자격에 기준이 없어 남녀, 곧 16세에서 60세까지 주민은 누구나 가입할 수 있었다. 또 새로 가입하는 신참자들은 남자의 경우 볏섬을 들어 보여 힘자랑을 했고, 여자들은 길쌈 솜씨를 뽐내고서 가입했다. 두레의 본모습은 공동노동에 있었다.

지역에 따라 차이가 있었지만 대체로 두레의 총책임자를 영좌 행수, 보좌하는 일꾼을 도감 또는 집사라 불렀고, 현장 책임자를 수총각, 회계와 잡무를 보는 유사, 밥을 맡은 식화주를 두었다. 경비는 추렴이라는 이름의 회비를 내기도 하지만 정초에 당산제를 지내면서 쌀 돈 따위를 걷기도 한다.

두레 일은 봄철, 대개 모내기부터 시작해 물대기, 김매기, 벼베기, 타작하기 과정을 거친다. 특히 모내기와 김매기에는 전체 구성원이 동원된다. 모내기철이 되면 모든 임원이 합의해 모내기 논의 순번을 정한다. 일꾼이 없는 과부집의 논을 먼저 순번으로 정하고, 다음 논이 많은 집으로 순번이 매겨진다.

아침나절 일터에서는 두어 시간 일하고 국수 막걸리가 곁들여진 새참을 먹으며, 잠시라도 드러누워서는 안 되고 술을 지나치게 마셔서도 안 된다. 징을 울리면 신호에 따라 일을 시작하고 이어 점심을 먹는데, 이때에는 막걸리를 배불리 먹고 풍물을 울려 흥을 돋운다. 그리고 나서 30분 정도 잠을 자기도 하고 씨름을 하기도 한다. 오후 새참에는 별미인 묵이 나온다.

한 집의 모내기를 할 때에는 그 집에서 음식 경비를 전담하지만, 여러 집의 논에 모내기를 할 때에는 모내기를 많이 한 집에서 주식을 부담하고 나머지 집에서는 술이나 새참을 준비한다. 두레꾼은 철저하게 규율을 지켜 차질이 없도록 해야 한다. 벼베기나 타작에는 풍물을 줄이는 따위 약간의 순서가 다르기는 하나 그 기본 형식은 비슷했다.

가을걷이가 끝나면 머슴잔치를 벌이기도 하고 경비를 정산하기도 한다. 무엇보다 중요한 일은 두레의 새 임원을 뽑는 일이었다. 지난 임원이 과오가 없으면 유임하는 경우가 많지만, 새 인물을 뽑아 능률 향상을 도모하기도 하고 당산제를 치를 걸립패를 구성한다.

한편 두레를 중심으로 계(契)를 조직했다. 계의 기본 목적은 구성원의 상호 부조, 친목 도모, 공동 출자를 통한 경제적 이익의 추구였다. 계는 직업에 따라, 신분에 따라, 나이에 따라, 목적에 따라 여러 형태의 조직이 구성되었다. 하지만 동네 주민들이 구성원이 되는 촌계가 규모도 크고 목적이 뚜렷했다. 그 구성원이 수백 명 이르는 경우도 있었다. 구성원은 곡식이든, 돈이든, 곶감 등 현물이든 일정한 가치의 물자를 냈다. 또 특수 목적에 따라 농구계·우계·어망계 등 경제적 목적과 회갑계·동갑계·상제계·동향계 등 친목상조계 등이 작은 단위로 조직되었다. 이 소단위의 계들은 조직하기도 손쉬웠고 목적한 이익을 짧은 시일 안에 이룰 수 있었다.

촌계는 향약과 두레를 아우르는 공동 조직체였다. 그래서 여러 제재 규정도 두었고 규약을 어기면 축출하게 했다. 또 수령에 협조하기도 했지만 수령을 견제하는 역할도 했다. 여러 촌계 구성원이 향회(鄕會)를 집단으로 열어 부정한 짓을 저지르는 수령을 꿇어앉히고 죄를 나열한 뒤 멍석말이를 해 지경 밖으로 내쳤다. 삼남 농민봉기 당시 이런 사태가 많이 벌어졌는데 합법적 방법이었다. 오늘날 자치단체장의 주민소환제와 비슷하다고 할까?

1894년 동학농민군들은 향회와 두레 조직을 이용해 농민군을 규합하기도 했고 수령을 내치기도 했으며, 두레의 새 형태라 할 집강소를 통해 사채 탕감이나 부정 사례의 고발이나 빈민 구제를 도모했다.

4) 농민층의 분화와 삼남농민봉기

전호를 비롯해 중소 자작농민은 수탈구조로 전환한 삼정문란에 따라 과도한 수취에 시달리고 고리채로 파산하게 되어 최소한도의 생존마저 유지할 수 없었다. 소작 농민들은 소작료 납부를 거부하는 항조운동을 벌였으나 성과를 거둘 수 없었다. 그리해 이농 현상을 빚었고 일부는 보부상과 같은 상업으로 전환했다. 이농민은 산골로 들어가서 화전을 일구거나 도시 언저리에서 집단마을을 이루고 구걸 등으로 연명했다. 이들이 이른바 사회 불안 세력이 되었던 것이다.

한편 19세기에 들어서서는 하층민 중심으로 비밀결사체도 등장했다. 곧 양반을 죽이자는 살반계, 상전을 죽이자는 살주계, 부호의 재산을 빼앗는다는 살약계(殺掠契) 등이 조직되어 횡행했다. 또 수령과 아전 등 관료들의 수탈을 폭로하고 항의하는 와언 · 산호 · 거화 · 투서 등이 벌어졌다. 한편으로는 관아 건물에 괘서(掛書) · 방서(傍書)를 붙이기도 하고 흉서(凶書)를 보내 경고를 하기도 했다. 또 곳곳에서 고변(告變)이 일어났다. 관아를 들이치는 음모를 꾸민다거나 변란을 도모하는 사건이 적발된 것이다.(이이화, 「19세기 전기의 민란연구」, 『조선후기의 정치사상과 사회변동』)

이런 일련의 과정에서 1812년 홍경래 주도의 관서 농민전쟁이 유발되었다. 정조가 죽은 뒤 안동 김씨들은 이른바 세도정치를 열고 관직과 이권을 독점했으며 일부 벌열가들이 끼어들었다. 무엇보다 세도정치는 삼정을 통해 불법 부정행위를 일삼았으며, 그 하수인으로 수령과 아전들이 있었던 것이다. 이럴 때 홍경래 등 몰락 지식인들이 중심이 되어 유랑 지식인과 농민, 도망 노비들을 모아 평안도 중심으로 일대 항쟁을 벌였다. 여기에 호응한 세력으로 청나라와 무역을 하고 상업과 광업 그리고 수공업으로 생계를 잇고 부를 축적한 세력들이 합세해 지원을 아끼지 않았다.

홍경래는 격문을 통해 관서지방의 차별과 척족 세도정치의 비리와 도망노비의 처지를 옹호하는 봉기의 동기를 밝혔다. 이들은 많은 자금을 모으고 오랜 훈련을 통해 익힌 전투력을 동원해 평안도 일대를 휩쓸고 관아를 점령했다. 농민군들은 청천강 이북 지방을 장악했으나 중앙군의 공격을 견디지 못하고 말았다. 하지만 홍경래는 민중의 영웅으로 받들어졌다.

1862년 삼남지방 중심의 농민항쟁은 그 지향이 조금 달랐다. 19세기 후반기에 들어 세도정치는 더욱 민중들의 삶을 옥죄었고 삼정(三政)의 문란도 더욱 가속되었다. 특히 삼남지방의 수령과 아전들은 삼정을 통한 수탈 체제를 강화시켰다. 소작인들이 지주에 대한 항조운동이 지속적으로 전개되고 빈농이 부농, 상인, 고리대금업자에 대한 항거에 따른 결과였다.

이 농민항쟁은 경상도 · 전라도 · 충청도를 중심으로 하여 경기도 · 황해도 · 함경도 일부 지방 등 71개 고을에서 전개되었다. 봉기 지역에서는 빈농들 수천 명 또는 수만 명이 모여 들었고, 수탈의 대상이 된 경영형 부농이나 몰락 양반이나 토호와 같은 지도층이 개재되어 있기도 했다. 이들은 향회에 모여 수령과 이서의 횡포와 부정을 폭로하거나 지적해서 하층민을 충동했다. 이들은 등소나 격쟁과 같은 합법적 방법을 동원하기도 하고 수령을 불러내 시정을 요구하기도 하고 아전을 잡아다가 모욕을 주거나 죽이기도 했다. 최초로 1862년 1월 일어난 경상도 단성의 경우, 동임 주민 그리고 사족 일부와 초군들이 모여 논의를 진행시켰다. 이들은 진주 동헌과 장터로 몰려가 경상우병사 백낙신을 불러내 요구 조건을 내걸고 모욕을 주고 그 하수인인 아전들을 잡아다가 구타하거나 죽이기도 했다. 이 사례는 대체로 다른 고을과 다름이 없이 진행되었다. 문제는 합법적 범위를 지키려고 수령을 죽이지 않고 모욕을 준 뒤에 쫓아내는 수준으로 마무리한 경우가 많았으며, 고을 경계를 넘어가지 않고 자기 경계 안에서만 활동을 전개해서 연대를 통한 조직성에 한계를 보였다. 그러므로 전국적 단위로 봉기한 수준에 이르지 못하고 분산적 활동에 머물렀다.

중앙정부에서는 암행어사나 안핵사 등을 보내 실정을 조사하기도 하며, 주모자 처벌과 함께 탐관오리도 처벌해 기강을 잡으려 했고, 제도의 보완을 통해 시정하려는 의지도 보였다. 중앙정부는 이 항쟁의 원인을 삼정의 문란에 있다고 이해하고 삼정이정청을 두어 개선하려 했으나 농민항쟁이 잠잠해지자 흐지부지 끝내고 말았다. 홍선대원군은 이의 모순을 해결하려 호포법, 사창제 등을 실시했으나 그 근본적 개혁 대책이 될 수 없었다.(망원한국사연구실, 『1862년 농민항쟁-중세말기 전국농민들의 반봉건투쟁』)

이렇게 왜곡된 수령권은 심한 도전을 받게 되었으며 신향이라 불리던 이향 세력이 농단하던 향촌 지배권은 동요하게 되었다. 최제우는 이런 시대 배경과 민심의 동향을 살펴보고 인시천(人是天)과 개벽 시대의 도래를 내걸고 동학을 창도했던 것이다.

2. 동학의 영해지방 변혁운동

최제우가 좌도난정(左道亂正)의 죄목으로 처형을 당한 뒤 최시형은 잠행을 거듭하면서 7년쯤 포덕 활동을 벌였다. 최시형은 강원도를 중심으로 포덕을 하다가 충청도와 경상좌도로 진출해 많은 동학교도를 확보했다. 따라서 동학 조직이 확대되었고 그 결과 동학의 재건을 이룩했던 것이다.

1) 변혁운동가 이필제의 등장

이 무렵 최시형은 영양·영해 등지에서 활동을 벌였다. 유랑지식인이요 변혁운동가인 이필제는 1870년 7월에 영해에 나타났다. 이필제에 대한 의

금부의 최종 결안(結案)에는 다음과 같이 쓰여 있다.

　　본디 사납고 모진 성품으로 평소에 흉역의 계획을 품고서 호중과 영남에
출몰하여 도당을 끌어 모으고 도참의 설을 빙자해 인심을 선동하였다. 마음
속에 얽힌 것은 유언을 퍼뜨리고 비방하는 말을 만드는 것이요 마음속에 품
은 것은 병사를 핑계대어 난을 부르는 것인데 변란을 일으킨 것이 한둘이 아
니었다. 그 난을 일으킨 곳은 진천 진주 영해인데 몸을 바꾸는 게 헤아릴 수
없었다. 그 이름은 명숙 성칠 제발로 바꾸었는데 동에 번쩍, 서에 번쩍 헤아
릴 수가 없었다. 흉측한 속임수가 더욱 심해 유회(儒會)라고 거짓 핑계대고 비
류를 조령에 끌어 모았고 무기를 빼앗고자 미친 칼날을 관가에 들이댔다.(이
이화, 「동학농민혁명에 나타난 남북접의 갈등」, 『조선후기의 정치사상과 사회변동』. 이필제 관련 관
찬 기록은 「경상감영계록」, 「추안급국안」, 「우포도청등록」, 동학관련 기록으로는 「도원기서」, 「천도
교교회초고」 등에 수록되어 있다.)

　여기에는 이필제의 행적을 요약해 적었다. 그는 충청도 결성 출신으로 무
과에 응시했다가 낙방하고 나서 공주 등지에서 활동하다가 관가의 주목을
받자 충청도 내륙으로 내달렸다. 그는 병서와 비기에 밝은 유랑 지식인이라
할 수 있었다. 그는 가는 곳마다 능숙한 변설로 사람을 끌어들여 변란을 모
의했다.
　그 자신은 영해의 동학교도들을 만나 계해년(1863년)에 용담으로 최제우를
찾아가 수운 선생으로부터 도를 받았다고 말했다. 또 이해 10월 무렵, 최제
우가 서울로 압송되었다가 과천에서 철종의 승하로, 경상감영으로 이관되
는 도중에 조령에 이르렀을 때 교도 수백 명이 길가에서 횃불을 들고 눈물
을 흘리면서 맞이했다. 이필제 자신은 이때 동학에 입도했다고 했다. 이는

앞뒤 정황으로 상당한 근거가 있는 것으로 보아도 좋을 것이다.

그 뒤에 그는 때로는 이름을 바꾸고 때로는 명화적으로 위장해 자금을 모으려 했고, 암행어사를 위장해 가짜 출두를 해서 자금을 모으려 했으며, 진주의 경상우병영을 습격하려 하기도 했다. 지리산 덕산과 전라좌도 일대에서 활동할 때 체포의 위기에 놓이자 몸을 날려 경상도 태백산 언저리와 강원도 등지로 진출했다.

이필제는 영해에서 두 계통의 인물을 접촉한 것으로 드러난다. 하나는 공주·진천 등지에 만나 모의한 김낙균 등 동모자를 만난 것이요, 다른 하나는 영해의 동학교도들을 만난 것이다. 그는 소문을 듣고 영해 창수면 병풍바위 산중에 사는 박사헌을 찾아갔다. 박사헌은 영해접주 박하선의 아들이었는데 박사헌은 관가의 고문을 받아 죽었다. 이필제가 이곳에 살겠다고 제의하자 박사헌이 받아들였다. 이필제는 박사헌의 비롯해 이수용, 권일언, 박군서 등을 설득해 교조신원을 하자고 선동을 하여 호응을 받았다.(표영삼, 『동학 1』, 「영해교조신원운동」)

이해 10월에 이필제는 동학교도인 이인언을 일월산 용하동에 거접하고 있는 최시형에게 보내, 정가 성을 가진 인물이 교조신원운동을 벌이자고 하니 한 번 만나보라고 권고하게 시켰다. 최시형은 계해년에 입도했다면 내가 모르는 사람이 없는데 정가 성을 가진 인물은 기억이 나지 않는다고 대답하고 허락을 하지 않았다. 그 뒤에도 이필제는 연달아 다섯 차례나 사람을 보내 이필제를 만나보라고 권고하게 꼬드겼다.

최시형은 마지못해 병풍바위로 와서 이필제를 만났다. 이필제는 최시형에게 동문(同門)이라 밝히고 선사(先師)의 원통함을 풀어주기 위해 거사를 하자고 요청했고, 최시형은 시기를 기다리고 망령되이 움직이지 말라고 타일렀다 한다. 하지만 이필제는 이때 최시형을 협박했다고 한다.(위 「도원기서」에 나욈) 이런 곡절을 거쳐 최시형과 이필제는 손을 잡고 교조신원운동을 벌이기로 뜻을 모았다. 최시형은 많은 교인들이 이필제의 설득으로 동조하는 모습을 보고 마음을 돌린 것으로 보인다.

2) 변혁운동의 횃불, 영해부 습격

최시형은 끝내 동의해서 이필제와 손을 잡고서 이해 10월 10일에 병풍바위 박사헌 집으로 모이라고 동학교도들에게 통고했다. 박사헌 집에서는 조총 몇 자루와 칼과 죽창 등을 모으고 별무사가 입을 청색옷과 유건, 천제에 사용할 소 두 마리와 제수도 마련했다. 마침내 이필제는 무리 5백여 명을 불러 모으고 3월 10일에 출정식이라 할 천제를 지냈다. 참가 지역은 영해 · 평해 · 울진 · 진보 · 영야 · 안동 · 영덕 · 청하 · 홍해 · 연일 · 경주 · 울산 · 장기 · 상주 · 대구 등지였으며, 중군 · 참모 등 부서도 정하고 군복 차림도 했다. 이 정경에 대해 다음과 같은 기록이 있다.

> 천제를 거행할 새, 지난 날 정으로 성을 쓰던 자, 갑자기 그 본성을 드러내어 이가라 하며 이날 밤에 영해부에 돌입하여 공청에 방화하고 군기를 탈취하니 본부 별포군이 어쩔 줄 모르고 사방으로 흩어지다. 필제 스스로 따르는 무리 몇 사람과 더불어 동헌에 곧바로 들어가 부사 이정을 살해했다 … 필제 본시 목천의 난도로서 본성 이를 정이라 바꾸고 동해 가에 숨어서 도인들이 무리를 사랑함을 듣고 불측한 마음을 품고 도당을 불러 모아 도인이라 가칭하고 해도(害道) 역리(逆理)의 일을 감행하였더라.(위 「도원기서」)

이필제는 김낙균 등 수하를 거느리고 동학교도를 강제로 끌어들여 영해부를 습격해 반역질을 했다고 기술한 것이다. 다시 말하면 최시형은 동조자가 아니라 강요에 의해 따라갔다는 분위기를 깐 것이다. 왜 그랬을까? 이 기록에 대해 표영삼은, 여기에 참가한 강사원이 뒷날 비난을 감안해 최시형을 보호하려는 뜻에서 사실과 다른 기록을 했을 것이라고 했다.

이를 다시 정리하면 그날 밤 이필제는 제주가 되어 축문을 지었고 일반인은 홍(紅), 동학도는 청(靑)으로 군호로 하라고 지시했다. 직계 수하들과 동학교도에게 유건을 씌워서 선비를 가장하고, 손에 죽창과 조총을 들고 대오를 나누어 밤 9시 무렵 영해부의 서문과 남문을 포위했다. 이때 이방 두 사람이 나와 성문을 열어주고 마음 놓고 들어오라는 신호를 보냈다. 먼저 부내의 동정을 살피고 횃불을 밝힌 대오가 앞장을 서고 백기를 허리에 꽂은 무리들이 뒤를 이어 쳐들어갈 때, 수직하던 수교가 마구 발포를 해서 한 사람이 죽고 행동대장인 강사원이 부상을 입었다. 봉기군은 잠시 후퇴했다가 진격하자 군교와 구실아치들은 모두 달아났다. 봉기군들은 맨 먼저 군기고를 습격해 무기를 거두고 동헌에 불을 질렀다. 동헌으로 뛰어들어 도망치러 나오던 부사 이정을 잡아 앞뜰에 꿇어 앉혔다.

이필제는 김낙균, 강사원 등과 대청에 올라 부사의 인부를 빼앗고 "너는 나라의 녹을 먹은 신하로서 정사를 잘못해 세상을 어지럽혔다. 백성을 학대하고 재물을 탐하기가 저와 같았으니 그래서 네거리에 방문이 나붙게 되었고 시중에는 원성이 높아졌다. 이게 읍내의 실정이니 네 죄가 어디에 가겠는가? 용서해 주고 싶지만 탐관오리인 부사 이정은 의리로 죽인다."고 외쳤다.(위 「도원기서」) 이정은 환도에 찔려 죽었다. 이정은 탐관오리로 악명이 높았는데도 조정에서는 순절했다고 해서 이조판서로 추증했다.

이들은 성중을 손아귀에 넣고 호령하면서 소를 잡아 나누어 먹였다. 또 관아에 보관되어 있는 돈 궤짝을 부수어서 140냥을 꺼내 1백냥은 동민들에게 나누어 주고 나머지 40냥을 경비로 사용했다. 그들은 민간에서 밥이나 술을 가져갈 적에도 꼭 돈을 지불했다. 이들은 하룻밤 호기를 부렸고 이필제는 하룻밤을 부내에서 보낸 뒤 영덕 관아를 공격하자고 제안했다. 하지만 반대에 부딪쳐서 진격하지 못했다. 더욱이 이필제는 이 거사 과정에서 한 번도 교조신원은 말하지 않고 조정과 수령의 비리만을 나열해 교도들을 실망시켰다.

이들은 정오가 지난 뒤 토벌군이 오기 전에 스스로 물러갔다. 이들은 영양 일월산 쪽으로 달아나면서 양반 부호의 집에 불을 지르기도 했다. 이필제 등 지도부는 최시형이 기다리고 있는 일월산 용화동에 들어가서 토벌군에 맞서 유격전을 벌이려 하였다. 끝내 수십 명이 잡혀갔다.(「경상감영계록」 등 종합. 이이화, 『인물한국사 4』, 「시대에 맞선 풍운아들, 이필제」)

포로들의 입을 통해 참여한 봉기군들이 동학교도라는 것이 알려져 그 주모자들에게 체포령이 내려지고 일대 수색이 벌어졌다. 하지만 아직도 이필제의 신분이 탄로 나지는 않았다. 이때 이필제와 김낙균 그리고 최시형, 강시원 등 지도부는 도망을 쳐서 잡히지 않았다. 그러면 이필제는 왜 스스로 물러났을까? 두 가지로 풀이할 수 있겠다. 하나는 계획한 만큼 봉기군의 숫자가 모이지 않았고 무기도 넉넉하지 않았다. 다른 하나는 오래 계획을 벌이면서 하나의 시험무대로 영해부를 습격하고 나서 역량을 확인했다고 볼 수 있을 것이다. 이필제와 김낙균이 그 뒤에 벌인 일로 보아도 이런 해석이 가능할 것이다. 아무튼 이필제는 여러 차례 봉기 계획을 세웠으나 번번이 실패를 거듭한 끝에 처음으로 영해부 습격이 성공을 거둔 셈이었다.

3) 새재 유회와 이필제의 종말

이필제는 최시형과 영남사람 권성거를 데리고 단양의 정기현을 찾아갔다. 정기현은 경기도 용인 출신으로 정몽주의 후손이었는데 뜻을 품고 형

옥현과 함께 단양에 은거하고 있었다. 그는 오대산의 중 초운이 그의 관상을 보고 "3백일 동안 기도를 하면 불에 들어가도 타지 않고 물에 들어가도 빠지지 않으며 전장에서 일을 벌여도 한 가지 실수도 없을 것이다."(우포도청 등록 신미년조)라고 한 말을 믿고 거사의 시기를 점치고 있는 비기 유파였다. 정감록의 정씨 왕조설을 믿는 인물이었다. 이필제는 정씨 형제의 집을 드나들면서 김낙균 등과 모의를 거듭했다. 그런 끝에 영남 좌도의 책임자로 지정하기도 하고, 이필제는 동산주인, 정기현은 계룡산주인 또는 조선의 주인이 되기로 결의하고 또 이필제는 군사를 거느리고 북벌을 단행해 중국으로 쳐들어가서 대륙을 차지한다는 계획을 세웠다.

이들은 조령 초곡에서 8월 2일 유회를 벌이기로 하고 통문을 돌렸다. 홍선대원군이 서원을 철훼했으니 이를 복합상소하자는 통문을 돌려 모이게 하였다. 모이는 유생들은 문경·상주·괴산·연풍·충주 등지에서 온다고 하였다. 겉으로는 유회라고 내걸었지만 속내로는 문경의 군기고의 무기를 탈취해 한판 벌인다는 계획을 세우고 있었다. 8월 2일에는 새벽부터 비가 쏟아졌다. 저녁나절에 정기현 형제와 김낙균 등 주모자들이 초곡의 점막에 들었다. 이에 대해 조령별장은 다음과 같이 보고했다.

초2일 수상한 사람 5-60명이 본동 점막에 와서 머문다고 하기에 교졸을 보내 어두운 속에 포를 쏘며 군기를 지키게 했다. 밤중에 위의 괴한들이 소리를 질러대며 군기고로 달려들었는데 김태일이란 자가 다리에서 떨어져 동민들이 붙잡았다. 이 자를 문초했더니 당초 작당한 자가 수천 명이었는데 조령에 모여서 군기를 탈취해 기병을 도모한 지가 오래되었다. 또 남은 걱정거리를 물었더니 매복한 자가 1천여 명이라 하기에 곧바로 군사를 매복했다는 곳을 뒤져 군기고를 엿보던 도둑들을 계속 잡아들인 것이 44명이었다.(「일성록」 고종이 보고가 얼마나 정확한지는 확인할 수 없으나 이필제는 약속한 인사들이 모이지 않자 일이 그르친 것을 짐작하고 강릉으로 가서 새로 일을 도모하자고 주장했다. 그러고 나서 이필제는 어두운 밤 빗속을 뚫고 초곡을 벗어나서 문경 읍내거리로 나왔다. 조령을 지키는 진장들은 이상한 사람들이 초곡에 모인다는 전갈을 받고 졸개를 풀어 초곡을 덮쳤다.

이필제는 문경에서 정기현 등과 체포된 뒤 국가 변란을 도모한 중죄인으로 포도청과 의금부로 끌려와 문초를 받았다. 그리하여 그의 행각이 모조리 밝혀졌다. 문초 기록을 보면 결안의 기록처럼 그는 언변이 좋고 지혜는 제갈량에 비유된다고 떠들기도 하고, 여러 가지 성명을 쓰면서 변란을 도모한 죄목으로 목이 잘려 효시되었다. 이때 최시형은 유회에 참석했는지 여부도 확인되지 않으며 체포되지도 않았다.

3. 마무리 말―동학의 교난과 이필제 재평가

영해 변혁운동이 끝난 뒤 영해 일대를 수색해서 연루자 1백여 명이 체포되었다 한다. 심문 중에 물고자 12명, 효수된 자 32명, 유배된 자가 31명으로 나타난다. 그리하여 영해·영덕·영일·울산·안동 등지에서는 동학교도를 찾아볼 수 없을 지경이었다 한다. 최시형과 강사원 등 지도부는 이때에 도망해서 살아남았으나 이필제는 문경에서 체포되었다. 이를 두고 동학이 수난을 겪은 신미사변이라 부른다.

동학의 교난을 불러온 장본인인 이필제에 대해 윤대원은 "고립적이고 분산적이었던 민란과는 달리 이를 극복하여 지정적 연계성과 통일의 가능성

을 보여주고 있다."(윤대원, 「이필제난의 연구」, 『한국사학』 16)라고 하여 농민전쟁의
전 단계로 이해하고 있다.

한편 표영삼은 "이번 운동은 해월의 동원령에 의해 16개 지역의 점조직
에서 동학도 5백여 명을 동원하여 이루어낸 운동이다. 비록 이필제의 선동
에 의해 시작되었으나 동학 조직이 이루어낸 운동임에는 틀림이 없다. 영해
병란이라고 이름하든지 이필제난이라고 이름하든지 동학도에 의해 전개된
운동이요, 교조신원운동을 명분으로 일으킨 것은 틀림이 없다."(「영해교조신원
운동」, 『동학 1』)이라 분석하였다.

이필제는 민란의 주동자와는 달리 연속적 변혁운동을 전개하면서 동조
자를 규합했고 설득을 통해 동조자를 끌어 모았다. 이필제는 동학교도와 변
혁세력을 결합해 변혁운동을 전개했다. 일제는 1890년대 동학 세력의 성향
을 두고 위(僞)동학당과 진(眞)동학당으로 구분했고 어윤중은 동학교도들은
사회의 불평불만에 찬 민중이 뛰어들었다고 분석했는데 그 단초는 이필제
에 의해 이루어졌다고 볼 수 있을 것이다.

19세기 후반기 향촌 질서는 수령과 신향인 이향배와 부농인 요호부민에
의해 주도되었다고 볼 수 있겠지만 동학 세력에 동조한 몰락 양반과 유랑
지식인과 노비, 백정 출신 등 천민집단 그리고 빈농층인 소작농민이 한 세
력을 이루어 새로운 질서를 도모했다고 볼 수 있겠다. 영해지방의 변혁운동
이 하나의 보기가 될 것이다.

오늘날 동학의 지향과 정신을 계승하는 계파와 동학의 정통을 계승한 천
도교에서는 이필제와 전봉준을 동학 조직을 와해하고 위축시킨 반역 또는
별종으로 보지 말고, 광제창생 제폭구민 보국안민의 이념을 지향한 사회 종
교·보국 종교와 결부시켜 판단하는 게 시대정신에 맞을 것이다. 따라서 역
사 영역을 좀 더 넓혀서 이해하는 너그러움이 있어야 할 것이다. 어떠한가?

1871년 영해 동학혁명의 사료와 자취

김기현__전 서울시 공무원. 21C신문화연구회원

1. 서론

오늘날 인류사회에서 인간이 추구하는 최고의 가치는 자유로운 의지로 살며, 평등한 대우를 받으며, 인간으로서의 존엄성을 지키고, 삶의 질이 향상되도록 노력하는 것이다. 이는 곧 인간의 본성이며, 인류 역사를 보면, 같은 시대를 살아가는 다른 사람의 본성을 부당하게 제한하여 특권계층의 기득권만을 향유하려 할 때마다 불행한 역사가 되풀이 되었고, 이를 찾고 지키기 위하여 하나 뿐인 생명을 바친 사람은 비록 한 시대를 불행하게 살다가 타의에 의하여 생을 마감했더라도 진정한 영웅이요 선각자라 할 것이다. 이러한 관점에서 1871년 영해 동학혁명이 갖는 실상을 돌아볼 필요가 있다. 또한 당시 혁명 참가자들이 진술하고 처형된 내용을 영인본 순한문 해석을 통하여 역사의 진실을 돌아보아야 한다. 당시 역사 문서에 도둑놈(적당) 변란(민란) 작변(변란을 일으킴) 도당(혁명참가자 무리들) 등으로 기록된 것들이 있다. 이것들은 동학란이 동학혁명으로 명예회복되었음에도 불구하고 아직도 명칭변경이 되지 않았다. 이러한 문제는 곧 영해 동학혁명에 참가한 영웅들이 역적이란 이름을 떨쳐내지 못하게 하는 이유이며, 그로 인해 후손들이 죄인처럼 살아가고 있는 현실이다. 이 연구의 목적은 영해 동학혁명을 재조명하여 역사의 진실을 밝힘으로써 당시 혁명에 참여한 동학인과 후손들의 명예를 회복시키려는 데 있다.

1871년 4월 29일(음력 3월 10일)은 동학의 창시자 수운교조의 제삿날이었다. 이날 전국의 동학인들 600여 명이 지금의 경북 영덕군 창수면 신기2리 병풍바위 아래 집결한 후, 동학혁명군이 조직되었다. 이들은 소 두 마리를 잡아서 형제봉에 올라 천제를 지내고 영해관아로 향했다. 관아를 접수한 후, 인간의 존엄과 가치를 찾기 위한 자존(自尊)과 무극대도(無極大道)의 민권통치를 함으로서 우리 민족 스스로 최초 시민혁명에 성공한 후에 자진철수하였다. 그 후 참가자 중에 96명이 붙잡혀 죽임을 당하거나 교전으로 죽었다.

당시 병풍바위를 향하여 한강 이남 각 도의 동학이 포교된 지역에서 약 600여 명의 동학인들이 머리에 갓(유건)을 쓰고 푸른 청포를 입고 모여들었다.(동학인은 청색을 상징했다.) 병풍바위 아래는 당시 동학을 창시한 수운 교조가 임명한 초대 영해접주 박하선의 집이 있던 곳이다. 박하선은 관아의 탄압으로 죽고, 상제인 박영관(맏아들, 박사헌과 동일인)이 주인이었다.

당시 제2대 해월 최시형 교주(최경오 최경상과 동일인)와 이필제(이제발과 동일인) 장군 강사원(강수, 강시원과 동일인)책사 김낙균(김진균, 김조별과 동일인) 무사 등 혁명의 지도부는 일월산에서 관군의 포위망을 뚫고 지금의 봉화군 재산면 갈산리 울연전으로 탈출한 다음 단양으로 피신하게 되었지만 박영관 삼형제와 평해의 전인철(전동규 전의철 동일인 추정) 울진의 남두병(남양파, 남양패, 남칠서 동일인)은 붙잡혀 처형되거나 옥사하였다. 모여든 동학인들은 도록에 서명하고, 중군, 별무사, 집사 등 동학군의 임무부여 첩지도 나누어 주어 이때부터 최초로 동학군이 조직되었다. 이는 당시 안핵사 박제관(안동부사 겸임)이 정부에 보고한 문초기록 『교남공적』[1]에서 혁명 참가자들의 진술로 명백히 밝혀지고 있다.

또, 이들은 의병으로 모이라는 남두병의 소모문(召募文)에 따라 임진왜란 같은 병란을 대비하여 살길을 찾고, 모든 인간은 존엄과 가치를 찾아 능력에 합당한 평등을 이룩하려는 무극대도의 이상세계를 갈망하는 사람들이었다. 이들은 모임에서 가마솥 여섯 개를 걸어 놓고 소 두 마리를 잡아서 오후 늦게까지 한 마리는 형제봉에 올라 엄숙한 천제를 지냈다. 소의 피를 손가락 끝에 바르는 혼단(釁端)의식으로 하늘에 고하는 축문을 낭독하였다.

제천행사를 끝낸 동학인들은 죽창과 몽둥이, 횃불을 들고, 2, 3시간을 단숨에 달려서 영해관아로 향했다. 당시 탐관오리로 알려지고 동학 탄압을 일삼던 영해부사 이정(牛峯人, 지금의 시장)의 죄를 묻기 위해 관아를 포위하자 관군들이 대포를 쏘아 4, 5명을 죽였다. 이들은 죽음을 무릅쓰고 관아에 입성한 후, 무기고를 부수고 관장인 부사를 포박하여 죄를 물은 후 군령을 출령하여 김낙균이 처단했다. 또, 혁명 대열에 포를 쏘아 살상케 한 수석포교(지금 경찰서장)도 처단하고 관아를 장악하였다. 다음 날 영해읍내 5개동 빈곤한 백성들에게 돈을 나눠주고 혁명에 성공한 후 영해부 속현인 일월산으로 자진 철수했다.

이는 프랑스혁명과 비추어 볼 때도 손색이 없이, 자유 민주주의 이념과 인간 존엄성을 회복하려는 동학 정신의 이상을 실현했던 것이다. 혁명 참가자 중에는 지금의 대학생인 유생들이 6, 7명, 식자층인 유학 23명, 현역 장교 1명, 영해이방, 공업, 상업, 보부상 등 각계각층이 참가하여 자유의지와 평등을 실현한 근대 시민혁명이었다.

2. 영해 동학혁명의 발생 배경 및 원인

죄인 문초기록인 『교남공적』, 군 작전일지인 『영해부적변문축』, 민간이 남긴 『신미아변시일기』 등에 기록된 주요 인물들의 증언과 기록을 통해서 영해 동학혁명의 발생 배경과 그 원인을 제시하고자 한다.

1) 역사적 문화적 배경

왜 그 당시 경상도 영해에서 다른 지역보다 먼저 동학혁명이 발생했는가? 영해혁명을 규명하는 데는 가장 먼저 역사적 배경을 들지 않을 수 없다. 영해는 조선말까지 도호부사가 관장하는 큰 도시였다. 고려시대에는 예주로서 동해안에서 가장 큰 도시였고 도호부사를 두어 수군만호를 두었다는 것이 조선시대에도 동국여지승람 영해도호부 편에 기록되어 있다. 또, 이곳 출신 명인들이 많다. 조선왕조 유림정치의 산파역할을 하게 된 목은 이색(괴시리), 고려 공민왕 스승 나옹왕사(가산리), 퇴계학파의 맥을 이은 갈암 이현일(인량리) 등이 태어났다. 또, 몽고군의 침략을 막은 박송비 장군, 서원교육의 효시 안향, 조선시대 영남학파 거두 점필제 김종직 등은 영해부사를 지낸 인물들이다. 당시 영해부가 다른 지역보다 정치적 경제적 규모가 컸다는 점은 넓은 들의 농산물과 풍부한 해산물이 생산되었기 때문이다. 또한 문화적으로는 위대한 인물이 많았다는 것은 백성들이 자각할 기회가 많았다는 점이다.

문화적 배경을 보면 아녀자들은 내방가사(內房歌辭)를 규수 때부터 익혀서 자녀들의 혼사 때는 사돈지라는 편지를 주고받았다. 이러한 글솜씨를 익혀온 전통이 있어 표현력이 부족하면 얕잡아 보는 풍습도 있었다. 그뿐만 아니라 남의 집 종살이나 머슴살이를 해도 입과 귀로 전하는 오늘날 구연동화와 같은 이야기 거리는 보통 천 가지 이상 귀로 듣고 입으로 전할 수 있어야 했다. 이는 서양문화를 귀로 듣고 입으로 전할 수 있었다는 것이다. 이러한 영해지방의 문화적 배경은 왕조시대의 자유와 평등을 누리는 극소수 특권

계층만이 온갖 호사를 누리는 것은 한계에 달했음을 인식하였다. 대부분의 평민과 노예는 인간다운 삶을 살기 위한 자유와 평등이 존재하지 않고 억압당하는 실정을 모를 리가 없었다.

조선왕조 끝 무렵까지 신분세습으로 노비 계층은 인간 취급을 받지 못하여 성씨도 없이 이름만 있었다. 이는 두 명의 관노비가 교남공적(嶠南公蹟) 문서에도 나온다. 노비문서는 인신매매의 증거이고 의관착용은 신분을 얽어매는 도구였다. 『신미아변시일기』 3월 17일자를 보면 동학인을 잡아 가둔 전과가 있는 6명을 무조건 다시 잡아들이라고 했다. 이어서 "6, 7년 전부터 동학당의 일원이었고, 여러 읍이 서로 통하여 같은 유형의 동학을 믿어 왔는데 지하로 숨어서 어려운 빈한한 마을에 거주하며 동학교도들을 설교하는 일을 해 왔다.… 신분서열상 의관은 순서가 완고하고 영내에 가둘 사람은 그칠 줄 몰랐다."고 쓰고 있다. 수운 교조가 순교한 1864년 이래 6, 7년 동안 동학 탄압이 얼마나 심했고, 신분의 굴레로 얽어맨 의관착용에 대한 단속이 심했는지를 알 수 있으니 영해 동학혁명이 일어날 수밖에 없었다.

그 외에도 영해지방에는 신라시대 박제상의 후손들이 영해박씨로 정착해서 살고 있다. 또 조선왕조 태조실록을 보면 고려 왕손을 삼척에서 배에 띄워 난파시키고 며칠 후 왕씨(王氏) 성을 쓰지 못하도록 금압령을 내렸다. 당시 예주(禮州 : 영해로 변경한 것은 조선 태종 때임)지방에 살던 왕씨가 전씨(田氏)로 바꾸어 살며 몰락한 귀족들이 설움을 참고 살아온 정서가 흐르는 지역이었으니 새로운 개벽을 갈망했던 욕망이 큰 지역이다.

2) 동학의 교조인 수운 선생의 순교

왕조시대에 통치이념은 재세이화 홍익인간(在世理化 弘益人間)이었다. 서양에서도 종교적 사상은 인간을 흙으로 창조한 신의 피조물로 가르쳐 왔고 불교 마져도 무아의 경지인 허무적 존재로 인간을 각인하여 왔다. 왕조시대는 인간을 널리 복되게 한다는 억압의 수단으로 통치자가 백성들을 교화한다는 것으로 신분상의 평등과 자유가 없이 다스림 대상이었다. 이는 신분상 차별이 엄존할 뿐 모든 인간이 동등한 존엄과 가치를 존중하는 자존(自尊)은 존재할 수 없었다. 수운 최제우는 인간과 신이 동일한 존재임을 자각하고 1861년 신유년 6월에 동학을 포덕하는 글을 짓고 논학문 등으로 동학을 포교하였다.

1863년 10월 28일 영덕의 직천마을(지금의 강구면 원직리, 상직리) 강정(강흠이 동일인, 강수의 아버지)의 주점 및 여관집에서 수운 최제우의 생일 잔치를 준비했다. 생일잔치에 모인 수많은 제자들 앞에서 무극대도(無極大道) 후천개벽(後天開闢) 오만년(五萬年) 자존(自尊)의 시대가 도래함을 알리게 되었다. 그때 발언 내용은 다음과 같다.[2]

"무릇 태초에 인간 세상에 처음 나온 성인은 광음을 일으켜 세운 천황의 성덕이 크면 특별히 교육하지 않아도 백성들이 저절로 잘된다는 것이 선천개벽이다. 이번에 세상을 구하고자 창립하는 무극대도인 나의 가르침은 후천 오만년 미래에 도래할 운으로서 자존(自尊)이라는 것이다. 지금까지 제세주는 옛 천황씨의 선천인 즉, 모든 사람이 존귀한 자존이라는 말은 한마디도 없었다. 곧, 바뀌는 미래의 운이 모인다는 말을 귀에 담아 전해야 한다."

오늘날과 같은 진정한 의미의 자유와 평등이라는 말은 잘 쓰이지 않던 시대였다. 간간히 죄인을 방면한다고 할 때 자유라는 말은 쓸 정도였다. 영국의 공리주의 철학자 밀(J. S. Mill)이 『자유론』을 쓴 것을 일본에서 번역하고 중국의 양계초가 『음빙실문집』에서 재정립하고 우리나라는 이상룡(李相龍)의

『석주유고(石洲遺稿)』에 본격 소개한 '자유도설'에서 알려지고 1909년부터 보편화되어 언론매체가 태동하던 시기에 널리 퍼지기 시작했다고 한다.

수운 선생이 생일잔치에서 설파한 자존과 무극대도의 평등사회는 오늘날 자유와 평등을 말한다고 할 수 있다. 그로부터 한 달이 채 못 되는 11월 20일, 정부에서는 선전관 정운구(鄭雲龜)를 암행어사로 보내어 수운 교조를 처벌하는 밀명이 내려졌다.

1863년 12월 20일 암행어사 정운구가 올린 장계가 기록된 왕조실록을 보면 시천주(侍天主)라고 명명된 21자 주문(侍天主造化定永世不忘萬事知(시천주조화정영세불망만사지) 至氣今至願爲大降(지기금지원위대강))을 외우지 못하는 자가 없었다고 하였는데 그 앞부분은 다음과 같다.

> "…조령(鳥嶺)에서 경주까지는 400여 리가 되고 주군(州郡)이 모두 10여 개나 되는데 거의 어느 하루도 동학에 대한 이야기가 귀에 들어오지 않는 날이 없었으며 주막집 여인과 산골 아이들까지 그 글을 외우지 못하는 자가 없었습니다. 그리고 '위천주(爲天主)'라고 명명하고 또 '시천주(侍天主)'라고 명명하면서 조금도 부끄러워하지 않고 또한 숨기려고도 하지 않았습니다. 그러니 얼마나 오염되고 번성한지를 이를 통해서 알 만합니다.
>
> 그것을 전파시킨 자를 염탐해 보니, 모두 말하기를 '최선생(崔先生)이 혼자서 깨달은 것이며 그의 집은 경주에 있다.'고 하였는데, 만 사람이 떠드는 것이 한 입으로 지껄이는 것과 같았습니다. …"

정운구가 수운 선생을 체포하여 서울로 압송하는 도중 과천에 이르러 철종의 국상이 났다. 다시 대구 경상감영으로 보내어 문초하라는 어명이 내려져 12월 29일 문경새재에 당도하였다. 문경새재부터 동학을 모르는 이가 없어 소문만으로도 많은 제자들이 모여 들었다. 동학접주(東學接主) 이필제(李弼濟)가 인솔한 도인 수백 명이 고갯마루(嶺上)에 내려섰을 때 일시에 모여들어 매복하였다가 수운이 탄 수레를 탈환(奪還)코자 하였다.[3]

상황이 이에 이르자 수운은 길가의 바위 위에 올라가서 이필제 접주(李弼濟 接主)를 비롯한 여러 제자들에게 다음과 같이 설법한 것이 암상설법(岩上說法)이라고 부른다.

"그대들이 폭력으로 나를 탈환코자 하나 나의 이번 길은 하늘의 명(天命)에서 나온 것이니 안심하고 돌아가라.

그대들이 지금 나의 육신(肉身)을 구출코자 하나 육신은 짧고 성령(性靈)은 영원무궁(永遠無窮)한 것이니 짧은 나의 몸을 구하려고 하지 말고 영원무궁한 나의 성령을 구하도록 하라. 그대들이 진실로 나를 구하고 세상을 구하고 전 인류(全人類)를 구하고 그대들도 잘 살고 천하창생(天下蒼生)이 모두 다 잘 살게 하려면 이 자리에서 나의 몸을 탈환하려고 하지 말고 내가 항상 말한 것을 잊지 말고 각자가 집으로 돌아가서 지극한 정성으로 37자 주문(呪文)을 무시로 다독하고 정성과 공경과 믿음(誠敬信)을 각별하게 지켜서 마음을 바르게 도를 닦는 일(正心修道)에 전심전력(專心專力)하라. 나는 결코 죽지 않는다. 나는 장생(長生)한다."

고 설파하였다고 한다.

그 후, 수운의 사형판결문은 다음과 같다.

"동학의 우두머리 최제우, 사술로서 사람들의 질병을 고친다고 했고, 주문으로 국가민족을 기만했고, 칼 노래로 국정반역을 모의했고, 간사한 도로서 속여 바른 질서를 문란시켰으므로(사도난정률 邪道亂正律) 처형함을 선고한다."

수운 선생은 갑자(甲子 1864)년 3월 10일, 대구 관덕정에서 사형이 집행되었다.

3) 수운 선생 제자들의 영해부 집결

수운 선생이 체포될 당시 현장에서 17명의 제자가 함께 체포되었는데 그중에 박하선 초대 영해접주도 있었다. 영해접주는 영해관아의 탄압으로 죽었다고 알려지고 있으나 기록은 확인되지 않는다. 그리고 수운 선생이 영덕의 직천마을에서 마지막 생일잔치가 있은 후 한 달이 못되어 체포된 것으로 볼 때, 영해부사가 조정에 뭔가를 보고하지 않았을까 하는 추측의 가능성은 있다.

제2대 교주 해월 최시형선생은 몸을 피해 영해부 속현인 일월산(日月山 해발 1,219미터 경북 내륙에서 가장 높은 산으로서, 영양군 일월면 용화리 소재)으로 은도(隱道)하였다.

이필제 접주는 1866년 영해 우정동에 잠입하여 무예를 익혔다. 그는 경신년(1860)의 진주민란에도 가담한 사람이었다. 그가 동학교도인 오서면 이수용(李秀用 또는 李秀龍)과 교류를 맺었다. 1870년 11월경에 다시 이수용과 만나 영해 지역의 동학도들을 설득하여 동학 초기 관에 의한 동학교도 탄압에 대한 원한을 풀어야 한다고 설득하며 지배층 부정부패를 척결하자고 부추기게 된다. 당시 영해 지역은 동학탄압은 물론이고 일반 백성에 대한 탄압과 수탈이 가장 심한 지역의 하나였음이 인근 울진군지에 기록된 것이 있다. 이를 보면 "(영해)부사는 생일잔치에 대소 민인(民人)을 초치하여 떡국 한 사발에 30금을 받을 정도로 수탈을 자행했던 사람이었다."라고 적고 있다.

4) 이필제와 해월의 만남

이필제가 역적의 이름으로 능지처사된 후에 함께 생사고락을 나누던 강수가 써서 남긴 것으로 인정되는 도원기서의 이필제와 해월의 첫 만남이 이루어진 과정과 대화는 남아 있는 동학지도부에 화가 미치는 것을 단절하기 위하여 혈맹으로 맺어진 동지라도 소설 쓰는 것처럼 사실과 다른 부분이 있다는 것을 후대인들이 잘 살펴서 해석해야 한다. 그래서 이필제와 해월이 만남 과정이 길고, 이필제가 능지처사로 처형된 후 같이 엮이는 것을 피하기 위해 그를 나쁘게 기술한 것은 살아남은 사람들에게 다가올 화를 막기 위한 자구책임을 알아야 한다. 그가 말한 영해 동학혁명의 당위성과 꿈이 담긴 부분을 아래에 인용하였다.[4]

"…옛글에 이르기를, 하늘이 주는 것을 받지 않으면 오히려 재앙을 받게 된다고 하였으니, 나 역시 천명을 받은 사람이다. 내가 또한 이를 말한다면 옛날에 단군의 영이 유방에게 화하여 태어났고, 유방의 영이 주원장에게 화하여 태어났으니, 지금 세상에 이르러 단군의 영이 다시 세상에 나왔다고들 하니, 하루에 아홉 번 변하는 것이 바로 나다. 한 가지는 선생의 부끄러움을 깨끗이 씻어내는 것이요. 또 한 가지는 세상 사람들의 재앙을 구제하는 것이다. 다음 차례로 내가 뜻하는 것은 중국에 나라를 세우는 것이다. 그리하여 내가 이 땅에서 일을 일으키려는 것은 다름이 아니라 선생께서 말씀하시기를, 동에서 나서 동에서 받았고, 그런 까닭으로 그 도를 일컬어 동학이라 하셨으니, 동쪽에서 일어난다는 까닭은 영해(寧海)지역이 바로 우리나라의 동해이다. 이것이 옳은 까닭은 동쪽에서 일을 일으켜서 지금에 이르렀으니, 스승님을 위하는 것이라면 어찌 이에 따르려 하지 않는단 말이오. 나의 이름이 세상에 나서 조정에서도 역시 알고 있는 까닭에 5영이 모두 응하고, 육조가 머리를 돌리니, 이것이 어찌 천운이 아니겠는가?…"

5) 남두병의 소모문

울진 매일리의 유학자 남두병은 영해 동학혁명에 모이도록 하는 소모문을 작성하여 방을 붙이고 전파하였다. 그는 혹독한 고문을 받고 죽기 전에 이필제와 헤어지는 "이별시"를 남기고 옥사했다. 소모문과 시는 영해부 적변문축(賊變文軸)"[5] 마지막에 첨부되어 있다.

> 소모문(召募文)
>
> …서학이라고 일컫는 것과 동학이라고 일컫는 것이 있는데 동학이 모두 서학에서 나왔는지는 원래 알 수가 없다. 이러한 서학은 위로부터 조정(朝家=朝廷)에서 특별히 엄하게 금하여 남은 것을 멸하기 위하여 엄형에 처하니 그 무리가 남지도 못하고 근원을 전할 길이 없고 종류가 바뀔 수도 없다. 우리 동쪽을 일컫는 동학(東學)은 계해(1863)년과 갑자(1864)년 이후에 대신사 수운을 잡아 죽이고 이를 따르는 제자들은 서학을 금하는 것과 똑같이 다스리겠다는 위협을 하였다.
>
> 임진왜란이 발발했을 때 만약 동고(東皐 - 이준경의 호) 중봉(重峯 - 조헌의 호) 서애(西厓 -유성룡의 호) 세 선생이 혹시 그 무기가 나오기 전에 임금에게 미리 아뢰었더라면(啓稟), 혹 전쟁 중에 순절했더라도 옳은 일로 공을 세워 그 이름이 대나무 만장에 걸리게 되었을 것이고 울며 부르게 되었을 것이다.
>
> 재앙이 멈추기를 울며 경계하는 것은 왜인도 아닌 동해상에 있는 사람이다. 충성과 의리의 기운은 계책을 세우는 것이다. 비록 선현들에 미치지 못한다고 하더라도 만에 하나는 알고 참여하는 것이고, 참여하여 아는 것은 위태하다. 그것이 병법을 따르는 것이니 상대를 알고 나를 알면 승리하는 것은 위

태롭지 않다. 또 이르노니 옛 사람들이 사람을 쓰는 권능은 혹 가까울수록 좋다. 또 이르노니 의병으로 부르는 것은 감추고 의병들은 같은 종류의 옷을 입는다. 또 이르노니 눈으로 적의 변화를 살펴서 허점은 감춘다. 아! 저 의병의 추한 것은 감추어라.

비록 올빼미령인 장태령 지세가 높아서 남쪽으로 가끔 시끄러움이 있으니 이번에 토벌하지 못할 것이고 알지도 못하여 이르지도 못하니 어찌하여 경계에 오를 것인가. 우리들은 의관이 많이 준비되었고 선비들은 임금의 신하가 아니로다.

지도자는 손과 발을 다치더라도 아버지와 형이 호위하고 있어서 급할 때는 아들과 동생이 함께 방어를 한다. 임금은 위에 난신이 있어서 백성들과 같은 짝이 되기 어렵다.

충성스런 임금을 위해 이롭게 죽는 것은 추나라와 노나라의 관계가 원만하였음을 볼 때 나는 탄식이 절로 나온다.

적의 왕이 후회하는 것은 도가 성숙하여 상세히 들어보고 연구하면 슬기로운 자는 헤아리는 계략이 있고, 용맹한 자는 싸우고자 하는 기운이 있다. 이는 간교함과 엄흉함을 없애고, 청운의 부드러움을 가져야 하는 것이다. 이것이 당장 급하여 정성을 들여 비단신 한 켤레를 삼는 것이다.

군자들 중에 가려 뽑아 나의 서생은 아니라도 의심스러움은 하나도 가볍게 여기지 않는다.

흉악한 무리들을 괴롭혀 없애는 것은 올바름과 어그러진 것을 끝까지 서로 응하여 합치도록 하는 것이다. 이로서 500년 예의의 나라가 오랑캐와 금수에 빠지지 않도록 하는 것인즉 어찌 임금을 위하고 스승을 위하지 않는다고 하겠는가. 만에 하나 나무에 바람이 일어나는 소리와 천륜의 수레바퀴가 도는 천둥소리에 비추어 보더라도 올바른 것을 돕고 사악한 것을 배척하는 도를 지켜야 하지 않겠는가.

이별시(離別詩)[6]

나이 사십에 자괴감을 갖는다는 소리는 못 들었는데

해질 무렵에 무거운 쇠사슬이 전신을 짓누르는 구나.

천금으로도 죽지 않는 것은 모든 헤아림의 말이거늘

삼목에 매달린 몸이 능히 살아난 사람 몇이나 될가.

지옥 같은 신음과 울부짖음이 영해 본래의 뜻인가.

갖힌 사람의 눈물도 금하니 다시 상처받은 신이던가.

광활한 중국을 잘 아는 형제들을 중도에 헤어지니

원컨대 다른 생에 다시 맺어 이번 세상 인연 전하리.

또, 그가 매 맞아 옥사하기 전에 첫 진술은 적변문축에, 두 번째 진술은 교남공적에 기록되어 있다. 첫 진술에서 "감히 간과 쓸개를 찢어 나누거나 피를 뿌리지 않고 굽혀서 다랍게 스스로 속죄하라는 것이냐.(敢不披肝瀝血敷陳裏曲鄙所以自瀆乎)"고 하여 죽을 때까지 선비의 기개를 보였다. 두 번째 진술에서 소모문을 지은 이유를 박달나무처럼 단단하게 방어하여 우리를 스스로 지켜내기 위한 욕심 때문이라 하였다.

3. 영해 동학혁명의 전개 과정

영해 동학혁명은 전날부터 집결지인 우정동 병풍바위(寧海府 西面 雨井洞 屏嚴)에서 전국 각도에서 동학도들이 모여들면서 시작되었다.

1) 영해부적변문축에 기록된 일시별 사건 요지

신미(辛未 1871)년 3월 11일 축시(丑時 1~3시)

관인이 없어지자 순영방(巡營房)과 영덕공형(盈德公兄)에게 사신으로 통지를 보내기 시작한다, "급한 사신을 보내는 바이다. 3월 10일 해시(亥時 - 밤 10시경)쯤 전체 숫자가 얼마인지를 알 수 없는 무뢰한 수백명이 머리에 갓(유건)을 쓰고 손에 죽창과 조총을 들고 갑자기 영해부(寧海府)에 들어와서 군의 무기(軍機)를 뺏고 관사에 불을 지르고, 본관사또의 생사는 알 수 없고, 관인이 있는지 없는지 알 수 없기 때문에 달려가서 고한다."고 전했다.

신미(辛未 1871)년 3월 11일 인시(寅時 3~5시) 순영방(巡營房)에 급히 통지를 보내다.

부사(본관사또)는 혁명에 참가한 무리들에게 찔려 죽었고, 관인 역시 혁명 참가자들에게 탈취 당했고, 혁명참가자들이 관청을 점거하여 물러가지 않고 있는 사실을 전했다.

신미(辛未 1871)년 3월 11일 미시(未時 오후1~2시) 각 영(各營) 및 인접 4읍(邑)에 통문.

3월 10일 해시(亥時) 쯤 정체를 알 수 없는 무뢰한들이 수백명 머리에 갓(유건)을 쓰고 손에는 죽창과 조총을 들고 갑자기 영해부에 들어와 군기를 뺏고 관사에 불을 지름, 본부에서는 세가 불리하여 이들을 상대할 수 없었음. 사또는 목이 찔려서 죽고 관인을 떼어내고 결박했다고 그 자제들이 처음으로 보고난 현상에 대한 생각임. 시신은 형리청에 안치하였다. 혁명참가자들은 오후 2시쯤 관사에서 물러나 포를 쏘며 서쪽으로 사라졌다는 통지하였다.

신미(辛未 1871)년 3월 13일, 오시(午時 11~13시) 영덕에 보낸 글 요지

서면 우장동 거주 박상제(朴喪制)를 즉각 잡아들이라는 명을 받고 본 영해

부 유향소에서 어제 이미 장졸과 나졸이 갔다가 돌아왔는데, 박상제 집은 전 가족이 솔권(率眷)해서 밖으로 달아나고, 그 곳은 큰 가마솥(釜鼎- 부정) 6개가 걸려 있는 자리에 소머리 둘이 있었고, 돌아오는 길에 서면 우장골 거주 박내춘(朴乃春), 박내우(朴乃右), 북면 송천거주 김응식(金膺植) 3명을 붙잡아 왔다.

3월 13일 같은 시간(戌時 밤7~9시) 영덕현에서 알려오다.

영해부 변란에 참가자 오촌거주 백중호(白重昊), 권취근(權取根), 진보 율곡 거주 오맹선(吳孟先) 등을 잡아서 우선 문초한 후 읍민들을 모아 때려 죽였다. 진술 내용은 "우두머리는 이제발(李諸發) 충주거주, 중군(中軍)은 박영조(朴永照) 본 영해부 병풍바위(屛巖)거주, 후군(後軍)은 최봉대(崔鳳大)로서 청하(淸河)거주, 박월천(朴月千)은 석문(石門)거주, 권재흥(權在興)은 진보 신한(神漢)거주, 신기호(申基好)는 진보 합강(合江)거주, 신성호(申成好)는 진보 중평(中坪)거주, 박지평(朴之平)은 본 영해부 인천거주, 장성진(張成辰)은 영양(英陽)거주, 관인은 영덕읍내 거주하고 있는 강수(姜守)가 가지고 갔다"고 한다.

3월 14일 오시(午時 12시) 각 영(各營)에 알리는 글이다.

혁명 가담자 4명을 12일에 잡았는데, 그중 본영해부 북면 거주 김덕만(金德萬), 서면 보림 거주 김명학(金明學), 서면 인천 거주 김용우(金龍佑), 어느 곳에 거주하는지 알 수 없는 백규흠(白奎欽)을 잡고, 술시(同日戌時)에 또 서면 오촌 거주 백중호(白重昊), 권취근(權取根), 진보 율곡 거주 오맹광(吳孟光) 등 3명을 붙잡아 유향소(留鄉所)에서 문초하고 여러 사람들이 하나같이 분한 마음으로 당장 때려죽였다.

후에 혁명 참가자 임영조(林永祚)란 자가 문초에서 진술한 내용에 의하면 영덕 영해 평해 울진 편에 적혀 있는 삼한 비기(秘記)에서 묘방(卯方-24방위중에 정동쪽의 15도가량 기울어진 방향)이 생기가 있는 방향이고, 검은 갓(유건)은 북쪽의 살기를 억제하고 푸른 옷은 동방에 응하여 푸른 제왕의 옳고 의로움(義)을 상징하는 연유로 장정이 부족한 영해를 먼저 범하고 장차 진보 영양을 범할 것이고, 강원도 평해로 향하고자 할 것이고, 그 후에 진을 칠 장소는 알아내어 얻을 수 없다. 선봉에 선 자는 경주 북면 사동(寺洞)에 거주하는 박동혁(朴東赫)인데 이미 총에 맞아 죽었다. 거듭하여 중군(中軍)이라는 명색은 영덕 거주 강수(姜洙)가 첩지를 받아 선봉이다.

신미(辛未 1871)년 3월 17일, 인시(寅時 4시), 이날 영해동학인거사에 관하여 좋은 소식을 보냄. 영양 문암동에서 관인을 찾고 동학혁명참가자 12명, 총 맞아 죽은 자 13명을 결박하고 여자와 아이들 20여명을 함께 붙잡아 영양현으로 잡아왔다는 것을 급히 알리는 것이다.

신미(辛未 1871)년 3월 21일, 순영에서 보내오다.

이번 영해 동학혁명에 참가한 죄인의 공통점은 "동학여당들의 모임 장소에서 술이 익듯 무루 익었고, 이번에 세상을 변하게 혁명을 일으킨 것이다."

신미(辛未 1871)년 3월 23일, 순영(巡營)에서 알리다.

선봉에 섰던 경주 박동혁(朴東赫)은 그날 밤 탄환에 맞아 죽고, 소지품은 깃발 홍주(붉은 명주) 한 폭, 첩지 한 장, 한글로 쓴(諺書) 책 한 권을 건봉하여 바치다.

2) 『신미아변시일기에 기록된 주요 부분

『신미아변시일기(辛未衙變時日記)』는 영해 동학혁명에 대한 순한문 일기체 기록인데 당시 영해유림의 도유사(유림을 총괄하는 대표)인 남유진(南有鎭)선생이 기록으로 남긴 것이다. 지금 그의 종손이 원본을 소장하고 있으며 관청기록에 없는 당시 상황을 알 수 있다. 그가 살던 가옥은 괴시리 한옥마을 내 물소와고택으로 한옥 문화재로 보존되어 있다.

辛未年(1871년) 三月 初十日

이방(수석관리)이 말하기를 서쪽 산골짜기에 사는 사람이 와서 서쪽 산골 어려운 사람이 사는 지역인 영양수비 경계지역 근처에 무뢰한 행색의 사람들이 오고가는 일이 끊이지 않는데 아무래도 심상치 않은 기미가 있다는 말을 듣고 이방(수석관리)이 부사에게 고하니 부사가 즉시 교졸 세 명씩을 뽑아서 사실인지 아닌지를 가보라고 했다. 그 지역에 늦게까지 탐사해 봤지만 한적하고 아무런 동정이 없어서 안심해도 될 것 같았다. 늦게까지 안돌아 왔지만 인심들이 너무 좋은지라 잘못 전해진 것 같아서 염려할 것이 없었다.…그날 밤 술해시 동학혁명의 군중들 5, 6백 명이 갑자기 영해읍성 서문 남문 양쪽으로 들어왔다. 머리에 갓(유건)을 쓰고 옷은 푸른색 짧은 도포를 입고 손에는 죽창이나 장검을 들고 성안으로 들어오자 일부는 군기창고로 달려가 창고 문을 부수고 병기를 탈취했다. 일부는 포청으로 달려가 포수군을 살폈다.

辛未年(1871년) 三月 十一日

아침이 밝아올 때 부사가 무참하게 해를 당했고 혁명에 참가한 사람들이 동헌을 점거하고 물러가지 않았다는 소문이 들리기 시작했다.…저녁 때가 되어 서쪽 산골짜기 인아리(인천리를 말함) 남쪽의 웅창(지금의 축산면 곰창 마을) 북쪽의 백석(지금의 병곡면 백석리) 등지의 동학혁명에 참가하였다가 해산하여 돌아간 사람들을 잡아 왔는데 그날 밤 포를 맞아서 부상당해 절고 있어서 갈 수 없는 자 3, 4명을 함께 잡아서 잡혀온 사람 모두 8, 9명을 영해부 옥에 가두었다.

辛未年(1871년) 三月 十二日

…어제 서쪽 산골에 교졸을 탐색하러 보내서 갔다가 돌아왔는데 동학혁명 참가자 오륙 명을 잡아오는 실적이 있었다. 형제봉 병풍바위 아래 조사한 결과 끓여 먹은 흔적과 솥 등 요리하는 기구를 다 찾아냈다. 푸른색 도포와 유건 혹은 다른 여러 읍에 있거나 혹은 다른 도에 있는 것을 숨겨놓은 물건이

다 있었다. 년 전에 동학여당임이 확실하다.

辛未年(1871년) 三月 十六日

…혁명 참가자를 붙잡아 압송해서 영양옥에 가둘 때 얻은 것은 본 영해관 아에서 잃어버린 관인을 찾았는데 있던 장소는 제단에 덮개를 벗기자 봉인한 관인이 걸려 있었다. 단상에 기를 단정히 세우고 천제를 올린 곳이다.

辛未年(1871년) 三月 十七日

…남교엄 권만전 백중목 권재현 전문원 박주한 등 여섯 명은 이미 6, 7년 전부터 동학당의 일원으로 구류를 살게 된 전과가 있기 때문이다. 여러 읍이 서로 통하여 같은 유형의 동학을 믿어 왔는데 숨어서 빈한한 마을에 동학교 도들을 설교하는 일을 한다. …

辛未年(1871년) 三月 十九日

평해 포교가 동학혁명 참가자 3명을 붙잡아 취초(取招)하니 우두머리는 경 기지방 사람인(畿湖人) 이제발(李濟發)이다. 그는 오랫동안 둔갑술을 익혀 현혹 시켜 왔고, 그 당시 관청문 입구에 들어갈 때는 어디에 있는지 보이지도 않았 는데 언제 동헌에 도달하였는지 홀연히 동헌 당상에 솟아 앉아서 그 아래 뜰 에다 본관사또를 끌어내어 앉히고는 그를 향해 몇 가지를 명하였다. 지금 돌 아온 군에서는 그가 어느 곳으로 갔는지 물었으나 알 수 없다고 한다.

辛未年(1871년) 三月 二十一日

…어젯밤 영해 동학혁명에 참가한 무리들이 영양현 관아 뒤 봉우리에서 고 함지르는 소리를 들었는데 그 말은 "영해 동학혁명이 일어난 것은 의거(義擧) 이다. 영양현에서는 혁명의 의사(義士)들을 함부로 붙잡는데, 만일 이를 중지 하지 않으면 조만간 도륙(屠戮)을 당할 일이 일어날 것이다."고 했다. 영해향 중에서도 어제 일월산을 날라 다니는 소리를 들은 것이 과연 헛소리가 아니 다. 오후에 지도자급 혁명참가자 경주(慶州)의 옥계산(玉溪山) 중의 힘센 역사(力

士)를 포박했다. 본 영해옥에 칼을 씌워 가두었다.

辛未年(1871년) 三月 二十二日

수인(囚人)을 안동진 한곳으로 압송하라고 안동부사가 영해부안핵사로서 국문할 장소를 자신의 영내에 설치한다는 것이다. 영해향교의 유학인(지금의 대학생) 6명 역시 압송중인데 영해향중에서는 영해읍에다 가두도록 헤아려 줄 것을 요청했으나 이미 죄인으로 기재되면 마음대로 편하게 할 수 없는 것이니 선비로 명예를 더럽히고 욕되게 함은 괴로운 일이다...

辛未年(1871년) 三月 二十四日

...운현궁에서 특별히 뽑은 무사 배선달이 말과 검을 하사받고 내려와 행동대에 합류했다. 이를 전해들은 혁명참가자들이 많이 숨었다.

辛未年(1871년) 三月 二十五日

안동진에서 본 영해부에 분부하여 이르기를 향리인 이방 호장 통인 급창 도사령 등을 연행해 보내고, 수리인 이방은 관장의 상여행차를 보내는 중도에 안동진에서 바로 잡아가고 나머지는 전부 다 그날 즉시 집행해 갔다.....

辛未年(1871년) 三月 二十八日

관동 지방에 갔던 배선달(운현궁 대원군이 보낸 무사를 말함)이 울진 삼척 등지에서 혁명참가자 8명을 잡아 왔는데 그 중에 하나는 평소에 자칭 용맹을 겸비한 추장급이다.···

辛未年(1871년) 五月 初四日

본 영해읍의 수석관리이었던 전 이방 신택순이 누차 매를 맞아 견디지 못하고 옥중에서 넘어져 물고되었다. 같은 달 12일 주검으로 돌아왔다.

辛未年(1871년) 五月 初九日

영해읍에 돌아와서 간힌 사람이 17명인데 이 중에서 영해향교에서 교육받는 유생(지금의 대학생) 6, 7명중에 박생(박한태로 추정됨)이 동학혁명에 참가하였다고 공초에서 진술했다.

3) 영해부적변문축의 진술자 증언(요약)

영해부적변문축에 날짜는 진술한 날이 아니고 기록한 날이다. 평해군과 울진현에서 붙잡아 1차 진술서를 보내온 것이 첫 진술이고 영해부나 경주부에서 붙잡힌 사람들의 첫 진술은 기록된 것이 없다. 아래 주요 진술을 발췌하였다.

> 신미(辛未 1871)년 3월 21일, 영해부 서면 가산동 유학 권영화, 22세(효수형을 당함)
>
> 나는 3월 10일 신시(申時) 쯤에 우정동 병풍바위에 갔다가 그날 해시(亥時) 영해부성 안으로 바로 들어갔는데 성안에서 군의 무기를 탈취하고 또 동헌으로 갔다. 동헌에 있던 부사의 의복은 울진 매일리 거주 전조오가 가지고 간 것이고, 또 여러 무리들이 청사 안에 들어가 궤짝을 부수어 열고 돈을 약 300량 가량을 읍촌민에게 나누어 주고 전하는 글을 써서 "놀라지 마시고 각자 안심하시기 바란다."고 했다.
>
> 11일 오시 경 읍에서 서쪽 3리가량 떨어진 인근동에서 거주민을 위협하여 점심을 먹은 후 10리 떨어진 가산동에 가서 저녁을 먹었다. 그 후 바로 장륙사 경내에 밤을 보내어 머무르고, 다음 날 13일 진시(辰時 7~9시) 가량 식사 후 출발해서 울티재를 넘어 양구동(羊邱洞)으로 갔다. 영양현 북쪽 30리 떨어진 일월산 큰골 이춘대의 집에서 날은 벌써 저물었으니 소를 잡아 포식하고 행인들을 붙잡아 무리를 모아서 바로 영양을 범하자는 말이 나와 나는 겁이 나고 두려워 달아나 몸을 피해 되돌아왔다.
>
> 신미(辛未 1871)년 3월 21일, 강원도 평해 관곡 양인 손경석, 23세(효수형을 당함)

나의 처남 전윤환이 하는 말이 "장차 난리가 일어나서 큰 화를 당하지 않으려면 너도 나를 따라가서 재앙을 당하는 것을 막아야 되지 않겠느냐"하여 이번 초열흘 영해부에 도착했는데 밤이 깊었다. 동학당이 영해부에 바로 모인 사람도 이미 200여 명이 넘었다. 전윤환은 청메자와 조총 한 자루를 가지고 있다가 나에게 주어서 나는 청메자를 입고 조총을 가지고 동헌으로 따라 들어갔다. 우두머리는 이름을 알 수 없는 이가(李哥)인데 서울 산다는 사람이다. 동헌 대청마루에 앉아 혁명참가자에게 관장을 잡아오라 시켜 계단 아래 결박하여 항복문서를 받으라고 했다. 관장은 해를 당하고 또 관인을 빼앗고 처음에 동헌으로 들어갈 때는 나누어서 군 기물과 화약류를 탈취하고 밤새도록 성 안을 점거하였다. 다음 날인 11일 다음 동네 동민들에게 저녁밥을 시켜 먹었다. 출발해서 가는 방향은 영양인데 나는 갑자기 사는 것이 두렵고 겁이 나 무서운 생각이 들어 도망쳐서 달아났다.

신미(辛未 1871)년 3월 21일, 강원도 평해 월야동(月夜洞) 전인철(全仁哲), 45세 (효수형을 당함)

이번 3월 2일 4촌 동생 전영규(全永奎)가 나에게 "동해 섬에 정가가 있는데 장차 크게 귀한 사람이 될 것인데 나와는 이미 친하고 익숙하여 허물이 없는 사이이다. 너도 함께 가서 크게 그리는 원대한 일을 이루도록 하자"는 말을 했다. 듣고 나서 못들은 척 했더니 초아흐렛날 영규가 "영해는 고래 잡는 왜선이 많이 정박하는데 사람들이 다 피란을 가야 한다"고 했다.

우리 집 뒤뜰에 일찍이 대나무 밭이 있는데 이번 달 7일 나의 사촌동생이 염전에 물 따르는 장대로 쓴다고 대나무 봉을 사겠다고 청해서 값을 8전 받고 큰 대나무 두 짐을 베어서 공급해 준 일이 있을 뿐이다.

(1871년 4월 30일 2차 진술이 기록된 교남공적에는 將校이다. 보충진술은 다음과 같다.) 우리 집에 있는 장죽 180개를 허락하여 베풀어 준 것은 나의 사촌 형 영규이다. 이

에 영규는 중군이고 나는 별무사이다. 칼로 관장을 해한 자는 김조별이다.

신미(辛未 1871)년 3월 21일, 강원도 평해 오질리(烏垤里) 양인(良人) 황억대(黃億大), 45세 (효수형을 당함)

나는 행상을 업으로 살고 있는데 백미 2석을 사러 죽현에 사는 이름을 알수 없는 김대목(金大木)의 집으로 이달 13일 쌀을 짊어지고 오려고 갔다가 혁명참가자로 짐작되는 남자들이 20여명 여자들 30여명이 모여 나를 보고 붙잡았다. 15일 요리를 맡은 사람이 천제를 지낼 소 두 마리를 잡았고, 당일 신시(申時 오후 4시) 가량 영양포수와 교졸들이 무수히 왔다. 대포소리가 하늘을 뒤흔들었다. 그중 걸음을 잘 걷는 사람 5, 6명은 피하여 안동 울연전(蔚蓮田)으로 피하고 나는 안동 가신천(加新川)으로 피하였다가 평해 교졸에게 붙잡혔다.

(1871년 4월 29일 교남공적에 기록된 2차 진술 – 중복된 것 제외) 나는 지난 삼월 초열흘 인철과 함께 영해우정동에 갔다. 집주인은 박영관이다. 무리들이 모이는 자리인데 이미 오십여 명이었다. 그 날 황혼이 되어 소를 잡아 하늘에 천제를 지내고 영해읍내로 향했다. 나는 옷에다 납 총알을 달고 등에는 상롱을 짊어지고 따라가 관청 문으로 들어갔다. 읍의 백성들은 다들 달아나서 흩어지고 관속들은 한 사람도 보이지 않았다. 남아 있던 별포 등이 대포를 쏘았다. 혁명에 참가자 3,4명이 탄환에 맞아 죽었다. 여러 참가자들은 두려워서 성 밖으로 달아났다가 다시 들어가 군기창에 무기를 뺏었다. 그 다음날 11일 읍민들이 밥을 해 가지고 와서 각각 나누어서 먹었다. 오후에 다 같이 읍을 떠났다. 15일에 영양 상죽현에 이르렀다. 소를 잡아서 하늘에 제를 지내고 있을 때에 관군들이 갑자기 이르러서 포박하고 붙잡았다. 더러는 그 자리에서 죽기도 하고 더러는 붙잡혀 간 자도 있다. 또 더러는 달아나서 빠져 나갔다. 나 역시 달아나서 안동 울연전으로 갔다.

신미(辛未 1871)년 3월 21일, 강원도 평해 월야동(月夜洞) 양인(良人) 전정환(全正

煥), 39세 (효수형을 당함)

나는 이달 10일 저녁 손에 죽창을 들고 머리에 갓(유건)을 쓰고 영해읍으로 바로 향했다. 때는 해시(亥時) 가량 되어 나는 바로 동헌으로 들어갔다. 관장을 잡아내어 계단아래서 결박했다. 관장은 화를 내어 꾸짖으며 말하기를 "나는 죽는 한이 있어도 너희들 무리에게 굴하지 않겠다"고 하니, 우두머리 이가(李哥)가 서울거주 이름을 알 수 없는 김가(金哥)에게 시키자 도검으로 관가(官家)를 해하였다. 또 인부를 탈취한 것도 이때이다.

(1871년 4월 24일 2차 진술에는 동규가 종조부라고 아래와 같이 진술함) 나는 지나간 3월초 종조부(從祖父)인 전영규(全永奎) 할아버지께서 말씀하시기를 영해 병풍바위 박영관의 집에 동학인의 모임에 중요한 의논이 있는데 너도 함께 가자고 해서 같은 달 6일 종조부 동규(東奎) 영규(永奎) 종동생 윤환 울진의 김귀철도 함께 병풍바위에 갔다.

신미(辛未 1871)년 3월 21일, 영양 북면 대성골(大城谷) 양인(良人) 안대제(安大齊), 58세 (원지정배를 당함)

나는 이달 6일, 병풍바위에 거주하는 박사헌(朴士憲)이 우리 집에 와서 하는 말이 "영해읍 경포에 고래 잡는 왜선 수천척이 이달 10일에 와서 정박하게 되면 읍부(邑府)가 가라앉을 변란이 있을 것이다. 우리들은 모임에 가서 살아날 방도를 찾아 모진 일을 면해야 하는데 너도 화를 면하고 싶지 않으냐. 초열흘날 우리 집으로 오너라."고 했다. 나는 그 말을 들으니 별 의심 없이 나와 아들 갑종(甲宗)이는 함께 그 집으로 갔다. 처음 그 집으로 갔을 때는 이경(밤 10시 전후) 가까이 되었다. 이미 모인 사람은 1백 5, 6십 명이 대부분 머리에 갓(유건)을 쓰고 몸에는 청색 도포를 두르고 방 한가운데 앉은 우두머리로 칭하는 사람이 혁명의 지도자인데 성명은 알 수 없었다.

해질 무렵까지 여러 혁명참가자들과 함께 성 밑에 까지 도달하니 곧 방향

60보 앞에서 대포소리가 났다. 심히 놀라고 경황이 없어 아들 갑종이를 데리고 우리 집에 돌아왔다.

신미(辛未 1871)년 3월 24일, 울진(蔚珍) 덕순리(德順里) 거주, 김귀철(金貴哲), 44세(물고됨)

나는 금년 2월 25일 쯤에 처남 전인철의 집에 가니 나에게 말하기를 "이미 들은 바가 있겠지만 영해 병풍바위에 거주하는 박사언(朴士彦=朴士憲)의 말에 의하면, 진인이 있는데 작년 7월부터 우리 집에 유숙해 왔다. 우리들은 무극대도의 후천개벽 오만년의 횃불을 밝혀 혁명을 이루고자 한다. 이미 서양에서는 임금을 4년마다 백성들이 뽑아내고 임금을 처형한 나라도 있다고 하는데 병인양요에서 그 나라들은 배를 타고 수만리 우리나라 연안까지 드나들면서 좋은 무기와 큰 배를 만들어 내는 것은 모든 백성들이 존귀한 후천개벽을 이루었기 때문이다. 영해부를 벌하여 임금의 뜻이 어떤지 세상을 바꾸어야 한다"는 것이다. 나는 일이 너무나 중대하여 거절하고 바로 되돌아왔다.

3월 7일 인철이 말하기를 "이제 틈이 없으니 급한 일이 생겼는데 영해에서 개벽의 횃불을 밝히는 혁명대사가 날이 정해졌으니 이번 10일이다. 일이 급하니 오라고 청하는 것이다. 그 때가 되면 불가불 함께 가야 한다."고 했다. 또 "오는 것이 마음대로 와도 어찌 가는 것이 마음대로 되느냐. 사는 일과 죽는 일에는 너와 함께 하는 것이니 어찌 너와 내가 같지 않느냐."고 했다. 그래서 부득이 함께 가지 않을 수 없어 승낙했다. 초아흐레 먼동이 틀 때 출발해 영해 땅의 병풍바위 동학인들 모임장소에 갔다. 밤이 이미 깊었고 읍에서도 30리가량 떨어진 곳이다. 나는 박사언(朴士彦)의 집에서 유숙했는데 아침 일찍부터 저녁 황혼까지 사방에서 사람들이 모여들었다.

10일 술시(戌時 오후7~9시)가량 바로 영해부 안으로 들어갔는데 이미 야반이 되어 부내는 적적하고, 바로 군기고로 가서 병기를 탈취했다. 삼문(三門) 밖에서 반은 각 청으로 들어가고, 반은 동헌으로 들어가 먼저 불을 밝힌 사람은 모임에서 선봉장이라고 부르던 전인철(全仁哲)이다.

관인을 탈취한 사람은 진인이라고 일컫는 이씨가 동헌에서 정좌를 하고 부사에게 수 없이 많이 저지른 죄목을 들어서 엄하게 나무라고 난 후에 성문 앞에 백성에게 대포를 쏜 것에 군법을 출령하여 시행했다. 이에 서울거주 이름을 알 수 없는 김(金)씨는 갑옷을 입고 있다가 칼을 뽑아 들고 군법을 행할 때는 이미 날이 밝아왔다. 병풍바위로 돌아오는 길에 여러 가지 생각하다 뒤로 낙오된 다음 이탈해서 달아나 길곡동(吉谷洞)에 이르러 붙잡혔다.

신미(辛未 1871)년 3월 28일, 울진 덕구리(德邱里) 남기환(南基煥), 26세 (효수형)

나는 본래 가난하고 궁색한 농사일로 살아가다가 장사를 하기 위하여 임화일의 밑에서 영해부 근처 5리 되는 임두정(林頭亭)에 와서 유숙하려는데 알 수 없는 많은 사람들 수백명이 머리에 유건을 쓰고 손에는 죽창을 들고 위협하였다. 그들은 영해 동학혁명참가자였는데 이들에게 편입되어 영해부로 향했다. 대포소리가 땅을 뒤흔들고 일개 부가 요란했다. 그리하여 이슥한 밤 다급하고 두려움에 스스로 몸을 이탈하여 밖으로 도망쳐 나왔는데 울진 장졸에게 붙잡혔다.

신미(辛未 1871)년 4월 2일, 영해 오서면 수동 유학 박종해(朴宗海) 나이 24세

나는 산전(山田)을 이루어 업으로 해도 먹고 사는데 족하니 읍 부에 간적도 없다. 금번 영해읍에서 일어난 동학혁명의 일에는 괜히 애매한 것이고, 동학(東學)을 배워 익힌 바는 있으나 이미 지난 일이고 지금은 폐기했다. 나를 잡아 가려 꾸미지 마시오. 나의 스승 박하성(朴河成 = 초대 영해접주 朴夏善)은 13촌간이다. 그의 몸은 이미 돌아가셨다는 것 외에는 내가 말로서 진술해 올릴 것은 더 이상 아무것도 없다.

신미(辛未 1871)년 4월 9일, 울진 매일리(每日里) 남두병(南斗柄), 43세(물고)

나는 울진현으로 부터 눈여겨보아 아무런 죄가 없다고 내보냈다가 다시 잡아들였던 것이다. 이번에는 배선달(裵先達-대원군이 운현궁에서 밀파한 인물)이 다시 붙잡도록 촉구해서 본 영해부에 압송한 것이다. 구차하게도 받아들일 만한 명령이란 인류가 새로운 이빨갈이를 할 때부터이니 곧 진정한 삶과 죽음은 살과 뼈이다. 감히 간과 쓸개를 찢어 나누거나 피를 뿌리지 않고 굽혀서 다랍게 스스로 속죄하라는 것이냐.

이른바 이필제(李弼濟)는 이홍(李弘)이다. 혹 주성칠(朱成七)이라 칭하기도 하고 혹 정가(鄭哥)라 칭하기도 하고 이제발(李濟潑)이라 칭하여 이름은 변한다. 나는 그와 더불어 병인(1866)년 이래 서로 알고 지낸 사이인데 글을 짓는데 뛰어났고 글의 내용을 들어 사랑했을뿐더러, 또 명나라 황제와의 의리(임진왜란에서 출병한 의리를 말함)를 감히 크게 장담하여 시를 읽고 통곡하였다. 병력을 일으켜 모아서 북쪽 오랑캐(淸나라를 말함)를 정벌하고 신종황제의 사당을 보존한다는 글귀와 말씀이다.

김낙균(金洛均)은 우두머리를 보좌하는 심복이며 일찍이 충주(忠州) 사람이다. 나는 또 혁명 참가를 권유하는 소모문(召募文)을 지어 달라는 것을 처음에는 따르지 않았다.

(1871년 4월 30일 교남공적에 기록된 2차 진술에 소모문에 대하여 아래와 같이 진술했다.) 나는 글을 쓰는 병이 자주 있어서 글을 아는 선비들끼리는 허물없이 일어나는 유학자의 본색이다. 소모문을 지은 것은 박달나무처럼 단단하게 방어하여 우리를 지켜내기 위한 욕심 때문이다. 이는 실로 서생의 도리요 계책이다.

신미(辛未 1871)년 4월 27일, 밀양(密陽) 김일언(金日彦), 40세(효수)

나는 밀양 백성으로서 가난하고 어렵게 살고 있다. 지난 삼월 날짜는 모르지만 한 열흘 전 산나물을 채취하러 영양등지에 갔다. 혁명참가자 무리와 어찌하여 만나게 되었는데 죽창을 받아서 함께 따라갔다. 3월 10일 영해읍에 진입하여 혁명이 일어났을 때 나는 동헌에 들어가지 않고 삼문 밖에 서서 지휘하는 것을 듣고 있다가 다음 날 해 떠오를 때 먼저 영양 일월산을 향했다. 천제를 지내는 것을 자세히 보고 소고기를 먹은 후 각 읍에서 포수와 교졸들이 뒤 따라 온다고 했다. 달아나라고 명령하여 이르게 된 것이 강원도 삼척 삭일령이었다.

신미(辛未 1871)년 4월 27일, 영산(靈山) 송지(宋志), 39세(물고)

나는 영산 백성으로서 행상을 업으로 살아가고 있다. 지난 삼월 날짜를 알 수 없는 열흘 쯤 전인데 소금과 바꾸러 다니는 길에 영해 서면 등지에 이르렀다. 어찌하다 보니 영해혁명 참가자 무리를 만났는데 나를 위협하여 두렵기도 한 까닭에 부득이 죽창을 손에 잡고 혁명에 참가하게 되었다. 삼월 초열흘 영해읍에 입성하여 다음 날 오시에 다시 영양 일월산 아래로 향하게 되었다. 포교가 오는 것을 피하여 도망친 것이 삼척 삭일령이었다.

4) 죄인 문초기록인 『교남공적』의 진술자 증언

죄인 문초기록인 『교남공적』[7]은 안동부사 박제관이 영해부안핵사를 겸임하면서 사건조사 보고를 한 정부 공식기록이다. 죄인들의 첫 진술은 기록하지 않고 두 번째 진술부터 다듬어 적은 것 같고 나중에 붙잡힌 2명만이 첫 진술도 기록하였다. 첫 진술이 중요한 이유는 당시 나이와 주소가 기록되어 있기 때문이다. 두 번째 진술부터 네 번째 진술까지 있는데 두 번째 진술 중 중요부분을 발췌하여 요약하였다.

1871년 4월 22일 罪人 慶州良人 朴命觀(梟首)

나는 지난 3월 7일 영해 우정동 전국의 동학도들이 모이는 장소에 가서 우두머리 이제발을 만나 보았고, 이에 3월 10일 야간에 영해읍에 진입할 때

나는 횃불을 들고 동헌으로 바로 갔다. 포를 쏘는 소리가 갑자기 나서 지휘자는 놀라움을 삼키고 혁명에 참가한 동학도들이 성 밖으로 도망가려 하자 우두머리라는 사람이 여러 사람을 원망하면서 대포소리 한 번에 겁먹지 말고 이미 시작된 것이니 다시 안으로 들어가자고 인솔해 들어갔다. 이때 혁명대열 중에 총에 맞아 죽은 사람이 있는데 장기(長鬐 지금은 포항시 장기면)에 사는 이름을 알 수 없는 성(成)씨가 그 자리에서 죽었다.

강사원은 탄환이 안면을 스쳐갔는데 부상을 당하였고 치명적이 아니었다. 나는 대포가 겁이 나서 성 밖으로 물러나서 밭에 잠복해 있다가 맨 마지막에 대포소리가 멎었다는 소리를 듣고 다시 동헌으로 들어갔다. 혁명에 참가한 군중들이 누구누구인지 개개인의 이름은 알지 못한다. 그 중에서 가장 친한 사람이 강사원이다. 그 밖에 이름을 모르는 평해 전씨 숙질, 충청도 김씨가 혁명대열의 그 다음 지도자이고 나는 길 중간에서 영해부 내에 동정을 미리 살핀 사람과 횃불을 든 사람이 누구인지를 횃불 밑에서는 알 수 없었다.

1871년 4월 22일 罪人 蔚山良人 徐羣直(絶島定配)

나는 영해 우정동에 이인을 만나러 3월 10일 강사원과 함께 찾아갔다. 그 집은 박상제(즉 상주 박씨라는 뜻)인데 이름은 알 수 없다. 먼저 손님을 맞이하고 동학도들의 모임에 5, 60명이 모인 자리에서 이인이라고 일컫는 사람은 최고우두머리 이제발이다. 서울 있다는 이름을 알 수 없는 김씨, 평해 전씨 숙질 및 사원이 그 다음 우두머리 지도자이다. 그들이 별무사 집사 등 임무를 부여해서 첩지를 하나씩 나누어 주었는데 사원이 나에게도 하나를 주자고 하니까 이제발이 듣지를 않고, 말하기를 새로 동학에 가입한 신참에게 임무를 주지 않는 것이라고 말했다. 우리들은 소위 군호를 부르는 호칭이 청이라 말하고 홍이라 말하는 것이었다. 그 의미가 무엇인지를 물어보니 사원이 설명하기를 청이라 하는 것은 동학도를, 홍이라 하는 것은 평민으로 구별해서 부르는 것이라고 했다.

그날 밤 혁명대열의 군중들이 영해읍을 향하여 달려가서 이들이 성 밖에 다다르니 이미 두 사람이 기다리다가 성 안으로부터 밖으로 나와 영해부 안에서 아래 위 사람들이 잠들어 방심할 때 빨리 들어가라고 했다. 이제발의 답은 너희들은 저녁밥을 먹으라고 했다. 내가 듣기로 그 말은 필시 세작이 먼저 탐지해 보고 시키는 것 같았다. 얼굴 생김새는 누가 누구인지 어두운 밤이라서 전혀 변별할 수가 없었으며, 혁명대열이 난입할 때 나는 끝까지 두려움을 품고 겁이 나서 십여 명이 함께 있었다. 밭둑에 앉아서 피신하고 있을 때 갑자기 성안으로부터 대포소리가 일어났다. 나는 달아나서 우정동을 향하여 돌아갔다. 즉 박영관의 집이 텅 비어 있고 동학혁명대열에 참가한 사람들이 벗어 놓은 방립이 무수히 많았다. 배고픔을 이기지 못하여 스스로 밥을 해서 먹을 것을 찾아서 먹고 40리 밖에 권씨성을 가진 이름을 알 수 없는 집에 도착했다. 듣기로는 동학교주 최경오가 관장을 죽인 것이라고 한다.(5월 9일 진술에서 동학교주 최경오가 관장을 죽였다는 부분은 번복했다.)

1871년 4월 22일 罪人 慶州幼學 李秉權(梟首)

나는 지난 3월 10일 영해 우정동 동학도 모임에 참가했다. 그날 밤 영해 동학혁명대열에 참가한 사람은 모두 다 똑같이 갓(儒巾)을 쓰고 푸른 도포(靑袍)를 입고 모이기로 약속했다. 동학혁명대열이 읍에 들어가는데 선봉에 선 우두머리는 이제발이다. 강사원은 총알을 얼굴에 맞았는데 비록 치명적이지는 않은데 중상인 것 같다. 이제발이 동학의 최고 우두머리라는 말은 전해 들었다. 나는 동학의 관습을 전혀 익히지 못한 것이다.

1871년 4월 22일 罪人 安東良人 張成眞(梟首)

나는 10일 당일 밤에 동학혁명 대열이 영해부에 들어갈 때 별무사(別武士)

를 맡도록 임무를 지정 받았다. 먼저 군기고를 파괴하여 조총을 4, 5십 자루를 탈취해서 혁명대열 참가자들에게 나누어 주고 동헌으로 들어가 본 즉 관장은 이미 해를 당했고 누구의 손으로 범했는지 알 수 없었다. 지도자 이제 발이 방을 붙였는데 이청(吏廳)에서 공전 140량을 거두어서 5개동(五個洞) 두민에게 나누어 주었다.

11일 영해읍을 떠날 때 인량리(仁良里)에 도착하였고 동민을 불러 모아서 글을 써서 보여주었다. 그 글은 대략 백성들은 안심하라는 뜻이다. 13일 이제발의 지휘로 6, 7명이 영양읍에 엿보아 탐지하러 갔는데 별무사 임명장을 청전대에 넣어 허리에 차고 있었는데 띠 끈이 삐죽이 보여 읍에 소속된 관리들이 수탐해서 모든 것이 탄로 나 붙잡히게 되었다. 그때 함께 갔던 6, 7명은 안면이 있어도 누구인지 이름을 물어보지 않아 모른다.

1871년 4월 23일 罪人 寧海幼學 權養一(遠地定配)

나는 지난 3월 10일 밤에 영해읍에서 일어난 동학혁명의 변란은 그러하리라고 여기지도 듣지도 못하고, 3월 11일 땔나무를 팔러 영해읍에 갔다가 힘없이 돌아오는 길에 동학혁명 대열에 참가했던 무리들 100여 명을 만나 그들이 나를 붙잡고 하는 말이 우리 당에 입당하지 않으면 베어 죽인다고 했다. 그 위협에 따라가서 저녁밥을 신주막에서 먹었다. 12일 오촌리(梧村里)에 도착해서 마누라 병을 간호하려 집에 가야 된다니 놓아 주었는데 몇 사람이 감시하여 집에 갔다가 오라고 틈을 주었다. 몇 사람이 함께 집에 가서 겨우 하룻밤을 자고 나서 나에게 봇짐을 싸라고 시켰다. 나는 봇짐을 지고 매고 붙잡혀서 떠나가 허릿재(屹里嶺)로 가 보니 많은 사람들은 이미 제를 넘어가 버렸다. 13일 밤 두 명의 무리와 주점에서 유숙하고, 14일 아침에 어느 산골짜기인지도 모르고 무리들이 어느 쪽으로 갔는지도 알 수 없었다. 영양 개곡동(開谷洞)에서 신화범과 함께 영양포교에게 붙잡히고 짝이 되어 함께 갔던 두 사람은 도망쳐서 숨었다.

1871년 4월 23일 罪人 英陽總角 崔基浩(효수)

나는 동학혁명참가자가 영해읍에 들어가 군기창을 공격할 때 허리에 백기를 꽂고 관청으로 들어가는 방향을 알게 했고, 내 앞에는 이제발 박영관이 있었고, 장성진 김덕창이 내 뒤를 따랐다. 당일 밤 이제발이 혼자 사무실(吏廳)에 들어가서 두 사람을 데리고 나왔는데 한 사람은 곧 돌아 들어가고 한사람은 관문에 따라 나와서 우두머리인 이제발과 더불어 한참을 무엇인가 이야기를 했는데 술을 마셨다는 것은 감추어 졌다가 박영관으로 부터 나중에 이야기를 들었고 관리 두 명의 성이 하나는 정씨요, 하나는 신씨라고 했다. 영관은 또 정씨 관원의 말 속에 우리들은 동헌에 들어갈 수 없다는 것이다.

1871년 4월 23일 罪人 寧海幼學 權錫重(효수)

내가 역성혁명(易性革命)으로 세상이 변한다고 한 것을 또 다시 질문하였으니 말한다. 우리가 바라는 새로운 세상이 온다는 것은 이미 머금고 있다가 깨뜨리고 세상에 나온다는 개벽을 말하는 것이다. 지난 3월 10일 밤 읍에 들어가 동학혁명 후에 첫 닭이 울 때까지 관아 사무실(吏廳)에서 두 사람의 관리들과 서로 이야기한 사람은 박영관이다. 박영관으로부터 들은 얘기는 두 사람 중에 하나는 신씨로서 이방(吏房) 신택순(申宅淳)이고, 다른 하나는 그 이름이 희일(喜一)이오되. 칼로 관장을 해한 것은 서울거주 김진균의 소행이오며. 그 날 우정동(雨井洞)에서 도록(都錄)을 만든 것은 우두머리 이제발(李濟發), 그와 더불어 서울사람 김진균(金震均), 영양 최경오(崔景五), 집주인 박영관(朴永琯) 이분들은 같은 한자리에 앉는 분들로서 한 줄로 나란히 써진 분들이다.

1871년 4월 23일 罪人 寧海幼學 朴箕俊(효수)

이미 듣게 된 바로 관에 고하지 않은 것은 이방에게 혹여 예상하지 못하는 어려운 화를 당하는 것을 막을 방도로 고하지 아니했다. 내가 먼저 탐지를 했다면 어찌 숨기고 꺼린 것을 고하지 않겠는가. 혁명참가자들이 읍에 진입할 때는 밤이었고 거듭하여 달아나서 비켜나고 변란의 횃불을 든 백성들이 일어난 광경을 처음에는 자세히 알지도 못했다. 이미 동학혁명은 일어났고 피할 수 없는 것으로 변했다. 혁명의 대열이 읍내에 진입한 것은 되돌릴 수 없고 간첩인 세작으로 보인 책임을 면하기 어렵다. 이는 기이하게도 이방을 통하여 혹시 단단히 방어할 방도를 얻도록 한 것인데 내가 이방을 만나지 않았으면 죄가 없을 것이다.

1871년 4월 24일 罪人 寧海幼學 朴永壽(효수)

나는 영해읍 혁명 대열에 동참하지도 않았지만 영관의 동생은 면할 수 없다. 나의 형은 동학당과 함께 큰 죄를 지었고 또 혁명에 참가했더라도 역시 한번 죽는 것이다.

1871년 4월 24일 罪人 盈德良人 林永祚(효수)

나는 지난 3월 10일 평해 갔다가 돌아오는 길에 영해 고참항수동(古站巷數洞 - 창수면 수동 희암골을 말함)에서 강사원(姜士元)과 만났고, 또 두 사람이 있었는데 하나는 전에 영덕 직천(지금의 강구면 상직리)에서 만났던 구일선이고, 다른 하나는 성명이 누구인지 모르지만 이 세 사람이 우정동 박영관의 집에 함께 갔다. 이미 백여 명 가량 모였다. 누가 새로운 신참은 성명을 말하라고 해서 내가 답했다. 당일 밤에 영해읍 성 안에 진입했다. 이제발이 사원에게 말하기를 중군(中軍) 첩지명령을 받은 사람이 지금 총에 맞아 죽었으니 너는 대신할 사람을 관인으로 임무를 부여하라고 하니 사원은 총에 맞아 죽은 중군을 알지 못하였다.

1871년 4월 24일 罪人 寧海幼學 朴永珏(효수)

나는 형 영관의 말을 들은 것과 또 이제발의 권유로 지난 3월 10일 밤 혁명 대열의 군중들을 따라 갔다. 관장은 서울거주 김진균이 수도로 죽었다. 한편으로 허다한 기계 총기류 무기를 탈취하였다. 이제발은 그날 밤 또 영덕을 범할 것을 발의했으나 군중들이 행패를 수긍하지 않았다. 11일 아침이 밝아졌을 때 놀라 골짜기로 흩어졌던 동민들을 안심하고 돌아오게 하고 당일 오후 영해읍을 떠나 15일까지 도착한 영양 대태골(大泰谷)에서 관군에 붙잡혔다.

1871년 4월 24일 罪人 寧海幼學 朴漢龍(효수)

　나는 지난 3월 8일 우정동에 가게 되었는데 10일 밤 읍에 들어갈 때 내가 혁명대열을 인솔하는 대로 시종 함께 따라다녔을 뿐이다. 하늘에 제사지낼 때 축문 일부는 내손으로 쓰고, 내가 만들어서 혁명지도부에 제출했다. 제천축문(祭天祝文)을 물었으니 진술하겠는데 형제봉(兄弟峯)에 올라 소를 잡아 천제(天祭)를 지내면서 고했던 축문(祝文)은 태워서 하늘에 날려 보내지 않소. 소의 피를 손끝에 적시는 흔단(釁端)의 예를 올렸소. 그러나 고축문(告祝文)에 쓴 것은 누구나 하늘상제님을 모시고 섬기는 21자 주문과 같이 인간이 존귀한 가치는 누구나 차별 없이 행복하게 살아가는 자존의 무극대도(無極大道)가 우리들이 바라는 세상이요. 이것이 하늘에 고하는 축문에 들어있다는 것은 당신들도 묻지 않고도 다 아는 내용이 아니겠소. 천지신명께서도 하늘에 고한 축문을 들어주신다면 앞으로 백년 안에 후천개벽의 시대는 활짝 열릴 것이오.

1871년 4월 25일 罪人 慶州良人 許性彦(효수)

　지난 3월 10일 군중들이 영해읍에 들어가는데 위협으로 함께 갔다. 3월 13일 이동해서 도착한 곳이 영양 문암동(門巖洞)이었다. 지도자들이 나에게 소를 잡으라고 시켰는데 집주인 박씨가 듣지 않고 직접 소를 잡고 싶다고 해서 그렇게 한 후 칼로 즉시 나누었다. 내가 누구의 협박으로 참가한 것은 아니다.

1871년 4월 25일 罪人 寧海良人 權斗石(효수)

나는 지난 3월 10일 밤 동학혁명 대열이 영해읍에 진입할 때 참가했다. 나는 본읍 별포수(別砲手)의 동정을 살피라고 시켜서 동정을 살폈는데 해당 관청의 별포군은 성밖으로 도망가기도 하고 성 안에서 포를 쏘았다. 내가 지난 번 진술에서도 돌아가신 아버지의 제삿날인데 가탁자(假託者)들의 부탁을 받은 사람들이 나타나서 행패를 부린 것이라고 말했다.

1871년 4월 25일 罪人 安東良人 金千石(효수)

3월 9일에 의부와 함께 나는 영양시장에 갔는데 매부 이성중(李成仲)을 만났고 영해를 함께 다녀오자고 했는데 매부가 처음으로 여러 가지 위협을 해서 함께 영해 우정동(雨井洞)에 갔다. 한 사람이 마중 나와서 이미 꽉 찼다고 했다. 밖에서 처음 참석하는 사람이라는 말을 들었다. 3월 10일 밤 동학혁명대열의 군중들이 진입할 때 나와 매부 성중은 달아나려 해도 어디인지 몰라서 달아날 수도 없었다. 누가 무기를 탈취했는지 그 광경은 알지 못한다.

3월 15일 나는 도망 나와서 우리 집에 돌아왔는데 매부 성중이 먼저 돌아와 있고, 영양 죽현의 이씨 김씨 최씨를 집에 올 때 처음으로 대하였다.

1871년 4월 25일 罪人 寧海幼學 韓相燁(효수)

나는 지난 3월 7일 뜻하지 않게 영덕 강차준(姜次俊)의 집에 갔더니 차준의 형 사원(士元)이 나를 보더니 영해 우정동(雨井洞) 유리인이 있으니 너도 같이 가서 보자고 했다. 그 날 강씨 집에 유숙하고 다음 날 집에 돌아왔다.

3월 9일 안동 재산면(安東 才山面 : 지금은 봉화군)에 거주하는 황재명(黃在明 초대 영양접주)과 이재관(李在寬) 박춘집(朴春執) 등 우리 집에 유숙했다. 박춘집은 처음 대면했는데 충청도 노성(魯城) 사람이다. 정창학(鄭昌鶴) 역시 나중에 도착했고, 우정동(雨井洞) 형제봉(兄弟峰) 아래 유리인을 함께 가서 보게 되었다.

10일 우정동(雨井洞)은 전국의 동학도들이 진을 쳐서 모이는(屯聚) 자리였다. 아침 일찍 이미 백명이 넘었다. 의인이라는 사람은 이제발이다. 강사원과 그 동생 계준(季俊, 강문)이 와서 한쪽에 있고 천제(天祭)에 쓸 소를 준비해서 여럿이 고축제를 지냈다. 황재명은 천제를 지낸 후 돌아가고 나는 그날 밤 영해읍에 들어가는 동학혁명대열에 함께 갔다.

11일 혁명에 참가자들이 영해읍에서 빈궁한 사람에게 돈을 나누어 주고 자진해서 출발하였고, 12일 오촌리(梧村里)를 지나가게 되었는데 동네 노인들을 초청하여 글을 써서 보여주고 붙여 놓으니 처음에는 놀라는 듯 했으나 그 뜻을 알고 안도하여 말없이 돌아갔다.

1871년 4월 25일 罪人 慶州總角 林郁伊(효수)

나는 청하(淸河)에 사는 이도한(李道漢=李直甫)과 함께 성내에서 진을 치고 모이는데 참가했다. 나는 성 바깥에 순행(巡行)을 해서 동헌에서 일어난 것은 목격하지 못했다. 11일 날이 밝은 후 피하여 영덕의 친구인 양귀억(梁貴億)의 집으로 갔는데 양가는 부고를 전하러 영천에 이름을 알 수 없는 김씨 집 농업창고에서 본 적이 있는데 뒤에서 이미 수상하다고 나를 잡아서 넘겼다.

1871년 4월 25일 罪人 寧海幼學 朴應春(절도정배)

내가 살고 있는 동네가 병풍바위(屛巖)가 있는 같은 동네인 우정동(雨井洞)이지만 15리 떨어진 곳이 병풍바위(屛巖)이고, 3월 10일 밤 동학인 모임인 취회(聚會)에 모였던 군중들이 병풍바위(屛巖)에서 내려올 때 심봉인(沈鳳仁)의 집에 숨어 있다가 발견되어 도망갈 수도 없고 부득이 영해읍에 함께 갔다가 담장 밑에 숨어 있었다. 피할 수 있을 때 신평(新坪) 김영옥(金永玉)의 집으로 갔다. 13일 경순막이 설치된 임시막사에 붙잡혔다. 나는 혁명대열의 군중들에 잡혀가다 피했기 때문에 아무것도 본 것이 없다.

1871년 4월 26일 罪人 眞寶幼學 鄭昌鶴(효수)

지난 3월 9일 한상엽(韓相燁)이 찾아와서 병화나 전쟁이 일어나면 피난하는 장소에 대하여 들어보기 위하여 우정동(雨井洞) 형제봉(兄弟峰) 밑에 의인이 하나 있는데 가서 들어보자고 했다. 다음 10일 아침 일찍 도착해 보니 유리인이라는 사람은 지도자 이제발이었다. 나와 한상엽에게 별무사(別武士) 임무를 지정해 주었다. 또 나는 상복을 벗고 갓(儒巾)을 쓰고 청의(靑衣)를 입었다. 이제발 역시 비단으로 된 청의를 입었다. 당일 모여든 군중들과 함께 산위에 올라 축문을 고하고 제천(祭天)을 마치고 난 다음 죽창(竹槍)과 몽둥이(棒木 봉목)나 매(杖 : 장)를 들고 산을 내려와 영해부로 입성하였다.

그때 홀연히 포를 쏘는 소리가 들려 혁명에 참가한 대열 중에 3, 4명이 탄환에 맞아 죽고 참가자가 놀라 성 밖으로 잠시 피했다가 다시 들어갔고, 이제발은 동헌으로 가면서 이방을 잡아 오라고 했으나 먼저 밖으로 피하고 없었다. 그 다음 관장을 잡아내어 그가 가지고 있던 관인을 탈취했고, 나는 삼문 밖에 적당한 곳에 있었는데 관장을 해한 것은 못 봤다.

주민들을 안심시키고 아침밥을 시켜서 먹고 낮에 일제히 철수하여 송천(松川)강변에 도착하여 이를 건너서 유숙하고 첫닭 울 때 일월산 지로인 오서면(烏西面)으로 향했다. 도중에 촌민들을 장정으로 쓰자고 했지만 지도부는 금하여 민간에 근심을 끼치지 말라고 했다.

12일 오후에 인천리(仁川里)에 도착했다. 듣기로는 관군이 뒤 따라 기습한다고 해서 한상엽과 상의해서 죽을힘을 다해 오령 정상에 가서 산촌에 집 하나가 있는데 밥을 구걸하여 요기하고 영양 검정동(黔井洞)에 도착했는데 조총과 청포를 입고 있어서 잡혔다.

1871년 4월 29일 罪人 英陽良人 郭進鳳(원지정배)

지난 3월 14일 본 읍 덕봉주점에서 하룻밤을 지나게 되었는데 어찌하다

보니 혁명 참가자 무리가 갑자기 들어와서 붙잡고 무리에 입당하라고 위협했다. 죽고 사는 것은 잊고 거듭하여 따라가니 일월산 밑의 상죽현에 혁명 참가자들이 와서 모이는 장소였다. 15일 관군들이 포위해 들어와서 붙잡을 때 나는 몸을 빠져나오기 어려워서 김덕창과 더불어 안동 재산면으로 갔다가 진보 땅에 이르렀다. 풀을 베어서 바꾸는 농군을 보고 잠시 일을 해서 먹고 마시고 피우는 것을 해결하려고 했다. 김덕창은 농군들이 영해 동학혁명에 참가했던 물건이 있었다는 것을 감추었다. 농군을 붙잡으려 할 때 나도 휩쓸려서 붙잡혔다.

1871년 4월 30일 罪人 全羅南原負商 河萬石(物故)

지난 삼월 초엿새 진주 덕산시장에 이르게 된 것은 죽조리를 사들이기 위해서 갔다. 같은 달 초열흘 덕산시장으로부터 떠나서 각처에 돌아다녔다. 4월 초이렛날 영해읍에 이르렀다. 다음 날인 초 여덟에 우연히 최씨 여인 문 앞을 지나간 즉, 최여인은 본래 아들 상을 당하고 실성하여서 갑자기 나를 지적하여서 말하기를 "이 놈은 지난 달 읍에서 변란이 일어날 때 등에다 조총을 짊어지고 간 도둑놈이야."했다. 바로 이때 여산포교가 뒤에서 듣고 붙잡아 갔다. 이에 이 몸이 3월 초열흘(10일) 유숙한 진주 덕산시장 점주로부터 스스로 있었던 것을 한번 하문해 주시오.

1871년 4월 30일 罪人 忠清魯城閑良 朴春執(효수)

밀양의 김가라고 부르는 사람이 간교하게 꾀어서 지난 삼월 초열흘 영해 우정동에 따라 갔다. 그날 밤 동학혁명에 참가한 여러 사람의 무리들과 읍 안으로 들어갔을 때 광경을 처음부터 끝까지 동참했으며, 관장인 부사를 죽인 것은 우두머리 이제발의 소행이다. 군기창고에 이르러 무기를 집어 갔고 관인을 늑취한 것은 누구의 소행인지 실은 알 수 없다. 나는 11일 새벽에 빠져 나와서 영해 영덕 접경지역에서 동민들에게 붙잡혔다.

1871년 5월 1일 罪人 英陽幼學 李群恊(효수)

나는 지난 3월 10일 밤에 전국에서 모여든 동학인들을 이제발이 앞에서 이끌고(領率) 영해읍에 들어가는 중 먼저 관청사무실(吏廳)에 와서 보니 3, 4명의 관리들이 고기 안주에 술을 마시고 이를 대접한 2명은 이미 아는 바와 같이 박가 신가이고 이름은 알 수 없다고 했다. 나머지 2, 3명은 성도 알 수 없다. 영덕 영양에 다음 혁명을 하자는 것과 동래 등지로 향하자는 것과 반응이 클 것이라는 이야기는 이정학이 진술한 것이고 내가 말한 적은 없다.

11일 영해읍을 떠날 때 이제발(李濟發), 정치겸(鄭致兼)은 가마를 타고 먼저 떠났고, 우리들은 그 후에 출발하여 14일 영양 윗대치(上竹峴)에 가서 최경오(崔景五)의 집에 숙박하였다. 15일 관군이 추격하여 각자 해산하였는데 나는 이탈해서 우리 집에 왔다. 다음 달 초이틀(4월 2일) 시장에 비녀를 팔려고 영양읍을 향해서 가는데 우병영 포교에게 붙잡혔다.

내가 3월초에 동학에 입당해서 참모 일을 했고, 도록 등 문서의 각항의 내용과 첩지는 이제발이 만들었고 박한용 강사원이 배서해서 매 최경오와 함께 상의해서 비용을 지출하고, 최경오 가계에 있는 돈으로 썼다. 갓(유건)과 푸른 도포(청의)는 동학인의 계획이고, 동학을 나타내는 특별한 표상이고, 다른 뜻이 없는 죽창은 전인철로부터 대나무를 사서 만들었고, 군중들의 모임에 대한 양식과 자금은 이제발, 최경오, 박영관 등이 주선해서 변통하기도 하고, 또 하루 이틀 정도 익명으로 자금을 모금하기도 했다. 형제봉에서 천제를 지낼 때의 제물은 집주인 박영관의 집에서 준비했고, 도록은 이제발 박영관 김진균 최경오 정치겸이 서로 의논하여 완성했다. 김진균이 입고 있던 갑옷(鐵甲=철갑)은 어디서 났는지 출처를 알지 못한다. 우리 동학인들의 자금은 정치겸이 제일 많이 모금했다. 이제발은 거처를 잠시 옮겨야 하는데 태백산 황지 등지로 들어가는 것이 어떠냐는 제안을 한 적이 있는데 믿음이 전혀 없는 것도 아니다.

1871년 5월 4일 罪人 寧海幼學 朴周翰(輕重處理)

동학에 관한 설은 본 영해읍 신향의 무리들이 많이 오염되고 학습해 왔다. 이러한 동학이 이번에 혁명이 일어난 변란 역시 많이 참가하였다는 것이다. 들려오는 바를 얻은 것은 지난 번 문초에서 과위 진술해 바쳤다.

1871년 5월 4일 罪人 寧海幼學 白重穆(輕重處理)

지난 3월 17일 관에서 조그만 첩지를 가지고 우리 동네에 와서 백거연이 누구인지 묻기를 이에 거연이라는 자는 알지 못한다고 하니 어찌하여 모르느냐며 너는 이미 백가이니 거연인 즉 너이다. 라면서 즉시 붙잡아 갔다. 본 영해읍의 신향배가 동학이라는 설을 혹시 얻어 들었는지 모르지만 진흙탕에서 듣는 누구 아무개라면 모른다는 것이다.

1871년 5월 4일 罪人 寧海幼學 南敎儼(輕重處理)

본읍 구향과 신향이 함께 어울리도록 스스로 도래하기를 바라는 것은 얼음과 숯불 같다. 내가 년 전에 교관으로 승진 임용하게 될 때 엄하게 배척하여 이러한 무리들을 오래도록 보여서 어울리지 못하게 하는 뜻이다. 동학인의 성명이 누구인지는 들어서 얻은 바가 없다.

1871년 5월 5일 罪人 寧海吏房 申宅淳(物故)

지난 3월 초열흘 박기준이 와서 봤을 때 미곡 등 혁명참가자 무리들이 많이 나타나는 곳에 무리들의 모임이 있는 것 같다는 말을 들은 즉시 본관사 또에게 고하고 거듭하여 포수와 교졸을 정하여 내보냈다. 오서면의 미곡 역시 해당면 안에 있다. 박기준은 평소에도 야간이나 전날에도 친분 비슷한 것이 있어서 서로 감추지 않는 정이 있어 왔다.

문을 열어 준 것이 넘어 들어오는 것을 부르게 되었다는 것은 하늘을 이고 땅에 서서 사는 사람으로서 애매한 것이다.

1871년 5월 15일 罪人 英陽幼學 禹大教(物故)

나이는 65세 영양 북면 신계리에서 거주하여 살고 있다. 하죽현에 거주하는 이름을 알 수 없는 최가 김가가 찾아와서 나에게 말하기를 우리 당이 모이는 취회가 영해 우정동인데 많은 사람들이 군 양식을 잘 선량하고 정성스레 조달하여 운영하는 일을 해 달라고 했다. 15일 영양 상죽현에 이르렀다. 관군들이 갑자기 들이 닥쳐서 나는 몸을 빠져 달아나 돌아와서 충주로 향했다. 또 강원도 강릉으로 갔는데 5월 보름 쯤 충주진 포교에게 붙잡히게 되었다.

(같은 날 更推 즉 2차 진술이 아래와 같다.) 우두머리 이제발이 나에게 양식 운행의 임무를 맡기는 첩지를 주었다. 부근 읍에 곡식을 운반해서 갖다 주도록 시켰으며 받은 임무는 끝내 면하지 못했으며 동헌 안에서 일어난 혁명의 진행은 한편으로 어둡고 깊은 밤이고 밟고 넘어 다녀 혼잡해서 이름자는 알지 못한다.

5) 붙잡힌 사람들

영해부적변문축에는 붙잡힌 사람들의 명단이 적혀 있다.(당시 주소가 같은 동리 기준)

○박계춘(朴季春) 박내우(朴乃佑) 박종수(朴宗秀) 노소사(盧召史)-서면(西面) 우정동(雨井洞), ○권영화(權永和)-서면 가산(佳山), ○전문원(田文元) 권영준(權永俊)-서면 주진동(舟津洞), ○권석두(權石斗) 권재일(權在一) 정소사(鄭召史) 이소사(李召史) 이소사(李召史) 박소사(朴召史) 박소사(朴召史)-서면 신기리(新基里), ○백중목(白重穆) 김소사(金召史)-서면 창수원(蒼水院), ○권석두(權石斗) 장선이(張先伊) 권석년(權錫年) 금소사(琴召史) 황소사(黃召史) 남소사(南召史) 신소사(申召史) 황소사(黃召史)

남소사(南召史) 남소사(南召史) 황소사(黃召史)-오서면(烏西面) 오촌리(梧村里), ○김만근(金萬根) 박주한(朴周翰) 권소사(權召史) 박용문(朴用文)-오서면 삼계리(三溪里), ○권영만(權永萬) 박종해(朴宗海)-오서면 수동(壽洞), ○박순종(朴順宗)-오서면 집희암(集喜菴), ○박유태(朴維泰) 남소사(南召史)-오서면 보림동(寶林洞), ○남소사(南召史)-오서면 하보림(下寶林), ○박용석(朴用石) 박찬종(朴燦宗) 김소사(金召史) 유소사(柳召史) 김소사(金召史) 권주환(權周煥) 권병중(權秉重) 권상설(權相說) 황치운(黃致云) 황해연(黃海淵) 박응수(朴應秀) 구성길(具成吉) 박응발(朴應發) 유소사(柳召史)-오서면 인천리(仁川里), ○김소사(金召史)-오서면 국골(國谷), ○백소사(白召史)-오서면 황장골(黃場谷), ○권소사(權召史)-오서면 사동(蛇洞 뱀골), ○정소사(鄭召史)-오서면 저곡(楮谷 돼지골), ○노소사(盧召史)-후서면(後西面) 십항점(十項店), ○김소사(金召史) 김소사(金召史)-후서면 장구(場邱), ○권만전(權萬銓)-북면(北面) 송천(松川), ○박채실(朴采實)-북면 각리(角里), ○권석중(權錫重)-북면 언곡(彦谷), ○남기상(南基尙)-북면 병곡리(柄谷里), ○박흥갑(朴興甲) 박대일(朴大一) 권재현(權再鉉)-북면 신평리(新坪里), ○남병양(南炳陽) 남국양(南國陽) 남유항(南有恒) 남유기(南有機) 남유극(南有極) 남필양(南弼陽)-북면 연관리(連貫里), ○남교엄(南敎儼)-남면(南面) 원구(元邱), ○최운이(崔云伊) 신화구(申和九) 및 처 최소사(崔召史)-석보면(石保面) 양구리(羊邱里), ○김응식(金膺植)-북면 송천(松川), ○권소사(權召史) - 영해(寧海) 내병곡(內屛谷), ○백소사(白召史)-영해 황장골(黃腸谷), ○임영조(林永祚)-영덕(盈德) 하저리(下渚里), ○장정록(張正祿)-청송읍(靑松邑), ○백지언(白智彦)-경주읍(慶州邑), ○김기려(金基麗) 정수영(鄭樹榮)-경주 옥계리(玉溪里), ○김동철(金東哲) 최전인(崔錢仁)-경주 기계리(起溪里), ○정용서(鄭龍瑞)-청하(淸河) 동문외(東門外), ○권석천(權石千)-밀양(密陽) 거주, ○김순록(金順祿)-영양 대가리(大街里), ○안대제(安大齊)-영양 북면 대성골(大城谷), ○박종덕(朴宗德) 박한명(朴翰明) 백거옥(白巨玉)-영양 마당항(馬當項) 마당리(馬堂里) 계리(溪里), ○손경석(孫敬錫)-강원도 평해(平海) 관곡리(舘谷

里), ○전인철(全仁哲) 전정환(全正煥) 전정원(全正元) 전세규(全世奎) - 평해 월야동(月夜洞), ○황억대(黃億大)-평해 오질리(烏垤里), ○남시병(南時炳)-평해 오전리(烏田里), ○김만수(金萬水) 김일백(金日百)-강원도 평해 거주, ○남두병(南斗柄) 전원이(全元伊) 남유항(南有恒) 남유구(南有傴) 전청오(田淸五) 장지엽(張之燁)-강원도 울진(蔚珍) 매일리(每日里), ○남기환(南基煥)-강원도 울진 덕구리(德邱里), ○김기달(金己達)-강원도 울진 덕신리(德新里), ○김귀철(金貴哲)-강원도 울진 덕순리(德順里), ○장경선(張敬先)-강원도 울진 항운가(亢雲柯), ○장채후(張采后)-강원도 삼척(三陟) 상황지(上潢池), ○하만석(河萬石)-전라도 남원(南原)거주

6) 보고문서와 왕조실록의 기록

영해 동학혁명에 대한 조사와 처리를 맡은 안핵사 박제관이 작성한『교남공적』의 내용은 당시 왕조시대의 지배계층의 생각이 어떠했는가를 잘 알 수 있다. 아래에 한글 해석이다.

(1)『교남공적』의 요약 부분[8]

이제발은 본래 거대한 동학의 여당으로서 다스리는 도인임을 스스로 자랑하며 방자하게도 북쪽의 중원대륙을 정복할 일을 일으키는 어그러지고 흉패한 말을 하였다. 게으르고 혹 어리석은 백성들에게 흉악한 글로 약속하여 머리를 써서 일을 조리 있게 계획하고 그 흉악한 속임수는 하늘에 제를 지낼 때 고하는 기원문에서 극에 달하여 궂은일을 당하여 가엾은 사정이 더욱 더하다. 또 그 범죄는 부사가 있는 읍에 들어가 정당에 머물러서 부사를 협박하고 명하여 항복할 문서를 쓰도록 극에 이르고 무리를 시켜 죽이는 변에 이르렀다. 이어서 기계를 빼앗는 난리를 자행하고 물러나는 꾀를 부렸다.

남두병은 제발과 어울려 두 짝이 하나이다. 창자와 위장이 연결되듯이 머리와 꼬리가 서로 얽혀서 무리들의 거사를 일으켰다. 울진에서 명성과 위세가 향응하여 영해의 흉악한 모의가 비밀스럽게 일어난 것은 이미 박영관이 지적했다. 또 전인철이 분명하게 문초에서 진술했다. 두병은 말로 부르는 이름은 여러 무리들이 문초에서 진술한 양파이다.(양파란 비탈진 언덕의 새끼양이라는 뜻을 가지고 있다.) 흉악하게 속이려는 어그러진 기운은 양파라는 두 글자이다.… 불러서 모으는 글인 소모문을 스스로 지었다는 것은 소리 없이 교묘하게 전달하고자 하였다.…

김진균은 부르는 호칭이 조별이고, 홀로 철갑옷을 입고 칼로 부사를 범하여 해했다는 것을 사뢰는 바이다.

강사원은 또 다른 이름이 방준이라 하는데 귀신과 여우같은 지모를 갖춘 종류이고 올빼미와 맹수 같은 무리들을 모아 변을 일으키는 즉 이제발이 매우 요긴한 데 쓰는 심복이다. 무리들이 모였을 때는 우두머리 역할을 했다. 영해읍에 진입하던 밤에 사원은 부사를 동여매어 묶고 차고 있던 관인을 뺏었다.

박영관은 소박하고 하늘로부터 타고난 간사스럽고 요망한 사람으로서 이상한 물건을 만들어 내는 발명가적 기질을 가졌다.… 갖가지 흉악한 기구가 분별할 수 있도록 그의 집에서 다 나왔는데 그 중 하나가 도록 역시 그 집에서 만들어졌다.

위 각항은 이제발 등 다섯이 우두머리로 이어진 것이 옳다.… 이제발 김진균 강사원은 일월산에서 붙잡지 못하고 저절로 사라진 후 그 해의 흉터에 헤어진 흔적을 더하여 염탐을 행할 일이다. 박영관은 첫 문초 후, 남두병은 두 번째 문초 후 옥중에서 병을 원인으로 물고되었다. 왕법을 시행하기 전에 귀신이 먼저 죽임을 가하였다.

전인철은 본래 역참에 속하는 천한 신분을 의탁한 자취에서 읍의 장교의 반열에 오른 자로서 완고하고 둔하여 재주가 없고 넘치는 것이 습관인데 간사스럽게 속이는 것이 본디 타고난 성품이다. 이에 이제발과 한 무리로 어울려 변란의 모의를 꾀했다. 동학혁명 대열에서 중군이라는 이름으로 임무를 부여받아 차고 있었을 뿐이다. 대나무를 사용하여 창을 만들어 공급하는 것을 허락하여 읍에서 안으로 진입할 때 위협하여 여러 가지 변란을 진행하였다는 것을 차꼬를 기다리지 않고 낱낱이 자백하여 복종하였다.… 크게 아우와 형, 아제비와 조카, 할아버지와 손자 무리들을 함께 흉악한 굴에 던져 넣어 한덩어리가 되어 갔다.… 혹시 옳다고 꾀거나 협박한 허물을 제발에게 다 돌리려 하거나 물정을 잘 모르는 사촌형 영규를 팔아서 죄를 나누어 화를 면하려는 꾀를 부렸다.

장성진은 스스로 선하다고 믿는 자로서 대포를 훔쳐 가서 붙이고 동학혁명의 무리에서 무사라는 이름으로 참가하였다. 일을 일으키는 것을 즐겨하여 지칠 줄 모르는 창귀와 같이 지난 문초에서 진술한 내용에는 서자와 그 자손이 아니냐. 무리를 관리하여 금지된 구역인 무기고를 범하여 기구를 옮겨가서 스스로 조립한 것이 있다는 자백이 있을뿐더러 삼월 십삼일 영양읍에 염탐을 갔을 때 어정거리다가 나타내지 않고 숨겨야 할 영해읍 변란의 증거물 때문에 사로잡혔다.

이군협은 버릇이 되어버린 성질을 갖고 태어나서 허망한 말은 거칠게 뒤섞어서 풀이하는 점괘의 이치와 같고, 스스로 부르기를 모사라 하여 남을 도와 꾀를 낸다는데 이번에 참된 것을 훔치는 개와 같은 무리는 봄 꿩의 울음소리이다. 혁명대열이 영해읍을 범하고 군의 기물을 겁탈하고 향하여 가는 길은 동래등지라고 갑자기 꾸민 것이다.… 이정학이 물고된 연후로 이어지러운 말이 돌아오는데 여러 차례 심히 꾸짖어 한 가지 일에 이득을 거슬려 궁구함을 다하는 흉악한 배를 만 조각으로 찢어 죽이는 형벌이 가볍다는 것이다.

박기준은 여우와 같은 간사한 성품과 전갈의 독과 같은 마음을 가졌다. 아무도 모르게 최고 우두머리를 도와 스스로 간첩이 되어 읍에 속한 마을에 나타났다 사라지면서 몰래 움직임을 살폈다. 이미 집주인 박영관의 영해에서 문초에 진술한 것이 있어서 확실히 옳다고 입증될 뿐이다. 삼월 초십일 먼저 영해읍에 들어가 이방 신택순을 만나서 무리들의 낌새를 간단히 말해줌으로서 변란에 응하는 거짓과 참된 모습을 엿보았다. 어찌하여 그런 거짓된 생각을 꾸며서 헤아릴 수 없도록 계획을 만들어 그늘 속에 가리워 띄워 놓았나. 밤을 무릅쓰고 성을 공격하여 손칼로 흉악한 일을 행한 것이 명백하게 들어났다.

박한용은 성품이 흉악 완고하고 둔하다. 집안 인심도 교활하고 말이 없으며, 같은 혈족을 위협으로 권하여 무리들을 돕도록 끌어 들였다는 것을 문초에 진술하였다. 꾀어냈다는 흉악한 문서를 자신의 손으로 베낀 것은 천제를 지낼 때 신명에게 고하는 축문을 크게 스스로 입으로 암송하였다. 가히 아리땁고 괴이한 동학의 무리들에게 매우 요긴해서 없어서는 안 되는 사람으로서 난리를 일으킬 부류의 귀와 눈이 되었다. 집단으로 읍에 진입한 많은 사람들이 이미 자백하여 승복한 바에 의하면 우두머리를 따라 형제봉에 올라갔다.

위의 항목의 전인철 등 다섯 명은 바르게 처리하고 다음 우두머리의 죄가 될 나쁜 짓은 한 법률로 시행하고자 사뢰는 바이다.

권석중은 이름을 기재하고 도록에 죄악이 더욱 분명히 나타난다.

이병권은 참가해서 들었고 진정한 증거물이 틀림없이 나타났다.

김덕창 정창학 한상엽 등은 부르는 명칭이 무사로서 그 분대를 알고 관할하여 거느렸다.

김천석 이기수 남기환 등은 군기를 공격하고 또한 미루어 헤아리며 싸움에 재능이 있고 무기를 노략질해서 뺏었다.

신화범은 동헌으로 갑자기 뛰어들어 창호를 쳐서 깨뜨렸다.

권두석은 대포를 관리하는 관청으로 곧장 달려가 정성스럽게 묻고 일이 벌어지는 낌새를 살폈다.

이재관은 손에 철창을 집어 들고 문 밖을 돌며 살폈다.

최기호는 허리에 흰 깃발을 꽂고 무리들의 가운데로 나아갔다.

황억대는 납 총알을 묶어 매어 차고 가히 맡긴 임무를 믿을 수 있게 보여 주었다.

허성언은 무리들에게 쇠고기를 나누어 주어 힘을 북돋아서 그 지시하는 대로 잘 따르도록 했다.

최준이는 경오(해월 최시형)의 양자이다. 세상에 해를 끼치는 양자로 어찌 그 악을 닮았는가.

박영각은 영관의 막내 동생으로서 그 사나운 것을 도왔다.

김창복 박명관 임영조 손경석 권영화 전정환 박한태 박춘집 김일언 임욱이 등은 더러는 횃불을 스스로 만들어 들고 혁명에 참가자들을 앞에서 몰기도 하고 혹은 대나무로 만든 창을 잡고 거듭하여 치면서 물고기를 통과시키듯 나아갔다. 횃불을 들든 대나무 창을 잡든 같은 악함이니 서로 건너다니는 것이다. 그 중에서 한상엽 정창학 권영화 최준이 박영각 전정환 황억대 권두석 등은 재 문초(두 번째)에 이르러 사실대로 바로 고하였다. 신화범은 세 번째 문초에서 거짓 없이 사실대로 모두 빌면서 말하였다.

박영수는 영관의 가운데 동생이다. 일이 생긴 처음 이제발이 그의 집에 왔을 때 방자하게도 간곡하게 부탁하여 변란이 일어날 때 화를 입지 않고 함께 돌아가기로 면전에서 약속하고 이미 읍에 변란 소식이 들리기 전에 솔권해서 무리들을 따라갔다. 이에 읍변 이후에 먼저 말미암은 것은 서로 화하여 응한 것이 죄가 분명하고 후에 말미암은 것은 미리 꼼꼼하게 준비하여 건너간 것이니 그 뜻을 알고 있는 율법이 있으니 벗어나기 어렵다.

전제옥은 품삯을 받고 남의 일을 해주는 하나의 고용인이고 어리석은 백성이다.

전종이 또한 하나의 어리석은 아이로 깨달아 알지 못하는 사람이다. 형제가 함께 인철의 사촌형제의 아들로서 오촌인 종질이다. 이름이 혁명참가자의 무리에 기록되어 있는 것을 베낀 이름에 적혀 있으니 확실하지 않느냐. 광창으로 갈고랑이를 던져보거나 꾸짖어 보아도 끝내 무리에 뛰어들어 참여한 발자취가 없어 그 뿌리인 인철로 말미암아 함께 모의하고 퍼트린 죄를 어찌 면할 수 없으니 살아날 방도를 논의해서 전하기는 어렵다.

정계문은 우대교의 꾀임에 빠져 함께 우정동으로 따라 갔다가 목구멍이 갑자기 아파서 중간 길에 발자취를 잠시 전씨 집에 머무르고 있었다. 거기서 초열흘 밤에 모인 사람들이 읍내로 들어간다는 말을 듣게 되었다. 뒤쫓아서 성문 밖에 이르니 부사가 있는 관청 안으로는 못 들어갔다는 것이 명백하다는 것이다. 뒤따라 성 밖에 이르렀다는 것은 이미 병이 나았는데 관청 안으로 못 들어간 것을 의심하거나 두려움이 있지 않았겠느냐….

서군직 박응춘 전세규 이성중 등은 동학혁명의 무리들에게 뛰어든 흔적은 이슬처럼 맺혀 있는 것이 아니냐. 혹 꾀임에 빠졌던 바 지난 것을 뒤따라 싹트는 것을 후회하고, 혹 협박을 받아 두려움을 품고 아직 정하지 못하고 겨우 성 밖에 이르러서 흉악한 무리들의 처지에서 오히려 벗어나 편하게 달아났다. 살펴보자면 한 줄의 양심이 있으면 이번에 만약 무리들이 어울려 성 안으로 들어가 변란을 일으킨 것은 그 자취를 논하자면 지키는 것이

미련하여 일반 보통사람이 연구해 봐도 그 뜻이 초나라와 월나라 같이 서로 죽이는 원수 같으니 하물며 관청 뜰에서 조사하는 바탕도 엄해야 한다. 믿는 마음으로 문초에서 말하는 기운을 줄이는 일이 없도록 다섯 가지 듣는 것을 이어 나가고 또 세 가지 생각이 비슷하여 도달하지 못하는 흉악한 마음을 품으면 어지러운 무리들이다. 위 항목에서 서군직 등 네 명의 죄수들은 가히 묶어서 반드시 죽는 처지에서 생명을 구하려 복종하는 생각과 의로움이 있다.

안대제는 꾀임에 빠져 무리에 뛰어든 것을 봤다는 것이고, 이미 자백하여 복종하기로 했지 않느냐. 그리고 우정동에서 타인이 보았다는 것이다. 술을 빚듯 무루 익는 광경을 넘치도록 잘 알고 주위에 흉악함이 둘러싸고 있어 의로움이 아니어 도망쳐서 벗어났다. 곧 많은 사람의 무리들이 읍에 진입하기 전의 일이다.

설영구 윤준식 권양일 이도천 김천일 김만근 박유태 박순종 안평해 안소득 곽진봉 권기상 김명북 등은 다들 읍에서 변란이 있은 후에 붙잡혀서 무리에 뛰어든 자들이야. 흉악하게도 저 사람들은 혁명에 참가한 무리들이 이미 읍을 범하여 변란을 일으키고 다음 날 물러나기로 떠나 영양 쪽으로 향하여 움직여서 일월산 가는 길에 이르는 장소에서 미처 날뛰며 광기를 부리다가 어지럽게 물러났다. 위태로움이 심한 가게나 여관이 다음이고 길가나 혹 마을 정려 사이에 사람을 만나면 갑자기 붙잡아서 무리에 들어오라고 협박했다는 것이오니. 이 중에 백성들을 헤치려는 어리석음 아래서 의로움을 꺾지 않고 편안히 죽는 것을 알고 있으니, 무리들이 죽이려는 마음을 품고 있어 놀란 쓸개와 두려운 심장에서 탈이 없고 편안한 꾀를 내었다는 것이다….

위의 항목에 적힌 설영구등 13명은 거기에 있었기 때문에 공경하고 동정해야 할 의로운 일을 무서워하였으며 지극히 함께 보살펴서 다스려야 함을 이에 사뢰는 바이다.

정백원 김수임 박재현 장정록 정의호 최문대 김월손 김성집 정용서 남유약 등 10명의 죄인은 비록 혁명의 무리들의 정황이 나타나지 않았더라도 송사의 뜻에 따라 여기 있게 되었으니 달리 혼내주어야 할 것이니 다르게 구별할 별 다른 것이 없으므로 이에 사뢰는 바이다.

김순록은 혁명 참가자들을 즉시 붙잡아야 하는 일을 논의하는 급한 일에서 천자를 찾아갔다는 것이 수상하지 않는 발자취로 눈앞에서 그를 붙잡아야 하는 것을 포교와 의논 하옵던지, 아니면 그 자리에서 당장 묶어서 알려야 한다. 제발이 묻는 것은 오직 정가만이냐는 것이다. 이는 갑자기 묻는 말에 자백해서 복종한 자들도 응당 같다. 겉으로 들어나지 않고 외면한 것을 볼 것 같으면 혁명참가자들이 시인하여 밝힌 것이 이와 비슷하지 않느냐. 문초에 진술한 것에는 두드려 맞아 죽는 것을 근심하는 것도 있다. 이는 무고하여 복종한 것이 실지의 경우이다. 이러한 무리들이 어리석고 두려워서 무릇 아는 것이라고는 바로 지금 잘못된 것을 이리저리 맞추어 임시로 봉하는 것이다. 어찌 오늘 이후에 근심을 만나지 않도록 엎치락뒤치락 궁구하여 따지고 다른 의심할 것이 별로 없으니 이를 사뢰는 바이다.

황치작은 동학혁명에 간여해서 무리들을 쫓지는 않았다. 동학임을 스스로 자백해서 승복하였고 먼저 두려워서 시인했지 않느냐. 그가 잠시 동학을 익혔으나 되돌아 와서 그만두고 이미 잘못을 뉘우치고 고쳤다니 이에 사뢰는 바이다.

남시병 권석두 박계춘 전문원 남교엄 김응식 박종수 박래우 최운이 김영근 김성근 박주한 백중목 권만전 박홍갑 박대일 등 19명은 사정과 법으로 연결하여 함께 아우르며 숨긴 사실을 바르게 밝혔는가. 이에 동물우리 속에 갖인 죄인들을 시어머니처럼 편하게 멋대로 감히 하지 않았다는 것을 이에 사뢰는 바이다.(위 19명은 18명이다. 왕조실록도 똑 같이 숫자오류인지 한 사람을 뺀 것인지 는 원문을 살펴봐도 불확실하다.)

좌수(조선시대 향청의 우두머리) 이치화는 시골에 머무르는 일을 맡아서 갑자기 미친 듯이 떼를 지어 나타나 당한 변란에 이미 막아내는데 공을 세운 게 무엇이 있으며 또 부사처럼 의롭게 죽은 것도 없고 결국 흉악한 무리들이 그 방자함을 가득 채우고 본관사또를 죽이는 해를 입히고 관인을 자기도 모르게 잃어버리는 것을 헤아리지 못했다.

호장(각 고을 관아에서 일하는 관리의 우두머리) 신현거는 온갖 귀와 눈을 열어두고 이번과 같은 위험하고 어려운 시기를 당하여 바로 보고 지켜야 함에도 손을 소매에 넣고 결국 어려운 무리들을 만나 고을 수령이 죽는 해를 입고 관인을 강제로 뺏기는 변을 당했다. 바로 위 우두머리는 지켜야 할 도리로 죽어 영해의 얼굴로서 옳다면 호장의 범죄사실을 다 연구해 보면 무겁고 허물이 면하기 어렵다는 것을 이에 사뢰오되 연령이 칠순이 가까우니 잘하기를 기대하기 어렵다.

병교(조선시대 지방관아에 소속된 장교급 군사의 우두머리로서 지금의 향토 사단장급이지만 지금의 군사 편제와는 다른 점이 많다) 나회룡은 큰 고을인 일개부의 우두머리 장교의 임무를 맡아서 어찌 헤아려서 혁명의 무리들이 많은 사람이 떼를 지어 돼지처럼 갑자기 저돌적으로 나타난 변란에 송골매 같은 처부수는 꾀가 없는 우두머리 군사가 되었느냐. 이는 이미 군졸들이 사력을 다 했음에도 일을 당했다. 이번에 달려간 곳도 변란이 일어나서 약간의 의로움을 나누고 도리를 다 했다는 것이 별로 없다. 땅바닥을 쓸어도 헤아릴만한 여지가 없고 여러 가지 법적인 규제와 수단을 하나로 모아서 베풀어도 무거운 허물뿐이 아니겠느냐. 별포군을 인솔해서 군기창고로 달려가 홍기를 단 무리 한

놈을 포로 쏘아 죽이고 또 세 놈을 죽였다고 해서 이것이 물건을 주거나 공을 세웠다고 죄를 비겨서 없애는 속죄의 대가라고 말할 수는 없다.

수통인(조선시대 관아의 관장 밑에 잔심부름을 하던 이속 중에 최고 우두머리 책임자) 박유백은 관인을 보관하여 알고 있어야 하는 일을 맡았으면 잠에서 몽상에 놀라 갑자기 혁명에 참가한 무리들에게 손발이 묶이는 결박을 당하여 넋과 정신이 달아나고 날아가서 나락에 빠져 없으니 바로 그 자리에서 막아내고 감당하는 것은 겨우 보는 것이었다. 속박이 풀려서 자유롭게 되었을 때 급히 명령을 내려 용서를 하고자 하려니 두렵고 어려운 논의를 업신여기게 되어 남의 눈을 피해 있어야 하는 것이 본래의 뜻이다.

도사령(조선시대 관청에서 심부름 하던 사람을 전부 사령이라 하는데 그 중에서 우두머리) 김일봉과 수노(조선시대 관에 소속된 공노비 중에서 우두머리)중손 등은 책임자로서의 자격을 갖춘 우두머리로서 각 임무를 맡았다. 읍의 관청 안에서 동학혁명이 일어나 이미 변란으로 어려움에 처한 사람을 보호할 수 없으니 논의하여 그 죄상 사실을 합쳐서 하나로 모아서 베풀어도 무거운 허물 뿐이 아니겠느냐. 일봉은 무리들의 사정을 탐지하고자 읍 소재지에서 떨어진 마을에 나갔다. 중손은 공적인 돈을 걷으려고 배가 드나드는 포구가 있는 방향에 있었다. 이들은 다 동학혁명의 변란이 있기 전에 관청의 명령으로 인하여 나간 사람들이다.

급창노(조선시대에 관아에 소속된 남자의 관노비로서 노래를 부르기도 하고 주로 고을 원의 명령을 전달받아 큰소리로 외쳐서 알리는 역할을 했다. 지금은 공보실장이나 대변인과 같다고 하지만 단순 비교할 수는 없다) 점용은 이날 급창을 맡은 당번이었다. 갑자기 미처 어찌할 수 없이 우연히 만난 변란에 이미 죽이려는 힘을 막고 방어하는 것은 불가능했을 뿐이고 스스로 자기 몸만 벗어났다. 이에 달려가 궁구하여 그 죽이는 범죄를 애석하고 가엾게 여기는 마음이 없었나를 온 고을 백성들이 본받을 힘이 없다.

5개 동네 우두머리 백성인 유위택 신석훈 원기주 임개이 김성근 등은 읍 밑에 각동민의 우두머리다. 갑자기 당한 동학혁명의 무리들이 읍을 범하는 변에서 나타난 힘에 의하여 맞이하여 부닥치고 숭상한 것은 논하지 말라. 되돌리는 것은 동학혁명군이 뿌려 퍼트린 돈을 받은 것을 논하여 그 뜻을 바로잡는 죄이다. 혁명참가자들이 겁난다고 하더라도 웃으며 편안하게 의로움이 있고 부드러움이 있었다. 그 돈을 해당 읍으로 되돌려 전달하니 적당히 만족했다.

최귀강은 혁명참가자 무리들에게 밥을 지어서 갖다 주어 번거롭게 하였으니, 늙은 과수 할머니로서 두려운 마음을 품고 밥상 값을 받았다는 것이다. 이미 문초에 진술하여 자백하고 승복하였는데 구차하게도 이를 반분하도록 헤아려 달라는 것이 그의 본성이다. 곧 위협을 받아 흉악한 칼 아래 편안하게 죽는 것인데 어찌 갑자기 재물을 약탈하는 사람에게 밥값을 달라고 했느냐. 위의 유위택 등 6명은 합해서 하나로 베풀어도 보통과 다름없다.

풍헌(조선시대 유향소에서 면사무소 일을 맡아보던 우두머리로서 지금의 면장과 같다) 김진연과 동장(읍내가 아닌 동리를 경상도는 동으로 호칭했고 다른 도에서는 리라고 호칭해서 동장 또는 이장은 같은 이름이다. 그러나 경상도에도 최근에는 이장으로 명칭이 바뀌어 지금의 이장을 말한다) 김창중 등은 맡아보는 일의 범위인 관할구역 안에 동학혁명의 무리들이 모여서 모의된 소굴 또한 이미 여러 달을 오고 갔을진대 수상한 자취를 멀리 떨어져 있어 깊이 생각하여 깨달아 터득할 단서를 찾지 못했다는 것이 눈이 어두워 깨달아 살피지 못한 죄가 있으니 이를 헤아려야 한다.

이방(조선시대 지방관아 육방 중에 우두머리로 인사 비서 사무관리를 맡아 보았는데 부사가 있는 관아는 지금의 도시 급으로서 행정국장에 해당한다. 영해부는 죽도산 포구에 수군만호를 두어서 동해안 왜구의 침략을 방어했다. 그러나 1894년 영해부는 영해군으로 강등되고 1915년 일본은 왜구의 침략을 방어하던 영해군마저 없애 버렸다) 신택순은 동학혁명이 일어나기 전에 변란에 대한 이야기를 들었다. 이에 막아낼 준비를 할 방도와 어찌 길이 없어 근심만 하겠는가. 이는 상관에게 그 생각을 즉시 고하여 보여 줌으로서 족하다. 이미 듣기로 막아낼 큰일을 능히 할 수 없다는 흉악한 말이 낱낱이 돌아 다녔다. 그 무리들이 진입하던 밤 시어머니처럼 집을 지키고 막아서 맞서지 않고 먼저 도망쳐서 의탁하고 기댈 곳인 즉 봉지산 아래로 피해 갔다가 처음으로 12일 읍에 들어왔다. 읍에 소속된 직원들이 문초에서 진술한 증언에 의하면 여러 가지를 가해서 단단히 꾸짖어 실토해야 한다는 것이다. 백가지 죄악에 만 갈래로 죽여도 오히려 가벼운데 불행하게도 귀신이 먼저 가하여 죽었으니 말 못함을 사른다.

(2) 1871년 6월 23일자 왕조실록

조선왕조실록 중에도 특히 고종실록은 잘못된 부분이 많다. 인류문명사에서 인간과 신을 동일시하여 존귀한 존재로 보는 사상은 동학사상뿐이다. 다른 종교는 인간을 흙으로 빚은 객체로 보거나 신에게 산 인간의 심장을 바친 증거는 현실 세계에서는 옳지 않다. 이는 이미 중세기 종교재판의 과오에서 편협된 사고가 얼마나 위험한지를 인류가 경험했다.

고종실록이 엉터리인 것은 1871년 6월 23일자 기사에서 영해 동학혁명 참가자 32명을 효수형에 처하라는 고종의 전교가 내려졌다. 그런데 안핵사 보고문서에도 동학여당들이라는 내용이 있는데도 불구하고 이들을 모두 불량배나 도둑의 무리로 왜곡시켜 놓았다. 이는 한심하기 짝이 없다. 동일자 승정원일기가 좀 상세한 부분이 있지만 내용은 마찬가지다.

그 이유는 간단하다. 첫째 고종실록을 편찬한 책임자가 일본인이다. 둘째 그 안에서 들러리로 선 사학자들 책임도 있다. 셋째 조선사편수관을 지낸 이병도가 해방 후에도 우리나라 국사를 좌지우지하였다. 놀라운 사실은 영해 동학혁명에서 탐관오리로 동학인을 탄압하여 처단된 영해부사 이정, 그 후에 등장한 매국노 이완용과 이병도는 모두 우봉 이씨라는 사실을 필자가 국립도서관에서 확인하고, 영해 동학혁명이 그동안 영해민란이니, 이필제의 난이니 폄하 왜곡되었다는 사실을 밝혀내고 경악을 금치 못했다. 진정한 역사 바로잡기란 왜곡된 진실을 바로잡는 것이고, 중국과 일본의 직간접 영향에서 탈피하는 것이 아니고 무엇일까?

(3) 일기장에 적힌 영해 동학혁명

영해 동학혁명 당시 경북 예천군 용문면 대저동(大渚洞)에서 살던 박주대(朴周大) 선생이 일기로 남긴 문서를 후손인 고 박정로(朴庭魯) 씨가 소장한 것으로서 사료적 가치가 있다고 보아 국사편찬위원회(당시 회장 최영희)가 간행한 적이 있다. 일기책의 제목을 『나암수록』(羅巖隨錄)[9]으로 붙여서 출판하였다. 여기에 기록된 1871년 3월 10일 당시 주요 내용에는 영해 동학혁명 참가자들은 본관사또를 보복한 것이고, 본관사또 부인은 목매서 자살했다고 한다.(이 부분은 전 부사 이정의 부인이 나중에 죽은 것을 족보에서 확인했는 바, 본 부인이 아닐 수도 있고, 시중들던 관기일 수도 있다.) 이방을 잡으려 했는데 이방이 도망갔고, 호장을 잡아 매를 치고 군기고 열쇠를 뺏어 군기를 탈취했다. 돈을 백성들에게 나눠주었는데 백성들은 받지 않았고 대부분의 무뢰한 시정잡배들은 받았다. 이러한 것은 전부 도록에 기록했고, 삼십여 명의 식사상을 시켜서 먹고 주인에게 값을 후하게 쳐 주었다고 한다.

또 그해 8월 일기에는 이필제가 붙잡혀 순영에서 진술한 내용을 적었는데 나이는 47세, 홍주에서 출생하고 진천으로 이사해서 머물고 있으며 동향에 거주하는 김병회 김낙균과 함께 처음부터 서로 의지해 왔다. 경신년(1860

년) 가을에 주성칠이라고 변성명해서 진주 덕산에 혁명을 일으켰다. 병인년 (1866년) 영해 땅에 가서, 이수용의 문필에 대한 명성을 듣고 함께 사귀어 서로 베풀기로 했다. 작년(1870년) 11월 또 수용의 집에 갔고, 김낙균도 같이 갔으며, 이수용은 동학교인이다. 동학 교주인 최경오 유성원과 상호 협의해서 영해 동학혁명을 일으키기로 했다. 출발하기 전에 하늘에 제사지낸 축문은 이수용이 글을 썼고 그가 소지하였다. 본관사또를 도검으로 죽인 것은 김낙균이다.

7) 살아난 사람들

붙잡혀서 처형을 면한 사람들을 제외하고 수배된 사람은 『교남공적』에 기록되어 있다. 수배되지 않고 영해 동학혁명에 참가했던 사람은 도원기서에 기록되어 있다. 적변문축에도 약간 명이 있다. 생존자와 붙잡힌 사람 전부 다 치더라도 600명 참가자 중에 절반이 되지 않는다. 대구에서 참가한 사람과 상주에서 참가한 사람은 전원이 생존하였다.

(1) 『교남공적』의 수배자 명단

안핵사 보고문서 『교남공적』[10] 원문에 수배자로 적혀 있는 부분은 당시 살아난 사람들이다. 그러나 혁명지도자들은 대부분 나중에 붙잡혀 처형되었다. 지금 달아난 동학혁명에 여러 참가자 중에서 가장 우두머리 이제발(이필제), 다음 우두머리 김진균(김낙균) 강사원(강수, 강시원) 등은 사방에서 연달아서 붙잡도록 따로 힘을 가하여 주기를 각 진영과 각 읍에 사뢰는 바이다.

그 밖에 남은 영양 최경오(최시형, 최경상) 정치겸 정학이 최갑대, 영해 박춘서 이수용 백갑이 김소천 김여수 박군행 박군서 권일언 권공필 권이목, 경주 최보관 이원대 김경화, 안동 김화춘 김문옥 김진경 황재명, 청하 이직보,

영일 이춘대,울산 전윤경, 평해 전윤환 황윤구 전윤조 전한규 전서규 등 29 명은 여러 죄인들이 진술하여 나타난 사람들이다.

(2) 도원기서의 도생자 명단

영해 동학혁명에 참가했다가 도망가서 살아난 사람 명단이 도원기서[11]에 기록된 것은 소중한 자료이다. 왜냐하면 해월 교주와 강수가 영해 동학혁명 참가 사실을 확인한 사람이다.

영해 박군서 이인언(이들은 도를 배반하고 필제의 모사자이다.) 전윤오 숙질 김경화 전덕원 김계익 김양언 임근조 임덕조 임인조 박춘서 유성원 전성문 김용여 박영목 정치겸 김성길 서군효, 상주사람 김경화 김형노 김오실 김순칙 이군병 임익서 권성옥 황재민 김대복 김치국 김윤백 백현원 김성진 신성화 배감천 형제, 영덕사람 김씨 이름모름 구계원, 안동 춘양사람 김씨 이름모름, 대구사람 김성백 강기 정용서, 흥해사람 김경철 손흥준, 안동사람 김영순 등이다.

(3) 적변문축에 못 잡은 사람

적변문축에 붙잡힌 사람의 진술에 언급된 영해 동학혁명참가자로서 나중에 붙잡히지 않은 사람이 몇 있는데 최봉대(崔鳳大 청하거주) 박월천(朴月千 오서면 석문거주) 박지평(朴之平 오서면 인천거주) 권재여(權在興 진보 신한거주) 신기호(申基好 진보 합강거주) 신성호(申成好 진보 중평거주) 등이 있다.

8) 몸 바친 영웅들 96명

아래 몸 바친 영웅들은『교남공적』『적변문축』『도원기서』 등을 종합하여 알기 쉽게 다시 정리하여 작성한 것이다.

지금의 영덕군 37명 : 영해부 31명 효수형 10명 : 권두석(權斗石), 권석중(權錫重), 권영화(權永和), 박기준(朴箕俊), 박영각(朴永珏), 박영수(朴永壽), 박한용(朴漢龍), 박한태(朴漢太), 신화범(申和範), 한상엽(韓相燁), 물고자 14명 : 권재일(權在一), 권재화(權在華) 김덕만(金德萬) 김명학(金明學) 백규흠(白奎欽) 김억록(金億彔), 박영관(朴永琯 같은 이름 朴士憲), 박종대(朴宗大), 신택순(申宅淳), 장선이(張先伊), 임영록(林永祿) 권석두(權錫斗) 김개이(金介伊) 김흥이(金興伊) 교전사망 7명 : 권일원(權一元) 부자, 박양언(朴良彦), 박지동(朴知東), 권덕일(權德一), 김씨(이름 미상), 박종필(朴宗必) 영덕현 6명 효수형 1명 : 임영조(林永祚), 교형 1명 : 강사원(姜士元, 姜守, 姜時元 1885년 8월 교형) 교전사망 4명 : 임만조(林蔓祚), 구일선(具日善 또는 具日善), 강문(姜汶), 김기호(金基浩)

지금의 영양군 9명 : 효수형 4명 : 이군협(李羣協), 이재관(李在寬), 최기호(崔基浩), 최준이(崔俊伊) 물고자 4명 : 신성득(申性得), 우대교(禹大敎), 이정학(李正學), 백씨(白哥) 교형 1명 : 최시형(崔時亨, 崔景五, 崔慶翔 제2대 교주, 1898. 6. 2 교형)

지금의 청송군 2명 : 진보현 1명, 효수형 : 정창학(鄭昌鶴) 물고자 1명 : 오맹선(吳孟先)

지금의 울진군(울진현 및 평해군) 11명 : 효수형 8명 : 남기환(南基煥), 손경석(孫敬錫), 전인철(全仁哲), 전정환(全正煥), 전동규(全東奎)의 당내 3, 4명, 황억대(黃億大), 물고자 2명 : 김귀철(金貴哲 44세), 남두병(南斗柄), 자진 1명 : 전영규(全永奎), 교전사망 2명 : 남기상(南基祥), 김씨(金氏 이름 모름)

지금의 경주시(경주부) 21명 : 효수형 7명 : 김덕창(金德昌), 김창복(金昌福), 박명관(朴命觀), 이기수(李基秀), 이병권(李秉權), 임욱이(林郁伊), 허성언(許性彦), 교전사망 12명 : 박동혁(朴東赫) 이기섭(李基燮), 이사인(李士仁), 김만춘(金萬春), 정치선(鄭致善), 김씨(金氏 이름 모름)의 숙질, 김용운(金龍雲) 형제, 김씨(金氏 이름 모름) 숙질, 김경화(金慶和)의 백형, 물고자 2명 : 김용우(金用右), 김흥이(金興伊)

지금의 안동시 - 2명 : 안동부 효수형 2명 : 김천석(金千石), 장성진(張星進 또
는 張成眞)

지금의 포항시 - 8명 : 청하 3명, 교전사망 : 이국필(李國弼) 형제, 안씨(安氏
이름 모름) 홍해 2명, 교전사망 : 박황언(朴璜彦), 백씨(白氏 이름 모름) 연일 2명, 교
전사망 : 박씨(朴氏), 천씨(千氏) (2명 모두 이름 모름), 장기 1명, 입성 시 사망 : 성
씨(成氏 이름 모름)

지금의 경남 2명 - 영산 1명, 물고자 : 송지(宋志), 밀양 1명, 효수형 : 김일언
(金一彦)

지금의 충청 2명 - 노성 1명, 효수형 : 박춘집(朴春執), 홍주 1명, 능지처사 :
이필제(李弼濟 동일 李濟發, 12. 24 서울시청 뒤 군기시에서 능지처사됨)

지금의 전라 1명 - 남원 물고자 : 하만석(河萬石)

지금의 서울 경기 1명 - 교형 : 김낙균(金洛均, 동일 金震均)

4. 영해 동학혁명의 현장과 인식 제고

1) 영해 동학학명의 자취와 보존

영해 동학혁명의 역사적 현장을 보존하고 그 역사적 의미를 반성하는 작
업이 필요하다. 역사적 현장을 유적으로 잘 보존하고 반성하는 일이 바로
영해 동학혁명을 새롭게 조명할 수 있는 실마리가 되기 때문이다.

동학의 창시자인 수운 최제우 선생이 마지막 생일날(1863년 10월 28일) "후천
개벽 오만년 자존의 시대가 도래한다."는 말을 귀담아 전하라고 한 현장은
영덕의 직천마을(강구면 원직리 강수의 부친 강흠이 선생의 주점과 여관집으로 추정)이다.
이를 고증해서 복원하여 역사교육장이 되어야 한다.

영해 동학혁명에 참가한 사람들이 집결한 병풍바위가 지금은 숲속에 내

동댕이쳐진 역사의 현장이 되었다. 현장은 변함이 없고, 그 아래 집결지(병풍바위 아래 영웅들이 야영한 골짜기)는 숲으로 변해 있다. 또 소 두 마리를 잡아서 천제를 지낸 형제봉 정상 부근에는 헬기장이 설치되어 있다. 정상의 기울어진 바위 등 역사적 현장복원과 기념비라도 세워야 한다.

해월 최시형 교주와 이필제 장군 강사원 책사 김낙균 무사 등 혁명의 지도부가 일월산에서 관군의 포위망을 뚫고 탈출한 곳은 봉화군 재산면 갈산리 울연전(일월산 서북 쪽 기슭)이다. 이곳에는 전승기념비라도 세워야 한다.

영웅 이필제는 동학접주로서 그가 문무를 겸비한 영웅이고 또 영해 동학혁명에서 중국을 창업하겠다던 원대한 꿈을 가졌던 영웅이다. 그가 해월 교주와 동학지도부를 구출하여 그의 친구인 단양의 정기현가로 갔다. 또, 관의 촉수를 피하기 위해서 그 해 8월 문경의 유생들 모임에 뛰어나가 주모자로 허술하게 붙잡힘으로서 역적의 죄를 짊어지고 간 희생적이고 참다운 동학인이다. 1871년 12월 23일 지금의 서울시청 뒤 프레스센터가 있는 군기시에서 능지처사를 당했다. 최초의 동학혁명을 지휘했던 제2대 해월 교주는 23년이 지난 1894년 4월 2일에도 갑오동학혁명에 기포령을 발하였다. 갑오동학혁명은 만석보라는 봇싸움에서 발단한 전라도 고부의 영웅 전봉준 접주의 탄생이 있었다. 그 후 22세에 입도한 제3대 교주 손병희 선생은 기미독립선언과 독립만세운동으로 우리 민족을 구출하였다. 또, 황해도접주 김구 주석의 상해임시정부는 대한민국의 법통을 이어 주었다. 오늘의 조국을 보존할 수 있게 한 큰 별을 탄생시킨 이면에는 영해 동학혁명이 있었다는 것을 후대인들은 알아야 한다. 두 영웅이 처형된 현장에 동상이라도 세워야 한다.

2) 왜곡된 역사에 대한 재인식

진실된 역사를 바르게 보아야 하는데 한반도 최초에 성공한 영해 동학혁명을 폄하 왜곡하여 동학교단조차도 '신원운동'이니 '이필제의거'니 하는 정도이다. '이필제의 난'이니 '영해민란'이니 하는 역사왜곡은 '동학란'이 '동학혁명'으로 개칭된 후에도 계속되고 있다. "한반도에서 최초로 성공한 시민혁명인 영해 동학혁명"에 참가하여 성공한 후 붙잡혀 목이 잘려 죽거나 사지가 찢기어 죽은 사람들이 진술한 140쪽짜리 순한문 『교남공적』이나 같은 분량의 140쪽인 『영해부적변문축』 진술 내용에 동학인들이 '교조신원'을 진술한 사람은 하나도 없다.

또 영해관아에 입성할 때 당시 해월 최시형(당시 개명하기 전의 자호인 최경오) 교주는 후군을 이끌고 직접 지휘를 했고, 심지어 영해부사를 처단한 사람이 최경오 교주라고 진술했다가 번복한 부분도 있다. 그날 참가자 대부분이 수운 교조가 포교한 전국의 각 도에서 모여들었다. 최초의 동학혁명인 영해 동학혁명은 성공한 후 자진철수를 함으로써 희생도 많았지만 민족의 장래를 위해 중요한 의미가 있다. 역사왜곡에 사로잡혀 "영해 동학혁명"을 훼손시켜서 뭘 얻고자 하는지 근본 이유는 탐관오리로 처단된 영해부사 이정과 매국노 이완용, 친일 역사학자 이병도가 같은 우봉이씨라는 점을 주목해야 한다. 그런데 2004년 3월 5일에 공포된 〈동학농민혁명참여자 등의 명예회복에 관한 특별법(법률 제7177호)〉은 오직 1894년 4월과 9월의 동학농민혁명 참가자들을 대상으로 한정하여 명예를 회복시켜 줌으로써 잘못된 법률이 되고 말았다. 1871년 수운 교조의 제삿날 성공한 영해 동학혁명에 참가하였다가 잡혀서 순교한 사람들은 아직도 역적이라는 이름으로 남아 있다. 그때 살아남아서 23년 뒤에 혁명에 참가한 사람들만 영웅이 되어 해월 교주는 확실한 영웅이 된 셈이다. 그러나 23년 먼저 최초로 성공한 동학혁명에 참가해서 희생된 96명의 영웅들을 기억해야 한다.

이들은 고래 잡는 왜선이 동해바다에 자주 출몰하여 나라를 구하고 살길을 찾기 위하여 의병이 되자고 모여 들었다. 잡혀서 희생된 사람 중에는 지식층인 유학자, 지금의 대학생 엘리트급인 유생들, 공업 기술자, 행상 및 보부상, 관료인 영해이방, 현역 군인인 평해 장교, 양반 계층 등 각계각층이 참가했다. 그런데도 불구하고 동학혁명이 마치 계급투쟁인 양 농민혁명으로 왜곡된 역사는 반드시 시정되어야 한다.

3) 새로 발견된 사실

먼저, 당시 영해부사를 처단한 과정은 울진현에서 붙잡아 첫 진술을 받은 후 문서와 함께 압송한 김귀철(金貴哲 나이 44세)의 진술내용을 통해서 알 수 있다. 그 내용에 의하면 전 영해부사 이정에게 수 없이 많이 저지른 죄목을 들어서 엄하게 나무라고 난 후에 군법을 출령하여 시행했다고 한다.

두 번째는 영해 동학혁명 당시는 왕조시대여서 놀라운 사실은 아닐지라도 『영해부적변문축』을 보면 처음 붙잡힌 사람을 때려 죽였다고 한다. 지금은 야만국가나 동물의 왕국에서나 있을 법한 인민재판식이다.

세 번째는 박한용의 진술에는 감옥을 파괴하여 죄수를 방면했다는 내용은 없다. 그러나 『조선왕조실록』 1871년 6월 23일자를 보면 "박한용이 혁명무리의 심복이 되어 많은 사람을 이끌고 옥을 공격하여 죄악이 꿰뚫고 찼으니 잠시라도 살려 둘 수 없다."라고 기록되어 있다. 불란서혁명은 바스티유 감옥을 파괴하여 정치범을 방면했다는데 영해 동학혁명에도 감옥을 파괴하였다는 것이다. 왕조실록은 적어도 조정이나 지금의 내각인 의정부에서 기록한 것이니 전혀 근거 없이 기록하지는 않았을 것이다.

4) 참가자와 후손들의 명예회복 필요성

이날 최초의 동학혁명에 참가한 영웅들을 불량배나 도적이라고 하는 것은 영해혁명 참가자의 숭고한 정신을 망각한 것이다. 후손들이 떳떳하게 살아갈 수 있도록 하루빨리 명예회복이 되어야 한다.

그뿐만 아니라 1894년 동학혁명 역시 많은 부분이 잘못되어 있다. 이에 앞서 1892년 경상도 성주접주 (諱字)박성빈 옹은 22살이 되었을 때 접주(接主)로 활동했다는 것이 그의 비문과 선산군지(善山郡誌)에 기록으로 남아있다고 한다. 그의 막내아들 고 박정희 전 대통령이 태어나기 오래전의 일이라고 한다. 박 전 대통령이 남긴 '나의 소년시절'이라는 글에도 이 사실을 알 수 있다. 조선왕조실록에도 경상도 성주지방에 큰 봉기가 일어났다는 1894.9.9. 및 10.1. 기록과도 일치한다. 고종 31년(1894년 9월 9일(임오)) 2번째 기사 : 의정부에서 성주에 쳐들어오는 비적들을 막아내지 못한 성주 목사 오석영을 처벌할 것을 아뢰다. 고종 31년 10월 1일(갑진) 1번째 기사 : 내탕전 1만 냥을 특별히 내려 성주, 하동에서 비적으로 인해 소실한 민호를 구제하도록 하다. 그런데 당시 고종 31년 12월 6일(무신) 2번째 기사 : 강화영의 군사들이 태인에서 비적 두목 김개남을 사로잡았다고 아뢰다. 고종 31년 12월 10일(임자) 4번째 기사 : 전라 감사가 비적의 두목인 전봉준을 사로잡았다고 보고하다. 등의 기록으로 볼 때 동학혁명이라도 당시에는 동학이란 말조차 적시하지 않았다는 사실을 알 수 있다.

또, 고 박정희 전 대통령은 동학에 관심이 많아서 1963년 동학군이 승리를 거둔 황토현에 기념비를 세우고 성역화 하면서 기념사에서 동학란을 처음으로 "동학은 혁명이다."고 하였다. 그리고 경주시 용담에 수운 선생의 비문을 보면 그의 대통령시절 친필로 쓴 비석을 확인할 수 있다.

5. 결론

1871년 영해 동학혁명은 수운 최제우 선생의 가르침을 실천하기 위하여 해월 최시형 선생이 주도했다. 앞에서 행동한 사람은 이필제 장군이라 할 것이다. 조선왕조는 초기에 여진족의 땅에 창업하려던 이증옥을 처단한 우를 범한 것과 똑같이 말기에 북벌의 꿈을 가진 이필제를 처단하는 우를 범했다. 혹자는 영해 동학혁명이 하루 동안 관청을 접수한 것이 무슨 의미가 있느냐고 폄하하려는 경향이 있는데 이는 대단히 편협된 시각이다. 동국여지승람에도 기록되어 있지만 당시 영양현과 청기현은 영해도호부에 소속된 속현이었다. 1871년 3월 10일부터 3월 16일까지 혁명지도자들이 영양현 일월산에서 당시 안동부 재산면 울연전으로 탈출하기 전까지 7일 동안은 영해도호부 내에서 일어난 일이다. 그러니 어찌 하루만이라는 궤변이 나올 수 있겠는가.

역사의 진실은 오로지 하나 뿐인 사실만을 전하는 것이다. 소설이나 드라마는 사실이라 말하지 않는다. 역사는 사실을 바탕으로 하여 그것이 옳다 그르다 할 수 있는 것은 후대인들의 해석이 다를 수 있다. 정몽주나 성삼문의 비극적인 역사적 사건을 두고 그들의 종말을 애통해 하고 충신의 표상으로 숭앙하는 사람이 많을수록 국난을 당했을 때 정의의 편에서 극복하는 힘이 증가되는 것이다.

21세기는 인간과 신, 또 인간과 자연이 일체가 되어야 현재의 인류와 후손이 번영할 것이다. 또 인간의 존엄성인 자존의 무극대도를 이념으로 한 동학혁명과 오늘날 인류사회 최고의 가치인 자유, 평등, 인간의 존엄성을 찾고, 더 나은 삶을 위해 노력하는 것이 같다는 점이다. 지금도 지구촌 곳곳에서 유혈혁명이 일어나는 점을 자주 본다. 이는 같은 시대를 함께 살아가는 인류사회가 소중한 생명을 서로 살상하는 것은 참으로 안타까운 일이다.

수운 선생이 남긴 후천개벽 오만년 자존(自尊)의 횃불은 후손들의 근대화 정신으로 유유히 이어져 왔다. 이는 우리 민족이 세계를 선도하는 횃불로 승화되어갈 것임이 분명하다.

초기 동학 교단과 영해지역의 동학

성주현_청암대학교 연구교수

1. 머리말

영해는 고대 우시군국(于尸郡國)의 근거지로 조선시대 후기까지 영해부가 설치되어 있던 곳으로 그 역사가 오래된 고장이다. 우시군국은 신라 경덕왕 16년(757)에 유린(有隣)으로 바뀌었다가 고려시대에 들어 태조 23년(940)에 예주(禮州)로 고쳤다. 현종 9년(1018)에 방어사를 두었으며, 고종 46년(1259) 덕원 소도호부(德原小都護府)로 승격하였으며, 충선왕 2년(1310)에는 영해부사영(寧海府使營)을 두었다. 성종 때부터 영해는 단양(丹陽)이라 불렸으며, 오늘날도 단양이라는 이름을 쓰기도 한다. 조선시대에 들어와서는 태조 6년(1397)에 첨절제사를 두었고, 태종 13년(1413)에 다시 도호부사를 두었으며, 이후 고종 32년(1895)에 이르러 영해부는 영해군으로 되었다. 일제강점기인 1914년 3월 1일 부군폐합에 의하여 영해군이 영덕군에 합병되면서 오늘날 영해면이 새로이 신설되었다. 영해면은 본래 영해부 시절의 읍내면(邑內面)과 영해군 때의 묘곡면, 그리고 북초면(北初面)의 일부가 합쳐져서 1914년의 행정구역 개편 때 오늘의 모습을 갖추게 되었다.

이와 같은 영해는 일찍부터 동학과 인연이 깊었다. 1860년 4월 5일 수운 최제우에 의해 동학이 창명된 후 그 이듬해 6월 첫 포교[1] 이후 경주를 비롯하여 경상도 일대에 동학이 포교되었는데, 영해지역에도 동학이 전래되었다. 1862년 말경 수운 최제우는 각지의 동학 교인을 효과적으로 관리하기 위해 접을 조직하였다. 이처럼 동학교단의 첫 조직인 접이 조직될 당시 영해지역에 접주가 임명될 정도로 적지 않은 동학 교세가 형성되었다. 이후 해월 최시형의 적극적인 포교로 영해는 당시 동학교단의 중요한 위치를 차지하였다. 이를 계기로 동학교단의 첫 사회운동이라고 할 수 있는 1871년 신원운동[2]이 전개되었다.[3]

1871년의 신원운동은 다양한 평가를 받고 있지만, 적어도 당시 동학교인 5백여 명이 동원되었다는 사실은 동학의 최초 변혁운동이었다고 할 수 있다. 이로 볼 때 영해는 초기 동학교단사에서 중요한 의미를 지니고 있음을 보여주고 있다.

이에 본고에서는 1781년 신원운동을 전개할 수 있었던 영해지역 동학의 포교와 동학 조직의 성장과정을 초기 동학교단사를 통해서 살펴보고자 한다.

2. 영해지역 동학과 박하선

동학이 창도된 경주의 이북에 해당하는 영해에 동학이 언제 포교되었을까. 영해에 동학이 포교된 것은 동학을 창도한 수운 최제우 재세시였다. 즉 수운 최제우가 동학을 창도한 후 1년 뒤인 1861년경으로 추정된다. 동학의 첫 포교는 가족이었다.[4] 그러나 본격적인 포교는 1861년 6월 이후였다.

신유년 봄에 포덕문을 지었다. 그해 6월에 포덕할 마음이 있었다. 세상의 어진 사람들을 얻고자 하니, 저절로 풍문을 듣고 찾아오는 사람들의 수가 많

아 전부 헤아릴 수가 없을 정도였다. 혹은 불러서 입도하게 하고 혹은 명하여 포덕하게 하니[5]

수운 최제우는 1860년 4월 5일 동학을 창도하였지만 곧 바로 포교를 하지 않고 거의 1년 후인 1861년 6월에 들어서야 포교를 하였다. 19세기 중엽 성리학의 이데올로기에 따라 신분적 차별을 받던 일반 백성들에게 '누구나가 한울을 모셨다'는 시천주라는 동학의 평등사상은 메시아였다. 이에 따라 동학에 입도하는 사람들이 헤아릴 수 없을 정도였다.

1861년 6월 이후 동학의 포교는 경주를 중심으로 인근 군현, 좀 더 넓게는 경상도 일대로 확산되었다. 이 시기 흥해 검곡에 머물고 있는 해월 최시형이 동학에 입도하였는데,[6] 흥해와 멀리 떨어지지 않은 영해도 동학이 포교되었던 것으로 추정된다. 왜냐하면 1862년 3월 수운이 남원 은적암으로부터 경주로 돌아와 박대여의 집에 머물 때 해월 최시형과 함께 영해 출신 박하선도 참석한 바 있다.[7] 이로 볼 때 1861년 하반기에 이미 영해지역에 동학이 포교되었음을 알 수 있다.

그러나 영해지역의 본격적인 동학 포교는 1862년 6월 이후였다. 이해 6월 해월 최시형은 영해를 비롯하여 영덕, 흥해 등 동해안 일대에 적극적으로 포교를 한 바 있는데, 이로 인해 해월 최시형은 '검악포덕'이라는 별칭을 얻었다.

(1862년) 6월 대신사(해월 최시형: 필자주)는 포덕하려는 의지가 있었지만 밑천이 없어서 걱정을 하고 있었다. 본군[8]에 살고 있는 김이서가 벼 120포대를 보내주었다. 그러자 주변 고을인 영해, 영덕, 상주, 흥해, 예천, 청도의 훌륭한 선비들이 옷을 떨치며 다투어 와서 날로 강도와 포덕에 종사했다. 이때부터 검

악포덕이라는 말이 비로소 사람들의 입에서 오르내렸다.[9]

　이 글에 의하면, 영해는 1862년 6월 해월 최시형에 의해 본격적으로 포교되었음을 알 수 있다. 해월 최시형에 의해 동학의 교세는 경주 이북지역으로 크게 확장될 수 있었다. 이들 지역 동학교인들은 1871년 신원운동에 적극 참여하는 지지기반이 되었다.

　1861년 하반기부터 포교되기 시작한 동학은 1년도 되지 않았으나 경주를 비롯하여 경상도 일대에까지 교세가 크게 확장되었다. 이에 수운 최제우는 1862년 11월 말경 비록 관으로부터 탄압을 받는 상황이었지만 늘어나는 교인들을 보다 효율적으로 관리하기 위해 접을 조직하는 한편 접주를 정하였다.

　　　　경주부서 : 백사길, 강원보
　　　　경주본부 : 이내겸
　　　　영덕 : 오명철
　　　　영해 : 박하선
　　　　대구와 청도, 경기도 : 김주서
　　　　청하 : 이민순
　　　　연일 : 김이서
　　　　안동 : 이무중
　　　　단양 : 민사엽
　　　　영양 : 황재민
　　　　영천 : 김선달
　　　　신령 : 하치욱

고성 : 성한서

울산 : 서군효

장기 : 최중희[10]

　이처럼 수운 최제우는 동학을 포교한 지 1년 반 만에 동학교단의 첫 조직으로 각 지역의 교인들을 관리하기 위해 14개 지역에 접을 조직하였다. 그리고 그 책임자로 접주를 각각 선정하였다. 영해지역도 접이 조직되는 한편 접주로 박하선이 선임되었다. 영해지역에 접을 조직하였다는 것은 이 일대에 동학교인이 적지 않았음을 알 수 있다. 이로써 영해는 당시 동학교단의 중요한 포교지의 하나였던 것이다.

　이와 같이 영해가 교단의 중요한 위상을 갖게 됨에 따라 수운 최제우는 영해를 특별 관리토록 하였다. 즉 수운 최제우는 수제자인 해월 최시형을 영해로 파견할 정도로 동학교단에서는 영해는 중요한 지역으로 인식되었다.

　　초엿새 일에 경상과 더불어 절하고 헤어질 때 말하기를

　　"그대는 영덕과 영해의 경계[11]에 갔다가 돌아오라."[12]

　수운 최제우는 접을 조직한 지 불과 얼마 지나지 않은 1863년 1월 6일 수제자인 해월 최시형을 영해로 파견하였다. 그렇다면 왜 해월 최시형을 영해에 파견하였을까 하는 것이다. 이와 관련해서 우선적으로는 영해지역에 포교를 위한 것이었다. 『천도교회사』에 의하면 "포덕케 하시다"라고 하였던 바, 동학의 포교를 위한 것이라 할 수 있다.

　영해지역은 오래 전부터 신향과 구향의 갈등이 적지 않았고, 특히 신향들

은 동학에 적지 않은 관심을 가지고 있었다.[13] 이와 같은 상황에서 영해지역
은 동학을 포교하는데 최적의 조건을 갖추고 있었던 것이다. 때문에 수운
최제우는 해월 최시형을 영해로 보내 동학의 세력을 보다 확장하고자 하였
던 것이다. 이와 같이 영해가 동학 교세 확장의 거점이 된 것은 훗날 영해교
조신원운동의 기반이 되었다고 할 수 있다.

한편 이해 10월 영해접주 박하선이 편지를 가지고 와서 수운 최제우에게
문의한 바 있다. 이에 수운 최제우는 "나는 천주를 믿을 뿐이다. 천주께 고
해 명령과 가르침을 받노라"하고 묵념을 한 후 편지의 내용을 해석해 주었
다. 그 내용은 다음과 같다.

> 얻기도 어렵고 구하기도 어려우나 실로 어렵지 않다.
> 마음과 기운을 화하게 하고 봄의 화창함을 기다리라.[14]

이는 '일에는 때가 있음'을 암시한 것으로 볼 수 있다. 박하선이 가지고 편
지의 내용은 구체적으로 알 수 없지만 당시 동학을 믿는 교인 중에는 예언
적인 요소에 관심을 가지는 경우도 적지 않았다.[15] 이와 같은 상황에 대해
많은 염려를 하였던 수운 최제우는 이를 경계하기도 하였다.[16] 그래서 수운
최제우는 참된 동학의 교리에 충실할 것을 권장하였다. 이는 어쩌면 훗날
영해에서 전개되었던 교조신원에 대한 우려였던 것으로 풀이할 수도 있지
않을까 한다.

영해지역 교인들은 수운 최제우가 관에 의해 피검되었을 때 함께 검거되
기도 하였다. 『도원기서』에 의하면 수운 최제우가 피검될 때 적지 않은 교
인들이 잡혔다. 그러나 이들은 대부분 정배를 가거나 방면되었으나 영해지
역 교인들은 옥중에서 죽음을 맞았다. 이름을 알 수 없는 박모씨와 박명여

가 그들이었다.[17] 영해접주로 임명된 박하선도 수운 최제우가 관에 검거될 때 같이 있었던 것으로 보이나 잡혀가지 않았던 것으로 보인다.[18] 이외에도 영해지역 동학교인들은 수운 최제우가 대구감영에서 옥중생활을 하는 동안 영덕의 동학교인들과 함께 6백여 금액을 염출하여 뒷바라지 할 수 있도록 지원하였다.[19]

이상에서 살펴보았듯이 영해지역은 일찍 동학이 포교되었을 뿐만 아니라 초기 동학교단사에서 매우 중요한 위치를 차지하였다고 할 수 있다. 이와 같은 영해지역 동학의 중심인물은 영해접주로 임명된 박하선이었다. 박하선에 대해서는 잘 알려져 있지 않아 구체적으로 확인할 수 없지만 몇 가지 자료를 통해 살펴보면 다음과 같다.

우선 박하선은 함양박씨의 문중으로 신향[20]에 속하였다. 당시 동학의 포교가 친인척을 중심으로 이루어졌는데, 박하선 역시 친인척 관계를 통해 동학을 포교하였다. 중심지역은 신향의 거점지인 창수면 인천리 일대였다. 이곳은 영해읍에서 북서쪽으로 40여 리 정도 떨어진 한적한 산골마을이었다. 인천리 일대는 함양박씨들의 집성촌으로 동학을 포교하는 데는 유리한 조건을 가지고 있었다.[21] 인천리 뿐만 아니라 인근지역에도 함양박씨 문중이 많이 살고 있어 동학 교세는 접이 생길 정도 크게 성장하였다.

교단의 기록 중 『대선생문집』[22]에는 박하선과 관련된 내용이 적지 않은데 다음과 같다.

이해 3월 신령 사람 하치욱이 박하선에게 묻기를 "혹시 선생이 있는 곳을 아는가"하니 대답하기를 "어제 밤에 꿈을 꾸었는데 박대여와 더불어 선생을 같이 보았다. 지금 가서 배알코자한다"고 했다. 두 사람은 같이 가다가 길에서 우연히 최경상(최시형; 필자주)을 만나 동행하여 뜻밖에 선생을 찾아뵙게 됐다. 선생께서 "그대들은 혹시 소식을 듣고 왔는가" 물었다. 대답하기를 "저희들이 어찌 알았겠습니까. 스스로 오고 싶은 마음이 있어 왔습니다" 했다. 선생은 웃으면서 "군은 참말로 그래 왔는가, 나는 박하선이 올 줄을 알았다"고 말씀했다.[23]

그믐날이 되어 선생께서 친히 각처의 접주를 정하였다. (중략) 영해는 박하선으로 정해주었으며[24]

8월 13일 홍비가를 지어놓고 전해 줄 곳이 없었는데, 박하선과 최경상 등 6~7인이 때마침 찾아왔다.[25]

영해 사람 박하선이 선생의 말씀을 듣고 글을 지어 선생님을 찾아가 뵈었다.[26]

상행이 자인현 서쪽 뒤의 연못이 있는 주점에 이르자 날이 이미 저물었다. 하룻밤 머물러가자 청하니 주인(최시형; 필자주)은 "어디로부터 오시는가" 물었다. 박하선이 "대구에서 온다" 하니 주인은 사실을 알아차리고 시신을 방에 들이라 하고 일체 모든 손님을 금했다.[27]

위의 인용문에서 보듯이 박하선은 수운 최제우를 늘 곁에서 모셨을 뿐만 아니라 문장력이 인품도 뛰어나 접주로 임명되었다. 특히 대구 관덕정에서 수운 최제우가 처형을 당하자 시신을 모시고 경주 용담까지 함께 하였다. 뿐만 아니라 때에 따라서는 해월 최시형보다 앞서 거론되는 것을 보아 해월 최시형과 함께 적지 않은 영향을 미쳤던 지도자였다고 판단된다. 이러한 박하선의 지도력과 활동은 영해지역에 동학을 포교하는데 가장 큰 역할을 담당하였다고 할 수 있다.

그렇다면 영해접주 박하선은 어떠한 위치에 있었을까 하는 점이다. 이에 대해서는 구체적으로 할 수 없지만 다음의 기록으로 보아 상당히 상위급 지도자에 속하지 않았을까 추정된다.

> 8월 13일에 경상이 생각지도 않았는데 찾아왔다. 선생께서 기뻐하며 물어 말하기를
>
> "추석이 멀지 않았는데, 그대는 어찌 이리 급하게 왔는가?"
>
> 경상이 대답하기를
>
> "선생님께서 홀로 추석을 보내시게 되어 모시고 같이 지낼 생각으로 이렇듯 오게 되었습니다."
>
> 선생께서 더욱 기쁜 얼굴빛이 되었다. 14일 삼경에 좌우를 물러나게 하고, 선생께서 오랫동안 묵념을 하더니, 경상을 불러 말하기를
>
> "그대는 무릎을 걷어 올리고 바르게 앉아라."
>
> 했다. 경상이 그 말에 따라 앉으니, 선생께서 일컬어 말하기를
>
> "그대는 손과 다리를 임의로 움직여 보아라."
>
> 경상이 마침내 대답하지 못하고 정인 있는 것 같기도 하고 없는 것 같기도 하며, 몸이 움직여지지 않았다. 선생께서 이를 보고 웃으며
>
> "그대는 어찌하여 이와 같이 되었는가?"
>
> 하니, 그 말을 듣고서야 다시 움직이게 되었다. 선생께서 말하기를
>
> "그대의 몸과 수족이 전에는 어찌하여 움직이지 않고, 지금은 다시 움직이게 되었으니 무엇 때문에 그런가?"
>
> 경상이 대답하여 말하기를

"그 단초를 알지 못하겠습니다."

했다. 선생께서

"이는 바로 조화의 큰 모습이다. 무엇을 근심하겠는가? 후세의 어지러움이
여, 삼가고 삼갈 지어다."[28]

이는 7월 23일 북접주인으로 임명[29]된 바 있는 해월 최시형이 수운 최제
우로부터 도를 받는 장면이다.

그런데 『도원기서』에는 박하선이 8월 13일에 참여하기 않은 것으로 되어
있지만, 『대선생사적』에는 박하선도 그 자리에 함께 있었다.[30] 즉 8월 13일
박하선은 해월 최시형과 함께 수운 최제우가 있는 용담을 찾았다. 다만 도
를 전하는 자리에는 없었지만[31] 박하선이 해월 최시형의 가까운 측근이었
음을 알 수 있다. 앞서 언급하였듯이 해월 최시형이 포덕을 하고자 하였으
나 경제적으로 어렵자 박하선 등 영해지역 동학교인들이 적지 않은 비용을
염출하여 제공한 바 있다. 이로 볼 때 박하선은 동학의 2인자인 해월 최시형
의 가장 지근거리에서 보좌하는 위치에 있었음을 알 수 있다.

그러나 박하선은 신원운동이 일어나기 전에 죽은 것으로 알려지고 있다.
신향과 구향의 갈등은 1871년 신원운동이 일어나기 전까지 지속되었다. 이
과정에서 구향은 신향을 탄압하였는데, 영해접주였던 박하선을 감영에 고
발하였다. 감영에서 고문을 받은 박하선은 고문의 여독으로 1869년 말경 세
상을 뜬 것으로 추정된다. 이러한 점은 그의 아들 박사헌[32]이 신원운동 당시
상제였다는 사실로 미루어 짐작할 수 있다.[33] 이와 같이 박하선이 접주로 있
는 영해는 1871년 신원운동으로 이어지는 동학 조직의 기반이 되었다.

그렇다면 1871년 신원운동의 기반이 되었던 영해지역에 동학이 일찍부
터 포교되었고, 조직화되었는지 살펴볼 필요가 있다. 이는 영해지역이 가지

고 있는 지역 정서 가 적지 않은 영향을 미쳤기 때문이었다. 즉 신구 유림세력 간의 갈등이 영해지역에 동학이 포교되는데 적지 않은 영향을 주었다. 이에 대해 좀 더 구체적으로 살펴보자.

3. 영해지역 향촌 세력의 갈등과 동학

영해지역에서 처음으로 동학에 입도한 인물은 박하선으로 알려졌다. 그는 수운 최제우가 첫 포교를 한 신유년 즉 1861년 후반기로 추정된다. 영해는 동학이 창도한 경주에서 동북쪽으로 경주-연일-흥해-청하-영덕으로 이어지는 곳으로 동학의 포교되는 길목과 매우 밀접한 관계를 가지고 있다.

동학의 첫 포교지는 경주였다. 이후 경주를 주변으로 동학은 크게 확산되었는데, 그 주로 경주의 동북쪽이 여기에 해당된다. 이는 1862년 11월 접주를 임명한 지역을 보더라고 확인되고 있다. 당시 접주가 임명된 지역은 동학의 포교가 가장 활발하였던 곳으로 흥해, 연일, 장기, 청하, 영덕, 영해, 평해, 영양 그리고 울산 등지였다. 이들 지역은 주로 동해안을 끼고 형성되었는데, 이로 볼 때 초기 동학의 포교는 주로 경주 동북지역이었다고 할 수 있다.

해월 최시형의 동학 입도 상황을 보면 당시 동학의 포교과정을 살펴볼 수 있다. 경주에서 태어난 해월 최제우는 17세 때인 1843년에는 흥해 신광면 기일에 있는 제지소에서 일한 바 있으며, 28세 때인 1860년 흥해 마북동에서 화전민으로 생활하였다. 이곳 산골짜기에서 생활하던 해월 최시형에게까지 '경주에서 성인이 났다'는 소문이 전해졌다. 수운이 포교를 한 지 불과 1년도 되지 않은 상황이었다. 해월 최시형은 동학의 소문을 듣고 직접 용담으로 찾아가 1861년 동학에 입도하였다.[34] 흥해는 경주의 동북쪽으로 동해안과 멀지 않은 곳이었으며, 영덕과 영해로 이어지는 길목이었다. 뿐만 아니라 홍해는 1862년 11월 수운 최제우가 머물 정도로 중요한 곳이었고 11월 말에는 접소를 설치하는 한편 접주를 임명할 정도로 경주 다음으로 중요한 동학의 중심지였던 것이다. 자연스럽게 홍해를 거쳐 영덕, 영해지역으로 동학이 포교되었다고 할 수 있다.

동학이 포교되는 과정에서 지역적 특성을 가지고 있는 곳이 바로 영해지역이었다. 동학이 창도되고 포교되는 조선후기는 양란 이후 사회변동이 적지 않았다. 조선후기 사회변동은 중앙뿐만 아니라 지방에서도 적지 않은 변화를 가져왔는데, 향촌 세력의 분열이었다. 특히 영해는 장기간에 걸쳐 향촌 세력의 갈등이 이어졌고, 동학이 포교되는데도 적지 않은 영행을 미쳤다.

영해의 대표적인 향반은 5대성이라 불리는 영양남씨, 대흥백씨, 안동권씨, 재령이씨, 무안박씨이다. 이들 향반들은 다른 지역에서 16세기를 전후하여 입향하였지만 조선후기 들어 재지사족으로 기반을 구축하였다. 이들 집안은 1700년을 전후하여 적지 않은 중앙관료들을 배출할 정도로 전성기를 이루었다. 뿐만 아니라 이들은 안동 등지의 유림세력과 혼인 또는 학맥을 연결하면서 '소안동'이라는 자부심을 가지기도 하였다.[35]

그러나 17세기 말부터 이들이 지배하였던 향교, 서원, 향약, 동약 등 향촌 지배기구가 기존의 방식으로 운영하는데 적지 않은 한계에 다다르게 되었다. 또한 그동안 중앙으로 배출하였던 관료들도 당쟁에 의해 점차 소외되었을 뿐만 아니라 중앙 진출도 봉쇄되었다. 이처럼 중앙권력과의 단절, 향촌 지배기구의 영향력 약화로 인해 기존의 향촌세력은 새로운 향촌 세력의 도전을 받을 수밖에 없었다. 그 결과 1840년 祭任과 鄕任을 둘러싼 '鄕戰'이 일어났다. 기존의 향촌세력은 '구향', 새로운 향촌세력을 '신향'이라 불렀고, 이

향전을 경자향변, 영해향변, 혹은 영해향전이라 한다.[36] 이에 대해 간략히 살펴보자.[37]

영해향전의 주역들은 서얼들이 중심이 된 신향이었다. 향전의 배경은 조선후기 서얼의 신분상승운동과 밀접한 관련을 가지고 있다. 조선조 후기에 들어오면서 영조 48년인 1772년의 통청윤음(通淸綸音), 정조 1년인 1777년 3월의 정유절목(丁酉節目), 순조 23년인 1823년의 계미절목(癸未節目) 등에 의하여 종래의 서얼들에 대한 신분제약이 어느 정도 완화되어 중앙 요직의 벼슬길이 열리는 등 제한적이나마 서얼계층의 신분상승이 가능하였다.

이와 같은 조치로 중앙에서는 서얼들의 신분상승이 어느 정도 가능하였지만 지방의 뿌리 깊은 사회적 관습의 벽을 넘기에는 한계가 많았다. 시대의 변화에 따라 영해의 신향들은 구향들에게 누차 자신들도 사족으로 인정해 줄 것을 요구하였다. 당시 신향들이 핵심 요구사항은 향교와 향청의 임원직에 대한 참여였다. 이러한 향교와 향청의 임원직에 대한 요구는 단순한 지위상승의 요구에만 그치는 것이 아니라 당시 향내의 수조권을 이들 향청의 임원들이 갖고 있었기 때문에 경제적인 면에까지 요구의 수준이 미칠 수 있었다. 이러한 신향의 요구에 구향들이 당연히 반발하였다. 이러한 갈등은 결국 향전으로 나타난 것이다.

신향과 구향과의 갈등은 잠복하여 있다가 본격적으로 드러나기 시작한 것은 1839년 8월 영해부사로 최명현이 부임하면서부터이다. 신임 부사 최명현이 부임하자 신향들은 적극적으로 접근하여 자신에게 유리하도록 상황을 만들어나갔다. 이에 반발한 구향들도 적극적인 공세를 펼치게 되었다. 신구향의 대립이 심화됨에 따라 갈등은 향중 전체로 확산되었다. 당시의 구향은 남인 계열이었으며, 신향은 노론 계열이었다. 부사 최명현은 노론 집권기에 별장이 되어 승지에 오른 인물이었다. 따라서 최명현은 자연스레 신향의 편에 서게 되었다. 이는 당시 집권세력인 노론 역시 서얼허통에 적극적이었기 때문이었다. 이를 계기로 영해에서는 신향이 자신들이 인계서원[38]을 중심으로 세력을 확장해나갔다.

이러한 와중에 1840년 8월 영해향교의 추계석전에 최명현은 향교의 교임을 기존의 관례를 물리치고 신향 세력의 거점인 인계서원의 유생 중에서 일부를 선임하도록 했다. 구향이 중심이 된 향교에서는 최명현의 이와 같은 조치가 이전에도 없는 무례한 것으로 전혀 이치에 맞지 않는 일로 간주하여 반발하기 시작하였다. 구향은 구향대로, 최명현은 최명현대로 신향으로 각각 추계석존을 추진함에 따라 갈등은 더욱 더 확대되어 갔다.

마침내 부사 최명현이 신향인 권치기를 수별감에 임명하자 구향인 좌수 주형렬과 별감 정상희가 이러한 것은 온당치 못하다고 하며 크게 반발하였다. 그러나 좌수 주형렬은 결국 체임되고 신향인 박기빈이 좌수로 차임하게 되어 신향은 일시에 위세를 떨치게 되었다. 이렇게 되자 구향들은 안동 호계서원[39]을 비롯하여 의성, 군위, 영양 등지의 서원에 알리는 한편 감영에까지 전말을 보고했다.

이에 분격한 최명현은 구향의 지도자격인 7명을 잡아들여 관문에서 소란을 피운다는 죄목으로 다스렸다. 구향들은 다시 고변장을 감영에 보냈고, 감영에서는 잡힌 사람들을 영덕으로 압송했다. 영덕현령 이장우는 이 사건을 재차 조사하였지만 서얼들의 신분상승의 실현과 경제적인 주도권을 확보하기 위한 측면은 제외하고 단순히 신구향 간의 爭任 사건으로만 규정하여 감영에 보고하는 한편 남효익, 박기빈, 권도익, 권치기를 데려다 조사하였다. 이에 따라 감사는 향전을 '爭任之事'로 규정하고, 신구향 모두를 처벌하도록 지시하였다. 향전에 관련된 인물들은 각지로 유배형을 받았으나, 뒤이어 나온 국가 대사면령으로 모두 풀려나 고향으로 돌아왔다. 그러나 이

향전으로 영해부사 최명현은 영덕현령에 의해 봉고 파직되어 관아에서 쫓겨나게 되었으며, 신향과 구향간의 감정의 골은 더욱 깊어지게 되었다. 이와 같은 향전으로 영해의 신향과 구향은 '빙탄의 관계'라고 할 정도였다.[40]

그 후에도 신향들은 그들의 지위 확보를 위하여 부단히 노력하였지만 대원군의 서원철폐령에 따라 인계서원이 훼철되자 그들의 근거지를 상실하게 되어 점차 그들의 세력은 줄어들게 되었다. 이러한 향전을 치룬 신향들은 동학이 영해까지 포교되자, 이들은 종래의 신분적인 제약을 동학의 신분차별 철폐 등 평등사상을 수용함에 따라 동학에 입도하였다. 뿐만 아니라 동학을 창도한 수운 최제우 역시 재가녀의 출생이라는 신분적 한계는 영해지역 서얼들에게 동질성을 가지는 계기가 되었다고 본다. 자신의 출생 신분의 한계를 극복하고 당시로서 파격적인 시천주의 평등사상은 신분상승을 지향하는 서얼들에게는 새로운 희망이었다. 때문에 영해향전에서 피해의식을 가지고 있던 신향들은 동학을 적극적으로 수용할 수 있었던 것이 아닐까 한다. 동학을 신봉하게 된 신향은 종교로서 뿐만 아니라 이를 통해 사회변혁까지도 지향하게 되었다.

4. 영해지역 동학 조직과 신원운동

앞서 살펴본 1840년 영해향전은 영해지역에 동학이 포교할 수 있는 중요한 토대가 되었다. 이는 신원운동의 경과와 수습과정에 대한 영해에 살던 양반의 기록인 『신미아변시일기』에서도 잘 나타나고 있다.

> 본향(영해 : 필자)에는 6, 7년 전에 동학의 한 무리들이 있어 여러 지역의 동학 무리들과 서로 통하고 살고 있는 궁촌에 왕왕 소굴을 만들어 무리들을 모으

고 가르침을 펴기를 마음대로 행하는 것이 거리낌이 없었다. 향중에서 혹 절
족한다는 글을 보내기도 하고, 혹 그 죄상을 알리도 하여 우리들 양반 대열에
발을 붙이지도 못하게 하였다. 그러나 그들은 완고하여 그만 둘 줄을 몰랐다.
마침내 관에서 잡아들어 가두게 하니 겨우 그쳤으나 구향을 원수처럼 보았으
며 뼈에 사무치게 되었다. 지금 체포된 자는 대개 이 무리가 많다.[41]

이 글은 신원운동을 수습하는 과정에서 남교엄, 권만진, 백중목, 전문원,
박주한 등이 증언한 내용이다. 이에 의하면, 6, 7년 전인 1863, 4년경에 동학
이 신향을 중심으로 널리 포교되었음을 알 수 있으며, 신향은 구향과는 '뼈
에 사무칠' 정도로 원수지간이었음을 보여주고 있다. 동학에 입도한 신향들
은 다른 지역의 동학 조직과도 적극적으로 교류하였다. 또한 동학을 포교하
는데도 전혀 거리낌이 없을 정도로 적극적이었다. 이러한 신향의 활동에 대
해 구향은 절족 또는 양반대열에 발을 붙이지도 못하도록 하였지만 동학의
확산을 막을 수가 없었다. 마침내 신향들을 감옥에 가둠으로써 동학을 그나
마 막을 수 있었다.

이와 같은 사실은 『교남공적』에도 잘 드러나고 있다.

> 동학은 본읍 신향 무리들에 많이 염습되었으며 이번 적변에 많이 참가했
> 다. 신향들은 모두 동학의 여당이다. 본읍의 신향과 구향의 사이는 빙탄의 관
> 계로 내려온 지 오래이다.[42]

즉 신향은 동학의 무리였으며, 구향과는 빙탄 즉 얼음과 숯의 관계처럼
이질적이었음을 알 수 있다.

1862년 11월 영해접주로 임명된 박하선에 대해서는 잘 알려져 있지 않지

만 함양박씨의 서얼 출신으로 보인다.[43] 이로 볼 때 영해지역 서얼 출신의 신향은 박하선을 중심으로 동학을 독실하게 믿었다고 할 수 있다.

신원운동은 수운 최제우로부터 동학에 입도하였다는 이필제가 주도하였다.[44] 이필제는 1870년 진주에서 변란을 시도하다가 실패한 후 영해로 피신하였다. 그가 영해로 피신한 것은 1866년 이미 영해의 동학교인과 교류한 바 있었기 때문이었다. 1866년 영해에 머물던 이필제는 동학교인 이수용과 교제하였다. 뿐만 아니라 울진의 동학교인 남두병과도 알고 지내는 관계였다.[45] 이런 점으로 보아 이필제는 이 시기를 전후하여 동학에 입교한 것으로 추정된다.[46]

영해로 피신해 온 이필제는 우선 동학교인들과 관계를 맺었다. 그리고 동학 조직을 통해 교조신원운동을 전개하고자 하였다. 그러나 여기에는 순수한 교조신원 뿐만 아니라 이필제가 그동안 추진하고자 하였던 병란이 함께 내포되었다. 이필제는 영해지역 동학교인들과 관계를 돈독하게 하는 한편 신원운동을 준비하였다. 그런데 신원운동을 전개하기 위해서는 동학의 최고 책임자인 해월 최시형의 동원령이 무엇보다도 필요하였다. 이에 이필제는 이인언을 비롯하여 박춘서, 박사헌, 권일원 등을 영양 윗대치에 머물고 있는 해월 최시형에게 보내 설득하도록 하였다. 그럼에도 불구하고 해월 최시형이 움직이지 않자 결국 이필제는 직접 해월 최시형을 만났다.

이필제는 "선생을 부끄러움을 설원하는 것"과 "뭇 백성의 재앙을 구제하는 것"이라 하고 신원운동의 당위성을 설명하였다. 여전히 의구심을 풀지 못한 해월 최시형은 강수와 박춘서를 찾아가 그 뜻을 확인하고자 하였다. 강수와 박춘서가 찬성함에 따라 해월 최시형은 이필제의 뜻을 따르기로 하고 영해를 비롯하여 평해, 울진, 영덕 등지의 교인들에게 동원령을 내렸다. 마침내 영해 우정동에 모인 동학교인들은 3월 10일 황혼 무렵 형제봉에서 천제를 지내고 영해부를 습격하여 부사 이정을 처단하였다.[47] 해월 최시형은 천제를 지낸 후 영양 윗대치로 돌아갔다.

일단 영해부를 장악한 부사 이정을 처단하고 동학교인들은 주민들의 동향을 살폈다. 이필제는 자신들이 거사한 것은 탐학한 부사를 처단하기 위해 일어났고, 추호도 백성들은 해치지 않을 것이라고 하였지만 크게 반응이 없었다.[48] 이러한 와중에 이필제는 영덕으로 진격하고자 독려하였지만 동학교인들은 이에 따르지 않았다. 더욱이 주민들의 반응이 없고 사태가 불리함을 느끼자, 이필제와 동학교인들은 영해부를 점령한 다음날인 3월 11일 오후 일제히 관아를 빠져나왔다. 그리고 영해 신향의 본거지인 인천리로 피신하였다. 이곳에서 2일 정도 머물면서 관의 동향을 살폈다.

한편 영해부 향리들의 연락을 받은 인근 고을 군졸들은 영해로 집결하였으며, 영해부 습격에 가담한 자를 색출하기 시작하였다. 인천리에 머물던 이필제 등 일부는 해월 최시형이 있는 영양 윗대치로 피신하였다. 그러나 윗대치도 안전하지 못하였다. 『교남공적』의 최준이 신문조서에 따르면 "13일에 집으로 돌아왔으며 15일에는 많은 교인들이 윗대치에 모여 있었는데, 관군을 만나 체포되었다"한 바, 관군이 영양 윗대치까지 추격하였다.[49] 이로써 영해교조신원운동은 5일만이 막을 내리고 말았고, 동학 조직은 심대한 타격을 입었다. 해월 최시형과 이필제는 단양까지 함께 동행하였고, 이후 해월 최시형은 영월, 정선 등 강원도 태백산 산중에서 은신하며 재기를 도모하였다. 그러나 이필제는 이해 8월 문경에서 다시 작변을 일으켰다가 체포되어 1872년 1월 효수되었다.[50]

그렇다면 영해교조신원운동에 참여한 동학 조직은 어느 정도였는가? 『교남공적』에 의하면 가담자 105명의 신문내용이 있으며, 『도원기서』에 의하면 동학교인 5백여 명이 참가하여 2백여 명이 죽거나 체포되어 정배되었다고 하였다. 그리고 나머지 3백여 명은 가혹해진 지방 수령의 탄압과 체포의 위협으로 뿔뿔이 흩어졌다.

또한 『도원기서』에 의하면, 신원운동에 참여한 동학 조직을 다음과 같이 기록하고 있다.

장계 문초에 원죄인 전동규의 이름이 있고, 그 나머지 억울하게 죽은 사람들이 나타나는데, 동규의 당내 서너 명, 울진 남기상 · 김모, 영해의 박사헌 형제 · 권일원 부자 · 박양언 · 박지동 · 권덕일 · 김생, 영덕의 임만조 · 구일선 · 강문 · 김기호, 청하의 이국필 형제 · 안생, 홍해의 백생 · 박황언, 연일의 천생 · 박생, 경주 북산중의 이사인 · 김만춘 · 정치선 · 김생의 숙질 · 김경화의 백형, 영양의 장성진 · 김용운 형제 · 최준이 등이었다.

도망하여 살아난 사람은 영해의 박군서 · 이인언인데, 이들은 배도한 사람들로 이필제의 모사자들이다. 이외에 전윤오 숙질 · 김경화 · 전덕원 · 김계익 · 김양언 · 임근조 · 임덕조 · 박춘서 · 유성원 · 전성문 · 김용여 · 박영목 · 정치겸 · 김성길 · 서군효, 상주 사람 김경화 · 김형로 · 김오실 · 김순칙 · 이군강 · 임익서 · 권성옥 · 황재민 · 김대복 · 김치국 · 김윤백 · 백현원 · 김성진 · 신성화 · 배감천 형제, 영덕 사람 김생 · 구계원, 대구 사람 김성백 · 강기 · 정용서, 홍해 사람 김경철 · 손흥준, 안동 사람 김영순 등이다.[51]

이에 따르면, 신원운동에 참가한 동학 조직은 영해를 비롯하여 경주, 울진, 홍해, 영덕, 영양, 연일, 상주, 대구, 안동, 청하, 울산 등 12개 지역의 동학교인들이었다. 이들 지역은 수운 최제우가 접을 조직하고 접주가 임명된 14개 접 중에서 장기와 고성, 단양, 신령, 영천을 제외한 9개 지역에 해당한다. 이외에도 울진, 홍해, 상주 등 3개 지역의 동학교인이 참여하였다. 또한

『교남공적』을 통해 동학 조직이 참여한 지역을 살펴보면 이들 지역 외에도 평해, 밀양, 진보, 안동, 영산, 칠원 등 4개 지역의 동학교인도 참여하였다. 이로 볼 때 1871년 영해에서 전개된 신원운동에는 일부지역을 제외한 대부분의 동학 조직이 참여하였음을 알 수 있다.

또한 신원운동으로 동학교인이 1백여 명 체포되었는데, 이들 중 효수 32명, 물고 12명, 유배 6명, 그리고 경중처리 10명 등 모두 60명이 처벌되었다. 그리고 나머지는 풀려났다. 처벌받은 사람 중 영해 출신이 34명으로 절반 이상을 차지할 정도로 신원운동은 영해지역 동학교인들이 중심이 되었다. 그런 점에서 볼 때 영해는 동학을 창도한 경주 다음으로 중요한 위치에 있다고 할 수 있다.

한편 신원운동에 참여한 동학교인의 인식은 어떠하였을까 하는 점이다. 『교남공적』에 따르면 대부분의 참여자들은 참여 사실을 부정하거나 회피하는 경우가 적지 않았다. 그럼에도 불구하고 영해 출신 권석중은 신원운동에 참가한 당위성을 당당하게 밝히고 있다.

> 내가 이름을 바꾸고 처음 체포되었을 때 우리가 바라는 새로운 세상이 온다는 것은 머금고 있는 자취를 깨뜨리고 나온다는 것이다. (중략) 처음에 진술한 것과 같이 진술하는 것은 후천개벽은 모든 인간이 곧 한울과 같이 존엄과 가치가 똑 같고 행복하게 살 권리가 있는 것이 우주만물의 이치인데, 이것이 동학인들이 바라는 후천개벽이다. 후천개벽이 곧 올 것을 갈망한 것을 도록에 기록하였다.[52]

잠시라도 우리 동학교인이 바라는 후천개벽으로 우주만물의 이치에 따라 인간의 존엄과 차별 없는 평등으로 행복을 누리며 살게 되는 것에 도달하게

될 뿐이다.[53]

　권석중은 신문 과정에서 동학이 추구하는 세상 즉 평등한 사회를 구현시키기 위해 신원운동에 참여하였던 것이다. 이는 결국 수운 최제우의 신원이 이루어졌을 때 가능한 것이다. 수운 최제우의 신원은 곧 동학을 자유롭게 신앙할 수 있는 그런 사회를 염원한 것으로 볼 수 있다. 하지만 권석중의 신문 내용만으로 참여자의 인식을 전체를 대변할 수는 없다. 그렇다 하더라고 신원운동에 참여한 일반교인들은 '스승님의 설원'이라는 목적으로 참여하였다고 할 수 있다.

　1871년 영해의 신원운동 이후 동학 조직은 거의 와해 지경에 이르렀다. 해월 최시형은 영양 윗대치에서 강원도 영월의 태백산 중으로 피신하였다. 해월 최시형은 이곳에서 "마시지 않고 먹지도 못한 지가 열흘이요, 소금 한 움큼도 다 떨어지고 장 몇 술도 비어 버렸다. 바람은 소슬히 불어 옷깃을 흔들고 아무것도 입지 못해 헐벗은 몸으로 장차 무엇을 할 것인가?"라고 할 정도로 굶주림과 비참한 생활을 하였다. 결국 해월 최시형은 강수와 함께 절벽으로 올라가 "두 사람 중 누가 먼저 하고 누가 두레 할고. 끌어안고 떨어져 죽는 것이 좋겠구나"할 정도로 극한 상황이었다.[54] 이와 같이 죽음을 생각할 정도로 한계에 이른 해월 최시형은 이듬해 1872년에는 1월 5일 지난 허물을 참회하는 고천제를 지내기도 하였다.[55] 뿐만 아니라 신원운동으로 대부분의 동학 조직의 지도자급 교인들은 대부분 효수를 당하거나 정배를 당하였다. 또한 신원운동으로 관의 탄압과 지목은 더욱 심해졌고, 이로 인해 동학 조직은 사실상 절멸상태가 되었다. 영해지역 역시 신원운동으로 동학 조직은 와해되었고, 이후에도 크게 주목을 받지 못하는 그런 지역이 되었다. 그렇지만 영해는 초기 동학교단에서 첫 변혁운동, 첫 신원운동을 전개되었다는 지역적 중요한 의미를 내포하고 있다.

5. 맺음말

이상으로 초기 동학교단사를 통해서 영해지역의 포교과정, 지역적 특성인 향전, 그리고 신원운동 과정을 간략히 살펴보았다. 이를 통해 초기 교단사에 영해가 갖는 의미를 정리하는 것으로 맺음말을 대신하고자 한다.

첫째, 영해에 동학이 포교된 것은 수운 최제우가 동학을 포교하기 시작한 1861년부터였다. 동학의 첫 포교는 동학이 창도된 경주였다. 그러나 성리학적 이데올로기에 의해 차별받던 일반 민중들은 누구보다 동학을 먼저 수용하였다. 초기 동학은 경주를 중심으로 동북지역과 동남지역인 해안가로 확산되었다. 영해는 경주를 기점으로 청하-홍해-영덕-울진-삼척-강릉으로 이어지는 중요한 길목의 중요한 위치에 있었다. 이 길을 따라 자연스럽게 동학이 확산되었는데, 영해에도 동학이 포교되었던 것이다. 이에 이해 11월 박하선이 접주로 임명될 정도로 영해는 교세가 확장되었다. 뿐만 아니라 영해지역 교인들은 수운 최제우와 해월 최시형이 어려움을 겪게 되자 든든한 후원자로서 역할을 다하였다.

둘째, 영해지역에 동학이 포교된 것은 1840년 영해향전이라는 독특한 사회구조가 있었기 때문이었다. 영해향전은 기존의 향촌세력과 서얼차대법 폐지로 인한 신분상승을 주도하였던 신향의 갈등에서 시작되었다. 이를 계기로 신향은 평등사상을 추구하는 동학을 자연스럽게 수용할 수 있었다. 영해향전을 계기로 영해는 동학에서 중요한 거점으로서의 역할을 할 수 있었다.

셋째, 이와 같은 영해지역의 동학 조직은 이필제와 결합됨으로써 새로운 변혁세력으로 성장하였다. 영해지역 동학교인의 중심은 서얼 출신이 많은 신향들이었다. 신향은 구향과 갈등에서 자신들의 지위와 영향력을 강화하려고 하였다. 이러한 분위기는 동학을 수용하면서 잠재적 변혁세력으로 성장하였고, 이필제라는 '혁명가'를 만나 변혁세력의 중심에 서게 되었다. 다만 이필제에 대한 동학교단의 기록은 '문장군'이라고 표현할 정도로 부정적으로 남아있다.[56] 이에 대해서는 앞으로 많은 연구가 필요하기 않을까 한다.

넷째, 영해지역 동학 조직은 신원운동을 전개하는데 중심적인 역할을 하였다. 신원운동에 참여한 동학 조직은 동학이 창도된 경주를 비롯하여 영해, 영덕 등 14개 지역에서 참여하였다. 그러나 신원운동에 참여한 핵심세력은 영해지역의 동학교인들이었다.

이와 같은 점에서 볼 때 영해지역의 동학은 초기 동학교단사에서 중요한 위치를 차지한다고 할 수 있다. 그러나 여전히 영해에서 전개된 신원운동은 신원운동, 병란, 민란 등 논란의 과제이다. 최근에는 동학혁명의 시점으로 이해하려고 하는 분위기도 없지 않다. 앞으로도 이러한 주제에 대한 연구는 오늘로서 끝날 것이 아니라 꾸준히 진척되어 많은 연구가 나오기를 기대해 본다.

혁명가 이필제의 생애와 영해

임형진_경희대학교 후마니타스칼리지 교수

1. 이필제와 영해동학농민의 난

성리학적 통치이념의 한계에 부닥친 조선 왕조의 부패와 타락은 그 말기로 갈수록 더욱 심화되었다. 특히 1800년 정조의 죽음 이후의 사회는 과거부패 세력의 복귀였으며 새로운 희망보다는 절망에 이르게 하는 사회였다. 전국 각지에는 탐관오리가 들끓고 백성들은 오갈 데를 잃고 있었다. 당시의 가렴주구에 대항하는 백성들의 봉기가 전국에서 일어나 19세기는 민란의 시대라고 불릴 정도였다. 대표적으로는 1811년의 홍경래의 난에서부터 1862년의 진주민란(임술민란)을 들 수 있다. 진주민란이 발생한 1862년 한 해에만도 경상도에서 17회, 전라도 9회, 충청도 9회, 경기도와 황해도, 함경도 등지에서는 1회 등 총 37회의 농민봉기가 발생하였다.

이들 민란은 죽창과 몽둥이를 든 농민들 중심으로 전개되었는데 대부분 고을 수령의 폭압적 행위에 대항하는 최후의 수단이었다. 동헌을 점령한 농민들은 수령을 쫓아내거나 인부를 탈취하여 억울한 옥살이를 하는 사람들을 풀어주었다. 그리고 관아의 문서를 불태우고 수탈을 일삼았던 향리들을 죽이고 그들의 집을 불태우는 등의 과격성을 띠기도 했다. 특히 철종 대에서 고종 대까지 이어진 삼정의 문란은 농민봉기에 불을 끼었을 역할을 하였다.

이처럼 조선후기시대는 봉건적인 사회체제가 해체되어가던 시기로서 민중들은 점차 체제의 모순에 대한 저항을 계속하면서 반봉건의식을 키워나간 시대였다. 19세기 이후에 빈발했던 민중항쟁은 그동안 조선에 누적되어 왔었던 여러 모순점들에 대한 총체적인 표현이며 이는 더욱더 봉건적인 체제를 해체시키게 된다. 특히 1871년 영해에서 발생한 문경의 이필제의 난은 갑오농민혁명이 일어나는 데 결정적인 역할을 하게 되는 사건이었다. 이필제는 영해의 민란만을 주도한 인물은 아니었다. 그는 1871년 처형될 때까지 1869년의 진천작변, 1870년의 진주작변을 주도했던 인물이며 영해변란이 실패한 이후에도 문경에서 조령의 난을 일으키면서 봉건체제의 구조적인 모순에 대항하였던 인물이었다.

줄기찬 저항의 과정에 있어서 이필제는 다양한 용병술과 유격전술의 구사함으로써 관군을 농락해 그들의 간담을 서늘케 하였으며 나라를 걱정하는 마음으로 눈물을 흘릴 줄 아는, 그래서 주변을 감동시키는 지도자였다. 이필제가 활동하였던 당시 19세기는 민란이 빈번하게 일어났던 혼란의 시기이지만 그중에서도 이필제의 난은 기존의 제한적인 지역적 민란의 형태에서 벗어나 경상북도 거의 전 지역의 민중들이 함께 가담한 대규모의 민란이었다. 이러한 형태의 난은 그동안의 민란과는 다른 차원이었다. 그래서 영해동학농민의 난은 23년 뒤에 전개된 동학농민혁명의 전초전적 성격을 띤 혁명이었다고 부르는 이유도 여기에 있다고 하겠다.

그러나 지금까지 다른 동학 지도자들에 대한 연구보다 이필제에 대한 연구는 매우 부실했다.[1] 그 이유는 아직까지도 그에 대한 올바른 평가가 나오지 못한 데에 원인이 있겠지만 일차적으로는 무엇보다도 자료의 부족을 들수 있다. 이는 조선 사회에 도전했던 대부분의 혁명적 기질을 가진 인물들에 대한 자료가 당시 관에 의하여 몰수되고 불 살려 졌다는 데에 원인이 있다. 물론 학자들의 학문적 편식에도 일정 정도 영향은 있을 수 있다. 그러나 이필제가 추구했던 이상사회가 결코 단순히 개인적 야욕에 그치지 않았음은 이후 전개된 갑오년의 꺼지지 않는 들불같이 타오른 동학농민혁명으로 증명된다.

2. 이필제의 출생과 신분

이필제의 탄생과 가계에 대한 자세한 기록은 없으나 그가 1825년(순조 25, 乙酉年) 충청도 홍주에서 태어난 것은 확실하게 전해지고 있다. 그가 진주 덕산에서 함께 난을 도모했던 양성중에게 이렇게 자신의 내력을 실토한 적이 있다고 한다.

> "그는 전의(全義) 이가로 그의 선조는 금강 진두(津頭)에서 모두 나왔는데, 그곳은 세상 사람들이 명산이라고 부르던 곳이었다. 조부의 산소도 남양도(南陽島)에 있는데 또한 명산이라고 부르며 묘지기도 있었다. 목장도(牧場島), 선접도(船接島) 같은 곳에도 그 집안의 전장(田庄)이 있었다. 그는 초전촌(草田村)이라는 곳에서 태어났기 때문에 호를 초여(草畬), 초은(草隱)이라고 했다. 그의 형제는 셋이요, 그의 아들 또한 삼형제였다."[2]

이를 보면 그는 공주, 예산, 홍성 일대에 퍼져 살고 있던 전의 이씨의 후예임을 알 수 있으며 그의 선조들 역시 이 일대에서 행세깨나 하는 양반가였다. 아버지의 이름은 종원(鍾源), 할아버지는 원규(元圭)였으며 어머니는 안소사, 외할아버지는 규묵(安奎黙)이었다.[3] 당시 이 일대에는 병자호란 때 순절한 김상용의 후예들이 많이 살고 있었는데 김상용은 안동 김씨로 세도정치의 정점에 있는 집안이었다.[4] 이필제 역시 안동 김씨의 딸을 아내로 맞이한 것으로 보아 이필제 집안 역시 상당한 가문이었음을 집작케 한다.[5]

이필제가 몇째 아들이었는지는 확인되지 않고 있지만 그는 어린 시절부터 학문을 열심히 하였고 독서를 많이 하였다. 그랬기에 뛰어난 문장 솜씨를 보였고 시도 잘 지었다고 한다. 그와 함께 진주거사를 도모했던 양영렬(楊永烈)은 이렇게 말하고 있다.

> "그의 문사와 언어를 보니 반고(班固, 『한서』를 지은 중국의 역사학자), 사마천과 소진(蘇秦, 중국 전국시대 종횡가), 장의(張儀, 중국 전국시대 종횡가)와 다름이 없었다."[6]

이처럼 이필제를 반고나 사마천 같은 역사학자에, 또 소진과 장의 같은 전략가에 비유할 정도로 대단한 학식을 가지고 있었다는 주변의 평가가 나올 정도였다.[7] 이와 같은 그가 과거를 쳤다는 기록은 없으나 그에게 선달(先達) 혹은 출신(出身, 과거 초시에 합격하면 붙여주는 명칭)이라는 호칭이 붙여졌던 점으로 보아 그는 무과에 합격한 경력을 가지고 있었음을 알 수 있다. 그러나 뛰어난 학문적 실력에도 불구하고 그가 왜 무과에 응시했는지 그리고 왜 벼슬길을 나가지 않았는지는 알 수 없지만 아마도 그것은 시대 상황과 무관치 않았을 것이다.

즉 당시의 무과 초시는 각 감영에서 치르는 것이었는데 합격자가 근 만여 명에 이르렀다. 그 중에서 무관의 벼슬을 받는 자는 불과 몇 십 명에 그치는데 그나마 대부분 뇌물로 받는 벼슬이었다. 이런 분위기에 혁명가적 기질의 이필제가 벼슬길에 나가기는 어려웠을 것이다. 다만 그가 왜 문과에 응하지 않고 무과에 응시했는지는 여전히 풀리지 않고 있다.[8]

그는 1860년(철종11) 경에 진천으로 거처를 옮겼다. 그의 본래 이름은 근수(根洙)였으나 처음에는 필제(弼濟)로 바꾸고 그후 급제하였을 때는 이홍(李弘)으로 행세하였다. 또 주지(朱趾)로 성명을 바꾸기도 했고 문경에서 잡혔을 때는 진명숙(秦明肅)이라고 하였는데 이처럼 성명을 10여 차례나 바꾼 것은 추적을 피하기 위해서였다고 한다. 그 외에도 그는 진천에서 김창정(金滄艇) 또는 창석(滄石)으로 진주·거창 등지에서는 주성칠(朱成七) 또는 주성필(朱性必)로 영해에서는 이제발(李濟潑)로 성명을 바꾸어 행세하기도 하였다. 그러나 필제라는 이름으로 경상도, 충청도 지역에서는 모르는 사람이 없을 정도였다.

　이필제의 외모는 문장에 재능이 있다고 하여 그가 단아한 선비형의 외모를 갖고 있었던 것은 아니었다. 그는 키가 크지는 않지만 특히 상체가 커서 전반적으로 큰 느낌을 주는 잘 생긴 헌헌장부라고도 하고, 얼굴과 온몸에 털이 많이 있었던 매우 이국적인 풍모를 갖춘 사람이었다.[9] 그 모습이 표호 같고 눈은 유성 같으며 골격도 비범하다고 하고[10] 최종 판결문인 결안에도 그의 얼굴을 보니 산돼지와 같이 흉물스런 꼴이요, 그의 목소리를 들으니 이리와 같은 모진 독이 배어 있었다고 했다.[11] 특히 그의 수염은 특이하게 생긴 듯하여 후에 조령작변을 함께 모의했던 정기현은 이필제의 턱에는 용수(龍鬚)가 있다고 하였다. 한편 그의 손바닥에 '王' 자 혹은 '天王' 자가 새겨져 있었으며 등에는 일곱 개의 점(七星)이 있었다고 한다.[12]

　이러한 이필제의 특이한 외모는 그가 후에 여러 차례에 걸쳐서 민란을 주도할 때마다 많은 동조자들을 규합하는데 주효했을 것이다. 더욱이 그에 대한 풍설은 특이한 외모에 더하여 그가 도술을 부린다는 등의 요설로 확대되기까지 했다. 이필제가 역사의 전면에 등장한 것은 진천작변에서부터이지만 그 이전의 삶도 순탄치만은 않은 듯했다.

그가 34살 무렵인 1859년(철종 10)에 약 1년 동안 그는 영천 땅으로 유배를 가게 되었다. 그가 무슨 죄목으로 유배형을 갔는지는 기록이 남아있지를 않아서 모르겠지만[13] 그 당시는 주로 고향 주변에서 활동하던 시기였다. 즉, 이즈음 그는 공주, 해미, 태안 등지를 돌아다니면서 불만 세력을 규합하거나 그들의 의식을 고양시키는 일을 주로 하고 있었고 재정적으로도 풍기 사람 허선의 아들 허간(許侃)의 지원을 받고 있었기에 특별히 남의 재산을 탐해야 할 이유도 없었다. 따라서 그의 유배형은 백성들에게 허황된 이야기를 퍼뜨리고 다닌다는 죄목 때문이 아니었을까 사료된다.[14]

3. 이필제와 허선의 만남

이필제의 일생에 가장 크게 영향을 미친 인물은 그의 나이 25세 때인 1850년(철종1)에 만난 경상도 풍기의 선비이자 유명한 의사였던 허선(許璇)이었다. 외가인 풍기를 찾았을 때 그의 외삼촌들인 안재백, 안재억이 소개한 것이다. 이미 풍기 지역에서는 허생원 또는 야옹(野翁)선생으로 유명한 선비인 허선에게 외삼촌들은 조카인 이필제를 소개하고 그가 지은 시 "남정록(南征錄)" 10여 수를 보여 주었다. 남정록의 내용은 전해지지 않지만 이필제가 젊은 시절부터 북벌에 대한 의지를 갖고 있었다는 점,[15] 그리고 이필제가 북벌호(北伐胡)와 함께 남벌왜(南伐倭)를 주장했던 것을[16] 상기한다면 '남정록' 역시 이필제의 북벌의지를 보여주는 시였던 것으로 보인다.

허선은 남정록을 읽고 감탄해 하며 이필제에게 절세의 시재가 있다고 극찬했다. 이때 이필제는 허선을 통해서 그가 평소에 갖고 있던 북벌에 대한 의지를 확신하게 된다. 그는 이후 허선의 집을 사흘 연속으로 방문하며 그에게 많은 이야기를 들었다. 내용은 아마도 이필제가 진인이므로 자중하여 큰일을 도모하라는 것이었을 것이다. 그것은 후에 이필제가 체포된 뒤에 만들어진 공초 기록에 다음과 같이 허선이 이필제에게 말했다고 한다.[17]

> "나라를 위하여 충성을 다하기를 당의 郭汾陽처럼 하고 韓을 위하여 원수를 갚기를 진나라를 멸망시킨 張子房과 같이 하라. 大洋國은 오래지 않아서 천하를 어지럽힐 것인데 우리나라에 끼칠 해독이 심할 것이다. 서쪽으로는 大洋을 다스리고 북쪽으로는 흉노에 이를 것인데 그대가 아니면 해결하기 어렵다. 그대는 스스로를 소중하게 여기고 늙은이의 이야기를 혼몽하다고 여기지 말고 충성을 다하고 나라를 도와서 큰공을 세우도록 하라. 그러나 중간에 허다한 풍상을 겪을 것이고 머리가 하얗게 셀 때쯤 되어서 성공 할 것이다.

이러한 허선의 말에 고무된 이필제는 비로소 자신의 역할이 도탄에 빠진 백성과 어지러운 나라를 구하고 서양의 침범을 막아내며 나아가 중국까지를 북벌한다는 꿈을 가지게 된다. 마치 예언가처럼 이필제의 삶을 예언한 허선은 이후 평생 이필제의 스승인자 정신적 멘토로서 때로는 경제적 후원자로서의 역할을 마다하지 않았다. 그리고 이때 허선으로 부터의 가르침으로 이필제는 평생의 혁명가적 삶을 살게 하는 계기가 되는데 그는 그 꿈을 실현하기 위해 수많은 고초를 극복해 낸다.

당시 허선은 이미 승지를 찾아서 풍기에 거주할 정도로 정감록 같은 도참적 사상에 상당히 심취되어 있었던 듯하다. 그런 그가 진인을 기다리던 중 이필제를 보는 순간 그가 곧 진인임을 확신하고 그에게 전력투구했던 것이다. 이와 관련하여 김병원은 자신의 처남인 이필제가 유배지에서 겪었던 일에 대하여 박회진에게 다음과 같이 설명한 적이 있다.[18]

"필제가 말하기를 내가 謫居할 때 이곳에 전에 許野翁이란 사람이 있어 수년전에 죽으면서 그 妻子에게 글을 남겨 말하길 이후에 이필제라는 姓名人이 오면 이글을 전하라고 했다고 한다. 그 글에 이르길 풍기는 勝地인데 第一地, 第二地, 第三地가 있다. 河圖星數로 집을 지으면 三災가 침입하지 못하여 영원히 편안할 것이라고 하였다. 또 이르기를 필제의 弼字는 弓弓이다. 또 이르기를 필제는 乙酉生이므로 乙乙이 되어 壬辰年의 松松之說을 방불케 한다. 그리고 선생이 있어 필제를 도울 자가 있으니 그는 李用玄이다"라고 했다.

이것은 정감록에 나오는 궁궁을을(弓弓乙乙)을 허선이 이필제에게 맞춘 것으로 그를 진인으로 판단하고 그에게 전심전력하는 모습을 설명하고 있다. 그러나 이 말은 이필제가 한 말로 과장되었을 수도 있다. 실제로 허선의 아들 허간은 포도청에 잡혀 와서는 이 말을 부인한 것으로 보아 이필제가 스스로 지어 퍼뜨린 것인지도 모른다.[19] 그러나 분명한 사실은 허선을 만난 이후 25살 이후 이필제는 세상을 바로 잡아보려는 매우 구체적인 꿈을 가지고 그것을 실행하기 위해 평생을 살았다는 점이다.

즉, 평소부터 북벌에 대한 의지를 갖고 있던 이필제가 허선과의 만남을 계기로 스스로 정감록에서 예언한 진인임을 자처하기 시작하였다. 다시 말해서 이필제의 북벌의지는 정감록과 결합하여 메시아적 사명감으로 확대 재생산되었음을 알 수 있다는 것이다. 그리고 이러한 메시아적 사명감이 추적을 받는 어려운 상황임에도 불구하고 끊임없이 전국각지를 돌아다니며 변란을 모의할 수 있는 원동력이 되었던 것으로 보인다. 이처럼 이필제에게는 북벌의지와 정감록이 결합되면서 독특한 사상적 전개양상을 보이고 있다. 본래 정감록은 혼란한 세상에 피난처를 찾는 내용이 주조를 이루는 것으로서 소극적이고 퇴영적인 사회현상을 일으킬 수 있는 것이었다. 이필제에게 영향을 주었던 허선의 경우도 정감록에서 말하는 십승지를 찾아 풍기에 은둔해 있었던 인물이었다. 그러나 정감록류의 사고방식이 이필제의 북벌의지와 결합되면서 이필제 자신뿐만 아니라 피난처를 찾으려는 대중들도 진인인 이필제의 지휘 하에 병란에 동참하게 하는 논리로 발전해 나갈 수 있게 하였다.[20]

허선과의 만남을 계기로 본격적인 중원정벌을 목적으로 하는 이필제의 의지와 정감록적인 세계관의 결합은 각 지역을 돌아다니면서 해당지역에서 변란을 꾀하는 세력과 연대하는 데 좋은 기제가 되었을 것이다. 사회 불만세력을 중심으로 이필제는 자신의 논리를 가지고 그들을 설득해 나갔다. 이필제가 만난 대부분 사람들이 쉽게 이필제의 논리에 제압되고 그와 더불어 함께 하기를 결정하게 된 원인 역시 이와 같은 북벌의 논리와 정감록적 메시아 논리가 주효했을 것이다.

중원을 북벌하기 위해 군사력이 필요한데 그 군사력은 조선을 정벌함으로써 마련한다는 그의 구상은 황당하면서도 나름 논리적이라고도 할 수 있다. 이러한 그의 독특한 구상은 한갓 서생의 수준에서 나올 정도는 아니었다. 구체화된 이필제의 논리는 분명 허선과의 만남 이후에 완성되었을 것이다. 특히 그의 논리는 중원의 주인을 우리 민족이라는 독특한 구조 속에 있다. 즉 중원의 원래 주인을 우리의 국조 단군으로 주장하며 그 단군의 맥이 한나라와 명나라 그리고 이필제 자신으로 이어지고 있다는 논리이다. 따라서 지금 중원을 정복하러 가는 자신의 명분은 확실하다는 것이다. 그러한 구체성은 이후 영해에서 만난 해월 최시형과의 대화에서도 들어난다. 즉, 이필제는 해월에게 "단군의 영이 유방(劉邦)에게서 화생하고 유방의 영이 주원장(朱元璋)에게서 화생하였는데 지금 세상에 단군의 영이 다시 세상에 나왔는데 하루에도 아홉 번이나 변화하는 바로 이필제 자신이라는 것"이라고

말했다.[21]

허황되기도 하면서 한편으로는 누구도 꿈꾸지 못한 중원의 주인으로서의 자신의 모습을 그리고 있다는 것은 그가 한갓 몽상가의 수준이거나 아니면 그 이상의 이상 세계를 그리던 메시아적 모습이라고 할 수 있다. 당시 지배층에서는 일정정도 북벌의식이 있었던 것은 사실이었다. 그러나 민중층에서도 이런 의식이 존재했다는 것은 매우 독특한 것으로 이러한 이필제의 사고는 정감록에 심취해 있던 허선을 만남으로써 굳어졌다고 판단된다. 분명한 사실은 이필제는 자신은 단군의 영이 화생한 존재로서 진인이고 곧이어 중국의 중원을 장악한 천자가 될 인물이라는 것이었다. 그리고 이필제와 함께 했던 대부분의 사람들은 이필제의 말에 동의하고 그와 함께 뜻을 같이 했다.

4. 진천작변과 진주작변을 주도

이필제는 영해에서 민란을 일으키기 전에 몇 차례의 거사를 주도했다. 그것이 진천작변과 진주작변이었다. 모두 이필제로 시작해 그로 귀결되는 거사였다. 어쩌면 이와 같은 시행착오를 거친 끝에 영해의 거사가 가능했는지도 모른다.

전술한 대로 이필제는 34살 무렵(1859년)에 1년간 영천 땅에서 유배생활을 하게 된다. 당시 유배 중 그는 스승인 허선의 아들 허간의 재정적 도움 속에서 그는 외가가 있는 풍기 등지를 돌아다니고 있었다.[22] 그리고 해배가 된 뒤에는 본격적으로 뜻을 같이 할 동지들을 규합하는 데 이때 만난 동지가 김낙균(金洛均)으로 그는 평생의 동지가 되었다. 이필제는 진천에 본가를 두고 주변 지방을 돌면서 뜻을 펴기 위한 준비를 하던 중 홍천지방을 다니다가 고을의 신서방(申書房)과 다툼이 벌어지고 신서방의 친척이 충청감사여서 그의 밀고로 이때부터 그는 관에 쫓기는 신세가 된다.

1862년 진주에서 큰 민란이 발생했다. 이것을 도화로 전국 곳곳에서 민란이 일어났는데 당시 이필제는 막 유배에서 풀려나와 그 현장을 목격하고 민란의 한계를 절감했을 것이다. 즉, 진주민란에서부터 곳곳에서 전개된 민란은 일정한 조직체계도 없을뿐더러 산발적이었으며 민란이 벌어진 지역 간의 연계망은 더욱이 없었다. 아마도 이필제는 자신이 구상하는 거사는 이러한 한계를 극복해야 한다는 계획을 하고 있었을 것이다.

1863년 10월에는 동학의 창도주인 수운 최제우가 체포되어 서울로 압송된다는 소식이 들려 왔다. 조령에는 수천의 동학도들이 모여 스승을 배송하고 있었다. 그러나 과천까지 갔다가 철종의 승하로 인해 다시금 대구 감영으로 되돌려진 수운 최제우를 맞이하기 위해 역시 수천의 동학도들이 조령에 모였다. 이때 모인 수천의 동학도들에 감화한 이필제는 동학에 입도했다.[23] 동학에 입도한 이후 이필제는 개인적 수도와 포덕에 열심이었던 것 같다.[24] 아마도 자신이 꿈꾸는 세상과 동학에 주장하는 후천개벽의 이상세계가 맞았다고 생각했는지도 모른다.

이 무렵 이필제에게는 후원자가 생기니 그가 공주의 부호인 심홍택(沈弘澤)으로 그는 많은 돈을 들여 이필제를 후원하고 있었다. 후에 체포된 뒤 심홍택은 심문과정에서 이필제에게 자금 지원을 해준 이유를 다음 같이 설명했다.[25]

"우연히 '출신' 신분의 이홍과 친하게 되었는데 이홍의 언어와 거동과 풍체가 과연 훌륭하여 평생 처음보는 뛰어난 남자였다. 이런 인품과 기질로도 '출신'의 이름을 면치 못하고 이리저리 떠돌이 생활을 하는 것이 실로 가긍하여

천금을 아끼지 않고 도와 준 것은 다른 뜻이 있어서가 아니요, 그 사람을 깊이 아꼈기 때문이다."

이렇게 자금 지원을 받게 된 이필제는 심홍택에게 감사의 뜻으로 그를 진천의 승지를 소개시켜주고 그리로 와서 살게 해 주었다. 그리고 지원된 자금으로 동지 규합은 물론 그들의 생활비와 활동비 등으로 유용하였다. 이때 규합된 인물들이 김낙균, 심홍택 이외에도 양주동, 박회진 등이었다. 특히 모사꾼으로 양주동을 포섭하는데는 많은 노력을 들이고 있었다. 보은의 아전출신인 양주동은 스스로 천자가 된다고 호언을 하고 다니던 사람이었는데 그의 환심을 사기 위하여 이필제는 당시로서는 고가였던 안경을 선물하기도 하였다. 드디어 이필제가 양주동의 집을 찾아가 묻기를[26]

"근래 떠도는 소문이 매우 시끄럽다. 대국의 흑귀자들이 들어온다는 말이 있다. 또 서양 사람들이 다른 나라 사람들과 연합하여 우리 영토를 침략한다고도 한다. 이렇게 되면 부득불 좋은 곳을 가려 살아야 할 것이다. 그대는 여기에서 오래 살 것인가, 다른 곳으로 갈 것인가?"

"떠도는 소문은 고사하고 나는 지주에게 바치는 도조를 축내어서 지금 지주에게 쫓겨나서 부득이 고향으로 돌아갈 수밖에 없다."

"사람들이 모두 그대가 지식이 많다고 말하는데 과연 이 정도의 인물인가?"

"내가 지금 강태공, 제갈공명이라면 불의의 변을 당하지 않는 한 의병을 일으켜 절개에 죽을 뿐이다."

"만약 난리를 당하면 내가 대국에 들어가고자 하는데 그대는 나를 따라 함께 가는 것이 좋을 것이다."

"내가 그 때를 당해 갈 수 있다면 가겠거니와 이것은 현실과 동떨어진 말이
다."

두 삶의 대화 속에서 이필제의 의중과 뜻을 읽어 낼 수 있다. 여하튼 이날
의 대화 이후 양주동은 이필제의 수하가 되었다. 이렇게 수상스러운 이야기
를 하고 다니는 이필제를 관에서도 주목하여 다시금 그에 대한 체포령이 내
려졌다. 이필제는 달아났지만 그의 어린 아들과 여종이 체포되었다. 그리고
그에 대한 감시차원에서 그의 집은 항시 포졸들의 주목의 대상이 되어 있었
다. 그런 가운데에서도 이필제는 동지들과 연락을 취하면서 신출귀몰하게
전라도와 충청도 일대를 돌아 다녔다.

1869년 진천을 중심으로 정소국(鄭素國)이라는 사람의 아들을 중심으로 변
란을 일으킨다는 소문을 이필제가 퍼뜨렸다는 소문이 돌았다. 민심 이반 등
흔들리는 정국을 이용해 봉기를 해야 한다고 충동하고 다닌다는 것이었다.
당시 이필제는 다음과 같이 말하고 다녔다고 전해 진다.

"명나라 태조도 처음에는 거지 아이 3백명으로 일을 일으켰으니 사람의 일
을 어찌 다 알 수 있겠는가? … 천명의 군사로 동쪽으로는 일본 대마도를 치
고, 서쪽으로는 중국을 쳐서 한 달 안에 천하를 평정 할 수 있다.…"

진천을 중심으로 떠돌던 이야기는 실체가 없었지만 곧 발각되고 말았다.
그것은 어이없게도 김낙균의 당숙인 김병립(金炳立)이 1869년(고종6) 4월 이
사실을 포도청에 몰래 발고함으로써 이야기가 떠도는 과정에서 드러난 것
이다.[27] 흔히 진천작변이라고 알려진 이 사건의 주모자인 이필제와 김낙균
은 달아났고 심홍택과 양주동은 장사(杖死)되었고 이필제의 부인과 아들은

옥에 갇혔다.

진천작변 실패 후 도망하게 된 이필제는 거창, 합천 등지에서 주성칠, 주성필, 주경조 또는 주성조로 성명을 바꾸어 양영렬(楊永烈), 성하첨(成夏瞻), 정만식(鄭晩植) 등을 새로운 동지로 규합했다. 특히 양열렬은 평양 출신으로 상당한 재력과 뛰어난 학식을 갖추고 있었던 인물이었다. 그는 이필제의 인물됨됨이를 다음과 같이 표현하며 그에게 신뢰를 보내고 있었다.

> "내가 깊이 사귀기를 원해 못할 말이 없었는데 성칠이 비분강개의 담화를 하면서 눈물을 흘리며 말하기를 '지금 민생이 도탄에 빠지고 시대의 걱정이 보통 일이 아니라 만약 영웅이 있다면 민생을 구할 수 있을 것인데 그대는 흔쾌히 따르지 않겠는가?'라고 말하였다."[28]

양영렬의 소개로 성하첨과 정만식을 알게 된 이필제는 그들과 함께 1869년 12월 남해거사(南海擧事)를 준비하였다가 자금부족과 함께 모의한 사람들의 비협조로 중도에서 포기하였다. 이듬해인 1870년 다시 진주 부근의 덕산(德山)에서 모인 이들은 이른바 덕산약회를 가지며 새로운 거사를 계획했다. 이번 거사의 목표는 진주성이었다. 이필제는 2월 28일을 기해 진주 병영을 쳐들어가 무기와 군사를 빼앗고 이어 주변의 읍들을 점령한 뒤 남해의 금병도(錦屛島)로 가서 군사를 기르고 양곡을 비축한 뒤에 서울로 쳐들어 갔다가 서양의 도둑들을 쓸어 버리고 이어 이필제는 북벌을 단행하여 중국을 석권한다는 구상을 제시했다.

이필제는 거사의 의의를 밝히는 격문을 지어 나누어 주었고 거사 때에 사용할 기는 천명규선의기(天命奎仙義旗)라 이름 지었고 거사에 쓸 조선별지도(朝鮮別地圖)를 마련하기도 했다. 또 철편과 장검을 준비하여 감추어 두고 있었다. 그리고 정감록의 정씨 왕조설의 이미지를 빌어 정만식을 선춘군(宣春君)으로 지칭하기도 했다. 그리고 이들은 2월 28일 진주읍성을 공격할 계획이었으나 24일 이름없는 고변서가 진주 병영에 전달되었다. 그 내용은 "하동, 진주, 덕산 등지에 수상한 놈들이 절과 장터를 넘나들며 혹 모이기도 하고 혹 흩어지기도 하면서 흉패하고 불궤한 말을 떠벌이며 재물을 편취하고 사람을 모은다."는 것이었다. 또 뒤이어 진주의 유학자인 조용주(趙鏞周) 형제 등이 진주진영에 이 사실을 투서함으로써 사건의 전모가 밝혀졌다.

곧 관의 체포령이 내려지자 이필제를 제외한 양영렬과 정만식 등 대부분이 붙잡혔다. 문초 중 이들은 모든 죄를 이필제에게로 떠 넘겼다. 주모자가 체포되지 않은 상황에서 공범자들만 중죄로 다스릴 수 없게 되자 대부분 추자도와 흑산도 같은 오지로 귀향 보내졌고 이필제에 대한 체포령은 계속되었다.

5. 영해동학농민의 난

진주작변이 실패한 이후 이필제는 태백산을 중심으로 경상도와 강원도 일대에서 숨어 지냈다. 그러나 이렇게 숨어 지내는 동안에도 이필제는 끊임없이 자신의 꿈을 실현하기 위해 노력했다. 그래서 가는 곳곳마다 동지들을 규합하거나 아니면 최소한 민중들의 자각을 위한 역설 등을 하고 있었다. 그러던 중 진천작변에서 헤어졌던 김낙균을 다시 만난다.[29] 이후 두 사람은 영해와 조령의 난을 구상할 때까지 함께하고 있다.

1870년 7월에는 영해로 잠입하였다. 그가 처음 만난 사람은 이수용(李秀用)으로, 그는 몇 년 전부터 이필제와 친분이 있었던 동학지도자였다. 이필제는 이수용의 소개로 창수면 우정(雨井)골 형제봉 중턱 '평풍바위'[30] 산중에 사는 박사헌(朴士憲, 永琯)을 찾아갔다. 박사헌은 영해접주 박하선(朴夏善)이 아들이었다. 박사헌은 부친 박하선이 관에 체포되어 심한 고문을 받다 풀려났으나 장독(杖毒)으로 사망하였다고 했다. 그리고 영해 동학도들이 구향배(舊鄕輩)들에게 탄압받아 온 사실도 털어놓았다.[31] 이런 사실을 알게 된 이필제는 동학도를 선동하면 변란을 꾸밀 수 있다는 생각을 하게 되었다. 그리하여 억울한 죄명으로 순도한 수운대신사의 신원을 내세웠다. 결국 박사헌을 위시하여 이수용, 권일언, 박군서 등이 호응해 주었다.

이필제는 지면이 있는 동학도들을 찾아다녔다. 그해 9월까지 이필제에 뜻에 동의를 한 인원은 50명 내외에 이르렀다. 이 소수 인원으로 영해 읍성을 공격하기는 불가능했다. 많은 동학도를 모을 수 있는 방안을 찾던 중 동학 도주인 해월 최시형을 움직여야 한다는 것이 영해도인들의 한결같은 의견이었다. 마침 해월 최시형은 일월산의 윗대치에 은거하고 있었다. 그래서 1870년 10월 어느 날 해월신사와 잘 아는 이인언(李仁彦)을 해월에게 보냈다. 그는 이필제라는 인물을 소개하고 수운대신사의 신원운동에 나서자고 권하였다.[32]

"성씨는 정가(鄭哥)라 하며 계해 년에 수운 선생으로부터 도를 받았다 하며 그 후 지리산에 들어가 두문불출한지 6~7년이 되어 선생의 갑자년 불행을 알지 못했다고 한다. 제자의 몸으로 분함을 이기지 못하여 미루어 오다가 이번에 주인(신사)을 만나보고자 저를 보내 이 말을 전하라 했다. 그래서 뜻밖에 오게 되었으니 잠시 가시어 만나보심이 어떠한가."라고 하였다.

그러나 해월은 계해년(1863)에 입도하였다면 내가 모르는 사람이 없는데 정 모라는 이름은 처음 듣는다고 하였다.[33] 여러 가지로 의심스러운 점이 한

두 가지가 아니므로 해월은 그저 "잘 알았다."며 좋게 돌려보냈다. 이필제는 며칠을 기다려도 해월신사가 나타나지 않자 이번에는 박군서(朴君瑞)를 보냈다. 그도 이인언과 같은 말을 구구히 늘어놓았다. 이번에도 해월신사는 좋은 말로 돌려보냈다. 얼마 후 이인언이 다시 찾아왔다. "그 사람은 오로지 스승님의 신원을 하자는 것이며, 그 계책을 상의하려 간청하는 것"이라며 "물리치지 말고 한번 만나보시라."고 하였다. 해월신사는 이번에도 좋은 말로 돌려보냈다. 해가 바뀌어 신미년(1871) 1월이 되었다. 이번에는 박하선 접주의 아들 박사헌을 보냈다.

그는 해월신사에게 "앞서 세 사람이 다녀갔으나 오시지 않아 제가 오게 되었다. 주인께서 그 사람을 만나보면 허실을 알 수 있을 것이니 한 번 가보는 것이 어떠한가."라고 하였다. 해월은 평소 신임이 두터웠던 박사헌에게 "노형은 그 사람과 몇 달 간 은담(隱談)을 나누어 보아 잘 알 것이다. 앞서 왔던 세 사람은 비록 소진(蘇秦)의 언변을 하였으나 하나도 미덥지 않았다. 노형은 추호인들 나를 속이겠는가."라며 이필제의 인간 됨됨이를 물었다. 박사헌은 "전들 어찌 알 수 있겠는가. 다만 그의 행동을 보고 말을 들어보면 모두가 옳은 것으로 여기고 있지만 사람의 속마음은 모를 일이다. 오로지 스승님을 위하는 말만 하니 저도 역시 그렇게 여겨 왔다."고 하였다. 해월은 박사헌에게도 "형편을 보아 가 보도록 하겠다." 하고 돌려보냈다. 2월 초순이 되자 다섯 번째로 권일원(權一元, 日彦)을 보냈다. "스승을 위해 설원의 방법을 의논하자는 것이므로… 주인이 가서 보아야 그 사람을 대접하는 것이 된다."고 하였다. 모두 5개월에 걸쳐 다섯 사람이나 다녀갔다. 해월은 더 이상 거절할 명분이 없었다.[34]

더욱이 해월은 영해 도인들이 이필제와 동조하고 있으므로 어찌할 도리가 없었다. 그들의 의견을 들어보지 않을 수 없어 해월신사는 권일원과 같이 평풍바위 박사헌의 집으로 찾아갔다. 이필제는 당시 47세(1825년생)였고 해월신사는 두 살 아래인 45세(1827년생)였다. 이필제는 최시형을 만나 최제우 순교일인 3월 10일 봉기에 나설 것을 제안했다.

"내가 스승님의 원한을 씻어내고자 한 뜻이 이미 오래되었습니다. 옛글에 이르기를 하늘이 주는 것을 받지 않으면 오히려 재앙을 받게 된다고 하였으니, 나 역시 천명을 받았습니다. 한 가지는 스승님의 욕을 씻어내자는 것이오, 또 한 가지는 뭇 백성들의 재앙을 구하는 것입니다. 다만 내가 뜻하는 바는 중국에서 창업하는 것입니다. 그러나 이 땅에서 일을 일으키는 것은 다름이 아니라, 스승께서 말씀하시기를 동쪽에서 받았으므로 그 도를 동학이라고 하였으니, 동(東)은 동에서 일어나는 것이므로 영해는 우리나라의 동해입니다. 이런 까닭에 동쪽에서 일을 일으키는 것입니다. 스승님을 위하는 자가 어찌 따르려 하지 않는단 말입니까. 한마디로 말해서 스승님께서 욕을 받으신 날이 3월 초열흘입니다. 그날로서 완전히 정하였으니 다시 다른 말 하지 고 나를 따르시오."[35]

이처럼 해월을 만난 이필제는 첫째로 스승님의 치욕을 씻어 주기 위해 영해부성을 쳐들어가 관을 징계해야 한다는 것이며, 둘째로 관재(官災)로부터 창생을 건져야 한다는 것이며, 셋째로 자신은 장차 중국을 창업하려는 뜻을 가지고 있다고 하였다. 해월은 이필제의 말을 듣고 나서 허황된 사람임을 알게 되었다. 그래서 일은 서두르면 실패하기 쉬우니 신중해야 한다고 타이르고 물러나왔다.[36]

해월은 이필제가 작성한 격문을 가지고 평풍바위에서 내려와 평해로 올라갔다. 이 지역 도인들의 의견을 들어보기 위해서였다. 그때 만난 전동규

(全東奎) 등은 기다렸다는 듯이 "나는 이미 오래 전부터 준비하고 있으니 주인께서도 속히 집으로 돌아가 때를 잃지 말도록 하자."고 하였다. 그는 이미 이필제와 손을 잡고 일을 꾸미고 있음이 확인되었다. 다른 도인들을 만나보았으나 거의가 동조하고 있었다.

이런 분위기를 확인한 해월은 이필제가 제의한 교조신원운동을 적극적으로 추진하기로 마음먹었다. 해월은 집으로 돌아오자 곧 이웃에 사는 도인인 이군협(李群協) · 정치겸(鄭致兼) · 장성진(張星進, 成眞) 등 중견지도자들과 동참할 방법을 의논하였다.[37] 그리곤 수운 최제우가 살아있을 때 접주였던 16개 지역에 사람을 보내 3월 10일에 영해에서 스승님의 신원운동을 할 것이니 빠짐없이 우정골 평풍바위 박사헌의 집으로 모이라고 통기하였다. 그해 3월 10일은 수운 최제우가 억울하게 죽임을 당한지 7년째 되는 날이었다. 그때 박사헌의 집에는 3월 5일경부터 몇 자루의 조총과 약간의 도검 등을 준비하였다. 그리고 별무사(別武士, 소대장)가 입을 청색 윗도리와 유건도 마련하였고 식량과 주류, 천제에 쓸 소 두 마리와 제수들도 모두 준비하였다. 대부분의 비용은 해월신사로부터 나왔다고 했다. 죽창용 대나무 180여 개는 평해 전동규가 마련하여 우정동 주막에 비치하여 두었다.

3월 6일부터 3월 10일까지 모인 인원은 약 5백 명이었다. 영해지방의 유생인 남유진(南有鎭)이 기록한 『신미아변시일기(辛未衙變時日記)』에 5~6백 명이라 하였고 『최선생문집도원기서』에는 5백 명이라 하였다. 참가 지역은 영해, 평해, 울진, 진보, 영양, 안동, 영덕, 청하, 홍해, 연일, 경주 북산중(경주 북쪽 산중), 울산, 장기, 상주, 대구 등지였다. 『교남공적(嶠南公蹟)』에는 경남의 영산과 칠원(柒原, 固城接 산하) 등지에서도 온 것으로 되어 있다. 당시 동학 조직이 있는 곳이면 거의 참여하였다.[38]

이렇게 지역적으로 광범위하게 사람들이 동원될 수 있었던 것은 전적으로 해월의 리더십과 함께 이필제의 그동안의 노력의 결과였다. 대부분 그의 뜻에 동감하고 그 취지에 동의한 사람들이었다. 별무사들은 푸른색 반소매 덧저고리에 허리띠를 둘렀고 일반 도인들은 각각 유건을 쓰고 청주의를 입어 복장을 통일하였다. 평풍(병풍)바위에 모였던 이들 동학도 5백 명은 저녁 7시 반경에 출동하였다. 20리를 달려간 동학도는 영해부성에 이르자 서문과 남문 앞으로 나누어 포진했고 그때가 저녁 9시 반경이었다. 갑작스러운 군중의 침입에 당황한 포졸들이 발포를 하자 1명이 죽고 1명이 부상을 당하고 흥분한 동학도들이 달려가 관아를 점령했다.[39] 반시간도 못되어 영해관아는 동학도에 의해 완전히 장악되고 말았다.

비로소 이필제가 구상한 거사가 처음으로 성공하는 순간이었다. 동헌을 불태운 동학도들은 달아나던 부사 이정을 붙잡아 앞뜰에 꿇어앉혔다. 이필제는 김낙균, 강사원(姜士元, 후에 강수)과 같이 대청에 올라 인부(印符)를 빼앗아 강사원에게 넘겨주고 꿇어앉힌 이정 부사를 치죄하였다. "너는 나라의 녹을 먹는 신하로서 정사를 잘못하여 세상을 어지럽혔다. 백성을 학대하고 재물을 탐하기가 저와 같았으니 네거리에 방이 나붙게 되었고 시중에는 원성이 높아지게 되었다. 이것이 읍내의 실정이니 네 죄가 어디 가겠는가. 용서하려 하지만 의로써 탐관오리인 부사 이정을 죽여야 한다."고 꾸짖었다.[40] 끝내 이정이 항복하지 않고 오히려 기개를 부리자 김진균(金震均) 장검으로 살해하고 말았다.[41]

이필제는 날이 밝자 읍민을 달래기 위해 관아에 있던 공전 150냥을 털어 5개 동민에게 나누어주었다. 길 아래 유위택(柳渭澤), 허문(墟門)의 신석훈(申石勳), 길 동쪽 원기주(元基周), 길 위의 임개이(林介伊), 성안의 김성근(金性根) 등 주민대표들을 불러다 20냥씩 나눠주며 마을의 빈궁자들에게 나누어 주도록 하였다. 특히 이날 밤 주민들에게 밥과 술을 구해오면서 꼭 돈을 지급해

주었다고 한다. 이때 이필제는 불안해 하는 동민들에게 "이번 거사는 탐학 무비한 부사의 죄를 성토하자는 데 있으며 백성들을 상하게 하지 않을 것이니 너희들은 걱정 말라."고 하여 그들을 안심시켰다. 자신들의 거사는 명확히 도탄에 빠진 백성을 구하고자 하는 의거였음을 밝힌 것이다.

11일 아침이 밝아오자 이필제는 영덕군 관아를 공격하자고 제안하였다. 그러나 많은 사람들이 날이 이미 밝았으며 영덕까지는 50리나 떨어져 있어 상당한 시간이 걸리며 이미 이곳 소식을 듣고 대비하고 있을 것이라고 우려했다.[42] 이에 이필제는 그들의 뜻을 고려하고 전술적으로 이곳을 지키기 보다는 깊은 산속으로 들어가 쳐들어오는 관군을 맞는 것이 유리하다고 판단해 영해 관아를 떠나기로 작정했다.

무리는 11일 하오에 모두 영해를 떠났다. 당시 약 300여명에 이르는 무리가 한 곳으로 떠난 것이 아니었고 사방으로 흩어져서 갔다. 그러자 영해 주변의 수령들은 공포에 사로잡혔다. 이필제가 이끄는 무리가 언제 어디서 게릴라 전법을 구사하여 갑자기 들이닥쳐 관가를 습격하고는 다시 종적을 감춰 버릴지 몰랐기 때문이었다. 특히 당시로서는 상상할 수도 없는 부사를 참수했다는 점에 각 고을의 수령들은 공포에 떨 수밖에 없었다. 그리하여 수령들과 관리들 중에서는 미리 겁먹고 도망쳐 버리는 자들이 속출하였다. 이러한 현상들은 바로 이필제가 노렸던 것들이었다.

그러나 모처럼의 거사가 성공한 직후 고무된 이필제가 스스로 물러난 이유는 두 가지로 해석된다. 첫째는 영해를 차지하고 관군과 맞서 오래 버틸 수 없다고 판단했을 것이다. 두 번째는 영해부의 습격을 하나의 시험 사례로 벌여 보고 힘의 축적을 위해 후퇴했을 것이란 점이다.[43] 그래서 주력 무리는 험준한 일월산으로 들어가 추적하는 관군과 유격전을 벌이기로 한 것이다. 그러나 가는 곳마다 백성을 진정시키고 거사의 당위성을 알리는 중

돈은 떨어지고 식량은 바닥나게 되었다. 그렇다고 이필제에게 백성을 위해 일으킨 거사가 일반 백성을 약탈하는 것은 있을 수 없었다.[44] 더욱이 날씨마저 나빠 연일 천둥을 동반한 폭우가 내렸다. 병력은 급격히 이탈하기 시작했다.

14일에 이필제가 해월이 은거하고 있던 영양 일월산의 윗대치에 도착했을 때의 숫자는 40여 명에 불과했다. 해월은 이들을 위해 음식과 잠자리를 제공해 주었지만 곧 들이닥칠 관군에 대한 대비가 절박했다.

한편 정부는 이 소식을 접하자 14일자로 흥해군수 김홍관(金弘灌)을 영해부에 겸관으로 임명하는 한편 영덕현령 정중우(鄭仲愚)로 하여금 영해부에 병력을 출동시키게 했다. 그리고 인근의 연일(延日), 장기(長髮), 청하(淸河) 세 고을의 현감도 출동시켰다. 16일에는 안동진영과 경주진영에서도 병력을 이끌고 왔다.[45]

결국 해월은 이필제, 강사원, 전성문을 대동하고 일월산의 윗대치를 탈출해 대치(竹峴)를 넘어 봉화로 피신하였다. 주동자를 놓쳐버린 관군은 일월산에 숨어들었으리라 믿고 연일 샅샅이 뒤지게 하였다. 영양의 산골은 원래 험한 곳으로 이름이 나 있었다. 순영은 각 고을에서 병력을 차출하여 일월산 쪽으로 파견하였다.

정부는 16일에 비로소 영해부사에 이정필(李正弼)을, 영해부 안핵사에 안동부사 박제관(朴齊寬)을, 영덕현감에 한치림(韓致林)을 임명하여 현지에 급파하였다. 새로 임명된 영해부사와 영덕현감은 7일 만인 3월 22일에야 현지에 부임하였다. 영해부 안핵사로 임명된 안동부사 박제관은 3월 21일경에 안동진영에 국청(鞠廳)을 설치했다. 그리고 22일에는 각 고을의 동학 죄수들을 안동으로 이송하라고 명을 내렸다. 3월 24일부터 가혹한 심문이 시작되었다. 연루자가 새로 드러날 때마다 군 현에 명령을 내려 계속 체포하도록 하

였다.[46]

6. 이필제의 최후

이필제는 해월과 함께 피신하면서 단양으로 갈 것을 제의했다. 단양에는 정기현(鄭岐鉉)이 있었기 때문이었다. 정기현은 그해 8월의 문경 거사를 일으킬 때 주동인물로 참여한 자로 이미 이필제와 뜻이 통했던 인물이었다. 한밤중에 찾아온 이필제와 해월 일행을 맞이한 정기현은 그들을 각기 분산 은신할 수 있도록 도와주었다.[47]

정기현은 용인출신으로 오대산의 중으로부터 정몽주의 후손으로 진인이라는 예언을 듣고는 그 말을 믿어 스스로 때를 기다리던 사람이었다. 그런 정기현은 이미 오래 전부터 이필제에 대해서 듣고 있었는데 지금 나타나니 이제 그 때가 온 것으로 믿고 거사를 모의했다. 이때 이필제는 정기현은 조선의 주인으로 하고 조선을 정복한 뒤에는 그에게 큰 군사를 빌려 중국으로 쳐들어가 대륙을 차지한다는 구상을 하였다. 당시 문경의 조령은 한양으로 가는 길목으로 일찍이 조령별장을 두어 많은 무기를 모아 문경현에 저장해 두고 있었다. 이필제는 여기서 자신의 뜻에 동조하는 자들을 규합해 무기고를 떨 생각이었다.

이들은 영해에서 동학을 이용하여 거사에 성공한 경험을 토대로 새로운 지지집단을 찾았다. 그런데 마침 당시 대원군의 실정과 서원철폐령으로 전국 유림들이 집단 상소와 상경을 하고 있었다. 이에 이필제는 백성들의 고통이 오늘과 같은 때가 없었다고 천명하고, 다시 서원철폐의 최대 피해자인 유림들을 그의 지지자로 보고 서원철폐 반대 집회를 이용, 민중을 모으고자 하였다. 그리하여 이필제는 선비된 자의 도리고서 어찌 입을 다물고만 있겠는가 하며, 조령의 초곡에 유림들이 모여 복합상소를 하여야 한다는 조령유회의 통문을 돌려 변란을 꾀하고자 했다.

정기현은 이 통문을 권응일에게 전하여 내용을 약속받았고, 정기현의 심복으로서 경기 음죽에서 단양 산내로 이사한 최해진은 음죽 사람들을 모으는 일을 담당하였다. 그리고 이필제, 김낙균, 최응규 등은 충주, 괴산, 연풍 등지의 일을 담당하였다. 특히, 김낙균은 5, 6년 전 토호사로 정배당한 적이 있는 연풍에 사는 정해청을 동지로 설득하면서 정감록의 참설을 인용하며 조선왕조의 국운이 이미 쇠하였음을 논하고 은근히 새로운 사회를 위한 거사라고 부추겼다.

또 이들은 "요즈음 영남의 선비들이 치송도회(聚訟都會)라고 일컫는 것도 실은 이런 심정을 표한 것이며 영남 전체가 모두 한마음으로 서로 약속되었다"거나 "밖으로는 서양 오랑캐가 8월에 다시 오기로 약속되었다"는 말로 유림세력을 끌어 모았다. 풍기의 권응일, 충주의 송회철, 상주와 김공선 등은 각기 백여 명씩 동원하기로 하였는데, 그 방법은 모두 유회를 가탁한 것이었다.

그러나 8월 2일 거사일에 집합장소인 조령의 주막에 예정된 인원이 모이지 않고 더욱이 억수같은 비가 쏟아지자 이필제는 후일을 도모하고 현장을 떠났다. 그러나 수상한 사람들이 모인다는 정보를 얻은 관군이 들이 닥치고 정기현 등이 체포되었다.[48] 간신히 체포망을 벗어난 이필제는 산속에서 비를 맞으며 헤매다가 3일에 다시 문경 읍내로 나왔다가 포졸들에게 체포되었다.

드디어 체포된 이필제는 처음에는 진명숙(秦明肅)이라고 변명했지만 다른 연루자들의 실토로 곧 그가 이필제임이 들어났다. 당시 이필제의 이름은 워낙 유명해 어린 아이들까지 다 알 정도였기에 문경관아는 매우 놀랐다. 지난 20여 년 동안 충청도와 전라도 그리고 경상도와 강원도 일대를 누비며 신출귀몰한 수법으로 관의 포위망을 벗어나 곳곳에서 민란은 주도하고 또 일으킨 거물 중의 거물이었던 셈이다. 이필제는 곧 의금부로 압송되었다.

1871년 12월 한양에는 이필제를 문초하기 위한 추국청이 설치되었다.[49] 그에 대한 문초는 이렇게 시작하였다.

"성명을 이리저리 바꾸고 종적을 날려 숨겨서 도당을 긁어모아 난을 일으키려 한 것은 무슨 심보인가? 한 번 굴러서 호중(충청북도)을 선동했고, 두 번 굴러서 영남에서 옥을 일으켰고, 영해에까지 손을 뻗쳐 작변하였으니 지극히 끔찍하다. 또 독한 말은 간담을 흔들어 놓는다. 이미 오래 전에 도마 위에 오른 고기였는데 그물을 빠져나간 고기가 아직도 목숨을 붙이고 있으니 오래 신인이 다 같이 분을 참지 못하는 바이다. 또 조령에서 도둑 무리를 매복시켜 흉측한 계획을 품었다가 죄악이 꽉 차서 저절로 잡혀온 것이라, 밝은 천도 아래 어찌 감히 속이랴. 지금 엄한 심문 아래 앞뒤 역적질한 사정을 사실대로 아뢰어라."[50]

이에 대해 이필제는 이렇게 답했다.

"천하에 진정이 없는 일이 없고 또 일이 없는 죄가 없다. 나의 정실에는 죄가 세 가지인데 조목에 따라 하나하나 물어보라."[51]

그는 당당하게 자기가 했던 일을 말했다. 그리고 그가 비록 군신 · 부자의 의리를 안다거나, 충과 역을 모르겠느냐는 말을 때로 늘어놓기는 했으나, 중국을 친다든가 문경의 무기를 빼앗아 청주에 갇혀 있는 김낙균의 어머니를 구해 금병도로 들어가려 했다는 따위, 자기가 한 일을 서슴없이 토해냈다.[52] 결국 그는 1871년 12월 24일 군기시(軍器寺) 앞길(현재 무교동)에서 모반대역부도죄(謀反大逆不道罪)로 능지처사(陵遲處死) 됨으로써 47년간의 파란만장한 생을 마쳤다. 그의 부모, 처첩, 자녀, 조손, 형제, 자매, 아들의 처첩, 백부·숙부·형제의 아들 등 연좌시켜야 할 사람들의 나이와 성명, 생사 여부, 거주지를 한성부에 조사하게 하였고 가산 적몰(籍沒)하고 집을 헐고 못을 파도록 하였으며, 노비가 있으면 공천(公賤)으로 삼도록 하였다. 공주에서 체포된 그의 첩 허조이(召史)는 교수형에 처해졌다.[53] 그의 팔다리는 찢겨져 남해하동 등지에 효시되었다.

7. 이필제와 영덕

시대의 풍운아였던 이필제[54]는 민란을 주도했던 이전의 지도자와는 완전 다른 사고방식을 하고 있었던 인물이다. 그는 조선 사회의 모순을 올바르게 분석하고 그 바탕 위에서 구제책을 제시했다. 물론 그가 제시한 구제책이 민중들의 힘을 통한 민란이라는 방법뿐이 없었는지에 대해서는 논란이 있겠지만 힘없는 백성들이 할 수 있는 방법으로는 그 외에 방법이 없었을지도 모른다. 더욱이 그는 당시까지는 그 누구도 생각지 않았던 중국정벌이라는 거대한 구상을 하고 자신은 단군의 후손으로 천자가 될 것이라는 주장을 했다.

한편 그는 탁월한 리더십을 보였던 인물이기도 했다. 그는 우선 한 지방에 잠입을 하면 언제나 자신과 뜻을 함께 할 인물을 찾았고 그 지방에서 가장 덕망이 높고 인품이 훌륭한 인물을 알아내어 기어코 그를 자신의 동조자로 만들었다. 그리고 그는 상대를 설득할 때면 자신의 높은 학식을 바탕으로 나라의 현실과 도탄에 빠진 백성을 구제해야 한다는 명분을 들어 상대방의 마음을 휘어잡았다. 그러기 위해서 때로는 비분강개하기도 하고 또 때로는 눈물을 흘리며 민중의 아픔을 함께 하기도 했다. 그리고 그는 항상 일의 선두에 서있었고 스스로 전면에 나서서 이름을 내는 일에는 관심이 적었다.[55]

이필제가 이상으로 삼았던 인물은 홍경래가 아닐까 생각된다. 서북지방의 아전들과 농민들을 이끌며 평안도, 황해도, 함경도 일대를 석권하고 봉건 왕조에 도전했던 홍경래는 분명 이필제가 모범으로 삼기에 충분했던 인물이었다. 비록 홍경래는 실패하고 말았지만 이후 민란의 지도자들에게 홍경래는 저항정신의 표본이 되기에 충분했다. 특히 이필제가 주목한 것은 서북지방의 저항정신이었을 수도 있다. 그래서 그는 무모하리만큼 북벌을 주장했고 또 자신했을 것이다. 즉 남쪽에서 거사에 성공하고 북벌을 단행하기 위해 중국으로 향할 때는 서북지방의 민중이 동참해 줄 것이라고 믿었을 수도 있다.[56]

한편 이필제는 조선 사회의 봉건적 모순 극복을 위해 관리들의 부정을 징치하고 묵은 조선 왕조를 뒤집는 것만이 목적은 아니었다. 그는 왜구와 서양 세력을 막고 중국을 정벌한다는 커다란 포부를 드러내고 있었다.[57] 이는 종래의 민란의 목표와는 사뭇 다른 것으로 매우 자주적인 성격임이 발견된다. 실제로 이필제의 거사에는 반드시 북벌이라는 최종 목표가 제시되는데 그 논리가 단군으로부터 시작한 우리 민족의 정통성이 중국의 한나라와 명나라를 이어 자신에게 이어졌다는 것을 강조했다. 그의 논리는 단군의 후손으로서의 우리 민족의 자긍심을 중국의 역대 왕조까지로 확대해 놓은 것이었다. 특히 중국의 한나라 명나라와 같이 명확한 정통성 있는 왕조만을 단군의 후예로 지칭한데는 지금의 청나라는 오랑캐들의 나라라는 인식이 강하게 있기에 그들을 정벌해야 한다는 것이었다.

당시 이미 청나라의 속국이 되어 있는 조선은 스스로 소중화라는 자의식에 사로잡혀 자기 위안들을 하고 있었고 누구도 감히 청나라에 대항할 엄두도 못내고 있는 상황이었다. 이런 분위기 속에서 이필제는 한민족의 기상을 우뚝 세워 북벌이라는 자주정신을 발휘한 것으로 그 의의는 매우 크다고 할 수 있다. 그럼에도 불구하고 이필제의 거사는 실패하고 말았다. 그러나 그의 높은 뜻은 이후 동학농민혁명으로 계승되었다. 즉, 직업 봉기꾼 또는 직업 혁명가로 평가되는 이필제의 거사가 동학농민혁명과 연계되어야 하는 이유는 그의 애민의 정신과 자주성 그리고 개벽된 세상을 향한 끊임없는 열정 등이 그대로 이어지고 있기 때문이다.

이필제의 거사가 유일하게 영해에서만 성공한 이유는 무엇일까. 그것은 아마도 영해지방의 동학도들의 적극적인 참여가 있었기에 가능했을 것이다. 영해지방은 일찍이 1862년경부터 동학이 전파되었다. 특히 박하선(朴夏善)은 경주 용담으로 수운 최제우를 찾아가 직접 도를 받아 영해 인천 지방을 중심으로 크게 퍼져 나갔다. 그래서 1862년 12월에는 가장 큰 접이 되었고 박하선은 유수한 접주가 되었다.[58] 영해지방은 전술한 신향과 구향의 다툼이 극심했던 지역으로 주로 구향의 탄압을 받던 신향들이 동학을 주로 믿고 따랐다. 그러나 구향의 신향에 대한 공격과 동학에 대한 탄압이 이중적으로 점철되면서 그들은 점차 사회 불만세력으로 성장하게 되었다.

여기에 더하여 영해지방의 동학도들은 1864년 수운이 체포되어 참수된 이후 대대적인 탄압을 받았다. 특히 동학도들이 많았던 영해지방은 1870년 영해부사로 이정이 부임하면서 극에 달하여 박하선도 이때 끌려가 맞아서 장독으로 죽은 것이었다. 이필제가 박하선의 아들인 박사헌을 만나 그와 함께 모의를 한 것 역시 박사헌의 개인적 원한과 함께 동학도들에 대한 지나친 탄압 등이 주효했다고 볼 수 있다. 즉, 이필제를 비롯한 동학도들은 그동안 탄압받아 오면서 맺힌 원한이 쌓이고 쌓여 설원하려는 뜻으로 하나가 될수 있었다.

결국 영해지역에는 신향들의 억울한 감정과 서자에 대한 적손(구향)들의 질시같은 것이 얽힌데다가 동학도로서의 원한이 겹쳤으니 누가 선동만 하면 일어나게 되어 있었다. 이필제와 동학도가 하나가 된 것은 설원관계라고 볼 수 있다. 이것이 확대되어 곧 수운 최제우에 대한 신원운동으로 발전되고 주변의 모든 동학도들이 일어서게 된 것이다.[59]

영해동학농민의 난은 조선조의 봉건제도가 붕괴되는 단계에서 일어난 대표적인 민중운동이자 봉기였다. 주모자는 이필제였지만 주역은 탄압받던 영해지역을 중심으로 한 동학도들과 민중들이었다.[60] 이들의 봉기는 분명 이전의 민란들과는 다른 특징을 가지고 있다. 우선 이전의 민란들이 한 고을을 벗어나는 경우가 극히 적었는데 영해의 난은 무려 16개 지역의 민중들이 참여했고 또 그 이후의 행적을 보면 영해지방에 국한된 거사가 아니었음이 확인된다. 더욱이 당시 민란에서는 발견되지 않는 고을의 부사를 직접 처형한 것이 획기적이었다. 아무리 탐관오리라 하더라도 그는 임금을 대신한 고을의 수령이었기에 그를 죽인다는 것은 곧 조선 왕조를 부정하는 반란으로 볼 수 있었다. 이는 봉기를 한 주도세력은 이미 조선 사회는 더 이상 희망이 없다고 판단한 것을 확증하는 것이라고 하겠다. 즉 그들만의 이상세계를 향해 전진하는 모습은 마치 보국안민과 광제창생을 내걸고 봉기했던 동학혁명의 모습을 상상하게 한다. 그만큼 영해지역의 민중들의 의식이 근대화되고 있었다는 것이다.

두 번째의 특징은 이전의 민란들이 산발적이고 즉흥적이었던데 비하여 영해의 봉기는 매우 치밀한 준비와 잘 짜여진 조직체계속에서 진행되었다는 점이다. 그들은 이미 거사 3·4달 전부터 칼과 활 등을 준비하였고 이웃한 평해와 울진까지 나아가 동지들을 구합할 정도였다. 따라서 영해동학농민의 난은 연합적이고 조직적인 성격을 가진 민란이었다고 볼 수 있다.

세 번째는 영해의 거사에서 쓰인 구호가 명확했다는 점이다. 즉, 이필제스스로가 제세안민(濟世安民)이라고 할 정도로 명확한 구호로써 봉기의 뜻이 사회 불만세력의 일시적인 폭행이 아니라는 것을 강조하였다. 물론 봉기의 형식은 교조신원운동이라는 성격을 띠었지만 그 근본 취지는 썩어빠진 조선을 구하자는 것이었다. 조선판 민주화운동이라고 할 수 있는 영해동학농민의 봉기는 최초로 동학이라는 사상적 이데올로기적 성격의 민중운동이었다고 평가할 수 있다. 그래서 봉기의 목적이 명확했고 또한 지향하고자 하는 이상적 세계관 역시 명확했다는 것이다. 따라서 영해의 봉기는 23년 뒤에 전개된 동학농민혁명의 전초전적 성격의 운동이었다고 할 수 있는 것이다.

끝으로 영해지방은 비록 봉기 이후 대대적인 관의 탄압을 받지만[61] 그들의 저항정신만은 꺾을 수 없었다. 특히 농민층을 중심으로 형성된 자주의식과 저항정신은 이후에도 계속되어 1896년의 의병운동 때 19세의 평민의병장 신돌석이 등장할 수 있었고 1919년 3월 18일의 영해독립만세운동으로까지 이어질 수 있었다.

이필제라는 민중 봉기의 지도자로부터 시작된 영해동학농민의 난은 비록 실패하고 말았다. 그러나 그가 그렸던 이상마저 꺾인 것은 아니었다. 오히려 영해동학농민의 난은 23년 뒤에 전개될 동학농민혁명의 전초전이었고 예행연습과도 같은 민중 봉기였다. 이필제가 체포되어 마지막으로 쓴 이름이 진명숙(秦明叔)이었는데 동학농민혁명의 지도자인 전봉준이 자를 명숙(明叔)이라고 했다. 이 예사롭지 않은 두 사람의 이어짐은 그만큼 후대에 끼친 이필제의 영향이었을 것이다.

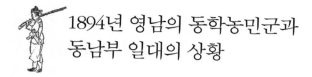

1894년 영남의 동학농민군과
동남부 일대의 상황

신영우_충북대학교 사학과 교수

1. 머리말

1894년 경상도 동남부 일대는 동학농민군이 봉기한 기록이 나오지 않는다. 그에 비해 충청도와 경상도에 접경한 군현에서는 동학농민군의 활동이 활발하였다. 9월 말 이후 안동과 의성을 비롯해서 예천 용궁 문경 함창 상주 등 북부 일대와 김산 지례 성주 거창 함양 등 서부 일대에서는 호대한 동학농민군 세력이 관아를 압도하였다. 남부에서도 진주 단성 남해 하동 일대의 동학농민군이 거대한 세력을 형성하였다. 반면에 영해 영덕 경주 울산 동래 등지에서는 정부에 보고한 동학농민군의 활동상이 전혀 보이지 않고 있다.

그 원인으로 여러 가지를 찾을 수 있겠지만 무엇보다 동학 조직의 존재나 그 세력의 강약을 들어야 할 것이다. 동학농민군이 일찍이 큰 세력으로 결성된 지역은 동학 조직이 강력했던 곳이었다. 1871년의 신미년 '작변'에 의해 참변을 당한 영해의 동학 조직이 1894년까지 재건되지 않았을 수 있다. 1894년 봄의 상황을 보면 전라도와 충청도에서 일어난 동학농민군의 봉기 직후 경상도의 접경 지역에 동학 조직이 급속히 세력을 키워갔다.

경상도의 봉기 과정은 다른 지역과 같은 모습이 아니었다. 전라도에서는 봄과 가을봉기의 전 기간에 걸쳐 독자적으로 활동한 남접의 지도자들이 주도해서 봉기를 시작하고 이끌었다. 반면 경상도의 동학 조직은 전라도에서 전해지는 소식을 들은 이후에 본격적으로 조직을 확대하는 활동을 하게 되었다. 그렇지만 7월 말 일본군의 경복궁 침범 소식이 들려오고 경상도를 거쳐 일본군 5사단 병력이 북상하자 무장을 강화하는 움직임을 보였던 것이다.

부산에서 대구를 거쳐 상주와 문경으로 이어지는 북상길은 일본군의 주요 통로였다. 군용전신과 병참망을 설치해서 청일전쟁을 수행하는 일본군의 후방 기지 역할을 하였다. 동학농민군은 일본군의 막강한 전력을 알면서도 전신선을 차단하거나 무장봉기해서 병참부를 위협하였다. 이에 따라 일본군의 정탐 활동과 무력 개입이 일찍부터 시작되었다.

이런 상황에 영향을 직접 받는 지역에서 영해 등 동남부 일대는 비켜나 있었다. 정부의 탄압을 받아온 동학은 인맥에 의해서 조직이 연결되는데 전라도와 충청도와 직접 인맥이 이어질 수 없었던 것이다. 동학 조직이 미약한 상태에서 세력을 증대시킬 수는 없었다. 또 일본군이 북상하는 통로에서 멀리 떨어져 있었기 때문에 농민들이 반일 항쟁에 나서는 자극도 직접 받지 못했다. 더구나 대구의 경상감영은 전라도와는 달리 관하 군현을 통제하는 기능을 유지할 수 있었다. 남영병도 관치질서가 위협받는 군현을 순회해서 동학 조직을 제압하였다.

동학농민군이 활동을 하지 않은 군현이라고 해서 평온하게 지낸 것은 아니었다. 영해를 비롯한 여러 군현에서 농민항쟁이 일어났다. 동학 조직과 관련 없이 벌어진 항쟁이었다. 정부는 동학농민군 진압이 시급했으면서도 군현별 농민항쟁도 수습하지 않으면 안 되었다.

이 논문은 이와 같은 경상도의 당시 사정을 살펴보고 영해를 비롯한 동남부 일대의 상황을 검토하는 것이 목적이다. 따라서 이 글은 성격상 주된 논지에 의해 전개하지 않고, 경상도 지역의 동학농민군에 관한 개괄과 일본군이 설치한 군용전신 및 병참부 그리고 영해 등 농민항쟁이 벌어진 상황과 정부 대책을 병렬로 다루게 된다.

2. 1894년 봄 경상도의 동학 조직과 세력 확대

1894년 5월 경상감영에서 동학도들의 동향에 대해 우려하는 감결을 각 군현에 보냈다.[1] 최근에 동학이 사설(邪說)로 인심을 현혹하며 사납게 퍼져 나간다고 하면서 이 공문은 동학도들이 집단으로 모이거나 잠복하고 있는 사태를 지적하였다. 그리고 각 면리에서 동학을 사찰해서 수상한 사람을 체포하고, 집결해서 함부로 활동한 사람들은 관군을 보내서 토벌하도록 한다고 하였다.

이때는 전라도와 충청도에서 봉기한 동학농민군 소식이 경상도에 전해지던 시기였다. 경상도에서도 동학에 많은 사람들이 들어가자 감영에서 이를 경계하는 조치를 내린 것이었다. 얼마나 동학에 들어가는 사람이 많았던지 관아에서 중과부적이 되는 상황을 우려하였다. 그럴 경우 한 군현의 관아만 대처하는 것이 아니라 인근 군현의 관속과 촌정(村丁)까지 동원하도록 하였다. 또 5월부터 동학도들을 체포할 때 벌어질 참륙(斬戮) 사태를 예상하고 있었다.

경상감영에서 보기에 1894년 봄의 경상도 사정은 위태로웠다. 1893년 봄의 보은집회 이후 동학도들의 세력 확대가 원인이었다. 보은집회를 마치고 돌아온 동학도들을 지방관아에서 탄압하지 못한 것이 영향을 주었다. 보은에 간 경상도의 동학도들은 상주 선산 김산 성주 지례 등 충청도와 가까운 군현 사람들이 많았지만 서남부에서는 진주와 하동에서도 참여하였다.

보은집회 이후 이들은 공공연히 활동하였다. 이전처럼 주변의 눈을 피하지 않았다. 더욱이 1894년 봄에 전라도에서 봉기한 동학농민군의 활동 소식이 전해지자 경상도의 동학 조직은 활동이 고무시키는데 큰 영향을 주었다. 소문도 널리 퍼졌다. 경상도 지례현의 삼도봉(三道峰) 아래 동학도들이 결집해 있다거나 진주의 덕산(德山)이 소굴이라는 말이 떠돌았다.[2] 그러한 정보를 각 군현에 전하면서 전라감영은 비류(匪類) 체포에 공을 세운 사람은 포상하겠다고 하였다.

감영과 더불어 경상도의 동학도들을 치밀하게 살펴보던 세력이 부산에 설치된 일본 영사관이었다. 1892년 5월부터 부산총영사로 와있던 무로타 요시아야(室田義文)는 정탐원들을 파견해서 경상도 일대의 내부 동정을 탐지해왔다. 이 정탐 내용은 『주한일본공사관기록』에 다음과 같이 실려 있다.

"경상도내 동학당 사건에 관하여 이번 길에 탐문한 바는 다음과 같다. 지난 달 중순경 도내의 김산 지례 거창 세 곳에서 불온한 싹이 트기 시작하여 동학당이라는 혐의로 大邱로 잡혀 간 자가 20여 명 있었는데, 그 중에 3명이 동학당의 은어를 품안에 은닉하고 있었으므로 현재 대구에서 엄히 심문하는 중이라고 한다. 이 은어라는 것은 "爲天柱造化定永世不忘萬古知[3]" 13자로, 전부터 동학당의 거두라고 일컬어지던 전라도 광양의 이모라는 자가 지은 말이라고 한다.

경상도에서도 충청도·전라도와 접경한 각 지방에 동학당류가 많고 특히 선산·상주·유곡 등의 각지는 평소 동학당의 소굴이라고 일컬어진다. 이번 충청도의 소요 때에도 동학당을 응원하기 위하여 상주 쪽에서 그곳으로 간 사람이 적지 않다고 한다. 위의 각 지방 백성들은 동학당에 대하여 누구나 암암리에 경의를 표하며 동학당을 지목하여 동학군 혹은 동학인이라 칭하며 당이라고 말하지 않는다는 것이다. 그리고 그 말하는 바를 들건대, 모두가 민씨 집안의 전횡에 분개하고 지방의 폐정을 탄식하지 않는 자가 없다고 한다."[4]

이 보고에서도 상주 선산 문경 김산 지례 거창 등 경상도 북서부지역의 동학세력을 주목하고 있었다. 충청도와 전라도에 접경한 지역으로 '평소 동학당의 소굴'이었다고도 했다. 충청도에도 직접 가서 함께 활동한 사실도 기록하고 있다. 동학에 들어가지 않은 이 지역 사람들은 '동학당에 대하여 누구나 암암리에 경의를 표'한다는 것도 보고하였다. 주목할 내용은 민씨의 전횡과 지방 폐정이 동학당에게 경의를 표하는 원인처럼 파악한 것이다.

김산에서 4월 16일자로 기록한 양반 유생의 일기에 이 지역 사정을 전해 주는 내용이 있다.[5]

"당시 동학이 크게 번성하였다. 영남은 최시형이라는 사람이 자칭 법헌선생이라고 하고 수천 명의 무리를 거느리고 충청도 보은 장내를 점거하였고, 전라도는 전봉준이라는 자가 '녹두장군'이라고 칭하고 또한 그 무리를 거느리고 전주 등지를 분할해 점거하니 인심이 동요되어 마치 물이 끓는 듯하였다."

"동학이란 이름은 과연 어떤 물건인가. 자칭 도인(道人)이라는 자가 수십 글자의 주문을 외워서 신통하게 되면 헤아릴 수 없는 조화를 부린다고 한다. 어리석은 백성들을 꾀이고 한 세상을 현혹시키니 무지한 자와 무뢰배들이 점점 빠져들었다. 입도한 자는 양반과 상놈의 구분이 없고 비록 피공(皮工)이나 무녀와 같은 천민들이 사대부와 함께 들어가면 서로 공경하고 절하면서 '접장(接丈)'이라고 부르고 심지어 사가(私家)의 노예들이 그 상전에게도 그렇게 대하였다."

"그들이 제멋대로 호령을 발하였지만, 감사와 수령이 수수방관하며 금지
시키지 못하였기 때문에 그 폐해가 날이 갈수록 더욱 심해져 명문가와 거족
들이 욕을 당하지 않은 집이 없을 정도였다."

전라도에서 1차봉기가 일어난 후 경상도에는 충청도 보은의 장내리에 수
천 무리를 이끌고 있던 최시형이 영향을 미치고 있었고 그로 말미암아 인심
이 동요되고 있다고 했다. 오래 숨어서 지내던 동학은 이미 그 실체가 드러
나고 있었다. 입도하는 사람들은 주문과 신통 등으로 현혹된 어리석은 백성
들로서 일단 입도하면 반상의 구분이 없이 서로 공대하고 절하며 접장이라
고 불렀다. 노비와 상전도 그렇게 했다는 것은 놀랄만한 일이 아닐 수 없었
다.

동학도들의 세력은 감사와 수령이 금지시킬 수 없는 정도로 커졌다. 더
구나 그들 마음대로 명령을 내려서 무리를 모으고 있어도 어쩔 수가 없다고
했다. 그 결과가 명문가와 거족대가들이 피해를 입는 것이었다. 양반들은
관아의 공권력이 뒷받침해주는 위에서 지주와 부농으로 농민을 작인으로
부리며 힘을 행사할 수 있었다. 그런데 지방관아가 농민통제력을 상실해가
고, 노비와 상민들이 대거 동학에 들어가서 떼를 지어 활동하기 시작했다.
이제 양반들은 기댈 곳이 없게 되었다.

이 시기에 경상도에서 벌어진 특이한 사건이 바로 덕산 사태였다.[6] 지리
산 일대에서 활동하던 동학도들의 모습이 관아의 눈에 띈 것이다. 충경포
소속인 백도홍(白道弘)은 전라도의 동학농민군에 호응해서 지리산 동부 일대
의 사람들을 모아 세력을 과시하였다. 덕산 관련 기록에는 백도홍이 기포
또는 봉기했다고 기록할 만큼 주변에 전해졌다.[7]

진주의 경상우병영은 이에 즉각 대응하였다.[8] 영장 박희방(朴熙房)이 군졸

을 이끌고 덕산에 들어가 백도홍을 붙잡아 처형하고 30여명을 체포하여 감옥에 가둔 것이다. 부산총영사 무로타 요시아야는 조선인 정탐원을 보내 조사한 내용을 서울의 일본공사관에 다음과 같이 보고하였다.

> "이곳 영장은 민병 1,000여 명을 모아 불의의 사태에 대비하고 동학도인 백도홍을 덕유(德裕)에서 붙잡아 즉시 효수하고 나머지 도당 수십 명은 감옥에 잡아두었기 때문에 잠시 진정되었음."[9]

> "지난달 진주 지방에서도 인근 각지의 동학당이 봉기하여 매우 불온한 상태였지만, 얼마 되지 않아 진정되었다. 거두인 백도홍을 비롯한 30여 명의 난도(亂徒)가 포박되어 그 후 무사해졌다는 것이다."[10]

백도홍이 처형되자 대접주 손은석은 4월 24~25일경 '천여 명'의 동학도를 이끌고 진주 성내로 들어가서 항의를 하였다. 수백 명의 병력이 있었던 병영조차 이런 집단을 제어할 수 없었다. 이때 백도홍을 체포해온 영장 박희방은 외지로 피신하였고, 우병사 민준호(閔俊鎬)가 동학도를 무마를 해서 수습할 수 있었다. 이러한 과정을 보면 동학도들은 전라도와 같이 기포해서 관아를 들이치는 등 무장활동을 한 것으로 보이지는 않는다.

경상도 북서부의 동학 조직은 1894년 봄에 커다란 세력으로 증대하여 이미 관아가 통제할 수 있는 상태에서 벗어나고 있었다. 전라도에서 전주성이 점거된 소식은 경상도의 동학도들을 고무시켰다. 충청도와 전라도의 동학 포 조직들은 속속 경상도로 세력을 확대해왔다. 그런 상황을 『갑오척사록』에서 다음과 같이 기록하고 있다.

"1894년 봄 호서와 호남에서 무리를 조직하여 전라도 고부 등지에서 대회를 열어 마침내 고부를 함락하고 이어서 전주를 함락시켰다는 소식을 들었다. 조정에서 군대를 파견하여 이들을 토벌하였으나 섬멸하지 못했다. 그리하여 이들 세력이 점차 자라나서 충청과 전라 양도로 뻗어나갔다."[11]

"전봉준이 동학교인 수천 명을 거느리고 전라감영을 침범하자 전라감사가 도망쳤다. 그 무리들이 성중에 돌진하여 선화당을 점거하고 사대문 안에 장막을 설치하니 그 날카로운 기세를 누구도 감당할 수가 없었다. 초토사 홍재희가 군사 5백 명을 거느리고 곧장 전주에 당도하여 접전하였으나 승리하지 못하여 한양이 진동하였다."[12]

6월 이후 경상도 북부와 북서부 일대는 여러 개의 동학 포 조직이 포교활동을 전개하였다. 예천 등지에서는 강원도에 근거를 가진 관동포가 활동하였고, 상주와 김산 등지는 충경포와 상공포가 포교하였다. 이들 포 조직은 1893년 보은의 장내리 집회에서 포의 이름을 정해서 존재가 확인되는 것이지만 선산포와 영동포 등은 지역의 유생들이 기록한 자료에 나온다.

동학 세력을 관아에서 통제하지 못하자 종래의 질서는 무너지는 모습을 보이게 되었다. 양반유생들은 이런 변화를 삼강오륜의 인륜질서를 파괴하고 국법을 어기는 행위라고 분노했지만 대응할 방도를 찾지 못했다. 양반유생들은 지방관아가 유지하는 관치질서 속에 농민을 지배하는 지주 또는 부농의 위치에서 힘을 가질 수 있는데 당시는 그런 여건을 상실한 상태였다. 오히려 피해를 입지 않기 위해 전전긍긍할 뿐이었다.

"6월에서 7월 사이에 그 세력이 매우 커져서 마을을 횡행하며 포덕을 한다고 하면서 속여서 꾀어내고 협박하니 여기에 가담하는 자들이 날마다 수 천을 헤아렸다. 이에 접소(接所)를 분설(分設)하여 각 면 방곡에 접소가 없는 곳이 없었으나 서북 외지(外地)가 특히 심했다. 대접(大接)은 만여 명이나 되었으며, 소접(小接)은 수십, 수백 명이었다. 시정(市井)의 동혼(童昏)·평민·노비·머슴 등의 무리들은 자신들이 득세한 시기라고 생각하였다. 그리하여 관장(官長)을 능욕하고, 사대부를 욕보이고, 마을을 겁략하고, 재물을 약탈하고, 무기를 훔치고, 남의 나귀와 말을 몰고 가고, 남의 무덤을 파헤쳤다. 개인적인 원한을 갚기 위하여 묶어놓고 구타하였으며 종종 살인까지 저질렀다. 그러니 인심이 흉흉하여 아침에 저녁 일을 헤아리지 못하였다. 경내의 사대부들 중에서는 혹 먼저 욕을 당하였으나 나중에는 물든 자도 있었다. 그리하여 같이 나쁜 짓을 하는 무리들은 서로 끌어당겨서 무리를 믿고 행패를 부렸다. 수 백명이 사는 촌락이더라도 1~2명의 동인(東人)이 나타나면 황급하게 달아나 숨어버렸다. 그래서 마을이 텅 비어서 저들이 마음대로 분탕질을 하도록 내버려두었으며 금지할 수가 없었다."[13]

이런 와중에 서울에서 놀라운 사실이 전해졌다. 청국군과 일본군이 들어와서 대치하고 있고, 일본군이 경복궁을 기습 점령했다는 소식이 들려온 것이다. 경상도의 유생에게는 서울의 지인들이 소식을 편지나 인편으로 전해주는데 그런 내용은 관료들이 아닌 민간에서도 전해줄 수 있었던 일들이었다.

"이번 달(음력 6월) 초 4일 왜병(倭兵)들이 장안으로 크게 몰려들어와 내외로 가득 찼습니다. 왜병은 원대인(袁大人, 袁世凱)과 10여 일을 대치하였습니다. 14일 원대인이 중국으로 돌아가자, 21일(양력 7월 23일) 왜병들이 갑자기 궁궐 안으로 들어왔습니다. 임금님께서 파천(播遷)하려 하자, 왜병들이 가로막고 서며 말하길, '5조약을 얻길 원한다.'라고 하였습니다."[14]

"오늘 새벽 일본 장수가, 청나라 장수가 떠나가는 것을 보고, 병사 4천 8백 명을 거느리고 각기 총검을 소지하고 에워싸서 광화문 밖에 이르러 일제히 소리를 지르며 일시에 총을 쏘니 천지가 진동하고 광화문의 문추리가 깨지자 곧장 대전으로 들어가 삼중사중으로 포위하였다. 대궐 안의 조정 신료들와 군사들이 바람과 우박처럼 흩어져 한 사람도 시위하는 자가 없었다. 상감(上監)의 삼대(三代)만이 나뉘어 포위 속에 있었다. 일본군사들이 대궐 안에 땔나무를 쌓고 그 가운데에 기름을 붓고 또 대오를 나누어 사대문을 지키고 또 각 아문과 종로거리를 포진하고 또 도성 밖의 높은 봉우리에 진을 치니, 한양의 인민들이 혼백이 달아날 지경이고 어찌 할 바를 모르고 통곡하며 동분서주하였다. 심지어 아비는 자식을 잃고 처는 남편을 잃은 경우도 있었다. 민씨 여러 집안은 대부분 도망갔다. 일본병사들이 대전(大殿)을 위협하여 15조목의 요청을 따르도록 하였다."[15]

그와 함께 전해진 또 다른 놀라운 사실이 청국군과 일본군이 충청도 성환에서 벌인 전쟁이야기였다. 그러나 풍도전투와 성환전투는 경상도에서 멀리 떨어진 곳에서 일어난 전투였다. 구체적인 사실을 알 수는 없었다. 그보다 일본군이 부산에 상륙해서 북상하는 소식은 즉각 전해졌다. 부산과 문경 사이의 통행로 주변 군현의 주민은 일본군을 직접 보고 놀라게 되었다.

1894년 봄부터 지하에 숨어있지 않고 드러내서 활동한 동학 지도자들의 이름은 관아는 물론 양반유생들에게도 알려졌다. 많은 사람들이 속속 가세해서 오가게 되면서 오래된 동학마을도 드러났다. 동학교주 최시형이 은거하면서 지내던 상주의 왕실마을이나 유곡역과 같은 곳은 동학 거점으로 부상하였다. 이러한 동학도들 앞에 갑자기 일본군이 출현하게 된 것이다.

3. 일본군 5사단의 경상도 지역 군용전신 · 병참망 설치

경상도 일대는 일본이 조선에 파병하는 군대가 처음 거치는 지역이기 때문에 1894년의 파장이 크게 미치게 된다. 부산은 조선으로 일본군 부대가 대규모로 들어오는 문호 역할을 하였고, 부산과 문경을 올라가는 길은 일본군이 서울로 북상하는 행군로가 되었다. 인천과 서울을 거치는 군현을 제외하고 전국에서 일본군을 처음 목격한 지역이 경상도였다. 따라서 일본군의 진입과 행군 또는 일본군의 시설물인 군용전신선과 병참부에 관련한 문제를 검토할 필요가 있다.

조선에 1차로 파병한 일본군 부대는 히로시마에 주둔한 제5사단 예하의 제9여단이었다. 1893년 12월 제정한 일본군의 전시 사단편제는 총원 18,492명으로 5,806명으로 구성된 2개여단과 1,267명인 1개 포병여단 그리고 3개 중대로 이루어진 509명 정원의 기병대대가 중심이었다. 제9여단은 2개연대로 편성되었는데 여기에 1개 기병중대와 포병 1개대대 그리고 공병 1개중대를 추가하고 치중병(輜重兵)과 위생대 그리고 야전병원 및 병참부를 포함해서 혼성여단을 만든 것이다.[16]

일본군 대본영은 1894년 6월 12일 부산에 1개 보병중대를 파견하도록 제5사단장 노즈 미치츠라(野津道貫) 중장에게 명령을 내렸다.[17] 부산을 내륙 침투의 발판으로 확보하려는 시도였다. 이미 1883년부터 부산에 설치된 일본 영사관이 조선 내부의 정보를 보고하는 거점 역할을 하고 있었는데 군대 파견의 교두보로서 역할을 맡게 되었다.

그러나 혼성제9여단은 부산을 거치지 않고 해로를 통해 인천으로 직행하였다. 그리고 서울로 들어간 후 7월 23일 새벽 경복궁을 기습 점령하였다. 동시에 경군 병영을 기습하여 무장을 해제시켰으며, 서울 사대문을 점거하고 도성을 장악하였다. 일본이 근대식 군대를 만든 후 처음 외정(外征)을 감행해서 조선을 공격한 것이었다. 이 기습 전쟁에 조선은 일방적으로 패배하고, 국왕까지 인질로 되었다.

7월 25일에는 일본해군 연합함대의 제2유격대가 아산앞바다의 풍도 인근에서 청의 북양함대 전함 치유엔호와 카오샹호를 공격해서 해전이 시작되었다. 7월 29일 밤에는 서울에서 남하한 혼성제9여단이 성환에 주둔한 청국군 진영을 공격해서 육전이 벌어졌고, 8월 1일에는 청일 양국이 선전포고를 해서 전면전을 시작했다. 일본은 조선과의 전쟁에서 승리한 후 잇달아 청국과 전쟁을 벌인 것이다.

다음 대본영의 명령과 훈령을 정리한 〈표1〉을 보면, 이미 6월 초부터 전쟁을 목적으로 군대를 파견하는 과정이 드러난다.

〈표1〉 1894년 6월 대본영 명령 및 훈령

날짜	명령 훈령	대상
6월 1일	조선국 내란에 군대를 파견한다는 명령 전달	육해군
6월 6일	보병 1개대대를 인천에 선발 투입하라는 명령	오시마(大島)여단장
〃	군용전신 관련에 관한 명령	제5사단장
〃	기병 공병 와카우라마루(和歌浦丸) 승선에 관한 명령	오시마여단장
6월 11일	혼성여단 치중수졸(輜重輸卒) 보충에 관한 명령	제5사단장
〃	동학당 봉기에 따른 출병 명령	각 사단 참모장 및 둔전병 참모장
6월 12일	선발대대 해병과 교대에 관한 명령	인천 오시마소장
6월 14일	부산행 보병중대 급양에 관한 명령	다케다(武田) 중좌
6월 17일	다케다(武田) 중좌 승선준비에 관한 전훈	노즈(野津) 제5사단장
6월 21일	전선가설지대 관할명령	제5사단장
6월 23일	병참 군의부장 이하 도한(渡韓) 명령	제5사단장

여기서 주목되는 것은 치중대와 전선가설대이다. 치중대는 무기와 탄약 그리고 군량 등 병참지원을 맡은 부대로 대규모 수송을 위해서는 육로를 통해 북상해야 하는데 그럴 경우 경상도를 가로질러서 가게 되는 것이다. 전선가설대도 역시 내륙을 통과해서 서울로 올라가야 하기 때문에 경상도가 가설대의 전신기지와 전신망 연결을 시작하는 지역이 된다.

전쟁 수행에 병참과 전신망은 필수였다. 청국군도 아산에 상륙한 후 천안까지 전신선을 가설하기로 결정하고 전신주를 세울 목재를 확보하려고 하였다.[18] 전신이 통하지 않으면 인편으로 급한 보고와 명령을 전해야 하는데 시간을 다투는 근대 전쟁에서는 선택하기 어려운 방법이었다.[19]

일본군 참모본부가 군대를 파견하면서 가장 먼저 추진한 일이 전신망 가설이었다.[20] 이에 따라 2개조의 가설지대가 파견되었다. 선발사단 지휘관인 제5사단장이 책임을 지고 가설지대를 지휘해서 설치하도록 하였다. 대본영에서 직접 보낸 제1지대는 부산에서 시작하여 대구를 거쳐 성주 추풍령 옥천을 지나 청주까지 전신가설을 책임지고, 제5사단에서 편성해서 파견하도록 한 제2지대는 서울에서 시작하여 청주까지 가설을 맡도록 했다.[21]

제1지대는 긴급성 때문에 대본영에서 직접 요시미 세이(吉見精)[22] 공병소좌를 사령관으로 선발해서 보냈다. 제2지대는 7월 2일 제5사단장이 바바 마사오(馬場正雄) 공병소좌를 임명하였다. 전선가설대의 인원수는 적지 않았다. 제1가설지대는 장교 5명에 하사와 병 142명 그리고 기수(技手) 9명과 공장운반부 160명 등을 합해 345명이나 되었다. 제2가설지대는 장교 4명에 하사와 병 126명 그리고 기수 10명과 인부 150명을 합해 449명이었다. 그위에 일본에서 전신주의 자재와 부속을 계속해서 수송을 해왔다.[23] 제1가설지대는 부산에 주둔시킨 21연대 제5중대 병력으로 전신선로 주변을 정찰하고 호위하게 하였다.[24]

군용전신선을 주권이 미치지 않는 외국에 가설하는 것은 국제법상 불법인 사실을 잘 알고 있었다. 그러면서도 일본 참모본부는 처음부터 사전허가 없이 전격적으로 진행할 것을 가설지대에 지시하였다. 단 기공에 앞서 해당 지역의 지방관에게 미리 알려주고 협조를 받도록 하였다. 부산에서 대구로 북상하는 가설 작업에 관한 협의는 부산영사관에서 맡도록 하였다.[25]

군용전신을 가설하겠다고 조선정부에 통지한 날은 7월 16일이었다. 물론 조선정부는 완강히 거부하였다. 그러나 억지로 전쟁을 각오한 일본은 억지로 가설을 해나갔다. 그 상황이 오토리 게이스케(大鳥圭介)공사가 혼성제9여단장 오시마 요시마사(大鳥義昌)에게 보낸 기밀 자료에서 드러난다.

> "경부 간에 군용전신을 가설하는 일은 오늘 조선정부에 통지했으므로 형편이 되는 대로 착수해도 지장이 없겠습니다. 다만 이것은 조선 정부에서 단연 거절한 것을 우리가 억지로 가설하는 것이니, 착수할 때 혹시 그들로부터 방해를 받을지도 모르므로, 다음과 같은 경우가 생기면 될 수 있는 대로 온화한 수단으로 그것을 제지하여 성공할 수 있도록 조치하여 주시기 바랍니다. 단, 조선 관민이 폭력으로써 방해를 하던가, 또는 청국인 쪽에서 방해를 하는 등의 경우가 있을 경우에는 때에 따라 임기응변으로 처치하여도 좋다고 생각합니다."[26]

청국과 전쟁이 벌어지기도 전에 군용전선 가설을 방해받으면 조선 관민이든 청국인이든 '임기응변으로 처치해도 좋다'는 지침까지 일본공사가 내리고 있다. 이 때 조선 내에서 일어나는 군사문제에 관한 최고결정은 히로시마 대본영이 내렸고, 대본영의 실무 책임자는 참모차장으로 대본영 수석참모를 겸하면서 병참총감을 맡고 있었던 가와카미 소로쿠였다. 청과의 전쟁을 기획해서 사전준비를 하고, 세부 전략을 수립해서 강력하게 추진해나간 인물이 그였다.

실제로 7월 20일 서울에서 가설공사를 착수한다는 바바 소좌의 보고는 가와카미 참모차장에게 직접 올라갔다.[27] 제1가설지대의 요시미에게는 가와카미 참모차장이 병참총감의 직함으로 직접 명령서를 전달하고 있다.[28] 이런 명령과 지시 아래 경상도 내륙으로 이어지는 요지마다 수백 명에 달하는 일본인들이 일본병사의 호위를 받으며 전신주를 설치하고 전신선을 연결하는 커다란 공사를 벌이기 시작했다.

이런 사태는 전례 없는 일이었다. 고성부사 오횡묵은 『고성총쇄록』에서 8월 3일자로 이 같은 사실을 소개하고 있다.

> "일본인 천 여명이 미산(眉山)에 주둔해서 소와 말에 군량과 말먹이 그리고 기계를 운반하는데 그 수가 7~8백 필이라고 합니다. 그로 인해 감영 인심이 소란하고 흩어져 피난하는 사람이 서로 이어집니다. 감사는 매일 소를 잡고 술을 장만해서 위로하고 먹이며 침략의 폐해가 이르지 않도록 하고 있는데 그들이 하는 일은 전선(電線)을 설치하는 일입니다."[29]

국왕이 일본군의 인질로 된 상태에서 관리들이 할 수 있는 일은 없었다. 경상감사조차 일본군이 무단으로 군용전선을 설치하는 행위를 막지 못하고 오히려 해를 입을 것만 걱정할 뿐이었다. 오히려 일본군을 경상감영에서 접대하는 역설적인 일이 벌어졌다.

대본영은 전신선 가설과 함께 병참망을 설치하였다. 병참망은 대규모 부대의 행군에 편리하게 도로와 다리를 수축하는 공사가 뒤따랐다. 송판과 삼나무 판재 등 각종 목재와 쇠못 그리고 많은 석재가 필요하였다. 다양한 작

업도구도 필요하였다. 이런 자재와 도구를 일본에서 수송하였다.[30]

혼성제9여단은 성환전투 직후 서울로 가서 용산과 만리동 일대에 주둔하였다. 청국군은 강원도로 우회해서 평양으로 들어갔다. 평양에는 청국이 보낸 증원군까지 13,000명 이상의 병력이 와서 주둔하였다. 혼성제9여단은 임진강 일대를 정찰하면서 평양을 공격할 준비를 하였다. 히로시마대본영은 조선에 병력을 증강시키려는 일련의 조치를 취했다. 우선 제5사단 잔여병력을 시급히 파견하였다. 이미 6월 말부터 2개연대를 비롯한 나머지 병력을 출동시키는 명령을 내렸다.[31]

이런 병력을 수송할 때에는 군함과 상선을 동원해서 해로로 인천에 가는 것이 제일 쉽고 빠르게 갈 수 있는 방법이었다. 하지만 청국의 북양함대는 막강한 위세를 가졌기 때문에 부산과 인천 간 항로가 막힐 때에는 육로로 갈 수밖에 없었다. 육로는 여러 산과 강이 거듭 나오는 험악한 상태이기 때문에 병참선로의 정비가 중요하였다. 가설을 시작한 군용전선망과 병참망은 동일한 노선을 가져야 보호와 유지에 도움이 될 수 있었다.

병참노선은 대구에서 상주를 거쳐 문경을 지나 안보와 충주로 가는 길이 유리하였다. 충주에서 한강 수로를 이용하면 대규모 수송에 보다 편리할 것이라고 판단하였다. 그래서 전신선로도 문경과 충주로 거치는 것으로 바꾸었다.[32]

이 노선을 따라 제5사단장 노쓰 미치츠라 중장 일행이 조선에 들어와서 북상하였다. 이들이 히로시마 우지나항에서 출항하여 12연대와 함께 부산에 도착한 날은 8월 6일이었다. 이틀을 머물며 원산으로 보낼 병력을 나눈 다음에 8월 8일 부산을 출발해서 양산으로 갔다. 다음날부터 하루 일정으로 양산에서 밀양, 밀양에서 청도, 청도에서 대구로 행군했는데 이 하루 행군 거리인 30리마다 병참사령부를 두고 있었다.[33]

부산과 서울까지 연결된 병참망은 중로병참감의 지휘 아래 들어갔다. 각 지역에는 16개의 병참사령부를 두었고, 후비보병제10연대 제1대대를 분산해서 수비병으로 주둔시켰다. 경상도 지역의 병참망은 다음과 같다.[34]

〈표2〉 경상도의 일본군 병참부와 수비병

지역	병력	비고
부산	대대본부	제3중대
삼랑진 물금 밀양	1소대 1분대 1분대	제2중대
대구 청도 다부원	1소대 1분대 1분대	제2중대 본부
낙동 해평 태봉	1소대 1분대 1분대	제2중대
문경 안보	반소대 1분대	제1중대

부산은 일본에서 건너오는 병력이 상륙하는 곳이기 때문에 대대본부와 함께 1개중대 병력을 주둔시켰다. 그리고 1개 소대나 반개 소대를 주둔시킨 삼랑진 대구 낙동 문경이 상하 양쪽 병참부보다 많은 병력을 주둔시켜서 유사시 응원하도록 하였다.

일본군 5사단이 관할하는 중로병참감의 병참노선을 따라 수많은 일본군과 군량 그리고 각종 무기와 장비가 전선이 형성된 평양을 향해 올라갔다. 이뿐이 아니었다. 일본군은 온갖 방법을 다 찾아서 군수물자를 나르고 있었다. 이런 상황은 경상도 일대의 주민들을 경악시켰다.

"일본병사들이 동래에서 수륙 양쪽으로 진격하여 인천 칠곡 상주 선산 대구 문경 등지에 가득 찼다. 좋은 곳을 엿보아 관사를 지으니 달성과 낙동 같은 곳에 그대로 머물렀다."[35]

"강가에 이르니 4~5척의 돛단배가 모두 일본인의 군량과 물자를 운반해가는 것이다. 근일에 지나간 바가 쌀과 보리가 몇 만 석이 된다고 하고 비록 작폐하는 일은 없었으나 인심이 의심하고 두려워하니 형세가 없을 수 없는 바이다."[36]

일본군은 낙동강의 돛단배까지 동원해서 군수물자를 나르고 있었다. 평양전투에 대비해서 한창 군사력을 집중시키던 8월 17일자의 기록에 나오는 내용이다. 일본군은 일본에서 군량 등을 가져오면서 또한 경상도 일대에서 곡식을 사들이고 있었다.

곡식 구입은 제값을 주고 매입한 것이지만 그럼에도 반감을 불러일으켰다. 경상도는 임진왜란 당시의 의병전통이 강하게 남아있는 곳이었다. 이 지역의 주민들은 일본군이 마구 들어와도 제어하지 못하는 상황을 받아들일 수 없었다. 일본군도 약탈로 인한 반감 확대를 막기 위해 불법행위를 억제하였다. 경상감사 조병호가 고성부사 오횡묵에게 밝힌 다음 이야기는 당시의 사정을 잘 보여준다.

"일본인을 말하면 5월부터 동래에서 내지를 따라 상경한 사람이 5~6만 명에 이른다고 한다. 지나는 길은 3백 명씩 혹 대를 지어 3일 기한으로 10리를 수리하는데 좁은 곳은 전답을 따지지 않고 높은 곳은 파내고 낮은 곳은 메워서 돌을 뽑고 나무를 잘라 기어이 평탄하게 하였다. 대략 40리에 하나씩 병참을 두어 동래 밀양 청도 대구 독명원 해명 낙동 태봉 문경은 대참(大站)으로 일병이 많으면 2~3천명에 이르고 적어도 천명 이하가 아니다. 그 나머지 소참(小站)에도 1~2백 명이 된다고 한다.

대구에 이르러서는 일병이 공해에 들어오려고 요청했으나 부득이 불허하였다. 단지 작폐가 없는 것만 다행이다. 고인(雇人)에게는 10리마다 2~3량을 주고, 소와 말을 빌리면 4~5량을 준다. 만약 팔고 사면 값을 3배를 올려준다. 이는 해를 끼치거나 걱정되는 일이 아니지만 오랜 태평시기에 해괴하고 당혹스러움이 있다."[37]

병참부가 설치된 지역의 지방관은 일본군의 협조 요청에 시달렸다. 군량을 조달해주어야 했고, 군수물자를 운반시킬 인부와 말 등을 확보해주어야 했다. 임란 이후 의병항쟁의 전통이 강했던 경상도의 반일 분위기 속에서 인부를 모집하는 일도 쉬운 일이 아니었으나 정부의 지시에 따라 협조하지 않을 수도 없었다. 일본군은 각 지역에 군량창고를 만들거나 수송비용 등에 필요한 조선 화폐를 교환해주는 협력까지 해야 했다.[38]

이러한 상황 속에서 일본군의 경복궁 기습과 점령 사태를 우려하는 양반 유생들의 반일 의병도 시도되고 있었다. 농민항쟁이 벌어진 군현에는 정부가 안핵사를 보내서 수습하였다. 그렇지만 반일 의병은 관료들로서 우려할 문제였다. 국왕이 인질로 된 상태에서 의병봉기는 어떤 결과를 초래할지 모르기 때문이었다.

양반유생들의 의병활동은 다른 방식의 설득이 필요하였다. 그 결과로 나온 것인 국왕의 윤음이었다.[39]

"경상도의 많은 선비들과 백성들은 귀담아 들을 것이다. 내가 덕이 없어 정사가 뜻대로 되지 않아 위에서는 정사가 문란하고 아래에서는 백성들이 시달리고 있으며, 이웃 나라에서 군사를 동원하고 사방 교외에 보루(堡壘)가 허다하게 쌓이는 지경에까지 이르렀다. 불쌍한 나의 백성들에게 무슨 죄가 있어서 농민과 상민들이 생업을 잃고 굶주림에 허덕이는데도 구제하지 못한단 말인가? … 생각건대, 너희들 한 도의 선비와 백성들은 선현의 후예나 고가(古家)의 대족(大族)으로서 문화와 예법으로 교육받고 대대로 훌륭한 풍속과 교화를 지켜왔다. 나라를 걱정하고 백성을 사랑하는 생각은 천성에 뿌리박고 있으니, 마땅히 의를 명백히 분변하고 시국 형편을 깊이 살펴서 오직 나라를 편안히 하고 백성을 안정시킬 생각만 하여야 할 것이다. 그런데 어찌하여 근자에는 듣기에 놀랍게도 한 사람이 나서서 소리치면 백 사람이 따라다니면서 곳곳에서 무리를 모아 스스로 규율을 위반하는 죄과를 범하여 임금에게 근심을 끼치는 것인가? … 너희들은 나라를 걱정하고 임금을 사랑하는 사람들이 아닌가? 지금 너희들이 하루 동안 소란을 피우면 나라는 하루의 피해를 받으며 임금에게는 하루의 위험이 생기는데, 너희들이 어찌 차마 이런 짓을 하겠는가? 비유하여 말하면 자식된 자의 도리와 같은 것이니, 부모에게 급한 병이 있으면 응당 증상에 맞는 약을 쓰고 기운에 맞게 고쳐야지, 어찌 차마 서툰 의원의 독한 약을 써서 도리어 부모의 병을 더하게 하겠는가? … 탐욕스러운 수령이나 교활한 아전들로서 너희들을 좀먹는 자들과 가렴주구로 너희들에게 고질적인 폐단이 되는 것은 이미 감사와 안핵사에게 제거해 버리고 폐지하게 했으니, 너희들에게 질고가 되는 것은 더 이상 없을 것이다. 각기 생업에 안착하여 밤낮으로 불안해 하는 나의 근심을 풀어 주도록 하라."

이 윤음을 내린 것은 8월 26일(음력 7월 26일)으로 일본군이 경복궁을 침범한지 한 달여가 지난 시기로서 총리와 대신들이 인사와 정책 등에서 일본공사관의 강제 지시를 따르지 않으면 안 되던 때였다. 또한 정부 체제부터 사회 각 분야에 이르기까지 각종 개혁이 속속 법제화되고 있던 때였다. 8월 초에는 개국기원 사용, 청국과 조약 개정, 문벌과 반상귀천 폐지, 연좌제 폐지, 조혼 금지, 과부재가 허용, 공사노비 폐지 등을 결정한 것이 전해졌다.[40] 조선사회를 크게 바꾸는 국법이었지만 백성들이 보기에는 모두 전격적으로 결정되고 있었다.

8월 23일에는 중앙정부의 각 관사의 관직을 새로 정한 소식이 전해졌다. 의정부는 그대로 남아있지만 군국기무처와 함께 내무아문 외무아문 탁지아문 군무아문 등으로 명칭이 달라졌다. 8월 26일에 서울에서 전해진 기별은 더 구체적인 내용이었다. 은을 본위로 하는 신식화폐를 만들고, 궁내부가 왕실 관련 일체의 사무를 전담하며, 각 아문에 외국인 고문을 한 사람씩 두고, 과거와 다른 시험으로 관직을 임명한다는 등 갖가지 법령이 쏟아진 것이 전해진 것이다. 지방사회와 관아는 달라진 것이 없지만 중앙에서 벌어지는 급격한 변화는 지방관조차 판단하거나 평가하기 어려울 만큼 다양하고 많은 분야에 걸쳐서 일어났다.

그러나 급격한 개혁안보다 더 받아들이기 불가한 것이 일본군이 경복궁을 점령하고 서울 장안을 장악해서 정치를 좌우하고 있는 상황이었다. 개화파 정부는 국왕의 전교를 빙자해서 일본이 조선의 군사침략과 내정간섭을 하는 명분으로 내세운 주장을 널리 퍼뜨리고 있었다.

"외국 군대가 서울에 들어온 것은 바로 전에 없는 변고이나 그 뜻이 개혁을 권장해서 부국강병을 도모하고 길이 자주권을 굳게 하기 위함이며 단연 백성들에게 해로운 일을 행하지 않으리니 모든 사람들은 서로 경동하지 말고 각각 그 생업에 편안해야 한다."[41]

이러한 윤음과 전교는 지방 관리들을 자제시키는데 효과를 나타냈다. 국왕이 해를 직접 입었다거나 정부가 무너졌다는 말은 없었다. 그러면서 일본 세력을 물리치기 위한 의병 봉기는 임금에게 해를 입히는 행위라고 타이르는 논리를 가졌다. 일본군의 막강한 위세를 목격한 상태에서 나온 윤음과 전교는 마치 겉으로는 아무 일도 없었던 것처럼 일상적으로 지낼 수 있게 하였다.

그러나 지방 유생들은 의병봉기를 시도하였다. 경상도 안동에서는 호서 충의(湖西忠義) 서상철(徐相轍)의 이름으로 9월 24일(음력 8월 25일) 안동 명륜당에 모이자고 포고문[42]이 널리 전해졌다. 이 포고문은 윤음과 전교의 내용과는 다른 것이었다.

"지금 임금은 누란(累卵)의 위기에 놓여 있는데, 안일하게 앉아서 돌아보지 않으며 신하로서 한 하늘 아래 같이 살 수 없는 원수를 두고도 아무 각성이 없이 다만 피할 줄만 알고 모두가 자기의 사사로운 일만을 꾀합니다. 변란이 일어난 지 한 달이 지났으나 아직까지도 소문 한 번 내지 못하고 조용하기만 하니, 이것이 어찌 우리 열성조(列聖祖)가 500년 동안 아름답게 길러온 의리라고 하겠습니까? … 우리 임금을 위협하고 백관을 핍박한 것과 호위병을 쫓아내고 무기고를 약탈한 것은 신민들도 너무나 슬퍼하여 차마 말할 수가 없으니 임진란 때보다 더 심한 일입니다. … 이번 달 25일 일제히 안동부의 명륜당으로 오시어 적도 토벌의 기일을 약속해 주십시오. …지금 父子가 있으면 아들이 나오고 兄弟의 경우에는 아우가 나오서서, 忠義에 분발하고 노력을 아끼지 않을 사람은 어떠한 일도 구애받지 말고 제각기 창검을 갖고 대기하시기 바랍니다."

안동 유생들의 봉기는 실현되지 못했다. 1894년 여름 이후에는 양반유생들은 의병을 일으킬만한 힘을 갖지 못했다. 이들의 영향력은 신분제 유지가 중요한 임무인 관치질서가 존재해야 힘을 가질 수 있었다. 그 위에서 지주와 부농으로 농민들을 작인으로 지배하며 영향력을 행사할 수 있는 것이었다. 하지만 당시는 동학 조직이 양반들은 물론 관아의 통제력을 무력화시킬 정도의 세력을 갖고 있었다. 오히려 양반지주들이 동학도들에게 지목되어 해를 입는 것에 전전긍긍하고 있었다.

당시 경상도에서 반일항쟁을 펼칠 수 있었던 세력은 동학 조직뿐이었다. 일본군에게 적대하는 활동은 몰래 전신주를 쓰러뜨리거나 군용전선을 절단하는 것으로 시작되었다. 이때 동학도들이 할 수 있던 유일한 방법이었지만 이것은 전쟁을 수행하던 일본군에게 위협이 되었다. 부산총영사 무로타가 오토리 공사에게 보낸 기밀 전문에 그와 같은 내용이 들어있다.[43]

동학도들의 군용전선 절단 시도는 대구 인근과 상주 낙동 일대에서 8차례나 성공하였다. 전쟁을 치루는 일본군에게 전선 절단은 중대한 지장을 초래할 사건이었다. 각 병참부의 일본군 주둔병은 적극 대응할 것을 지시받는다. 일본군에게 적대하는 동학도를 제거하라는 명령이었다. 그와 함께 관리들을 군용전선 보호에 동원하도록 조선정부에 강요하였다.[44]

"우리 병참감이 각지 병참사령관에게 각각 명령을 내려 범행자의 조사는 물론 동학도의 거동에도 한층 주의를 구할 예정입니다. 그러나 이제는 조선정부가 경상 충청 양도 감사에게 전훈(電訓)하여 낙동 문경 가흥 3개소에 수명의 순포(巡捕) 순사를 조선 관리에 붙여서 파견하여 우리 병참사령관과 협의하여 우리 군용전신을 보호하는 한편 동학도 등의 폭발을 예방하게 된다면 서로 이익이 될 것입니다."

4. 1894년 여름 이후 경상도의 동학농민군과 봉기상황

7월 말 일본군 혼성제9여단이 서울에 무단 침입해서 경복궁을 기습 점령한 소식이 전해질 때까지 경상도의 동학 조직은 충청도와 전라도의 영향을 받으며 주로 세력 확대에 노력하였다. 그러나 1894년 여름 이후에는 달라진 모습을 보이고 있었다. 이전보다 충청도와 전라도의 동학도들에 비해 활동이 격화되었다. 그 원인은 8월에 접어들어 일본군이 경상도에 들어와서 행군하여 북상해 간 사건이었다. 낙동강 연안의 여러 군현에서 수백 명씩 일본군이 군용전선과 병참망을 가설하고 있었고, 지방관이 모집해준 조선인 인부들이 전선 가설 공사의 현장에 동원되었다. 일본군을 직접 보거나 접촉하면서 반일 움직임을 보이기 시작한 것이다.

경상도 북서부의 동학 조직은 이미 8월부터 일본군과 전쟁을 준비하기 시작했다. 동학은 정부의 탄압을 받아오며 인맥에 의한 조직과 위계질서를 가지고 있었기 때문에 전쟁 준비는 군현 단위의 말단 접에서 주도할 수 있는 것이 아니었다. 동학 교주와 대접주들이 있던 충청도 보은에서 8월 초에 봉기를 추진하던 사례가 나타나고 있는 것을 보면 경상도의 동학 조직은 이에 동참하고 있는 것이 아닌가 생각된다.

경상도 북서부 군현의 동학 조직은 교단과 밀접한 관계를 갖고 있었다. 예천과 상주 일대의 동학 조직이 적극적으로 나서고 있었던 것도 그런 배경 속에서 파악이 된다.[45] 실제로 예천 일대에는 교단에서 주요 위치에 있던 관동대접주의 예하 조직이 활동하고 있었다. 충청도의 보은 영동 일대와 경상도 북서부의 사정은 유사했을 것이다.

예천의 사정을 알려주는 『갑오척사록』을 보면 예천에서 동학에 하루 동안 들어오는 수가 천명이나 되었다고 한다. 오랜 동학도가 동학마을을 형성하고 있던 상주나 문경 그리고 김산 등지에서도 동학 조직은 급속도로 확대되었다. 이런 형세는 9월에 이르러 더욱 거세졌다. 지례 안의 거창 성주 등지와 함께 양반유생의 세력이 강력했던 안동과 의성을 비롯해서 감영이 있는 대구 인근인 의흥과 군위 그리고 칠곡도 그러했다.

다음은 김산의 사정을 알려주는 기록이다.[46]

> "당시 동학이 더욱 성대해져 오염되지 않은 곳이 없었다. 우리 고장의 괴수는 바로 죽전 남정훈(南廷薰), 진목 편보언(片輔彦) 편백현(片白現)이라는 자들이다. 죽정 강주연(康桂然), 기동 김정문(金定文, 鑑湖亭 庫子), 강평 도사 강영(姜永), 봉계 조순재(曺舜在), 공자동 선달 장기원(張箕遠), 신하 배군헌(裵君憲), 장암 권학서(權學書)가 접주가 되었다. 포덕이라고 칭하면서 어리석은 백성들을 유혹하여 말하기를, "동학에 들어오면 난리를 피할 수 있고 굶주림을 면할 수 있다. 동학에 들어오지 않는 자는 모두 죽을 것이다"고 하였다. 아, 저 지각이 없는 사람들이 일시에 모두 동학도에 들어가는 것이 마치 물에 젖고 불이 타게 하는 것과 같았다. 아비가 제 자식을 금지할 수 없었고 형이 그 아우를 금지할 수 없었다."

오랫동안 숨어서 포교하던 동학도들이 드러나게 활동하면서 양반들에게도 동학의 지도자와 함께 근거지와 접주 명단이 알려진 것이다. 동학도들은 "난리를 피할 수 있고 기근을 면할 수 있다."고 입도를 권유하였다. 일본군에 관련된 소식은 임진왜란을 연상시키는 것이었고, 연이은 흉년으로 기근을 면하지 못하는 사람이 많았다. 1894년은 3년 계속된 흉년으로 시장에 곡식이 나오지 않는 정도였다.[47]

동학도들이 세력을 키우고 떼를 지어 돌아다녀도 관아에서 제어하지 못하자 과거의 원한을 풀려는 사람들이 나왔다. 길에서는 얼굴을 아는 동학도를 만날까 두려워하였고, 원한이 있는 경우 집안까지 들어와 해를 입혔다. 이런 사태는 양반들에게 위기감을 갖게 하였다.

> "손으로 죽장을 끌고 목에는 염주를 메고, 무리를 이루고 떼를 지어 마을을 침략하고 돈과 곡식과 베와 비단을 탈취하였다. 사가(私家)의 노예들이 상전을 구타하고, 하인이나 하천민이 사대부를 매질하며, 작은 원한이라도 반드시 되갚고 예전의 은혜를 아랑곳하지 않았다. 사람들 중에 받아내기 어려운 빚이 있으면 반드시 받아내서 나누어 먹고, 파내기 어려운 무덤이 있으면 반드시 파내어 위엄을 보였다. 동학도에 들어가지 않은 자는 꼬투리를 잡아 지목하여 속자(俗子)로 도(道)를 훼손한다고 하여 무리를 거느리고 가서 곧장 악형을 행하여 머리가 깨지고 뼈가 부러지는 자가 있었다. 그 악형을 견디지 못하여 속전(贖錢)으로 몇 냥을 주면 이를 통해 풀어주었고, 가난한 자는 아무리 도를 훼손하였더라도 그냥 내버려두었고, 이름 없는 자는 비록 면박을 하더라도 그냥 내버려두었다. 부자나 이름 있는 자만이 그 피해를 당하였다."[48]

이 시기에는 사건은 여러 군현에서 동학 조직이 민정(民政) 활동을 펼친 일이 나타났다. 예천에서는 사람들이 관아를 찾아가 소송하지 않고 동학 조직에 호소해서 처리를 하였다. 동학 조직에서 보낸 안렴사 또는 검찰관이라고 부르는 사람이 각 군현을 순회했다고도 한다. 관치질서가 무너지면서 동학 조직이 농민들의 호소를 들어주는 기능을 한 것이다.

그와 함께 주목되는 것이 본격적으로 전개한 무장봉기의 준비였다. 8월 하순부터 10월 기포령이 내려질 때까지 각 지역에서 많은 조직을 동원하였다. 다음은 양력 9월 5일자의 기록이다.

"충청포에 들어간 자는 충청포라고 칭하고, 상공포에 들어간 자는 상공포라고 칭하고, 선산포에 들어간 자는 선산포라고 칭하고, 영동포에 들어간 자는 영동포라고 칭하였다. 접주의 경우 안장을 갖춘 좋은 말을 타고 큰 깃발을 세우고 포명(包名)을 적었다. 포졸(包卒)의 경우 모두 총과 창을 지니고 뒤를 따라 다녔다. 나가건 들어오건 간에 총을 마구 쏘았다. 만약 저녁에 들어올 경우에는 큰 소리로 성찰을 불러 마을마다 횃불을 들게 하니, 그 불빛이 하늘과 이어져, 기염이 사람으로 하여금 머리카락이 쭈뼛 설 지경이었다."[49]

동학도들은 봉기를 위해 군수전(軍需錢)과 군수미(軍需米)가 필요하였다. 부농과 지주에게 강제로 헌납 받을 수밖에 없었다. 도처에서 돈과 곡식을 가져가려는 동학도들과 부농지주들 사이에 갈등이 벌어졌다. 부유한 사람들은 양반과 향리들이 많았다. 양반들의 재물을 탈취하면서 동학도들과 반상신분을 둘러싼 대립이 일어났다. 향리들에게는 그동안 과도하게 세금을 거둔 문제로 보복까지 자행하였다. 이방과 군교 등 관아에서 조세 수취와 공권력을 집행하는 실무를 맡아 농민들을 통제해온 향리들은 위기의식을 갖게 되었다.

군마(軍馬)는 기마용은 물론 짐말로도 필요하였다. 동학도는 역마(驛馬)를 빼내서 군마로 사용하였다. 동학의 근거지로도 알려있는 문경의 유곡(幽谷)에서는 모든 역마를 동학도들이 가져갔다. 민가에서도 말을 탈취해갔는데 이때 혼인이 있는 집에서도 말을 빼앗길 것을 우려해서 걸어서 가야만 했다.[50] 빼앗아간 말은 접주들이 차지해서 마을을 출입할 때 타고 다녔다.

가장 중요한 것은 무기였다. 스나이더소총과 같은 신식 후장총은 대구의 남영병만 갖고 있을 정도였기 때문에 구할 수 없었고, 민간에서 사냥꾼들이 보유했던 화승총을 확보하려고 했다. 동학에 입도한 포수가 화약을 만들거나 방총 훈련을 할 때 주요한 역할을 하였다. 민간에 있는 소량의 화승총만으로 일본군을 적대하는 무장을 할 수 없었다. 결국 관아의 무기고에 보관된 화승총을 노렸으나 본격적인 봉기를 하기 전에는 관아를 침범하지 못했다.

경상도 북서부에서는 동학 조직이 기포하기 이전에 민보군을 결성하는 일이 벌어졌다. 예천에서 향리들이 주도하는 집강소가 8월 26일에 집강소를 설치된 것이다.[51] 집강과 총독 등 70여 명의 유사들이 민군의 조직을 갖추고 읍내 주변의 동리를 결속해서 민보군을 만들었다. 동학 조직과 민보군은 약 한 달 동안 대치하였다. 그러다가 민보군이 체포한 동학도를 산채로 생매장하는 처형을 하자 무장봉기한 동학농민군은 읍내 공격을 결정했다. 이에 따라 9월 27일 양측은 대규모 병력을 동원한 전투를 벌였다.

예천 공격 직전 관동포 예하의 동학 조직은 기포를 결정하였다.[52] 주요 거점에 동학도들이 모여 있었다. 사태가 급박하게 돌아가자 문경의 일본군병참부에서 급보를 보냈다. 이 보고는 부산영사관을 통해 9월 26일 서울의 오토리 공사에게 직보되었다.

"문경 데와(出羽) 소좌의 오늘 정오 보고에, 그곳으로부터 50~200리쯤 되는 갈평 적성 청풍 단양 용궁 예천 등에 모두 동학당이 모여 있었고 또 법란(法難)이 발생한 소굴이어서 모두가 불온한 거동이 있다고 합니다."[53]

"문경에서 50리 내지 240~250리 떨어진 창평 적성 청풍 용궁 예천 및 초곡 등에 많은 동학당이 모이고 보은은 그 소굴이다. 이곳의 지방관은 날마다 흉도를 포박하여 진무에 힘을 쓰고 있지만 그 효과를 보지 못하고 있다. 흉도가 우리 병참부를 습격하려는 태도가 보인다(문경 병참사령관의 보고)."[54]

예천 일대의 공세는 태봉병참부를 겨냥하였다. 함창현에 있는 태봉은 상주 낙동과 문경의 중간에 위치하였다. 인근 산양에 동학농민군을 대규모로 집결시키자 태봉병참부는 다께노우찌 (竹內)대위가 이끄는 정찰대를 보냈다. 그러나 이 정찰대가 발각되어 다께노우찌 대위가 피살되는 일이 일어났다. 도망쳐온 병사에게 이 사실을 전해들은 남부병참감은 태봉과 가장 가까운 곳에 있던 병력을 급파하였다. 일본 공사는 외무대신에게 경상감사에게 지시하여 남영병을 파견해서 예천 일대의 동학농민군을 진압하라고 강요하였다. 일본군의 반격은 즉시 이루어졌다. 다음이 그 전투보고서이다.

"공병소위 고토(後藤)가 공병 25명과 본국의 인부 12명을 인솔하고 용궁에서 문경으로 전진하여 9월 28일 상오 9시에 문경 동쪽 50리 지점인 석문(石門)에 도착하였을 때, 우연히 동비(東匪)를 만났고, 그들의 수는 약 600명으로 좁은 요충지를 점거하여 엄한 수비를 하고 있었기 때문에 진격을 하려 해도 쉽지 않아 척후병을 파견, 좌우를 탐지한 다음, 중앙의 깊숙한 길로 진격해 들어갔다. 그들은 창을 던지며 강력히 항쟁하였으나 우리의 저항에 견디지 못하여 병기를 버리고 모두 도주하였다. 그들이 도주한 방향은 한결같지 않아 사라지는 곳을 잘 알 수는 없으나 아마 예천 소야(蘇野) 등지로 도주했으리라고 생각된다. 그러나 우리 병사는 단 한명도 사상자가 없었고, 비도는 사망자가 2명이며 부상자는 아직 자세히 알 수 없다. 그 비도(匪徒)들이 살고 있는 옥사(屋舍) 11칸은 다 불에 태웠고 그때 죽은 시신 중에는 전포를 입은 자들이 있어 매우 장관이었다. 탈취한 물건을 보면 조총 103개, 칼 4자루, 창 3개, 말 2필, 동전 9관문(貫文) 등."[55]

석문전투에서 일본군이 압수한 무기는 주로 용궁 관아를 들이쳐서 가져온 것이었다. 예천 일대의 동학도들은 동학 교단이 기포령을 내리기 이전에 관아를 점거하고 무기를 확보하였다. 그리고 일본군 병참부를 공격하려고 시도하였다. 1894년에 동학농민군이 일본군과 처음 전투를 벌인 곳이 바로 산양 일대였다.

전라도와 접경한 성주 거창 안의 등지의 동학 조직의 활동도 격화되었다. 이 일대의 동학도들은 전라도 조직과 연계가 되어 기포와 다름없이 활동하였다. 안의와 거창은 선정을 펴서 신망을 얻은 지방관이 동학농민군의 활동을 금지시키는 조치를 취해서 성공하였다. 민보군을 만들고 마을마다 파수막을 설치하였다. 그리고 동학도들이 오면 서로 도와 이들을 막는 약조를 만들고 경내 전체로 확대하였다. 강력한 방비가 있는 것을 알게 된 동학농민군은 안의와 거창 읍내는 들어가지 못했다.

반면 성주에서는 여러 명을 체포해서 처형한 뒤 호된 보복을 받았다.[56] 민보군을 결성해서 읍내를 밤낮으로 지켰지만 동학농민군이 사방을 둘러싸고 들어왔다. 성주 읍내는 보복에 의해 600여 호의 민가가 불살라져서 3일간이나 연기가 주변에 퍼져나갔다. 성주목사는 대구감영으로 가서 구원을 호소했지만 박대를 받았다.

> "동학도가 사방에서 일어나 없는 곳이 없으나 그 중 용궁 예천 상주 선산 김산 성주 등이 더욱 심합니다. 며칠 전에는 성주목사가 민요를 피하여 감영에 들어와서 만나기를 청했으나 … 책망하고 만나지 않았습니다."[57]

경상도의 남부 연해지역의 상황도 북서부 일대와 다름이 없었다. 이 지역은 전라도의 동학농민군 조직에서 보낸 밀사들이 순회하며 지방관을 사찰하고 다녔다. 전봉준이 보냈다는 하동의 최학봉이란 사람이 9월 4일 고

성 관아에서 부사 오횡묵을 만나 밝힌 내용을 보면 잘 알 수가 있다.[58] 이미 7월 그믐부터 공공연하게 '각 고을의 정치를 염탐하고 살피는 일'을 해왔다. 민정만 살펴본 것만 아니었다. 민간토호의 지나친 행위도 함께 조사하였다. 그것은 폐단을 시정하기 위한 사전준비라고 하였다.

지방관만 만난 것이 아니었다. 향리들이 공무를 집행하는 작청(作廳)에 가서 "이 고을에 죽여야 할 아전이 세 사람이 있으나 … 원님의 얼굴을 보아 세 아전의 죄도 불문에 부치겠다"고 했다고 하였다. 이방과 형방 등 관아의 실무를 책임진 향리들 앞에서 쉽게 할 수 있는 말이 아니었다. 전라도에서 동학농민군이 집강소를 통해 민정을 장악했던 당시의 상황이 경상도 군현까지 영향을 준 사실을 알게 된다.

동학농민군 밀사들은 더욱 대담하게 9월 26일에 동래부사 민영돈(閔泳敦)을 관아로 찾아가 만났다. 밀사의 이름은 안동의 김병두(金炳斗)와 하동의 최달곤(崔達坤)이라고 했는데 변성명을 했을 수 있기 때문에 고성부사를 찾아간 하동의 최학봉과 최달곤은 동일인일 수도 있다. 일본 영사관에서는 그 사실을 파악해서 동래부사에게 항의를 해 왔다.[59]

"동래부사 즉 당항 감리가 지난 26일 동학당의 괴수 2명과 면담하고 그들에게 향응하는 등 후한 대우를 하였다고 27일에 당항 병참감으로부터 보고가 있었습니다. 너무나 의외의 일이라 소관은 이를 의심하여 믿을 만한 조선인 등을 통하여 엄중히 탐정하였더니 사실과 다를 바 없었습니다."

"음력으로 지난 26일(즉 양력 8월 27일) 동학당 괴수로 안동에 거주하고 있는 김병두와 하동에 거주하고 있는 최달곤 등 2명이 귀 관아에 가서 만나기를 요청하자, 귀하는 즉시 좌우에 있는 사람들을 물리치고 그들을 방안으로 맞아

들여 수 시간 동안 밀담을 나누고 후한 대접을 하였으며 그들이 떠날 때는 관마(官馬) 2필과 금액 20량을 주었고 그 두 사람은 같은 날 오후에 기장으로 갔다고 하였습니다."

하지만 동래부사 민영돈은 일본영사관에서도 만만히 볼 인물이 아니었다.[60] 민씨 척족의 일원으로 부산항 통상사무를 책임진 감리를 겸했다. 그래서 일본영사관에서 동학도를 후히 대접하고 돈과 말까지 주어 보낸 그를 동학을 비호하는 지방관으로 보았지만 더 이상 해치지 못했다.

이미 8월 말과 9월 초에 경상도 남서부 일대는 전라도의 영향을 받은 위에 이 지역의 동학 조직이 동원하는 활동을 벌이고 있었다. 일본영사관의 보고를 보면 남원의 김개남 세력이 보낸 격문이 사방에 퍼지고 있었고, 진주에서는 목사와 병사가 동학당의 봉기를 진정시켰다.[61] 남원에서 경상도 지역으로 바로 오는 통로인 운봉에서 박봉양(朴鳳陽)의 민보군이 김개남 포의 동진을 막지 않았으면 지리산 인근의 함양과 산청 일대가 일찍부터 장악되었을 것이다.[62]

그러나 하동에서는 동학도들의 활동을 금지시키려고 하였다. 민보군을 결성해서 동학도를 붙잡아 전라도 광양으로 쫓아버렸다. 영호대접주 김인배(金仁培)가 이끈 동학농민군은 10월 3일 섬진강을 건너서 읍내를 점거하였다. 이때 읍내 민가가 불에 타서 잿더미로 변했다.[63]

그러나 경상도에서 커다란 소용돌이가 몰아친 시기는 동학 교단이 기포령을 내린 10월 16일 직후였다. 먼저 경상도 북서부에서 동학 조직이 전면 봉기에 들어갔다. 이에 따라 10월 20일 대읍인 상주와 선산을 동학농민군이 점거하였다. 당시 기록에 의하면 상주 읍성을 점거할 때는 예천 일대의 동학도들이 참여하였고, 선산 읍성의 점거에는 김산의 동학 조직이 동원되었다. 주변의 여러 대접주 조직이 합세한 것이었다.

상주와 선산 읍성의 점거에 즉각 반응한 것은 일본군 병참부였다. 일본군 전신망과 병참망이 중간에 차단되면 한창 청과 전쟁 중이던 일본군에 영향을 미칠 수 있었다. 낙동병참부의 일본군은 상주성을 공격하였고, 해평병참부의 일본군은 선산성을 공격해서 각각 동학농민군을 밀어냈다. 일본군으로서는 전신선을 절단해서 지장을 주었던 동학농민군을 제거하는 기회가 되었다.

호대한 세력을 과시했던 경상도 북서부의 동학농민군은 예천전투와 석문전투, 그리고 상주전투와 선산전투 이후 급속히 위축되었다. 화승총과 창칼 등 전근대무기로 무장한 동학농민군이 일본군의 근대무기에 일방적으로 패퇴한 것이다. 읍성에서 퇴각한 동학농민군은 외촌에서 재기를 모색했으나 대규모 결집은 어려웠다. 그리고 남영병이 예천 상주를 순회하고, 김산과 지례에 주둔하게 되면서 다시 결집할 수가 없었다.

남서부의 동학농민군은 기포령 이후 전라도의 김인배 대접주 조직이 합세해서 커다란 세력을 이루었다. 하동에서 창원과 김해 그리고 남해 등지로 진입하는 동학농민군을 막기 위해 부산의 일본영사와 부산병참부 사령관 이마바시(今橋) 소좌가 협의해서 진압군을 보내기로 했다.[64] 그러면서 서울의 공사관에 건의해서 조선정부에 강요하여 감영에서 일본군 파견을 요청하는 형식을 밟도록 하였다. 이에 따라 대구판관 겸 토포사 지석영이 10월 24일에 부산항 감리서에 도착해서 일본 영사관을 찾아가 진압 방도를 논의하였다.[65]

10월 20일자로 공사관에 보낸 부산총영사 무로타의 전문을 보면 남해안 일대의 행군로 예정지를 알 수 있다. 이들은 조선의 지방관에게 군수물자 수송과 군량 제공 등을 요청하였다.[66]

"하동 부근의 동학당을 정찰하기 위해 우리 순사 등을 파견한 것에 대해서는 이미 말씀드린 바 있습니다. 방금 그 정찰원이 보내온 보고에 따르면, 그 지방에 수천 명의 동학도가 군집하고 있고 더구나 진주 통영 등의 지방으로 전진해 온다는 것이 사실입니다. 따라서 오늘이나 내일이라도 정찰원이 이곳에 귀항하는 대로 출병시켜야 할 처지에 있습니다. 따라서 김해 웅천 창원 칠원 함안 진해 고성 사천 곤양 진주 등 우리 군대가 통행할 연읍 지방관에게 인부 우마 기타 식량징발 등에 관해 편의를 제공해 주도록 담당부서에서 전보로 훈령하도록 조치해 주시기 바랍니다."

9월 17일 진주의 경상병영을 함락한 후 동학농민군은 대도소를 진주 촉석루 옆 관아에 두었다. 봉기의 목적은 사방에 붙인 방문을 통해 널리 알렸다.

    "대구병참사령부로부터 얻은 경상도 진주 부근 동학당이 붙인 방문을 보니, '倭胡犯我境界' 혹은 '滅和剿殘' 운운하는 글귀가 있어, 그 당이 우리 일본군에게 적대 항거하려는 의사와 목적이 뚜렷하므로 덮어 둘 수 없습니다. 이들을 격퇴하기 위해 이미 부산에서 수비병 1개 중대를 파견하였습니다."[67]

이 방문에서는 "일본과 청국군이 우리나라 경계를 침범했다"고 해서 나라가 외국군의 침범을 받는 것을 명시하고 "왜적을 섬멸하고 잔당을 토벌하자"고 하였다. 진주 일대에서 집결했던 동학농민군은 진주병사 민준호(閔俊鎬)의 비호를 받았다고 일본군의 정탐보고서는 밝히고 있다.[68] 동학농민군 참여자들을 분석하고 이들의 활동상을 보고한 것을 보면 당시 실상을 알게 된다.

"동비(東匪)들은 모두 상천인 사노 관속의 하배(下輩)·패망한 반종(班種)의 부랑분자에 불과합니다. 읍속(邑屬)은 명령을 하달한 관인과 가까운 자들입니다. 그들은 외촌에 있는 동비들의 눈과 귀가 되어 관가의 동정을 모두 알려주었습니다. 그러므로 외촌의 동비들을 제압하려면 먼저 관인과 가까운 동비를 제거하고, 상인과 천인의 동비들을 제거하려면 먼저 반종의 동비를 제거해야 하며, 각 읍의 동비를 제거하려면 먼저 진주의 동비를 제거해야 합니다."[69]

11월 초에 배편으로 통영에 와서 통영병과 함께 서진하던 지석영은 남해안 여러 군현에서 "비류가 창궐하는 정도가 곳곳마다 모두 마찬가지여서 잠시도 편안하지 않"다고 하였다. 이때 경상도 남해안 일대에서 활동하던 동학농민군 주력은 진주 부근에 있었고, 이들을 추적하는 진압군은 토포사 지석영이 지휘하는 진주병 208명과 영관 박영진(朴英鎭)이 지휘하는 통영병 100명, 그리고 스즈키(鈴木) 대위가 지휘하는 부산 주둔하던 일본군 1개중대 병력이었다.

진주병과 통영병은 진주성 안에 머물러 있을 때 일본군이 진주 수곡면에 집결한 동학농민군을 공격하였다. 이른바 고승당산 전투가 벌어진 것이다.

"11일 밤에 동도 몇 백명이 지금 진주의 시천면과 수곡면 등지에 모여 있다는 진주 목사의 보고를 받았기 때문에 12일 새벽녘에 진주로 행군하였습니다. … 일본군은 진군하여 저들과 싸워 쏘아죽인 자가 186명이었고, 부상을 입고 도주한 자는 그 수를 알 수가 없었으며 생포한 자는 2명이고 죽은 말은 2필이었습니다. 부상을 당한 일본군 병사는 3명이었습니다. 탈취한 기계는 총 136자루 창 50자루 깃발 3개 나팔 3쌍 연환과 화약 1포 소 2마리 말 17필 환도 18자루였습니다."

스즈키(鈴木) 대위의 전투 보고는 즉각 이마바시 소좌를 거쳐 가와카미 참모차장과 이노우에 공사에게 전해졌다.[70] 당시 조선에서 벌어진 모든 전투의 결과보고의 최종 대상자가 이 두 사람이었다. 고승당산 전투 이후 남해안 일대에서 활동하던 동학농민군의 세력은 크게 약화되었다.

경상감영에서는 남영병을 모두 9차례에 걸쳐 김천 지례 상주 함창 용궁 예천 등지에 파견하였다. 대구판관 지석영도 남영병 일대를 이끌고 하동과 진주 일대를 순회할 때 토포사에 임명된다. 1894년 9월부터 1895년 1월에 이르기까지 일본군에게 공격을 받아 세력이 약화된 동학농민군은 남영병의 순회로 인해 재기를 시도하지 못하게 된다.[71]

〈표3〉 남영병의 9차 파견 기간과 행군지역

회차 및 인원	기간(양력)	지휘관	행군지역
1차 200명	9.28~10.12 : 15일	병방 申泰休	상주 · 용궁 · 예천
2차 120명	10.24~11.8 : 16일	병방 朴恒來 영관 崔處圭	선산 · 김산
3차 100명	11.12~11.19 : 8일	영관 崔處圭	창령 · 의령 · 고령
4차 100명	11.22~12.22 : 31일	초관 張敎赫	김천 주둔
5차 77명	11.27~(1895년) 1.1 : 36일	초관 李完根	지례 주둔
6차 55명	12.11~12.19 : 8일	병방 朴恒來	안의
7차 115명	12.14~12.21 : 8일	영관 崔處圭	안의
8차 165명	(1895년) 1.7~1.19 : 13일	영관 崔處圭	김산 · 보은
9차 58명	(1895년) 1.8~1.18 : 11일	초관 金台仁	상주

정부에서도 11월 이후 경상도 상주 창원 대구 김산 안의 인동 하동 등지에 소모사 토포사 조방장 등 동학농민군을 진압하도록 군직을 임명하였다. 지방관에게 민보군을 결성해서 자력으로 동학농민군을 진압하도록 한 이 조치는 마지막 단계에서 각 지역의 동학 조직을 재기 불가능하게 만들었다.

동학농민군이 봉기한 거의 모든 군현에서 민보군이 결성되었다. 북부에서는 안동 예천 의성 용궁의 민보군이 '수천 명' 또는 '수백 명'이 무장해서 경내 동학 조직을 제압하였다. 북서부에서는 상주 김산 안의 성주 거창 인동 함양에서 민보군이 조직되어 경내의 동학 조직을 수색하거나 충청도와 전라도에서 도계를 넘어오지 못하도록 막았다. 민보군과 관련한 공적을 인정받은 인물의 활동지역을 보면 그 상황을 파악할 수 있다.[72]

〈표4〉 경상도의 민보군 지도자와 공적

지역	민보군 지도자	공적
예천	이방 정대일(鄭戴一)	設法諭賊 殺獲無筭
안동[73]	전영장 김호준(金好駿)	却賊數萬 闔境賴安
	전참봉 권재기(權載紀)	倡義募旅 奔走急難
의성	유학 이장회(李章繪)	倡率參謀 團束兵丁
	유학 신면형(申冕瀅)	首先出謀 掃蕩匪窟
상주	소모사 정의묵(鄭宜默)	募義派兵 或戰或捕
	유학 김제홍(金濟洪)	靑報之間 冒危勦匪
김산	소모사 조시영(曺始永)	倡義募旅 遮截嶺隘
안의	전현감 조원식(趙元植)	糾聚民勇 殺匪數千
	퇴교 최춘근(崔春根)	奮勇首先 屢救隣急
	안의민 막무걸(朴茂杰)	倡義出力 勦捕匪類
	안의민 김홍권(金洪權)	倡義出力 勦捕匪類
거창[74]	전부사 소모사 정관섭(丁觀燮)	募旅守嶺 勦捕無算
	유학 이준학(李竣學)	贊劃方略 實心防禦
	유학 강달주(姜達周)	倡率出力 分隊跟捉
진주	전만호 윤순백(尹順伯)	自募商丁 連疊擒勦
	출신 김석필(金碩弼)	曳裹赴敵 不避狂鋒
하동	부사 조방장 홍택후(洪澤厚)	勦盡一邑 闔境賴安
	전주부 김진옥(金振玉)	身死 倡起民砲 出爲義將
함양	유학 노봉현(盧奉鉉)	倡率出力 至登儒狀
	대장 박주행(朴珠幸)	倡率出力 分隊跟捉
문경	전영장 임중상(林重相)	倡率防守 詞捉巨魁

5. 1894년 경상도 동남부 일대의 농민항쟁과 수습책

경상도의 북서부와 남서부가 동학농민군과 일본군 남영병 민보군 간의 전투로 혼란했지만 영해를 비롯한 동남부 일대는 동학농민군의 활동과 관련된 기록이 나오지 않는다. 동학농민군은 동학의 인맥과 조직을 토대로 구성되었기 때문에 동학 조직의 존재 유무가 큰 원인이 된다. 영해 일대의 동학 조직은 1894년에 기포를 할 정도로 세력이 있거나 지도력을 갖춘 인물이 없었던 것 같다. 동학농민군이 결성되지 않았던 지역도 평온하지 않은 상태였다. 여러 군현에서 동학과 관련되지 않은 농민항쟁으로 격동기를 보내고 있었다. 우선 1894년의 자연재해로 인한 농민들의 고통이 매우 심각하였다. 어느 지역이나 마찬가지였지만 경상도 동남부 일대는 산지가 많고 농경지가 적어 양식 마련이 더욱 쉽지 않았다. 1894년은 3년 동안 이어진 가뭄의 마지막에 이른 해였다. 19세기에 경상도에서 일어난 최대의 흉년이 1876년(丙子), 1883년(癸未), 1888년(戊子)이었는데 그 절정이 1992년부터 계속된 1894년이었다. 식수로 사용하는 우물조차 말라버렸고 저수지에도 물이 없어 바람이 불면 먼지가 날린다고 여러 기록에서 전하고 있다.

부산의 일본총영사 무로타가 새로 부임한 이노우에 가오루(井上馨) 공사와 무쓰 무네미쓰(陸奥宗光) 외무대신에게 보낸 보고에 흉년 상황을 이용하자는 내용이 있다.[75]

> "경상·전라 양도는 3~4년 이래 흉황(凶荒)이 계속되어 올해도 역시 가뭄 때문에 곡류가 모두 작황이 나빠서 전반적으로 기근상태이므로 동학당 또는 의병이라고 칭하여도 실은 의지할 곳 없는 궁민(窮民)에 지나지 않는다고 생각합니다. 다만 우리 군대가 통행하는 연도의 인민은 모두 뜻하지 않은 이익을 얻고 있으나, 이들은 일반 인민에 비하여 극히 소수에 그치고 있습니다. 따라서 타지방에도 혜택이 미치도록 얼마간의 진휼금 또는 미곡을 우리나라에서 지급한다면, 백성들이 우리 은혜에 감복하여 그 효과가 클 것으로 생각합니다."

무로타는 경상도와 전라도가 오랜 흉년으로 기근상태라면서 동학농민군도 의지할 곳 없는 궁민에 지나지 않는다고 했다. 그리고 일본군이 북상하는 연로에 동원한 인부가 품값을 받는 것이 조선인에게는 '뜻하지 않는 이익'이라고 하며, 조선에 얼마간의 돈이나 곡식을 주면 일본인의 '은혜에 감복'할 것이라고 하였다. 그럴 정도로 당시의 기근은 심각하였다.

경상감사가 올린 장계에는 심각한 농사 형편이 세세히 나와 있다.[76] 6월 20일 후 가뭄이 심해 큰 하천이나 저수지에서 관개를 하지 못한 곳은 모판에서 묘가 말라죽었고, 7월 초에 비가 온 곳이 17개 군현에 지나지 않아 근근이 호미로 개울 근처의 땅이나 갈아서 묘를 심었다고 했다. 비는 계속 오지 않아 마침내 대천(大川)의 물길이 끊어지고 저수지가 진흙탕이 되었으며, 모내기를 못해서 들판이 온통 붉고 광야에 푸른색이 전혀 없어 참혹한 광경을 눈으로 볼 수 없을 정도라고 했다. 8월 중순 이후에도 겨우 11개 군현에서 조금 비가 쏟아졌지만 해갈을 하지 못해 벼는 말할 것도 없고 콩을 비롯 조와 수수까지 말라죽었다.

1894년의 흉작은 병자 계미 무자년보다 더 심하며, 상농이나 하농은 물론 중농과 상농도 모두 어렵고, 오곡이 모두 말라붙어 파종을 하지 않은 것이 도리어 이득이라고 했다. 이 때문에 유리걸식하는 사람이 길을 덮었고, 세금을 감면해달라는 호소가 그치질 않았다. 모내기를 못한 재결[未移災]이 11,263결이고, 말라죽은 재결[枯損災]이 40,340결이며, 수확을 못한 재결[直立災]은 11,263결이었다.[77] 62,542결이 재결이라면 경상도 전결 중 3분의 1 가까이 농사를 망친 것이었다.

정부에 보고된 기장 피해가 심한 경상도의 우심읍(尤甚邑)은 다음 〈표5〉의 37개 군현이다.[78]

영해 영덕 장기 청하 장기 울산 영일 경주 양산 등 경상도 동남부 일대가 모두 포함되어 있었다. 경상도 71개 군현 중 37개 군현이 흉작으로 인해 재결을 인정받은 것이다. 이런 사태는 그 유례가 찾기 어려울 정도인 것이다.

<표5> 1894년 경상도 군현별 작황

작황	군현
우심(尤甚) 37읍	경주 창원 진주 성주 대구 울산 김해 영해 밀양 동래 선산 인동 칠곡 하동 거제 고성 초계 흥해 양산 함안 곤양 김산 영덕 남해 의령 청하 진해 단성 영일 장기 영산 창녕 사천 기장 웅천 자인 칠원
지차(之次) 21읍	안동 상주 청도 영천 예천 합천 의성 경산 개령 하양 용궁 언양 진보 지례 고령 현풍 군위 의흥 신녕 삼가 비안
초실(稍實) 13읍	청송 순흥 거창 문경 함양 영주 풍기 봉화 함창 산청 예안 영양 안의

이런 참상 속에서도 가렴주구를 일삼는 지방관의 행태는 여전하였다. 여러 군현에서 동학 조직과 관련 없이 지방관의 수탈에 항쟁하는 사건이 잇달아 일어났다. 고성부사 오횡묵이 교체된 후 이임인사를 하러 경상감영에 가서 감사 조병호를 만났던 10월 초에 그런 사실을 말하고 있다.[79]

> "근래 서울소식을 들었더니 시국이 일변하고 상황이 흉흉해서 차라리 말하고 싶지 않습니다. 또한 이 도내에도 민요가 있는 고을이 거의 60여 곳이나 됩니다. … 그 밖의 다른 고을은 모두가 어긋나고 무너져서 보고를 받으면 답답하고 고민이 됩니다. 거듭 동도가 사방에서 일어나 없는 곳이 없으며 그중 용궁 예천 상주 선산 김산 성주 등의 고을이 더욱 심합니다."

동학농민군이 활약하는 군현이나 동학과 관련 없이 농민항쟁이 벌어진 군현의 수가 60개 군현에 달한다면 71개 군현이 소속된 경상도에서 관치질서가 거의 무너졌다는 것을 의미한다. 동학 조직이 근거를 가진 군현에서는 동학농민군이 결성되어 기포를 하였고, 동학 조직이 없거나 약한 군현에서는 지방관의 학정에 항거하는 농민항쟁이 벌어졌던 것이다.

이러한 대규모 항쟁은 전라도에서 전해지는 동학농민군의 봉기 소식이 힘을 불어넣었기 때문에 가능했을 것이다. 실제로 전라도에서 온 밀사들이 이 일대의 동학 조직과 농민항쟁 지도자와도 만났고 있었다. 지방관의 정치를 염탐하고 토호 행위도 조사했던 이들은 폐단 시정을 위한 집단 활동도 준비하고 있었다.

이 해에 일찍이 경상도에서 농민항쟁이 일어난 곳은 김해였다. 개항장 부산과 가깝기 때문에 일본영사관이 주목해서 전말을 조사한 5월 19일자 기록이 있다.[80]

"김해부 관내 수천 명의 백성은 지난 달 29일 봉기, 부(府)의 아문(衙門)을 습격하여 부사 조준구(趙駿九)와 그 가족을 조씨의 고향인 이 도의 상주로 쫓아내고 대소관리를 포박하거나 감금하여 심한 모욕을 주었는데, 그 후 조선 정부에서는 창원부사를 조사관으로 김해부에 파견하고 선후책을 쓰게 하여 지금은 폭동이 진정되었습니다. 이번 김해부 백성들이 폭거에 이르게 된 원인을 들으니, 김해부는 작년에 벼농사가 흉작이라 백성들이 전반적으로 피폐함에도 불구하고 전 부사 민영은(閔泳殷)[81]이 세금을 무겁게 부과하여 크게 민심을 잃은데다가, 올해 1월경에 후임으로 온 조준구도 요즈음 부 내의 몇몇 부농에게 많은 금품납부를 명하였으므로, 김해부의 민심이 일시에 격앙하여 드디어 이 같은 폭동으로 터져 나왔다고 합니다."

1894년 여름에는 영해에서도 농민항쟁이 벌어졌다. 영해의 농민항쟁은 정국이 긴박한 시점에 일어나서 주목을 받았다. 경상감사 조병호의 장계를 받아 본 정부에서 8월 27일에 즉시 이 사건을 거론하고 있다. 당시 정부는 일본군 혼성제9여단 병력이 경복궁을 습격한 후 1개월밖에 지나지 않아 갈피를 잡지 못하던 시기였다. 동학농민군은 전라도 전역에 집강소를 설치해서 지방관 부임도 꺼려하던 때였고, 경상도와 충청도 그리고 강원도에서 동학도들의 떼를 지어 활동해도 감히 관아에서 막지 못하던 때였다. 농민항쟁은 빨리 수습되어야 했다.

정부에서는 즉각 안핵사 파견을 결정하고 고종에게 윤허를 청하였다. 이미 영남선무사로 파견된 이중하(李重夏)에게 안핵사를 겸하게 해서 조사를 시키자는 것이었다.[82] 영해뿐 아니라 영남 여러 군현에서 농민항쟁이 번져 가고 있었기 때문에 즉각 대응할 필요가 있었다. 영해부사 김헌수(金瀗秀)는 즉각 파직되고 후임에는 남병영 중군인 신태휴(申泰休)를 보냈다.[83]

> "경상감사 조병호의 장본을 방금 보니, 영해에 민란이 또 일어나서 본관(本
> 官)을 끌어내는 지경에까지 이르렀다고 하였습니다. 비록 무슨 연유로 격변
> 을 일으켰는지는 알 수 없지만, 백성들의 습성이 완악하고 도리에 어긋난 것
> 이어서 너무도 놀랍고 통탄스럽습니다. 이 문제는 심상하게 처리해서는 안
> 되니, 영남선무사(嶺南宣撫使) 이중하(李重夏)를 안핵사로 겸차(兼差)하여 우선 해
> 당 고을에 가서 조사해 등문하게 한 다음 품처하도록 하는 것이 어떻겠습니
> 까?"

경상감사의 1차보고는 항쟁의 발생과 영해부사의 경계 밖 축출 사건만 전해서 구체적인 원인과 과정은 나오지 않고 있다. 안핵사 이중하는 1885년 과 1887년 토문감계사(土門勘界使)로 청국과 국경을 획정하는 회담 대표로 참여해서 백두산정계비를 세운 인물이었다. 1894년 공조참판으로 재임하던 중 6월 11일 동학농민군을 진압하러 온 청국군 영접사에 임명되어[84] 아산에 가서 병력 상륙과 군량 주선 등 청국군을 지원하는 임무[85]를 맡기도 했다. 그는 바로 영남선무사로 경상도 일대의 동학농민군 봉기를 진압하는 책임을 졌는데 다시 영해의 농민항쟁 수습까지 맡아야 했다.

조사 결과는 2개월이나 걸려서 10월 27일에 장계로 보고하였다. 같은 날

삼남에 민보군을 결성해서 동학농민군을 진압하도록 나주 여산 홍주 진잠 창원 상주에 소모사를 임명하였다. 그런 긴박한 시기에 영해 농민항쟁에 관한 조사 결과가 나온 것이다. 이중하는 실무에 밝기 때문에 항쟁의 원인과 참여자들을 세세히 살폈다.[86] 의정부에서 고종에게 올린 그 내용은 당시 동학 조직이 중심이 되어 벌인 대규모 변란의 배경과 다른 것이 아니었다.

> "방금 영해부 안핵사 이중하의 장본에 대해 계하한 것을 보니, 여러 범인들을 주모자와 추종자를 열거하고서 처분을 기다린다고 하였습니다. 이번 영해 백성들이 무리로 호소한 것은 오직 결가(結價)를 줄여달라고 요구하기 위한 것으로써 여러 날 서로 버티던 끝에 결국 그들이 바라는 대로 되었습니다. 그래서 모였던 많은 사람들이 해산하려고 하는데 갑자기 쫓아가 체포하자 완악한 마음이 북받쳐 드디어 수령을 들어다 내버리는 변고에까지 이른 것입니다."

영해부사는 김헌수는 장성부사를 역임하고 영해로 전임해왔는데 '성품이 본래 사납고 형벌이 지나치게 가혹'하였다고 평가되는 인물이었다. 영해 백성들이 모여 과다한 세금을 호소하며 여러 날을 관아와 대치하였는데 마지못해 마침내 줄여주기로 하였다. 그러나 분을 못 참은 영해부사는 관속을 동원해서 주모자 체포를 시도했다가 오히려 경외로 추방되는 망신을 하였다. 안핵사 이중하는 영해 난민의 주모자를 조사해서 목민관을 "분수와 기강을 어기고 스스로 용서할 수 없는 죄를 범"하였다면서 처벌 방안을 제시하였다. 그러나 가벼운 죄를 적용해야 하며, 사형에 처하지 말고 정배에 그치도록 하자는 안을 내놓았다.

"남응복(南應福)은 본래 시골의 패악한 부류로서 고을 민란의 주동자로 선뜻 나섰고 장두(狀頭)로서 민란을 선동한 것은 비록 이미 자복하였지만, 직접 완악한 짓을 하였다는 명백한 증거는 사실 없는 만큼 죄를 신중히 심리하는 원칙에 따라서 의심스러운 죄를 가볍게 처벌한다는 법을 적용해야 할 것입니다. 특별히 사형을 감하여 세 차례 엄한 형신(刑訊)한 뒤에 원악도에 종신 정배할 것입니다."

세금 수취를 담당한 향리도 엄벌을 처해야 한다고 하였다.

"신쾌연(申快淵)은 하리(下吏)로서 오랫동안 돈과 곡식을 맡아보면서 재물을 많이 거둬들인 까닭에 비방과 원망을 사 변란이 일어날 단서를 만들었으며, 박경분(朴敬分)과 권용평(權用平)은 스스로 폐단을 바로잡겠다고 하면서 사람들을 부추겨 소란을 일으켰으니, 논의를 주장한 죄를 면하기 어렵습니다. 모두 한 차례 엄히 형신한 뒤에 원악지에 정배하고, 그 나머지 죄인들은 도신으로 하여금 경중을 나누어 참작하여 처리하게 할 것입니다."

부사 김헌수의 처벌을 논의한 내용을 보면 실제 농민항쟁의 원인 제공자로 지목된 것을 알 수 있다. 그가 가로챈 세금도 일일이 받아내서 공용으로 충당하도록 건의하였다.

"해당 부사 김헌수(金瀗秀)는 성질이 본래 사납고 형벌을 지나치게 했는데 결국 일 처리의 마땅함을 잃어 그 자리에서 격변을 초래하였으니 응당 엄중히 처벌하여야 하며 범장(犯贓)한 돈은 법무아문에서 가동(家僮)을 가두고 일일이 받아낸 다음 해도(該道)에 내려 보내게 하여 공용에 충당할 것은 충당하고 해당 백성들에게 돌려줄 것은 돌려주도록 도신에게 분부하는 것이 어떻겠습니까?"

　물론 영해 농민항쟁의 원인이 부사의 가렴주구에만 있는 것은 아니었다. 이중하는 근본 원인이 세금의 증액에 있고, 누적된 향리의 세금 포탈에 있다고 파악하였다. 이런 문제는 영해에 한정된 것도 아니었다. 그래서 탁지아문에 "경상도 산군(山郡) 12읍에서는 그동안 결가(結價)가 10여량을 넘지 않았는데 이제 경장(更張)을 맞이하여 육운읍(陸運邑)은 30량, 산군은 25량으로 결가를 정한 것은 지나친 듯 하니 다시 논의하기 바란다."[87]고 영남선무사 겸 안핵사 이름으로 공문을 보냈다. 결국 감영에서도 결가가 높으니 새로 정하라는 지시를 내렸다.[88] 12월 1일에는 "영저(嶺底) 각읍 및 작목읍(作木邑)의 결가를 시가에 따라 배정하여 징수하고 추가 징수를 금지할 것" 등을 지시하였다.
　이중하는 영남 지역의 세정에 관한 보고서를 제출하게 된다. 그것은 전 감사 이용직(李容直)과 전전 통제사 민형식(閔炯植)을 비롯해 탐학한 지방관을 조사한 결과와 전정 등 세정 전반에 관한 개선책이었다.
　동학과 관련 없이 농민항쟁이 벌어진 군현은 영해뿐만이 아니었다. 의흥과 영천 등지에서도 감영에 급보가 날아들었다. 영천은 난민이 관아에 돌입해서 장부를 불태우는 등 심각하였다. 이중하는 영천의 농민항쟁도 조사하였다.[89]

　"경상감사 조병호의 장본을 지금 보니, '영천군의 난민 수천 명이 각자 창과 몽둥이를 들고 관아에 돌입하여, 창문과 벽을 부수고 군안(軍案)을 불태우고 민가를 허물고 무리를 지어 행패를 부렸습니다.'라고 하였습니다. 요즈음 영남 민심이 불안하여 전해지는 소문이 놀라운데, 이번 영천민의 소요사태는 너무나 도리에 어긋나고 악독하여 심상하게 처리할 수가 없습니다. 영해부 안핵사 이중하가 일을 마무리한 후 해당 군으로 달려가서 엄히 조사하여 보고하도록 하십시오."

이중하는 의흥의 농민항쟁까지 조사를 책임졌다. 의흥은 영해보다 사태가 더 심각하여 이중하는 농민항쟁을 이끈 주모자를 처형하도록 하였다.[90]

"방금 삼가 영남선무사 이중하의 장본에 대해 계하하신 것을 보니, '의흥(義興) 민란의 장두 이장학(李章鶴)은 무리를 취합하여 고을에 들어와서는 집을 불태우고 관장을 끌고 나가 모래사장에 버렸는데, 주동한 죄를 그가 이미 자복하였습니다. 이런 족속은 효수하여 본때를 보여야겠기에 지금 막 대구진(大邱鎭)에 옮겨 가두었습니다.' 하였습니다. 민란의 괴수 이장학을 해도의 도신으로 하여금 군민을 크게 모아 놓고 효수하여 무리에게 본때를 보인 후 등문(登聞)하도록 분부하는 것이 어떻겠습니까?"

지방관과 향리의 가렴주구와 중간포탈에 관해 엄형을 내리고 회수하는 조치도 엄격히 시행되었다. 경상감사는 진해현감이었던 정규찬(鄭逵贊)이 2년 동안 관직에 있으면서 범장(犯贓)한 9,624냥의 돈을 회수하는 조치를 취하였다.[91] 영해에서 전세 납부를 하던 김덕로(金德魯)가 완납하지 않은 1,526량도 환수를 하도록 했다.[92]

영남선무사와 안핵사로 동학농민군 진압과 농민항쟁을 수습하던 이중하가 영남위무사가 되어 경상도 지역의 농민항쟁을 가져온 탐관오리들과 1894년에 농민항쟁의 원인을 만든 지방관을 정부에 보고하였다.[93] 감사와

통제사를 지낸 이용직과 민형식이 수탈한 재물은 엄청난 액수였다.[94]

"방금 영남 위무사 이중하의 장본(狀本)을 보니, 관리들의 정사를 잘하고 못한 것을 열거했습니다. 전 경상감사 이용직(李容直)은 순전히 백성을 괴롭히는 것만 일삼아서 그 해독이 만백성에게 미쳤는데 탐오한 돈이 47만 6,356냥 6전 9분이고, 전전 통제사 민형식(閔炯植)은 탐욕스럽고 포악하여 재물을 약탈하는 것이 세 도(道)에 다 미쳤는데 탐오한 돈이 72만 1,277냥입니다."

"전 진주병사 민준호(閔俊鎬)는 겁을 먹고 비적을 후하게 대하면서며 하동(河東)에서 급한 형편을 보고했는데도 군사 한 명도 보내지 않았으니 나문하고 엄하게 감죄할 것입니다. 전 성주목사 오석영(吳錫泳)은 앞질러 피하여 백성들이 무너지게 하고 성을 비워 비적들에게 넘겨준 죄로 이미 귀양 처결을 받았으니 논할 것이 없고, 순흥부사 이관직(李寬植)은 교활한 아전에게 맡겨 조세를 바칠 기약이 없고 적들을 보호하여 사람들의 분노가 더욱 심하며, 현풍현감 김화치(金華埴)는 과중한 부역으로 폐단을 일으켰으니 온 경내가 원망하고, 언양현감 윤홍식(尹弘植)은 마구 거두어들여 소란을 일으키고 모든 법도가 뒤죽박죽되게 하였습니다. 모두 파출(罷黜)할 것입니다."

동학농민군 진압에 공을 세운 지방관도 함께 보고하였다. 문경 거창 안의 인동 예천 창녕의 지방관이 공적을 세웠다고 하였다. 두드러진 전투가 없었던 문경과 창녕 그리고 초계에서에서도 민보군을 결성해서 동학농민군을 제압한 사실을 확인된다.

"문경부사 김정근(金禎根)은 군사를 훈련시키고 규약을 정해서 간사한 무리들이 모두 숨어버렸으니 수사(水使)의 이력을 허용하도록 할 것입니다. 거창

부사 정관섭(丁觀燮)은 자기 녹봉을 군량에 보태고 여러 번 이웃 고을의 적을 토벌하였으며, 안의현감 조원식(趙元植)은 충성과 의리를 발휘하여 요사스러운 적을 소탕하였으니 모두 가자(加資)할 것입니다. 인동부사 조응현(趙應顯)은 비적을 잡아서 두목의 머리를 베었고 무마를 잘하였으며, 예천군수 조원하(趙 爰夏)는 백성들을 격려하고 적을 쳐서 여러 고을에 기세를 올리게 했습니다. 창녕현감 조병길(趙秉吉)은 남징을 철저히 없애고 여러 은혜를 베풀었으며, 초계군수 이찬희(李贊熙)는 대오를 결속하여 비적을 잡고 자기 녹봉으로 구제를 했습니다."

경상도의 농민들의 불만을 달래기 위한 수습책은 위무사 이중하뿐 아니라 감사 조병호도 전임관리들의 비행 조사하는 방식으로 제시되었다. 그것은 교체된 관리들이 세금을 착복하거나 공금을 유용하고 갚지 않은 것 등을 밝혀낸 것이다. 다음 〈표6〉은 정부에 보고된 내용이다.[95]

6. 맺는 말

1894년 경상도에서 봉기한 동학농민군은 충청도와 전라도에 인접한 북서부와 남서부 군현을 장악하였다. 상주 선산 용궁 성주 하동 등 주요 군현에서는 읍내가 점거되고 관아에 보관된 무기가 탈취되었다. 10월의 기포령 전후에 벌어진 활동은 전라도와 충청도의 상황과 비교해도 다르지 않았다. 그러나 상주와 선산 등지에서 일본군이 즉각 개입하여 공격해왔다. 신식무기로 무장한 일본군을 막지 못한 동학농민군은 도처에서 패배하고 흩어질 수밖에 없었다.

<표6> 경상도 전임관리들의 부정 착복과 공금유용 액수 (단위 兩)

조사 대상	부정 착복	공금 유용	계
인동 전부사 李紹榮		1,353.3	1,353.3
인동 전전부사 李教敏		4,790	4,790
인동 전전전부사 鄭沃		821.86	821.86
대구 전판관 申學休	34,596	8,977.38	43,573.38
창락 전찰방 金泰旭	7,562.56		7,562.56
영천 전군수 洪用觀	28,759		28,759
의흥 전현감 蔡慶黙	19,437.6	2,534.25+396.23	22,368.08
의흥 전전현감 趙重夏		910.6	910.6
합천 전군수 閔致純	19,950		19,950
진해 전현감 鄭達贊	9,624.1		9,624.1
김해 전전부사 閔泳殷		75,348.58	75,348.58
안동 전부사 洪鍾榮		13,526.72	13,526.72
영덕 전현령 張華植		4,302	4,302
밀양 전전부사 權仁國		稅米 460석(癸未條)	稅米 460석
김산 전군수 閔配鎬		4,950	4,950
흥해 전전군수 白南周		作木 19동 34필 16척 5촌(丁亥條)	作木 19동 34필 16척 5촌
함창 전현감 郭致秊		1,990	1,990
함창 전전현감 金雲培		2,093.63	2,093.63
신녕 전현감 閔泳憲		9,961.94	9,961.94
군위 전전현감 李容久		3,370.42	3,370.42
율포 전전권관 金漢鎮		1,908	1,908
계	119,929.26	137,234.91 稅米 460석 作木 19동 34필 16척 5촌	*257,164.17 *稅米 460석 *作木 19동 34필 16척 5촌

일본군이 개입한 것은 군사상의 필요 때문이었다. 부산과 문경을 잇는 노선은 일본군이 청과 전쟁을 하면서 군용전신과 병참망을 설치한 곳이었다. 근대 전쟁은 국력을 집중해서 병력과 자원을 집중 투입하는 기획전쟁으로서 일본군 참모본부는 독일제국에서 배워온 방식대로 대규모 외정을 수행하는 중이었다. 전신망과 병참망은 무엇보다 중요한 동원사단의 전술 구사에 필요한 수단이 되었다. 경상도의 일본군 병참부는 부산 삼랑진 물금 밀양 대구 청도 다부원 해평 낙동 태봉 문경으로 이어지는 11개 지역에 설치되었다. 문경 북쪽으로는 충청도의 안보와 가흥으로 연결되었다.

경상도의 동학농민군은 병참로를 따라 행군해간 막강한 일본군의 실체를 직접 볼 수 있었다. 그러면서도 남접이나 북접 교단의 10월 기포령 이전에 무장봉기를 준비하였다. 처음에는 군용전선의 중간 차단이 공세 목표였다. 전선을 단절하거나 전신주를 쓰러뜨리는 것에 그쳤지만 이것은 일본군의 후방에서 효과적으로 공격할 수 있는 유일한 공격 방법이었다.

병참부에 주둔한 일본군은 이런 공세에 반응해서 즉각 동학 조직의 견제를 시작하였다. 동학 조직을 조사해서 병참망을 지휘하는 남부병참감에게 보고하거나 동학농민군 집결지에 정찰병을 파견하였다. 태봉 병참부에서 산양집결지를 정찰 나온 다케노우치 대위가 피살되기도 한다. 하지만 일본군이 반격하자 훈련이 안되고 무기가 허술했던 동학농민군은 번번이 패배하게 되고, 곧 세력을 잃게 되었다.

더구나 여러 군현에서 민보군을 결성하고 근거지를 찾아 보복하자 동학농민군 참여자는 갈 곳이 없게 되었다. 잇달아 경상감영에서 보낸 남영병이 순회해서 수색하자 더 이상 살던 마을로 돌아갈 수 없었다. 남영병이 9차에 걸쳐 북서부 군현에 파견한 것과 토포사 지석영이 남영병과 진주병영의 병대를 이끌고 남부 군현을 순회한 것이 당시 감영이 할 수 있었던 군사조치의 전부였다. 실제로 남영병은 동학농민군과 커다란 전투를 한 적이 없었다.

경상도 일대에서 동학농민군과 전투를 벌여서 제압한 주력은 일본군과 함께 여러 군현에서 양반유생과 향리들이 조직한 민보군이었다. 정부에서 민보군의 군공을 인정한 군현은 예천 안동 의성 상주 김산 안의 거창 진주 하동 함양 문경이었다. 동학농민군의 거점은 민보군에 의해 무너지게 된다. 그 결과 일본군의 전신망과 병참망은 가을 이후 더 이상 위협을 받지 않았다.

경상도의 동남부 군현에서는 이러한 상황과 다르게 동학농민군이 봉기한 기록이 나오지 않는다. 동학농민군의 조직은 동학의 포접 조직과 인맥을 통해 이루어졌기 때문에 동학 세력이 미약하거나 존재하지 않은 지역에서는 나타날 수 없었다. 영해를 비롯한 인근 군현은 1871년 신미년의 병란 이후 동학 조직이 기포를 할만한 수준까지 재건되지 못했을 수 있다.

동학농민군의 봉기 원인이었던 폐정은 경상도 동남부 군현에서도 농민항쟁을 가져오는 요인이 되었다. 경상감사 조병호는 10월 초에 '민요가 있는 고을이 거의 60여 곳'이라고 했다. 이것은 동학농민군이 활동하지 않은 군현에서도 농민항쟁이 일어났다는 것을 전해준다. 더구나 1894년은 연이어 흉년을 맞아 많은 농민들의 생활이 극한상태에 있었다. 71개 군현 중 37개 군현이 심한 흉작으로 재해를 인정받을 정도였다.

영해의 농민항쟁은 북서부 예천 일대에서 한창 동학농민군이 민보군과 대치하고 있던 시기에 일어나서 주목을 끌었다. 정부에서는 영남선무사 이중하를 안핵사로 파견해서 수습하도록 했다. 항쟁 주도자는 원악도로 정배를 갔으나 지방관과 향리에게도 엄벌이 내려졌다. 당시 농민항쟁을 수습하려고 했던 방안을 볼 수 있는 조치였다.

영해뿐 아니라 1894년에 경상도 지역에서, 동학 조직이 참여하지 않은 상태에서, 군현 단위로 농민들이 항쟁을 벌인 지역은 여러 군현이었다. 김해는 일본의 조선 통로 역할을 한 부산과 가깝기 때문에 일본영사관에서 관심을 가지고 조사한 보고서가 나와 있다. 특히 영천의 농민항쟁은 격화된 모습으로 전개되어 또다시 안핵사로 영천에 파견된 이중하가 엄형을 건의하고 있다. 결국 농민항쟁은 관치질서 유지를 위해 수습되어야 했다. 일본군이 경복궁을 침범하고 내정을 간섭하던 시기에도 조선정부로서는 일본을 적대하기 위해 봉기한 동학농민군과 마찬가지로 지방관의 폐정에 항거하던 농민항쟁도 용납할 수 없었다.

경상도 군현에서 일어난 농민항쟁의 원인을 제거하는 책임은 감사에게 있었다. 뒤늦게 경상감사는 여러 군현의 전임 지방관이 착복하거나 공금유용 사실을 조사하였다. 그 결과 금전만 해도 25만 7천량을 넘는 막대한 액수가 정부에 보고되었다. 민씨정권의 문란한 국정 운영이 지방 군현에서 나타난 사례의 하나가 지방관의 불법행위였고, 그것이 농민항쟁의 주요한 원인이었던 것이다.

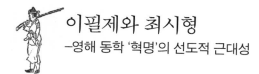

이필제와 최시형
−영해 동학 '혁명'의 선도적 근대성

임상욱_숙명여자대학교 리더십교양교육원 교수

1. 들어가는 말

1871년 음력 3월 10일, 경북 영해에서 일어난 민중 봉기는 이필제라는 한 개인이 일으킨 난이라는 평가로부터 민란, 변란, 병란, 사변, 작변, 그리고 혁명에 이르기까지 매우 넓은 해석의 스펙트럼을 가진 사건이다. 더구나 이 봉기는 그 주된 동기, 진행 과정, 그리고 결과에 관련한 거의 모든 세부사항에 대해서도 엇갈린 평가가 상존하는 사뭇 베일에 가린 역사적 사건이기도 하다. 특히, 이 봉기를 주도한 두 명의 주요 인물인 이필제의 동학 관련 정체성과 최시형의 참여 의지에 대해서는 더욱 상반된 주장들이 양립하고 있다.[1]

물론 한 지역의 민중 봉기를 바라보는 시각들에는 다양한 형태의 편차가 가능하다는 점을 인정할 수 있다. 그러나 온건한 평화주의자로 정평이 난 최시형이 동학 최초의 무력이 동반된 민중 봉기에서 주도적 역할을 수행했다는 점은 분명 그에 상응하는 뚜렷한 설명을 필요로 한다. 과연 최시형은 자신의 온전한 자유의지에 따라 적극적으로 무장봉기에 동참한 것일까? 그렇다면 그의 사상과 행위 사이에 놓인 괴리는 어떤 방식으로 해명 가능한 것일까? 이 같은 문제의식으로부터 본 논문은 당시 민중 봉기를 전후로 한 이필제와 최시형의 영해 관련 행적에 중점을 두고 이 물음에 접근해가려 한다.

이에 본 연구는, 먼저 영해 봉기에 즈음한 이필제의 행적을 추적하여 그의 동학 관련 정체성의 타당성 여부를 집중적으로 살피고, 나아가 최시형이 영해 봉기에 동참하게 된 현실적 이유를 검토하겠다. 다음으로, 그로부터의 자연스런 귀결은 과연 영해 봉기를 동학혁명으로 자리매김 할 수 있는지, 만약 그렇다면 동학혁명으로서의 의미 부여가 가능한 근대적 특성의 단초는 어떤 점에서 찾을 수 있는지에 대한 제반 논의를 전개해가려 한다.

2. 이필제의 동학 관련 정체성

영해 봉기는, 작게는 여기에 참여한 동학도의 총원으로부터 크게는 그 본질적 성격에 이르기까지, 이를 바라보는 시각은 동학 연구자들마다 저마다의 편차를 보인다. 그렇지만 더 많은 객관적 사료의 발굴을 통해 사안 자체에 대한 명확한 사실 규명이 이루어질 때까지 적어도 당시 이필제에게 주어진 세간의 평가나 그의 행적을 토대로 잠정적이나마 그의 동학 관련성 여부에 대한 논리적 결론을 도출해내는 것은 가능할 것이다.

1) 영해 민중 봉기를 둘러싼 사실과 해석

오직 팩트의 측면에서 영해의 민중 봉기를 가장 건조한 형태로 표현한다면, 이는 전국 각지에서 집결한 다양한 계층의 민중들이 영해 관아를 기습하여 약 16시간 동안 점거하다가 퇴거한 사건을 말한다. 다른 한편, 이를 바라보는 해석의 측면에서 보면, 민중 봉기라는 것은 본래 민중의 절실한 요구가 투영된 것이므로 그 성공 여부와 상관없이 반드시 필요했을 것이라는 원론적인 의미 부여가 가능할 수 있다. 하지만 이와 동시에, 이 봉기는 조직적으로 실행되었음에도 불구하고 결과적으로 그 조직의 존립을 위태롭게 했으므로 너무 성급했다는 평가 또한 가능할 것이다. 때문에 이 절에서는 동학 연구자들이 보고하는 영해 관련 사실 관계와, 나아가 그에 대한 평가, 특히 영해 민중 봉기의 성공 여부에 대한 판단에 논의를 국한하기로 한다.

(1) 사적지 중심의 사실과 판단 유보

먼저, 영해의 민중 봉기를 '영해작변', 혹은 '신미사변'으로 표기하는 채길순에 따르면, 당일 봉기에 참여한 동학도의 총 인원은 650여 명이고, 희생자는 모두 77명이다.[2] 대개의 보고들이 총 참가 인원을 최대 600여 명, 희생자를 최대 60여 명으로 추정하는 데에 비해, 비록 그 출처는 생략되어 있지만, 그는 '울진에서 온 교도 150여 명이 합류'한 것으로 파악하고 있다. 그가 제시한 〈경상북도 동학 교세 확장 지도〉[3]에 따르면, 울진은 영양이나 영덕과 달리 이필제의 영향력이 전무한 지역으로서 이 150여 명은 아마도 최시형을 따르는 동학도들이었을 것이라고 짐작할 수 있다. 다만, 그는 '비록 동학 교단의 피해는 컸지만 최시형의 지위가 확고해지는 계기'로 영해 민중 봉기를 평가하여, 그 성공 여부에 대한 적극적 판단은 유보해두고 있다.

(2) 관변 측 자료 중심의 사실과 부정적 평가

이와 달리, 다수의 동학 연구자들은 영해의 민중 봉기를 실패로 판단하고 있는 듯하다. 예컨대, 윤대원은 영해 봉기의 본래 목적이 봉기 자체가 아니라 '(무뢰배 기백 명'을 시작으로) 크게 세를 일으킨 뒤 경성으로 직향'하는 데에 있었던 만큼, 영해 봉기는 결국 실패였다는 결론을 도출하고 있다.[4] 즉, 봉기

다음날인 11일, 봉기 참가자들은 관아 토벌군의 반격으로부터 벗어나기 위해 그 목적을 뒤로 한 채 뿔뿔이 해산할 수밖에 없었다는 것이다.

사실과 해석의 관점에서, 윤대원의 진술에는 서로 깊은 연관성을 맺고 있는 두 가지의 매우 중요한 사실에 대한 검증을 필요로 한다. 하나는, '경성으로 직향'할 계획의 사실 여부를 중립적이며 객관적으로 확인할 수 있는 믿을만한 사료의 검증이다.[5] 이는, 적어도 형식 논리의 측면에서, 영해 민중 봉기의 성공 여부를 가늠할 수 있는 바로미터가 되기 때문이다(이 부분에 대해서는 이필제의 행적과 관련하여 최소한의 정황 증거가 될 수 있는 사실들을 뒤에 다시 언급하도록 하겠다.). 설령 누군가 달리기 경주에서 1등으로 들어온 직후 부상을 당해 더이상 선수생활을 할 수 없게 될지라도, 그가 1등이라는 사실은 변하지 않는다. 요컨대, 영해 관아를 점령하는 것만이 봉기의 유일한 목적이었다면, 설령 참가자들이 봉기 직후 괴멸 수준으로 해산되었다 할지라도 이는 분명 성공한 봉기일 것이기 때문이다.

이와 동일한 맥락에서, 다른 하나는, 봉기 이후 참가자들의 해산 시점과, 그 동기에 대한 검증이다. 윤대원은 영해의 민중 봉기에 소요된 시간이 해시(밤 9시에서 11시 사이)에서 이튿날 미시(오후 1시에서 3시 사이)까지이며[6], 그 퇴거 동기를 '토벌군의 공격·추격' 때문이라고 서술하고 있다.[7] 이 진술이 사실과 부합하는 것이라면, 그의 판단처럼 영해의 민중 봉기는 실패인 셈이다. 이는 봉기의 진행 과정 중에 돌연 강제 해산을 당한 것이기 때문이다.

(3) 관변 측 자료 중심의 사실과 긍정적 평가

이와 달리, 비록 소수이기는 하지만 영해 민중 봉기를 확고한 성공으로 간주하는 시각도 있다. 이들은 대체로 관변 자료인 『교남공적』을 근거로 최시형의 적극적 봉기 가담을 주장하기도 한다. 앞으로의 서술에서 더욱 분명해지겠지만, 영해 봉기를 성공으로 보는 시각은 일차적으로 그 봉기가 영해 지역을 유일한 목표로 설정했기 때문으로 본다. 즉, 영해에서 봉기를 일으킨 민중이 봉기에 성공했고, 자진 해산한 것이다. 예컨대 김기현은 영해 봉기를 '한반도에서 처음으로 성공한 시민혁명'으로 평가한다.[8]

(4) 동학 측 자료 중심의 사실과 긍정적 평가

관변 자료를 주장의 주요 근거로 삼은 윤대원과 달리, 표영삼은 동학 측 자료인 『최선생문집도원기서』를 기반에 두고 영해 민중 봉기를 서술하고 있다. 표영삼의 보고에 따르면, 봉기에 참여한 인원은 대략 600여 명, 봉기 시간은 10일 밤 9시부터 이튿날 정오에 이르는 총 15시간이다.[9]

현재의 맥락에서 표영삼의 보고를 분석해보면, 영해의 민중 봉기는, 첫째, 동학도가 주축이 되었을 뿐 아니라, 둘째, 봉기의 목표점은 영해 관아가 유일했다고 간주할 수 있으므로, 이는 성공한 봉기로 판단하는 것이 합당하다. 왜냐하면 봉기군이 영해 읍성에 다다르자 "서문과 동문이 열렸으며", "순식간에 성중을 장악"한 것은 성 내부에 동조자를 둘 정도로 사전 계획이 치밀하고 조직적이었다는 것, 나아가 영해성의 수장인 영해 부사 이정을 "살해하고", 이튿날 "모두 성을 빠져나와 사방으로 흩어"진 것은 곧 야간 기습에 의한 소기의 목적 달성 외에 다른 확대된 의도가 없다는 것을 의미하기 때문이다. 더구나 관군이 반격에 나선 시점이 봉기 종료 후 3일이 지난 14일이었다는 점은,[10] '토벌군의 공격·추격에 의한 강제 해산'과는 상당한 차이를 보이는 반대증거로서 '봉기 성공 후 자진 퇴거'라는 입장을 강화시켜 준다.

(5) 동학 측 자료 중심의 사실과 부정적 평가

다른 한편, 같은 동학 측 자료이면서도, 김기선이 전하는 영해 봉기의 상황은 표영삼의 그것과는 또 사뭇 다르다. 그에 따르면, 이필제 휘하에 모여든 인원은 5백여 명이었으며, 처음엔 경주부를 공격할 생각이었으나 거리상의 문제와 2만에 달하는 군졸을 5백여 명의 봉기군이 당해내는 것이 불가능하다고 판단하여, 첫 승기를 잡아 백성의 호응을 얻기 위해 가까운 영해부를 공격하는 것으로 결정되었다.[11]

표영삼의 보고와 비교하여 더욱 두드러지는 차이는, 영해 봉기의 성공에 고무되어 이에 동조하는 사람들로 순식간에 2천여 명으로 늘어난[12] 봉기군은 다음 표적으로 영덕현을 습격하여 현감을 처치하는 등 그 공세를 멈추지 않았다는 점에 있다.[13] 영덕현의 봉기 성공 이후 또 다시 인원이 늘어났는지의 여부는 생략되어 있으나, 이들은 그 다음 표적인 영양 고을로 쳐들어 갈 계획이었다고 한다. 그렇지만 이즈음 대구 본부의 포병부대가 합세한 관군의 반격에 막혀 이를 당해내지 못하고 결국 도망하게 되었다는 것이다.[14] 이렇게 보면, 영해에서 처음으로 시작된 봉기는 영해 봉기 자체가 목적이 아니었던 만큼, 결국 실패한 봉기로 자리매김될 수밖에 없다.

(6) 약간의 퍼즐 게임

물론 연구자마다 각기 참고한 사료가 다르다면, 그에 따라 영해 봉기를 바라보는 입장 역시 다를 것이다. 그러나 만약 봉기군의 봉기와 퇴거 사이에 '시점'을 매개 변수로 둔 약간의 완충지대가 허용될 수 있다면, '자진 퇴거'와 '강제 해산'을 구분 짓는 경계는 일순 사라져버리고 만다. 즉, 봉기군은 11일 정오 무렵 자진 퇴거한 후, 14일 이후 관군의 추격에 쫓기게 된 것이다. 그리고 이 3일 간의 공백에 가장 잘 어울리는 퍼즐 조각은 아마도 봉기군의 계속된 진격으로 보는 점이 더욱 타당할 듯하다. 요컨대 봉기군은 영해 봉기를 성공적으로 완료한 후 다음 목표지로 진격하기 위해 당연히 자진 퇴거했고, 이어 관의 주력부대와 조우한 14일 이후 쫓기는 상황으로 바뀌게 된 것이다.

그 이유는, 우선, 만약 실제로 봉기군이 자진 퇴거한 후 모두 각자의 거처로 '흩어져' 버렸다면, 그에 대응하는 관군의 기동 형식 역시 적진에 대한 집중 타격을 위주로 하는 포병이 동원될 리 없었을 것이며, 설령 포병이 동원된 것이 사실이 아니라 할지라도 봉기군의 수장이 무려 3일 동안이나 잠적하지 못한 채 일월산으로 쫓겨 간 정황도 이해하기 힘들기 때문이다.

둘째, 단 (최소)15-(최대)17시간의 일회적 봉기를 위해 모든 봉기 참가자들이 머리에 유건을 쓰고 몸엔 파란색 두루마기를 걸쳐 복장을 통일했다는 점, 그리고 청(동학도), 홍(비동학도)으로 자신들만의 신호를 정한 것은[15] 일견해도 지나친 준비성이며 상식적으로 납득하기 어려운 일이기 때문이다. 게다가 야간 기습 작전이 성공했다는 것은 곧 관군 측에서 이러한 사실을 사전에 전혀 몰랐다는 것인데, 그럼에도 그 이튿날 곧바로 최소 500명 이상의 봉기군을 압도할 정도의 대규모 병력이 순식간에 집결할 수 있었다는 점도 납득하기 어렵다.

셋째, 봉기 시간 운용의 모호성 때문이다. 만약 영해 읍성만이 봉기의 목적이었고, 또한 그토록 철저한 사전 계획 아래 성공했다면, 봉기군은 10일 밤 곧바로 철수했어야 하는 것이 상식이다. 만약 성 내에 남았어야 했다면, 목숨을 내놓은 무력 봉기의 특성 상 여기에는 반드시 그에 상응할 만한 중요한 이유가 있어야 한다. 그런데 봉기군이 이튿날 오전에 한 일이라고는 고작 '이방의 돈 궤짝을 부숴 꺼낸 140냥 중 100냥은 읍민들에게 주고, 나머지 40냥을 점유한 것'[16]이 전부다.

『동래부계록』의 기록에 따르면, 봉기군은 11일 아침, 반주를 곁들인 아침 식사를 했다.[17] 비록 큰돈은 아니지만 읍민들에게 140냥 전부를 준 것도 아니고 일부를 남겼다는 점, 그리고 생사를 오갈 수 있는 상황에서 한가로이 아침식사를 했다는 점과 같은 전제들로부터 기대할 수 있는 타당한 결론은, '그들은 각자의 거처로 해산했다.'라기보다는 오히려 '그들은 대오를 정비한 후 다음 목표지를 향해 진격했다.'가 훨씬 더 합리적이고 상식적 일 것이다. 이때 읍민들에게 건네준 100냥은 아침식사 30상과 술 3동이에 대한 식대였을 가능성이 거의 틀림없어 보인다.[18]

마지막으로, 그것이 도망이든, 아니면 진격이든, 봉기군의 이동 경로와 일월산의 지리적 위치 간에 놓인 상관관계 때문이다. 만약 봉기군이 11일 정오부터 관군에 의해 쫓기기 시작한 것이 사실이라면, 그들은 왜 영해 주변의 여러 깊은 산들을 놔둔 채 영양 근처의 일월산까지 도주해야만 했는지에 대한 이유가 석연치 않다. 역으로 말하면, 일월산 안으로 도주하기 전까지의 봉기군은 다른 어떤 산으로도 도주할 필요가 없었다는 의미로 해석될 수도 있다는 점이다. 요컨대 그들은 도주가 아닌, 진격 중이었을 수 있는 것이다.

만약 봉기군이 실제로 진격 중이었다면, 여기엔 한 가지 매우 유의미한 사실이 드러난다. 그들은 북쪽으로 진격 중이었고, 그 진행로는 바로 동학도들의 포교 지역과[19] 정확히 일치하고 있다는 점이다. 관변 자료인 『영해부적변문축』은 봉기군이 계획했다는 영해 다음의 진격로를 '영양, 울진, 평해 등지'로 기록하고 있고,[20] 또한 동학 측 자료인 『최해월과 동학』 역시 비록 영해와 영덕의 다음 목표지로 영양만을 기록하고 있지만,[21] 이어지는 목표 지역이 어디이리라는 점은 쉽게 유추할 수 있다. 특히, 영양의 북동쪽에 인접한 울진과 평해는 이필제의 손이 미치지 않는 최시형의 독자적인 포교

지역으로서, 이는 이필제에게 최시형과의 연대가 절실할 수 있었음을 짐작할 수 있게 해주는 대목이기도 하다.

지금까지의 논의에서 보듯 영해의 민중 봉기를 바라보는 시각은 대체로 다음의 두 가지 서로 다른 척도에 의해 교차적인 영향을 받는 것으로 보인다. 즉, 하나는, 연구자가 활용한 사료가 관변 측인지, 아니면 동학 측의 것인지에 따라 다를 수 있고, 다른 하나는, 영해 봉기를 이보다 더 큰 목적을 달성해가기 위한 여러 중간 단계 중의 하나로 간주하는지, 아니면 그것 자체를 목적으로 파악하는지에 따라 달라질 수 있는 이중의 척도 아래 있는 것이다.

영해 봉기의 성공 여부에 대한 판단을 유보한 채 남겨두는 경우를 제외하면, 예를 들어, 동일한 관변 측 자료를 입장의 근거로 활용한 윤대원과 김기현은 영해 봉기를 각각 실패와 성공으로 판단하고 있다. 반면, 동일한 동학 측 자료를 활용하는 표영삼과 김기선은 이를 각각 성공과 실패로 판단한다. 이에 더해, 전자의 연구자들은 이필제에 대한 평가가 엇갈리는 반면, 후자의 연구자들에게 이필제라는 인물은 봉기 자체를 바람직하지 않은 것으로 볼만큼 부정적으로 평가한다는 점에서 오히려 일치하고 있다.

이렇듯 영해 봉기를 바라보는 시각엔 매우 복잡한 형태의 고차방정식이 자리하고 있으며, 이 복잡성의 중심엔 바로 이필제라는 인물, 즉 그의 동학 관련성 여부가 주된 관건으로 작동하고 있다. 따라서 다음으로 살펴볼 것은, 이필제의 인물 및 사상 정체성은 과연 무엇이고, 영해의 민중 봉기에서 이필제와 최시형의 연대는 어느 정도의 신뢰 수준에서 이루어졌으며, 나아가 최시형의 봉기 가담 정도는 어떠했는가의 문제일 것이다.

2) 이필제와 최시형의 연합?

(1) 이필제의 인물 정체성

인물 이필제에 대한 평가는 동학 측이나 관변 측 자료에 상관없이 거의 일치하는 것으로 보인다. 동학 측 자료의 대부분은 영해 봉기를 '이필제의 난'이라고 평하고 있으며, 이필제 개인에 대해서도 '거짓으로 도인 행세를 하며, 배도의 무리를 끌어들여 역리의 단초를 일삼던 사람' 정도로 이해하고 있다.[22] 특히, 『동학정사2』에 묘사된 내용은 이필제에 대한 강한 적의마저 드러낸다. 이를 테면, 이필제는 상주군 옥중에서 고문을 받아 사망한 부모의 원한을 풀기 위해 "광인처럼 혈안이 되어 날뛰는 사람"이다. 심지어 이 사료는 영해 봉기를 '이필제의 망동'으로 기록하고 있다.[23]

예상 가능하지만, 관변 측 자료인 『경상감영계록』에서도 역시 이필제는 목적을 위해서라면 수단과 방법을 가리지 않는 냉혈인 정도로 묘사되어 있다. 예를 들어, 양영렬의 취조 과정에서 나온 진술에 따르면, 이필제는 '자금 마련을 위해 화적이 되어 부근 김부가(金富家)의 재물을 탈취하고자 했으나 나머지 일행이 불응하여 뜻을 이루지 못한' 정도의 인물이다.[24] 또한 『우포청등록』에는 이필제의 외삼촌이 등장하여 '필제는 성격이 괴팍하고 악행을 능사로 하여 도시 믿을 수 없는 인물'이라는 증언을 하고 있다.[25]

그나마 이필제에게 주어진 긍정적 평가로는, '지리산에서 호랑이도 사냥할 수 있을 정도의 무술을'[26] 익혔을 뿐 아니라, '과거급제 경력의 문장력이 있고 박식한'[27] 인물 정도인 것 같다. 그리고 『우포청등록』의 기록에 따라 심문을 당한 사람들의 진술이 사실이라면, 이필제는 실제로 무과에 급제한 양반일 수 있다.[28]

동학이나 관변 자료의 특성을 막론하고 한 인물에 대한 평가가 이렇듯 일방적이라는 것은 곧 실제로도 이필제의 인물 됨됨이가 그렇기 때문일 수도 있고, 다른 한편, 사실 여부와 관계없이 동학 측이나 국가기관 모두 단지 그를 싫어할만한 특정한 이유가 있어서이기 때문일 수도 있다. 따라서 판단의 균형감각을 유지하기 위해 이제는 양측의 평가와는 전혀 다르게 그를 평가했을 것이 분명한 이필제 동료들과의 행적을 살필 필요가 있다.

그런데 여기에서 그의 인물 정체성보다 더욱 시급히 주목해야 할 부분은 바로 그의 이름이 지방 기관의 기록지인 『영해부적변문축』이나 『동래부계록』을 넘어 이것의 상급기관 기록물인 『경상감영계록』, 더 나아가 국가의 최상급 기관에서 죄인들을 문초한 기록지인 『좌포청등록』과 『우포청등록』에 등장하고 있다는 점이다. 이필제와 관련한 사안이 지방기관에서 처리 완료되지 못하고, 국가의 최상급 기관으로 이관되었다는 것은 곧 이필제가 연루된 사안이 바로 국가적 중대 사안이었다는 의미를 갖기 때문이다.

(2) 이필제의 사상 정체성

기대했던 바처럼, 이필제에 대한 최상의 평가는 역시 그를 따르는 동료들로부터 나왔다. 그렇지만, 이는 그의 인물 됨됨이에 대해서라기보다는 그가 가진 역량에 주어진 것이었다. 즉, 이필제에게는 "호걸영웅의 재주가 있고, 손바닥에는 천문이 있으며, 그의 뜻은 북벌"에[29] 있었다. 그런데 이 칭찬이 주어진 곳은 좌포도청의 심문실이었고, 이것이 연루된 사안은 영해 봉기 5개월 후에 발생한 소위 조령 봉기 미수 사건이었다. 동학 측 자료에 '문경의 변'[30], 혹은 '(문경새재의) 초곡 거사'[31] 정도로 거명된 이 봉기 미수 사건은 이필제가 일으킨 4번째이자, 마지막 봉기이기도 했다. 봉기에 실패한 그는 서울로 압송되어 심문을 받고 유죄가 인정되어 이내 처형되고 말았기 때문이다.

이필제가 일으킨 4번의 봉기 중 영해를 제외한 다른 지역의 봉기는 모두 계획 단계에서 발각되어 실패로 돌아갔다. 이를 지금까지 해왔던 해석의 관점에서 다시 조명해보면, 이 4번의 봉기를 일관하는 특정 입장이나, 혹은 사상의 존재 여부에 따라 영해 봉기에 대한 평가는 사뭇 달라질 수밖에 없다. 만약 4차례의 봉기 모두 각각 다른 동기를 가진 별개의 사건이라면, 영해 봉기는 더 이상의 조건을 따지지 않아도 되는 성공한 봉기로 자리매김 될 수 있다. 반면, 만약 이 4번의 봉기가 모두 동일한 동기를 가진 연속선상의 사건이라면, 영해 봉기에 대한 평가 역시 앞서의 경우와는 정반대의 입장에 서게 될 수밖에 없다.

바꾸어 말하면, 이 4차례의 봉기에 어떤 형태의 일관하는 입장이나 사상도 존재하지 않는다면, 이 경우 각 개별 봉기는 나름의 고유 특성을 온전히 주장할 수 있다. 하지만, 이와 달리 만약 그러한 특정 입장이나 사상이 실제로 존재하고, 또한 동시에 만약 그것이 각 개별 봉기와의 본질적 접점을 갖지 않는 성질의 것인 한, 4차례의 봉기 모두는 그 특정 입장이나 사상을 보조하는 단순한 방법론, 즉 수단에 지나지 않는다는 결론이 도출되고 마는 것이다.

비록 계획 단계에서 내부자의 밀고로 실패하고 말았지만, 이필제가 일으킨 첫 번째 봉기는 1869년 4월의 진천 봉기이다. 그런데 이에 대한 기록은 동일 사건임에도 불구하고 국보 제153호인 『일성록』과 『우포청등록』 간에 큰 차이를 보인다. 전자에는 사건의 크기에 비해 과장이 지나치다고 판단했는지 단순 사기(欺人騙財)로 기록되어 있는 반면, 후자에는 피의자의 진술을 문자 그대로 받아들여서인지 '중원을 정벌하기 위해 먼저 조선왕조를 공격해야 한다'는 취지의 기록이 담겨 있다.[32] 양자의 기록 중 어느 것이 진실이든 상관없이, 현재의 맥락에서 중요한 것은, 이 봉기와 연관된 이필제의 행적으로부터 어떤 형태의 동학 관련성도 찾을 수 없다는 점이다.

1870년 3월, 이필제는 진주 읍성을 공격하려는 계획과 함께 재차 봉기를 시도했다. 비록 이 역시 실패로 끝나고 말았지만, 진주 봉기는 이필제 사상의 원천과 그 현실 적용 방식을 가늠하게 해준다는 점에서 매우 의미 있는 사례이다. 그리고 이는 모두 이필제 일행이 진주 봉기 3개월 전에 계획하고 중도 포기했던 남해거사의 내용에서 확인할 수 있다. 하나는, 앞에서 잠깐 언급한 〈직향경성〉 개념의 등장이다.[33] 이는 북벌중원을 상위 범주로 갖는 개념으로서 실은 진천 봉기의 중원 정벌과 조선왕조에 대한 전복 주장을 반복한 것과 다를 바 없다.

이필제의 활동 시기에는 미륵신앙이나 전통신앙은 물론 〈비기〉나 〈참서〉와 같은 민간신앙이 유행했는데, 이 중 특히, 민간신앙은 체제 비판이나 사회변혁운동의 사상적 기반으로 이용되는 경우가 많았다.[34] 그리고 이필제가 자신의 사상적 기반으로 활용한 것 역시 당시 민간신앙의 참서류 중하나인 〈정감록〉이었다.[35] 그런데 〈정감록〉을 신앙한다는 것은 곧 정씨 성을 가진 이가 이 나라의 왕이 된다는 신념체계를 가졌다는 의미이다. 위에 언급한 이필제의 사안이 국가적 중대 사안 일 수 있었던 것은 이 사건이 다름 아닌 역성혁명사건,[36] 바로 국가를 전복하려는 모반사건 일 수 있기 때문이었다.

다른 하나는, 이러한 이필제의 사상이 현실에 적용될 때 드러나는 모습이 이필제라는 인물에 주어진 세인들의 평가와 그리 다르지 않다는 점이다. 『경상감영계록』에 따르면, 이필제 일행은 재정 확충을 위해 심지어 어사출도를 사칭할 계획마저 적극적으로 세워둘 정도였기 때문이다.[37]

그리고 이를 동학사상과 그 현실 적용 방식에 대비시켜보면, 양자는 거의 완벽하게 서로 반대의 입장을 취하고 있다는 것을 알 수 있다. 부언할 필요도 없이, 이필제가 신봉하는 참서류의 신앙은 최시형이 가장 경계하는 '한

심한 것'들 중의 하나이기 때문이다.[38] 즉, 이필제의 사상과 동학의 그것은 서로 본질적인 차이를 보이고 있는 것이다. 다른 한편, 최시형은 봉명어사를 사칭하는 무뢰배에 의해 동학도가 입은 재산 피해나 사상자가 속출하는 현실을 개탄하며 특별히 '도인은 그들의 동정을 살펴서 사기 행각에 현혹당하는 일이 없도록 각별히 조심하라.'는 통문까지 내릴 정도였다.[39] 요컨대 사상과 그것의 현실 적용 방식 모두에서 이필제와 최시형은 도무지 서로 양립할 수 있는 관계가 아니었던 것이다.

이필제의 세 번째 봉기는 개별적으로나마 유일하게 성공한 영해의 민중 봉기였다. 동시에 이는 최시형을 비롯한 동학도들과의 연계를 통해 이필제에게는 비록 외형상의 형식으로나마 지금까지의 다른 봉기들과는 달리 명백하게 동학 관련성이 부각되는 봉기이기도 했다. 다만, 영해를 거쳐 계속해서 북쪽으로 진격하려던 사전 계획이 사실이라면, 소위 〈직향경성〉으로 대변되는 그의 사상적 원천 역시 건재하다는 점도 틀림없는 사실 일 수밖에 없다. 요컨대, 이 경우마저 이필제의 동학 관련성은 부정될 수 있는 것이다.

마지막으로, 조령 봉기의 경우, 이필제 본인에게는 적어도 자신이 신봉하는 사상의 원천과 관련하여 가장 이상적인 파트너를 만난 것으로 보인다. 이필제의 속마음이야 어떠했든 여태까지 그가 파트너를 구해온 방식은 〈정감록〉의 예언에 따라 자신은 중원으로 나아가 천자가 되고, 그의 파트너는 이씨 왕조가 무너진 이후의 조선을 맡아 경영해갈 것이라는 유혹적인 말이었다.[40] 그런데 예언서의 정확한 내용은 조선의 차기 경영자가 정씨라는 점이었다. 요컨대 한 승려로부터 〈정감록〉 류의 예언을 듣고 스스로 왕이 될 것임을 자처하는 정씨 성의 부자를 찾아냈기 때문이다.[41]

4차 봉기를 끝으로 이필제는 자신의 짧은 삶을 마감하게 되었지만, 불과 5개월 전까지만 해도 뚜렷이 부각되는 듯했던 이필제의 동학 관련성은 더 이상 찾기 어려워졌다. 우선, 최시형이 4차 봉기에서 철저히 배제되었거나,[42] 혹은 그와 함께 했던 파트너들이 더 이상 동학도가 아닌 60여 명의 유생들이었기 때문이다.[43] 이 외에도 이필제는 "단신으로 충청북도 추풍령에 이르러 전에 사귀어 놓은 활빈당이라고 일컫는 도적떼에 원병을 요청"[44]하기도 했었던 듯하다.

(3) 이필제의 동학 관련성

이필제의 동학 관련성 여부를 뚜렷이 드러내기 위한 지금까지의 집중적인 관찰에도 불구하고, 실상 그가 과연 진심어린 동학도였는지, 아니면 〈정감록〉에 심취한 기인에 불과했는지에 대한 판단은 당분간 좀 더 유보해두는 편이 적절해 보인다. 그 이유는, 첫째, 최제우의 기일을 택해 교조신원의 의미를 찾았다는 점은 이필제의 동학 관련성 주장을 강화해주지 못하기 때문이다. 이로부터 확인할 수 있었던 것은 기일의 의미를 새기거나 문자 그대로의 신원이라기보다는 오직 무력봉기를 통해 현실의 사태를 강압적으로 해결하겠다는 의지였다. 요컨대 여기엔 〈직향경성〉의 성향을 완전히 배제할 수 없다는 것이다.

이와 마찬가지로, 둘째, 설령 3차 영해 봉기를 제외한 다른 모든 봉기에서 동학 관련성을 찾지 못했다 할지라도, 이점이 곧 이필제의 동학 관련성에 대해 부정하는 주장을 강화시켜주는 것도 아니기 때문이다. 다른 세 차례의 비동학적 태도는 얼마든지 상황논리에 따른 선택의 결과일 수 있다. 즉, 상황이 여의치 않을 경우, 스스로 동학도임을 드러내기보다는 그렇지 않은 쪽을 전략적으로 선택한 결과일 수 있는 것이다.

다만, 상식의 측면에서 볼 때, 이필제에게는 다소간의 특이 기질이 있는 것만은 틀림없어 보인다. 2년이 조금 넘는 기간 동안 무려 4차례에 걸친 봉기 시도가 그렇고, 결국 자기 자신을 죽음으로 몰고 간 결과를 초래했지만, 특히 4차 봉기에서 단 60여 명의 인원으로 무장봉기를 시도했다는 점은 더욱 그렇다.[45]

그런데 만약, 그가 〈정감록〉에 근거하여 실제로 중국의 천자가 된다는 신념을 갖고 있었다는 것이 사실이라면, 그의 특이 기질은 과대망상에 가까운 것이다. 자신을 지지해줄 독자적인 기반도 갖추지 못한 채 한 고을의 현감이나 조선의 왕도 아닌, 돌연 중국의 천자가 되겠다는 욕망은 호연지기라기보다는 오히려 정신질환에 가까워 보이기 때문이다. 요컨대, 현재의 맥락으로서는, 이필제의 동학 관련성 여부보다는 오히려 그가 과연 〈정감록〉의 신봉자인지에 대한 진위 판별이 더욱 시급해 보인다.[46]

(4) 최시형의 영해 봉기 적극 가담설

이필제의 동학 관련성을 다룰 때 빠지지 않는 문제는 바로 최시형의 봉기 참여 여부와, 그 가담 정도이다. 최시형을 옹호하려는 연구자들이 '겉만 동학도'인 이필제로부터 그를 격리시키려는 경향을 보인다면, 이와 반대로 영해 봉기에 대한 최시형의 적극 가담설을 주장하는 연구자들은 대개 이필제를 순수한 동학도로 평가하는 듯하다.

이때 영해 봉기에서 최시형의 적극 가담설을 주장하는 근거는 『교남공적』이다. 이를 테면, "해월 교주가 영해 부사 이정을 살해했다는 말을 들었다", "배가 고파 스스로 밥을 해서 먹을 것을 찾아서 먹고 40리 밖에 권씨 성을 가진 이름을 알 수 없는 집에 도착해서 듣기로는 동학 교주 최경오가 관장을 해한 것이라고 들었다.", 혹은 이를 다시 번복한 "지난 번 진술에서 겁이 나고 두려운 나머지 강사원의 말만 듣고 진술했는데 [...] 누가 관장을 해한 사람인지 실은 알지 못하고 미리 염탐한 사람도 밤이라 혼미하고 어두워

누구였는지 모른다."는 등의 공초(供招)상 진술들이 바로 그것이다.[47]

요컨대 피심문자의 심리적 불안정, 일관되지 않은 진술, 직접 목격에 의하지 않은 진술, 문초 과정의 특수성, 그리고 관변 자료의 편향 가능성 등이 서로 얽힌 상황으로부터 어떤 신뢰할 만한 사실을 추론해내는 것은 결코 쉬운 일이 아니며, 사실상 불가능에 가깝다. 만약, 이를 법정에서의 진술로 가정해 본다면, 이는 이미 증거로서의 능력을 상실한 진술인 것이다.

이 자료에 무한 신뢰를 보낼 수 없는 또 다른 이유는, 이 자료가 자가당착적 특성을 갖기 때문이다. 즉, 여기엔 최시형의 적극 가담설을 오히려 부정할만한 반대증거 역시 함께 들어 있는 것이다. 예를 들면, "죽창을 가지고 동헌에 들어갔는데 창호를 깨뜨린 것은 지휘자 이제발(필자 주: 이필제)이었고, 김진균에게 칼로 관장을 해하도록 시켰고, 인부는 강사원에게 탈취하도록 시켰다."[48]

여기에서 한발 더 나아가, 이 자료엔 봉기의 순수성을 의심하도록 만드는 진술도 여러 곳에서 발견할 수 있다. 예컨대, "영해읍에 갔다가 힘없이 돌아오는 길에 봉기 대열에 참가했던 군중들 100여 명을 만나 그들이 나를 붙잡고 하는 말이 우리 당에 입당하지 않으면 죽는다고 겁을 주고 위협해서 동학당에 입당하고 봇짐에 환도와 조총 유건과 청의를 싼 것을 운반하여 주고 함께 저녁 먹으러 신 주막에 갔다.", 혹은 "너는 지난 번 진술 기록을 보니 야심한 밤에 자는데 동학인 봉기 대열이 따라 오라고 위협하여서 함께 갔다면 그 우두머리는 누구였는지[...] 정황을 확실하게 다시금 바로 진술하여라."[49] 와 같은 진술이 바로 그것이다. 만약 이 진술들이 모두 사실이라면, 동학도는 일반 양민들에게 무력으로 입당을 강요하고 위협을 일삼는 무뢰배에 다름 아닐 것이다.

요컨대 최시형의 봉기 가담 정도를 측정하는 척도는 그 자체로 일관성을 상실한 관변 자료, 『교남공적』보다는 오히려 가장 현실적인 측면에서 찾아야 더욱 자연스러운 결론에 도달할 수 있을 것이다. 그리고 이 관점에서 보면, 최시형의 봉기 참여는 '어쩔 수 없는' 선택이었을 개연성이 매우 높다. 비록 최시형이 도통을 이어받은 2대 종주였으나 자신의 목소리를 적극적으로 내기 시작한 시점은 1885년 이후의 일로서, 당시 최시형의 권위는 최제우의 유족에도 미치지 못할 정도였기 때문이다.[50] 더구나 영해 봉기에서 이필제의 역할은 최시형을 압도하고 있었으며, 실제로 이필제를 따르는 세력이 그보다 훨씬 강력했기 때문이다.[51]

또한 최시형은 처음부터 이필제와의 만남을 피하려 했고, 이후 봉기에 동참했을 때에도 역시 자신의 소극적인 결정을 돌연 적극적으로 바꿀만한 일말의 단서나 계기도 찾을 수 없었기 때문이다. 오히려 『도원기서』에서 그는 적극적으로 이필제의 봉기 시도에 저항해 왔음을 일관되게 밝히고 있다. 물론 국가에 의해 이필제의 다음 수괴(次魁)로 지목된 처지에 동학도의 안전을 위해서라도 그는 봉기의 적극 가담설을 부정했으리라는 시각이 존재하는 것도 사실이지만, 그렇다고 단 하나의 정황증거가, 혹은 '터프한 2년 선배(이필제)'의 강요에 못 이겨 자신이 지나온 삶 전체의 모습을 부정하면서 유혈의 무장봉기에 적극 참여했다고 상상하기는 힘들어 보인다.

3. 영해의 민중 봉기는 동학혁명인가?

1) 동학다운 혁명

지금까지 우리는 베일에 가린 인물, 베일에 가린 사건이랄 수 있는 영해 민중 봉기의 전후 시점에 초점을 두고 이필제와 봉기군의 행적을 집중 추적해 왔다. 이제 그로부터 자연스럽게 도출되는 질문은, 그렇다면 이 봉기에 가장 합당한 정체성은 과연 무엇인지에 대해서이다. 이때 적어도 이 봉기가 난이라면 그것은 동학란이고, 혁명이라면 동학혁명이다. 형식 논리의 측면에서, 이 봉기는, 첫째, 동학 수장과 동도들이 참여한 점, 둘째, 최제우의 기일을 봉기일로 결정한 점, 그리고 셋째, 교조신원의 의미를 포함하고 있는 점 등을 고려할 때 이미 동학 관련성의 필요충분조건을 충족시키고 있기 때문이다.

다른 한편, 영해 민중 봉기의 정체성 파악을 위해 내용적으로 살필 지점은, 첫째, 이 봉기를 실질적으로 주도했던 이필제는 천도를 따르는 동학정신에 충실한 진심을 가졌었는가의 여부이고, 둘째, 동학의 수장 최시형은 충심으로 이 봉기에 동참하였는지의 여부에 대해서이다. 전자에 대해서는 이용만 당했다는 피해의식이, 그리고 후자에 대해서는 원치 않는 봉기였다는 의혹이 여전히 남아 있기 때문이다.

비록 내용적인 측면의 완결성까지 기대하지는 못한다 하더라도, 영해의 민중 봉기가 그 형식에서 동학적 특성을 갖는다는 점만은 분명해 보인다. 이때 이러한 특성을 가진 봉기가 특정한 지역적 한계를 넘지 못했거나, 단순한 삶의 질 개선이라는 일반적 형태를 벗어나지 못하거나, 다양한 계층의 민중들이 동참하지 않았거나, 혹은 지배세력에 대해 자유나 평등과 같은 인간의 보편 가치를 요구하고 있지 않다면, 그것은 단지 전형적인 민란에 해당할 뿐이다. 요컨대 이 경우, 영해 봉기는 동학란에 해당한다. 반대로, 만약 이러한 조건을 모두 충족시킨다면, 이 봉기는 동학혁명으로 자리매김 될 수 있을 것이다.

그리고 이 점에서, 영해 민중 봉기의 정체성은 동학과 비동학 사이, 그리고 혁명과 봉기 사이 아주 넓은 중간지대의 어딘가에 위치하고 있는 듯하다. 이는 가장 넓은 의미의 동학적 · 혁명적 요건의 형식을 충족했으되, 그 내용에서는 그렇지 못했으며(적어도 매우 불투명한 채로 남아 있으며), 나아가 그 형식의 측면에서조차 엄밀한 눈으로 보면 중대한 절차상의 문제가 발견되기 때문이다.

동학도들이 최제우의 기일에 맞춰 교조신원을 하려 했다는 점은 동학 관련 정체성의 형식적 측면을 충족시킨다. 또한 이것이 혁명 관련 정체성의 형식적 측면 역시 충족시키려면, 영해 봉기는 다양한 지역과 계층의 민중들이[52] 지역적·계층적 한계를 뛰어넘어 인간의 보편 가치를 쟁취하려 했다는 사실을 확인할 수 있어야 한다.

이때 이 두 가지 형태의 정체성을 동시에 만족시키는 지점은 바로 교조신원에 있다. 교조신원이란 다름 아닌 인간의 보편 가치인 양심의 자유를 요구한 행위이기 때문이다. 다시 말해, 영해 민중 봉기의 정체성을 형식상으로나마 온전한 형태의 혁명으로 간주하기 어려운 이유는, 비록 봉기의 준비 단계에서 교조신원의 문제가 주요 안건 중 하나로 다루어졌더라도 실제 봉기 과정에서는 그에 관련한 부분이 주장된 바가 전무했다는 점에 있다.

요컨대 영해 봉기는 혁명의 전단계로서의 역할은 충실히 했으나, 그 자체를 혁명으로 받아들이기에는 무리가 따르는 것으로 보인다. 설령 이를 동학 최초의 혁명으로 바라보는 시각이 가능하다 할지라도, 종류를 막론하고 대개의 첫 경험들이 흔히 그렇듯, 이는 크게 어설프고 잘못 설정된 방향의 혁명이다. 여기엔 동학의 가치, 즉 인간의 최대 보편 가치인 생명이 너무 가볍게 다루어졌기 때문이다. 동학의 첫 '혁명가'들은 손에 무기를 들고 야밤에 선제 기습공격을 했고, 사람을 죽이고, 성공을 자축했다.

영해의 민중 봉기는 우리로 하여금 단순한 동학혁명이 아닌, 그야말로 동학다운 혁명이 무엇인지에 대한 깊은 성찰을 요구하고 있는 듯하다. 과연 살인이나 폭력은 그 목적이 정당하다는 이유로 허용되거나, 나아가 미화되어도 괜찮은 것일까? 물물천사사천, 사인여천의 동학정신에 비추어 볼 때, 살인, 그것도 선제적인 살인을, 당연하다거나, 피할 수 없다거나, 불가결하다거나, 정당하다는 이유를 들어 묵인하고, 방조하고, 독려해도 괜찮은 것일까?

만약 최시형이 '혁명'에 소극적이었던 점이 사실이라면, 이는 그가 혁명 자체를 싫어해서가 아니었을 것이다. 아마도 그는 동학정신의 가치를 심각하게 훼손시킬 예상 가능한 폭력의 사용과 마주하는 것이 두려워서였을 것이다. 어쩌면 최시형은 이필제와의 원치 않던 연합을 통해 더욱 자신의 수행론적 입장을 공고히 할 수 있었는지도 모른다. 최시형이 설파한 수행은 전격적인 변화를 동반하는 특별함의 추구가 아닌, 일상의 삶을 소중하게 살아가는 데에 있기 때문이다.[53] 더욱이 일상의 수행, 즉 양천주의 실천에서 무력의 사용이란 있을 수 없는 일이다.[54] 이는 곧 한울을 상하게 하는 일이기 때문이다. 모든 '혁명'은 동학다울 때 가장 아름답다.

2) 두 가지 근대적 특성의 단초

근대성은 매우 넓은 외연을 가진 개념이다. 논의가 지나치게 확대되는 것을 피하고, 영해 동학 봉기의 근대적 특성에 그 초점을 두기 위해 이를 근대적 시민혁명의 관점에서 살펴볼 필요가 있다. 그리고 이 관점으로부터는 천부적 인권을 부여받은 개인으로서의 권리와, 객체화된 국가를 상대로 사회계약을 통한 성장이라는 두 가지 근대적 특성의 단초가 드러나는 것으로 보인다.

(1) 개인 권리의 신장

집단으로부터 주체성을 가진 개인의 분리를 전제로 타자화된 객체를 대상화하고 수단화하려는 서구 근대성과는 달리 동학사상은 모든 존재를 지기의 소산으로 이해함으로써 주체적 개인이되, 동시에 다른 개인들과의 유기적 관련성을 중시하는 인식의 틀을 갖고 있다. 만약 근대를 인간으로서 한 개인의 권리가 신분사회에 한정된 제한적인 것에서 모든 작위적 속박을 벗어난 천부적인 것으로 재조명되는 시기를 의미한다면, 최시형의 인간관(혹은, 넓게는 우주관)은 모든 개인이 신성을 가진 동등한 존재라는 가장 뚜렷한 형태의 근대성을 띠고 있다. 요컨대 동학의 근대성을 사상의 측면에서 조명하면, 이미 무극대도의 평등사회를 지향하는 시민혁명으로서의 근대성이 자리 잡고 있는 것이다.

하지만 이 자리는 동학의 사상적 근대성이라기보다는 영해에서 발발한 민중 봉기에 대한 근대성의 단초를 따지는 장소이기 때문에, 이 봉기의 주체가 된 개인들을 중심에 두고 관찰할 필요가 있다. 이때 우선적으로 고려되어야 할 사항은 이 봉기가 과연 민중 대다수의 총체적 요구를 반영하고 있느냐의 여부에 있다.[55] 이를 확인할 수 있는 가장 기본적인 방법은 이 참가자들이 과연 다양한 계층으로 구성되어 있는가의 여부를 살피는 것이다. 또한 이들이 다양한 지역에서 자발적으로 집결했는지의 여부도 매우 중요하다. 이 점에서, 비록 몰락한 지식인층의 비율이 높았을 가능성을 염두에 두더라도,[56] 다양한 지역에서 다양한 계층의 사람들이 이 봉기에 참여했다는 것은 이 봉기가 근대의 문을 열어가는 데에 중요한 선도적 역할을 담당했다는 점을 말해준다.

다양한 지역의 연계와 다양한 계층의 참여에 한 가지를 덧붙인다면, 그것은 바로 시민운동의 조직화이다. 그리고 이는 분명 이필제의 주도적 역할이 있었기에 가능한 일이었다. 동학사상에 비추어 이필제가 가진 신념에 놓인 여러 충돌점에도 불구하고, 근대성의 관점에서 그가 추구한 새로운 세상의 모습은 불평등한 신분관계를 철폐하고 전통적 지배이념을 부정하는 근대적 요소를 함축하고 있다는 점에서는 최시형의 그것과 다를 바가 없을 것이다. 물론 시민운동의 조직화를 포함한 이 세 가지가 문자 그대로의 근대적 요소일 수는 없을지라도, 여기엔 그것이 가능하도록 길을 열어준 단초로서의 분명한 역할이 있었던 것이다. 이 점에서, 그는 근대를 추동해가는 개혁가이기도 한 셈이다.

다른 한편, 최시형에게 일관하는 근대성의 요소는 바로 개벽이며, 그 개벽은 천도에 따라 행동함으로써 사람이 바뀌는 것을 의미하는 것이었다. 요컨대 그에게는 개인윤리를 통해 사회변화를 추동해가려는 가장 선구적인 시민적 근대성이 자리하고 있었다.[57]

(2) 사회계약을 통한 성장

사상의 측면으로만 보면, 최시형의 그것은 전근대, 근대, 탈근대의 구분을 뛰어넘는 보편적 가치로서의 위상을 차지하는 것이 분명하겠지만, 앞서 언급한 바처럼 본 연구의 울타리인 이필제와 최시형의 '행적' 안에서의 근대성은 다름 아닌, 근대를 이끌어낼 마중물로서의 근대성, 즉 선도적 의미의 근대적 특성을 갖는다. 그리고 그 두 가지 근대적 특성은 영해의 민중 봉기가 혁명의 전단계로 자리매김하는 순간 이미 충족된 것이나 다름없다.

근대성은 종교를 인간 내면의 사적 영역에 배치함으로써 저마다의 개인에게 다양한 형태의 종교가 출현하는 것을 허용한다.[58] 동학도들이 최소한 형식상의 측면을 충족시키며 처음 요구했던 것은 바로 신원, 즉 좁게는 종교의 자유, 넓게는 양심의 자유였으며, 이는 매우 의미 있는 근대적 시민운동으로 평가 받을 수 있을 것이다.

나아가 동학정신에 입각한 시민적 근대성의 역량이 커가면서 영해 봉기 당시에는 찾을 수 없었던 사회계약을 통한 성장 노력이 서서히 보이기 시작했는데, 이 중 가장 대표적인 것이 바로 〈전주화약〉과 같은 개인 권리의 보장을 위한 계약의 성립이다.

전주화약에서 맺어진 폐정 27개조의 내용을 분석한 보고에 따르면,[59] 동학과 직접 관련된 조항은 27개조 가운데 25번째 문항("동학교도를 무고히 살육하지 말며 동학과 관련하여 가둔 이를 모두 신원할 것") 하나뿐이며, 나머지 절반이 3정의 문란에 대한 시정 요구, 뒤이어 탐관오리 처벌에 대한 요구 등으로 이어진다. 특히, 이것이 12개 폐정개혁안으로 구체화된 후의 내용을 보면, '횡포한 부호를 엄하게 다스릴 것' 등의 케이스별 약자 보호를 위한 요구사항 외에, '노비문서를 태워버릴 것', '청춘과부의 개가를 허용할 것', 혹은 '토지를 똑같이 나누어 경작하게 할 것' 등과 같이[60] 사회적 약자를 위한 범시민적 요구가 큰 비중을 차지하고 있어, 영해의 민중 봉기 이후 20여 년의 기간을 거치며 동학도들이 키워온 근대적 의식이 더욱 성숙했음을 확인할 수 있다.

그리고 이는 동학사상, 나아가 1894년의 동학혁명을 한국 민주주의의 탄생과 발전에 연결 지을 수 있는 주요 사상적 · 역사적 토대로 작동하는 것이다. 요컨대 동학사상, 그리고 동학혁명은 한국 민주주의의 탄생과 발전에 기여하고, 이를 앞당기도록 만들었다는 점에서도 그 선도적 역할을 해낸 셈이다.

4. 나가는 말

관변 측 사료를 따라 판단하게 되는 이필제는 그 사상의 원천이나 현실 적용의 방식에서 최시형과는 전혀 그 궤를 달리 하는 인물이다. 또한 대부분의 동학 측 사료는 이필제의 인물 됨됨이를 바람직하지 못한 것으로 기술하고 있다. 설령 전해지는 자료가 일관적이라 하더라도 사실과 해석을 가려내는 채를 사용해서 다시 걸러 보면, 실상 뚜렷한 '증거물'로 떠오르는 것은 그리 많지 않은 것도 사실이다. 이는 물론 자료의 부족에 기인하는 바가 가장 크지만, 대개 인간의 존재 양상 자체로부터 기인하는 문제, 즉 사실을 바라보는 해석의 문제에 해당하는 것일 수 있다. 요컨대 이필제의 인물·사상 정체성에 대한 마지막 판단은 더 많은 신뢰할 만한 사료가 발굴될 때까지 유보해두는 것도 적절한 방법 중의 하나가 될 수 있을 듯하다.

서로 대립되는 여러 입장들에도 불구하고, 이필제와 최시형 양자는 서로의 빈 곳을 채워주는 윈윈의 상대라는 관점 역시 가능할 수 있다. 이를 테면, 최시형이 봉기의 뿌리에 안정적인 사상적 기반을 제공하는 역할을 했다면, 이필제는 봉기의 성공을 위해 지역과 계층을 넘나들며 몸으로 뛰는 역할을 다했던 것이다. 요컨대 영해의 민중 봉기를 위해 이필제가 그 형식을 맡았다면, 최시형은 그곳에 우리 인간이 지향해야 할 보편 가치의 내용을 채워준 역할을 했다고도 볼 수 있는 것이다. 그리고 이는 물론 이필제의 언행에 대한 세간의 부정적 평가가 사실과 다르고, 나아가 천도를 따르는 동학정신에 대한 그의 태도가 진심이었다는 확인되기 힘든 사실 자료의 발굴을 전제로 한다.

비록 군주의 전제정치를 직접적으로 겨냥한 저항, 즉 서구식 근대주의의 성격과는 다소 거리가 있을지라도, 만민 평등을 인간의 당연한 천부적 권리로 이해하는 동학정신은 그것 자체로 이미 엄격한 신분계급을 전제로 하는 당시의 전근대적 사회체제를 전적으로 부정하는 지극히 근대적인 것이었다. 다만, 민란에서 혁명, 그리고 전근대에서 근대로 넘어가는 과도기의 특성상 그 과정엔 다양한 형태의 필요불가결한 시행착오와 판단 착오가 있을 수 있다. 그리고 그 모든 오류와 과오의 파편들 중에 가장 중대하게 받아들여야 할 것은 바로 반생명적 폭력의 사용일 것이며, 동시에 이러한 반동학적 행위를 무비판적으로 수용하고 정당화하는 오늘의 우리들이다.

영해 동학혁명과
해월의 삶에 나타난 사인여천 사상

김영철__동국대학교 파라미타칼리지 조교수

1. 들어가는 말

동학혁명은 우리나라 역사뿐만 아니라 인류 역사에서도 하나의 이정표로서의 의미를 갖는다. 이는 인본주의(人本主義)로 대표되며 우리나라뿐만 아니라 세계적으로 볼 때도 중세 봉건 사회에서 근대 사회로 변화하는 과정에서 나타나는 큰 특징이다. 이는 프랑스 혁명뿐만 아니라 우리나라의 동학혁명에서도 분명하게 나타난다. 프랑스 혁명에서는 신(神) 아래에 있는 모든 인간은 존엄한 존재로서 자유를 누릴 권리가 있음을 강조한다. 이는 본질적인 의미에서의 인간 존재의 평등을 의미하는 것이라기보다는 인간 주변에 부여되는 사회적인 측면에서의 평등을 의미한다.[1] 말하자면 인간은 본질적으로 그 능력이나 신분의 차이를 지니고 태어날 수 있지만, 사회적으로는 그 어떤 제한이나 차이를 두지 않고 모든 인간에게 평등한 기회를 제공한다는 점을 강조한다. 하지만 동학혁명의 정신은 단지 사회적인 의미에서의 평등이나 인간 존엄성을 강조하는 것이 아니다. 동학의 인본주의에는 사인여천(事人如天)의 정신이 그 바탕에 놓여 있다. 사인여천의 정신으로 인간을 바라본다는 것은 모든 인간을 본질적으로 동등하고 평등한 존재로 인식하고자 하는 것을 의미한다.

사인여천 정신을 강조하면서 실천한 대표적인 인물이 바로 해월 최시형이다. 해월은 스승인 수운의 사상을 몸소 실천하여 동학정신을 널리 알림으로써 동학 교단을 재정비하면서 교세를 확장시키는 삶을 살았다. 그리하여 동학은 해월에 의해 조선 사회에 뿌리를 내릴 수 있었다. 수운과 달리 해월의 사상은 이상적인 것이 아니었다. 일상생활에서 가장 기본적인 노동에서부터 제사에 이르기까지 매우 구체적이고 실질적인 내용을 통하여 동학사상을 재정립하였다. 해월이 현실적이고 구체적인 방법으로 동학사상을 실천할 수 있었던 것은 해월 자신의 불우한 환경으로 인해 유교나 여타 학문을 이론적으로 배우지 못했고 일상 경험을 통해 접했기 때문일 것이다. 해월의 이러한 외적 환경이 결국 수운의 시천주(侍天主)사상을 새롭게 확대하고 실천적으로 해석하여 실천할 수 있는 방법을 제시하도록 하였을 것이다. 이는 곧 시천주를 '사람이 곧 한울님'이라는 인즉천(人卽天) 혹은 인시천(人是天)으로 해석하여 사인여천의 삶을 강조하는 것이다. 즉 사람이 곧 한울님이니 상하귀천이나 남녀 그리고 장유의 차별 없이 모두를 한울님처럼 대하는 것이 수운의 가르침이라고 생각한다. 이러한 가르침을 실천하는 것이 사인여천의 삶이며, 이에 대한 구체적인 실천 방법으로 해월은 양천주(養天主)와 대인접물(待人接物) 그리고 삼경사상(三敬思想) 등을 강조한다.

이러한 해월의 사인여천 정신이 잘 구현되어 나타난 것이 바로 1894년에 일어난 동학혁명, 즉 갑오동학혁명이다. 동학혁명이 발생한 이유는 당시 농민들의 궁핍한 생활 등 여러 가지 측면에서 살펴볼 수 있겠지만, 무엇보다도 주된 이유는 당시 사회의 불평등 의식, 즉 인간 존엄성의 회복에 대한 사람들의 열망이었을 것이다. 당시 조선의 사회는 외세의 문명과 함께 서양의 자유 평등 사상 등이 유입되고 있었다. 이는 곧 사람들로 하여금 새로운 세상에 대한 호기심과 현재의 불우한 인권 상황에서 벗어나고픈 욕망을 갖도록 하였을 것이다. 이러한 시점에 신분차별을 철폐하고 평등사상을 실천코자 하는 해월의 사인여천 사상은 당시 조선 사회의 을(乙)인 백성들에게는 빛과 같은 존재였다. 그로인해 해월은 당시 신분사회에서 고통 받고 있던 백성들, 예컨대 서얼출신 양반과 중인 그리고 농민과 노비 등 광범위한 계층들로부터 지지를 받았다. 이는 곧 동학혁명이 발생하게 되는 결정적인 역할과 요인이 되었다. 이처럼 해월의 사인여천 사상은 갑오동학혁명의 정신적 토대를 제공하였다.

해월의 사인여천 사상은 곧 자신의 삶에 그대로 묻어있다. 해월은 1861년 동학에 입교한 이래 처형될 때까지 40여 년을 일반 백성들과 함께 동고동락하는 어렵고 힘든 생활을 하면서 가난하고 억압받는 백성들과 그들의 생활터전을 한울님처럼 받들고 공경하는 삶을 실천하였다.

해월은 이러한 사인여천의 삶이 중요하며, 실천하는 것은 더욱 중요하다고 스스로 깨우치게 되는데, 이러한 계기가 바로 1871년에 일어난 영해 동학혁명이라고 할 수 있다. 영해(寧海)는 일찍부터 동학이 전파되어 1862년 12월 수운이 접주제(接主制)를 실시할 때 접소(接所)를 설치했던 지역이다. 1863년부터 수운이 처형당할 때까지 경주 등과 함께 동학교세가 가장 큰 지역이었다. 그리고 영해(寧海) 지역의 동학교인들은 현실비판과 인간 존중의식이 강한 사람들이 많았던 것으로 추정된다. 이는 곧 영해 동학혁명의 리더였던 이필제의 사상적 성향과도 일치한다. 왜냐하면 이필제의 신분이 몰락양반이고, 그로 인해 당시 봉건사회 체제에 대한 비판의식이 강했을 것으로 추정할 수 있기 때문이다. 실제로 해월은 영해 동학혁명을 통해 사람과 만물에 한울님이 내재하고 있음을 더욱 확신하게 되었다. 이는 그가 영해 동학혁명 이후 영해와 영덕 지역 동학교인들에게 많은 도움을 받게 되었고, 이러한 교인들의 모습과 행동으로부터 한울님의 모습을 보았을 것이다. 그래서 해월은 이때부터 천지부모(天地父母)에 대한 설법, 즉 천지부모 포태설을 강조하게 되며, 이를 통해 사인여천 사상을 더욱 공고히 하게 되었다.

> "천지는 곧 부모요 부모는 곧 천지니, 천지부모는 일체니라. 부모의 포태가 곧 천지의 포태니, 지금 사람들은 다만 부모 포태의 이치만 알고 천지포태의 이치와 기운을 알지 못하느니라."[2]

이는 천지와 부모가 인간을 포태하여 젖과 오곡을 먹이는 것이야말로 천지부모일체로서 양육하는 은혜라고 하는 것이다.[3] 이러한 은덕을 알아야 천지부모를 공경하게 되며, 천지가 부모임을 알고 공경할 때 육신의 부모를 공경할 수 있게 된다는 것이다. 말하자면 영해 동학혁명은 해월 스스로에게 사인여천 사상에 대해 다시금 생각하고 발전시키게 하는 계기를 제공하였다고 할 수 있다. 이런 이유로 인해 해월의 사인여천 사상은 경천(敬天)토대로 하여 경인(敬人), 즉 인본주의만 강조하는 것이 아니라 경물(敬物)로까지 나아가게 되었다. 이는 곧 해월이 영해(寧海)동학혁명이 일어난 다음 해인 1872년 1월 5일 49일간의 기도를 마친 뒤 설법한 대인접물(待人接物)사상에서도 정확하게 드러난다.

> "도는 먼저 대인접물에서 시작되는 것이니 사람을 대하는 곳에서 세상을 기화할 수 있고 물건을 접하는 곳에서 천지자연의 이(理)를 깨달을 수 있나니라."[4]

이는 곧 사인여천을 사람으로부터 가족과 국가 그리고 더 나아가 천하(天下)로까지 확대하게끔 하였다. 또한 1870년대에 해월이 행한 설교의 대부분은 인간존중이나 만민평등에 관한 내용이었다. 이는 당시 사회의 백성들에게는 절대적으로 요청되는 내용이었다. 해월이 영해 지역에 머물면서 보다 더 구체적으로 정립한 사인여천 사상은 기본적으로 수운의 시천주 사상을 구체화시킨 것이며, 이는 곧 영해 동학혁명의 정신이자 인본주의 사상의 표본이라고 할 수 있다. 이러한 인본주의 사상은 수운의 사상에서부터 잘 드러나고 있지만, 해월에 이르러서야 사람들, 특히 동학교도들의 일상생활에까지 구체적인 모습으로 나타나게 된다. 수운이 시천주 사상으로 한울님을 인간에 내재화함으로써 인간 존재의 존엄성을 생각게 하였다면, 해월은 사인여천 사상으로 인간 존재의 존엄성 혹은 존귀함을 일상생활에서 실천하고자 하였고, 이는 영해 동학혁명에서 드러나며, 후에 일어나는 갑오동학혁명의 정신으로 계승되었다.

본 연구는 해월이 수운의 시천주(侍天主)사상을 어떤 식으로 수용하고 발전시켜 나가는 지를 탐색한다. 이는 해월 자신의 삶에서도 잘 나타난다. 그의 삶은 곧 사인여천의 삶이며, 그것이 그의 사상 속에 잘 투영되어 있다. 따라서 그의 삶과 사상을 탐색하는 것은 그의 삶 전반에 녹아 있는 사인여천 사상의 의미를 찾는 것이기도 하다. 또한 이는 영해 동학혁명과 갑오동학혁명의 정신에서 드러나는 사인여천의 사상과도 그 맥을 같이 할 것이다. 이를 위해 본 연구는 크게 두 가지의 측면으로 나누어 논의된다. 첫 번째는 사인여천 사상의 토대로서의 시천주(侍天主) 사상과 시천주 사상의 토대로서의 수심정기(守心正氣)가 지닌 의미를 파악하고자 한다. 두 번째로는 사인여천 사상의 실천으로서의 해월의 양천주와 대인접물에 대해서 논의한다. 이를 통해 그의 사인여천 사상이 지닌 성격을 드러내고자 한다.

2. 해월의 사인여천의 삶

수운의 뒤를 이은 해월 최시형(海月 崔時亨, 1827~1898)은 시천주(侍天主) 사상을 계승하여 사인여천(事人如天)을 강조하고, 동학을 보다 민중적인 종교로 자리 잡게 하였다. 그리하여 동학혁명(東學革命)이라고 하는 한국 최초의 민중에 의한 사회적 실천운동을 가능하게 하였다.

해월의 삶은 수운의 가르침을 계승하여 새로운 이념이 실현되는 세상을 만드는 것이었다. 이러한 그의 생각은 곧 세상의 모든 사람들이 한울님을 깨달아 상하주종 빈부귀천의 질서를 타파하고 모두가 동등한 존재라는 새로운 가치관을 정립하는 것이었다. 이를 위해 해월은 봉건적 신분질서, 즉 양반과 평민이라는 신분질서뿐만 아니라 어른과 어린이, 남자와 여자 등의 상하종속관계의 윤리를 철폐하여, 모두를 한울님같이 섬겨야 한다고 사상을 강조하였다. 이것은 곧 사인여천의 사상을 뜻하며, 그래서 해월의 삶은 사인여천의 정신을 배우고 수양하고 실천하는 과정이 된다. 사인여천의 삶이란 신분의 귀천이나 빈부에 관계없이 모두가 한울님처럼 존경받는 삶을 의미한다. 사인여천의 삶은 곧 동학의 정신이자 당시 민중들의 절실한 희망이자 이상이기도 하였다. 물론 이는 오늘날 사회와 다가올 미래 사회의 이상이기도 할 것이다. 해월은 이러한 사상을 수운의 가르침, 특히 시천주의 가르침을 생각하고 실천하는 과정에서 깨닫고 더 발전시켜, 수운의 이론에 실천적인 의미를 덧붙여 일종의 동학교도의 삶의 지침으로서의 양천주(養天主) 사상을 완성하였다. 해월이 생각하는 것, 즉 '시천주하여 양천주한다'는 것은 곧 사인여천의 삶을 정신적으로 받아들이고 실제로 그러한 삶을 사는 것을 의미하고, 그러한 삶을 사는 자만이 곧 동학의 정신을 이어받은 진정한 의미의 동학교도라고 생각하는 것이다. 해월이 수운의 뜻을 이어받아 이러한 사인여천의 삶을 살게 된 것은 그의 삶에 그대로 잘 투영되어 있다.

해월의 성은 최씨이며 이름은 시형이다. 그러나 이는 본래의 이름이 아니다. 본래 해월의 이름은 경상(慶翔)이었다. 해월은 1827년에 경주 황오리에서 태어났다. 해월은 아버지와 어머니를 어린 나이에 여읜 이유로 인하여 불우한 성장 환경에서 자라났다. 어릴 때부터 생계를 위하여 친척들에 의지하여 자라났으며, 17세부터는 생활비를 벌기 위하여 종이 제작하는 일을 하였고, 19세가 되던 해에 밀양 손씨를 부인으로 맞이하였다. 해월은 35세 되던 해인 1861년 동학에 입도하였다. 입도하게 된 동기도 그의 불우한 환경 신분적 차별에서 비롯되었다고 보인다. 해월은 수운과 달리 학문을 닦은 적이 없는 인물이었다. 생활 또한 넉넉하지 못하였다. 그리하여 해월은 사회적으로나 경제적으로도 불만이 많았다. 이러한 해월에게 수운의 시천주라는 사상은 구세주 혹은 그 이상의 존재였을 것으로 추정할 수 있을 것이다. 그래서 그는 무엇보다도 빈부귀천이나 신분차별을 없애고 평등사상을 구현하고자 노력하는 삶, 즉 '사인여천'의 삶을 강조하였을 것이다. 실제로 해월의 설법은 당시 신분에 관계없이 사회로부터 소외되어 있던 사람들로부터 많은 호응을 받았다. 말하자면 모든 사람이 곧 한울님과 같은 동등한 존재임을 주장함으로써 당시 사회의 신분적인 질서로 인하여 억압받던 민중들로부터 절대적인 지지를 받았던 것이다. 이는 곧 동학이 양적으로 팽창하고 발전하는 데에 있어 지대한 역할을 하게 되었다.

해월은 1861년 동학에 입교한 이래 처형될 때까지 오랜 기간 동안이나 고행의 과정을 거치게 된다. 1863년에 수운의 뒤를 이어 교주가 된 이후 태백산맥과 소백산맥 등의 산간으로 36년 동안 50여 곳 이상이나 숨어 다니며 흩어진 교도들을 모아 위기에 처한 동학 교단을 다시 일으켰으며 포교활동 등으로 동학의 를 확장하고 사인여천의 정신을 실천하여 동학을 조선 땅에 자리 잡게 하였다. 1871년 영해 동학혁명 이후에는 관의 추적을 피하는 과정이기에 그러하기도 하지만, 해월의 고행은 더욱 심해졌고, 그것으로 인하여 핍박받는 민중들의 애환을 보다 더 생각하면서 사인여천의 삶을 스스로 실천하고자 하였다. 사인여천의 삶은 스스로를 낮추고 모든 일을 정성스럽게 하는 것에서 시작된다고 생각한 것이다. 그래서 그는 항상 일하기를 즐겨했으며, 잠시도 편안함을 취하지 않고자 노력하였다. 예컨대 그는 항상 보따리 하나만 들고 다녔고 쉴 때에도 새끼를 꼬거나 짚신 삼기를 하였다. 새끼를 다 꼬아서 할 일이 꼬았던 새끼를 풀어서 다시 꼬았다고 한다. 이는 곧 모든 것, 즉 미천한 신분의 사람과 하찮은 미물들을 대함에 있었어도 항상 한울님 대하듯이 성심을 다해 공경해야함을 스스로 보여주는 삶, 즉 실천하는 것이다. 이는 해월이 "한울님도 쉬지 않는데 사람이 한울님이 주시는 녹을 먹으면서 부지런하지 않는 것은 한울님의 뜻을 어기는 것이"[5]라고 생각하였기 때문이다.

또한 해월은 태백산맥 등에서 숨어 살면서도, 비록 무심히 자라는 한 포기 풀이나 한 그루의 나무, 또 한 뙈기의 땅이라 해도 모두 한울님의 덕화(德化)에 의한 소중한 존재라는 것을 실천적으로 깨닫게 되었다. 그러므로 당장 관의 추적을 피해 떠나야 할지도 모를 곳에서도 해월은 한 그루의 나무를 정성들여 심었고, 밟고 다니는 땅이라고 해도 함부로 뛰지 말 것이며[6] 더러운 것을 함부로 땅에 버리지 말라고 하였다.[7] 이러한 이유로 해월은 만물에 한울님이 내재하여 만인이 상하빈부귀천의 차별 없이 모두 한울님이므로 인간을 포함해서 만물이 곧 한울님이라는 사상, 즉 '물물천 사사천'을 주장하였다. 이는 "사람을 섬기되 한울같이 하라"는 해월의 사인여천이 단지 인간 존중의 의미만을 지니는 것이 아니라, 인간과 관계하는 모든 세계, 즉 인간 삶의 환경까지도 포함하는 넓은 의미의 사인여천을 뜻한다고 보아야 할 것이다. 그러므로 해월의 사인여천은 기존의 좁은 의미의 인간본위, 인간중심주의적 사상으로 평가하기 보다는 인간의 삶에 관계하는 모든 것을 존중하는 새로운 의미의 인간존중사상으로 평가되어야 한다.

이러한 해월의 사인여천 정신은 경천(敬天), 경인(敬人), 경물(敬物)이라는 삼경(三敬)사상으로 더욱 구체화되어 나타나기도 한다.

> "사람은 첫째로 경천을 하지 아니치 못할지니, 이것이 선생의 창명(創明)하신 도법이라. 경천의 원리를 모르는 사람은 진리를 사랑할 줄 모르는 사람이니, 왜 그러냐하면 한울은 진리의 충(衷)를 잡은 것이므로써이다. 그러나 경천은 결단코 허공을 향하여 상제(上帝)를 공경한다는 것이 아니요, 내 마음을 공경함이 곧 경천의 도를 바르게 하는 길이니, (...) 둘째는 경인이니 경천은 경인의 행위에 의지하여 사실로 그 효과가 나타나는 것이다. 경천만 있고 경인이 없으면 이는 농사의 이치는 알되 실지로 종자를 땅에 뿌리지 않는 행위와 같으니, (...) 사람을 버리고 한울만 공경하는 것은 물을 버리고 해갈을 구하는 자와 같으니라. 셋째는 경물이니 사람은 사람을 공경함으로써 도덕의 극치가 되지 못하고, 나아가 물(物)을 공경함에까지 이르러야 천지기화의 덕에 합일될 수 있나니라."[8]

해월은 삼경(三敬)사상을 통해 세상 만물이 모두 한울을 모시고 있는 존재로서 공경 받아야 하는 존재이지, 결단코 차별 등으로 불평등하게 대해서는 안 되는 존재임을 강조한다. 말하자면 경천(敬天)을 이해해야 인오동포 물오동포를 깨닫고 만물에 차별이 없음을 이해할 수 있다. 그리고 그러한 이치를 깨달았으면 실천해야 함을 강조한다. 즉 농사의 이치를 알고서도 실제로 적용하지 않으면 아무런 의미가 없다. 그래서 해월은 경인(敬人)사상에 따라 모든 인간을 평등하게 대하는 것이 중요함을 강조한다. 그리고 더 나아가 자연사물까지도 한울이나 사람처럼 똑같이 공경하라는 경물(敬物)사상까지도 주장한다. 즉 만물을 공경하는 데까지 나아가야 천지기화(天地氣化)의 덕에 합일될 수 있으며, 당시의 혼란되고 불평등한 사회를 개혁할 수 있을 것으로 생각하였다.

> "사람은 한울이라 평등이요 차별이 없나니 사람이 인위로써 귀천을 분별함은 곧 천의를 어기는 것이니 제군은 일체 귀천의 차별을 철폐하여 선사의 뜻을 잇기로 맹서하라."[9]

> "자아 능히 자아의 마음을 정하면 천하에 별인이 없는 것을 알지니 내 소시에 상고성인은 반드시 사람 이상의 무엇을 가졌으리라 생각하였더니 내 대선생을 쫓아 마음을 배운 뒤로부터는 성인도 별인 아니라 오직 마음을 정함에 있는 것을 알았노라 마음을 정하면 곧 한울을 양(養)할 것이요 한울을 양하면 천과 인이 둘이 아님을 알리라."[10]

해월은 수운 선생의 유훈에 따라 동학의 중요 경전들을 간행하고 억울하게 참형을 당한 스승의 신원을 위해 교조신원을 위해 교조신원운동을 대내적으로 벌였던, 수운과 더불어 동학의 역사상 가장 중요한 인물이다. 해월은 1894년 3월 사인여천 정신으로 동학혁명을 일으켰으며, 9월에는 일본의 침략에 맞서 싸우기도 하였다. 관에 체포되어 72세의 일기로 순도할 때까지 해월은 수운의 시천주 사상을 몸소 실천하는 사인여천의 삶을 살면서 동학을 반석 위에 올려놓았다.

3. 사인여천 사상의 성립

1) 사인여천 사상의 토대로서의 시천주(侍天主) 사상

해월의 '사인여천' 사상은 수운의 '시천주' 사상에 바탕을 두고 있다. 수운의 시천주 사상은 기본적으로 인본주의 또는 인간 평등사상을 바탕으로 하고 있다. 이를 해월이 철학적으로 체계화하여 '사인여천'의 정신으로 고착시켰다고 할 수 있다. 말하자면 수운은 시천주 사상을 통하여 한울님을 인간 내면으로 가져왔고, 이를 해월이 인간 존엄성과 만인 평등을 부각시킨 사인여천 사상으로 세상에 널리 알렸다.

수운은 시천주(侍天主)에 대해 "나는 도시 믿지 말고 한울님만 믿었어라 네 몸에 모셨으니 사근취원하단 말가"[11]라고 주장한다. 이는 곧 시천주의 주체가 인간이라는 점을 강조하는 것이며, 또한 시천주가 인간 존중의 의미, 즉 인간은 누구나 본질적으로 평등하다는 인간 평등주의(平等主義)를 의미하는 것이다. 예컨대 당시 사회적으로 신분이 천한 사람이나 존귀한 사람이나, 양반 상민을 막론하고, 모두 근원적으로 그 안에 한울님이라는 무궁한 존재를 모시고 있으므로 세상의 모든 사람은 평등하다는 것이다. 즉 '시천주'라는 수운의 가르침에는 근원적인 평등사상이 깃들어 있는 것이다.[12] 또한 이는 한울님을 멀리서 찾을 것이 아니라 각자의 몸 안에 있다는 점을 강조하고 있는 것인데, 이는 빈부귀천에 의해 구분하던 기존의 신분질서를 부정하는 것이며 동시에 사람들에게 한울님을 모시면 반드시 평등한 사회가 실현될 수 있다는 믿음을 심어주는 것이기도 하였다. 이처럼 시천주 사상은 신분에 관계없이 모든 사람이 각기 한울님을 몸 안에 모시면 양반과 서민, 어른과 어린이, 남자와 여자의 본질적 차별이 없어지게 되어 만인이 존중받을 수 있는 인간 평등의 사상이었다. 그러므로 수운의 시천주의 인간관의 사상사적 의의는 근대적 개인의 인격적 존엄성에 대한 사상적인 기초를 주고 대인관계에서 타인을 상하주종의 지배복종 관계로서가 아니라 대등한 횡적인 평등관계를 가르쳐 줌으로써 근대적 사회관의 선구적 사상으로 생각된다.[13]

2) 시천주 사상의 토대로서의 수심정기(守心正氣)

수운은 해월에게 시천주(侍天主)의 토대로서 수심정기(守心正氣)를 제시하였다. 수심정기란 한울님 마음을 회복하여 그 마음을 지키고 그 기운을 바르게 한다는 것을 뜻한다. 말하자면 내 마음이 바로 내유신령(內有神靈)이자 한울님임을 알고, 내 육신이 기화(氣化) 작용을 통하여 한울님을 모시고 있음을 실제 체험함으로써 마음을 믿고 극진히 공경하고 정성하는 것이 바로 한울님을 모시는 것인 시천주인데, 수심정기는 바로 이를 행하는 구체적인 방법이다.[14]

> "사람이 능히 그 마음의 근원을 맑게 하고 그 기운 바다를 깨끗이 하면 만진이 더럽히지 않고, 욕념이 생기지 아니하면 천지의 정신이 전부 한 몸 안에 돌아오는 것이니라."[15]

이러한 수심정기의 단계에 이르면 인간은 시천주를 경험할 수 있게 되는데, 그것은 내 마음이 곧 네 마음을 뜻하는 오심즉여심(吾心卽汝心)을 깨달을 수 있게 된다는 것을 의미한다. 말하자면 오심즉여심이 바로 수심정기의 경지이며, 한울님 마음을 회복한 것이다.[16] 달리 말하면 누구나 본래의 마음이 한울님 마음임을 깨달으면 수심정기가 되고, 수심정기가 되면 한울님 성품을 지니고 한울님 가르침을 받으며 자연과 더불어서 삶을 조화롭게 할 수 있는 것이다.

수심정기는 결국 시천주의 구체적인 수양법이라고 할 수 있다. 수운은 "인의예지는 옛 성인의 가르친 바요, 수심정기는 오직 내가 다시 정한 것이니라."[17]라고 하여 수심정기를 시천주의 독창적인 수양법으로 제시하였다. 수운은 이론적인 면만 강조되고 있던 유교의 인의예지보다는 실천적이 성격이 강하고 신분의 높고 낮음에 관계없이 모든 사람들이 같이 실천할 수 있는 수양법, 즉 시천주를 깨달을 수 있는 방법을 제시하고자 하였고[18], 그것이 바로 수심정기이다.

수심정기에서 수심(守心)이란 마음을 수호 또는 지킨다는 것을 뜻한다. 동학사상에서 마음이란 본래 지기의 한울님으로부터 온 선천심(先天心)과 심령(心靈), 그것이 몸에 들어와서 후천적으로 형성된 후천심(後天心) 등을 생각할 수 있다. 그러나 해월이 '심즉천(心卽天)'이라고 할 때의 심(心)은 선천심을 말한다. 하지만 선천심은 본래 맑고 깨끗하며 변화가 되지 않기 때문에 지킬 것이 없다. 따라서 수심정기에서 수심, 즉 마음은 지킨다고 할 때의 마음은 몸에 들어와서 후천적으로 형성된 마음, 외적인 요인에 의해 여러 가지의 나쁜 것들이 섞인 마음을 의미한다. 그러므로 수심은 후천적으로 형성된 마음, 외적인 요인에 의해 여러 가지의 나쁜 것들이 섞인 마음을 선천심으로 되돌리려는 노력을 의미한다.[19]

해월은 이 수심정기 하는 구체적 요령으로 심고의 중요성을 강조하였고, 그 방법은 '효제온공'(孝悌溫恭)[20], 즉 부모에게 효도하고 형제에게 우애 있게 하고 항상 남에게 따뜻하고 공손하게 대하는 것이라고 하였다. 그러나 이는 그냥 부모님께 효도하고 형제간에 우애 있고 주위 사람들을 항상 온화하고 공손하게 대하라는 일상의 예절을 의미하는 것이 아니다. 이는 항상 내 마음을 마치 부모와 형제를 공경하고 받들듯이, 주위 사람들에게 공손하고 따뜻하게 대하듯이 그런 '효제온공'의 자세로 자기 마음을 항상 잘 보살핌으로써 마음이 항상 바르고 화(和)할 수 있도록 하라는 말이다. 그러므로 수심은 항상 부모님께 효도하는 마음과 형제를 공경하고 사랑하는 마음, 온화하고 부드러운 마음 그리고 공손한 마음을 간직하는 것이다. 나아가 이 마음을 잃지 않고, 성내는 마음이 일어나지 않게 하고 늘 깨어 혼미한 마음이 없게 하여 자기의 감정이 기운을 상하게 하지 않게 함으로써 수심정기가 된다는 것이다. 해월 스스로도 이러한 수심정기 하[21]는 것이 만사 가운데 가장 어렵다고 생각하여 항상 마음을 잘 다스리도록 정진하는 삶을 살고자 노력하였다.

수심정기에서 정기(正氣)는 기운을 바르게 한다는 의미이다. 기운은 곧 몸의 상태를 좌우한다. 말하자면 기운에 따라 몸이 건강할 수도 있고 그렇지 않을 수도 있다. 그리고 기운에 따라 감정의 변화 기복도 생기고, 그것으로 인해서 몸의 건강 상태도 달라질 수 있다. 따라서 정기, 즉 기운을 바르게 하는 것도 수심(守心)만큼이나 매우 중요하다. 정기하는 방법에 대하여 의암은 다음과 같은 말을 한다.

> "둘째 정기니 기쁘고 성내고 슬프고 즐거운 것을 과도히 말 것이라. 성냄이 지나치면 경맥(驚脈)이 통하지 못하고 슬픔이 지나치면 정맥(靜脈)이 화하지 못하고 기쁨과 즐거움이 지나치면 산맥(散脈)이 고르지 못하니 이는 반드시 큰 해가 되니 삼가고 삼가 하라."[22]

이는 희로애락(喜怒哀樂)이 너무 과하면 몸의 기운이 상하게 되니 잘 조절하여 기운을 바르게 하고, 감정과 육신에 사로잡힌 마음에서 벗어나야 한다는 것이다.

"셋째는 음식조절이니 음식이 과하면 위가 넘치고 위가 넘치면 경락이 고르지 못하여 소화를 못하는 고로 해가 많으니라."[23]

이는 음식 조절의 중요성을 강조하는 것이다. 음식을 조절하여 몸의 기운을 일정하게 유지하고, 생활을 균형적으로 하여 몸과 마음을 항상 조화롭게 하는 것이 정기(正氣)의 수도법이다. 이는 곧 시천주의 의미가 멀리 있는 것이 아니라 생활, 즉 몸과 마음을 어떻게 관리하느냐에 달려있다는 것을 말한다. 그러므로 결국 동학의 시천주 사상을 이해하는 핵심은 일상생활에서 몸과 마음을 관리하는 것으로부터 시작됨을 말한다.[24] 이는 곧 동학의 수양법, 즉 수심정기 하는 것을 양반층뿐만 아니라 모든 계층의 사람들에게까지 열어주어 그들 모두도 시천주하여 사인여천 하는 존재임을 자각하게 하였다는데 의의가 있다고 하겠다.

4. 사인여천 사상의 실천으로서의 해월 사상

1) 사인여천 사상의 실천으로서의 양천주(養天主)

해월은 수심정기(守心正氣)를 통해 시천주(侍天主)를 깨닫게 되면, 즉 인간이 한울님을 모시고 있는 존재, 즉 인간이 존엄한 존재임을 자각하게 되면 그 때부터 사인여천(事人如天) 사상을 실천하는 것이 중요함을 말한다. 아무리 인간이 한울님과 같이 존엄한 존재임을 알고 있더라도 그것을 실천하지 않으면 실상 아무런 의미가 없기 때문이다. 이는 곧 지행합일(知行合一)의 중요성을 강조하는 것이다. 그래서 해월은 "한울이 곧 마음이니 마음 밖에 한울이 없고, 한울 밖에 마음이 없는 것이니라. 한울과 마음은 본래 둘이 아니니, 마음과 한울이 서로 화합하면 시정지(侍定知)라 할 것이나, 마음과 한울이 서로 화합하지 않는다면 사람이 모두 시천주라 할지라도 나는 시천주에 이르지 않았다고 할 것이다."[25]라고 말하였다. 이는 곧 양천주 하지 않으면 시천주에 이르지 않았다는 것을 의미한다. 말하자면 해월은 양천주 사상을 통해 모든 사람이 한울님을 모시고 있는 존재라는 것을 스스로 깨우치는 것으로 끝나는 것이 아니라 자기 자신 속에 모시고 있는 한울님을 양(養)하는 실천, 즉 한울님을 부모와 같이 받들고 봉양하는 것에 힘써야 함을 주장하는 것이다. 만일 그렇지 않으면 한울님을 바르게 양하지 못하게 되어 성인이 되지 못한다고 생각한다.

> "사람이 바로 한울이니 사람 섬기기를 한울같이 하라. 내 제군들을 보니 스스로 잘난 체하는 자가 많으니 한심한 일이요. 도에서 이탈되는 사람도 이래서 생기니 슬픈 일이로다. 나 또한 이런 마음이 생기려면 생길 수 있느니라. 이런 마음을 감히 내지 않는 것은 한울님을 내 마음에 양하지 못할까 두려워함이로다."[26]

이는 해월이 시천주의 뜻을 양천주, 즉 한울님을 양할 줄 알아야 한울님을 모실 줄 안다고 해석하여 시천주를 보다 더 적극적인 방법으로, 즉 실천적인 수련 또는 수행으로 발전시킨 것이다.[27] 그래서 해월은 한울님이 사람에게 모셔져 있음이 마치 종자(種子)의 생명이 종자 속에 있음과 같다고 말하면서, 살피고 키우고 봉양하는 것이 중요함을 말한다.

> "한울을 양(養)할 줄 아는 사람이라야 한울을 모실 줄 아느니라. 한울이 내 마음속에 있음이 마치 종자의 생명이 종자 속에 있음과 같으니, 종자를 땅에 심어 그 생명을 기르는 것과 같이 사람의 마음은 도에 의하여 한울을 양하게

되는 것이라. 같은 사람으로도 한울이 있는 것을 알지 못하는 것은 이는 종자를 물속에 던져 그 생명을 멸망케 함과 같아서, 그러한 사람에게는 한 평생을 마치도록 한울을 모르고 살 수 있나니 오직 한울을 양한 사람에게 한울이 있고, 양치 않는 사람에게는 한울이 없나니, 보지 않느냐, 종자를 심지 않는 자 누가 곡식을 얻는다고 하더냐."28

이는 사람이 종자를 심어서 그 종자가 자라나게끔 돌보는 것과 같이 자신의 마음에 심어져 있는 한울님을 살피고 봉양하여 길러야 한다는 것을 뜻한다. 하지만 한울님이 있음을 알지 못하는 사람은 종자를 땅에 심지 않고 물속에 던져 그 생명을 죽게 하는 것과도 같다고 하였으니, 한울님을 기르는 사람에게 한울님이 있고 한울님을 기르지 않는 사람에게는 한울님이 없는 것이다. 그래서 해월은 한울님을 기를 줄 아는 사람이라야 한울을 모실 수 있다고 말하였던 것이다. 또한 양천주는 내 안에 모신 한울님을 부모와 같이 받들고 봉양하는 것을 말한다. 말하자면 항상 내 안의 한울님을 살피고 봉양하는 한울님에 대한 효도를 뜻한다. 그래서 해월은 특히 자기 마음을 공경할 것을 가르쳤다.

"내 마음을 공경치 않는 것은 천지를 공경치 않는 것이요, 내 마음이 편안치 않는 것은 천지가 편안치 않은 것이니라. 내 마음을 공경치 아니하고 내마음을 편안치 못하게 하는 것은 천지부모에게 오래도록 순종치 않는 것이니, 이는 불효한 일과 다름이 없느니라."29

해월이 주장하는 '종자의 생명이 종자에 있다'는 의미는 한울님 생명의 종자가 인간의 마음속에 심어져 있다는 것을 뜻한다. 이는 해월이 내유신령을 모시는 시천주의 적극적인 방식이 양천주임을 말하는 것이다. 말하자면 내 안에 내재하는 신령의 종자를 키우듯 이 한울님을 종신토록 양하는 자(양천주)만이 한울을 모실 수 있다는 것을 의미한다. 이는 곧 양천주하면 자신 안의 한울님을 자각하고 그 신령의 기화로 우주 자연이 생성된다는 것을 깨닫게 되고, 나와 한울님과 우주 자연이 하나로 통한다는 것을 알게 된다는 것을 뜻한다. 즉 모든 것은 근본적으로 하나에 속한다는 것, 즉 동귀일체(同歸一體)를 의미한다.

> "무궁히 살펴 내어 무궁히 알았으면 무궁한 이 울 속에 무궁한 내 아닌가."[30]

> "자아 능히 자아의 마음을 정하면 천하에 별인이 없는 것을 알지니 내 소시에 상고성인(上古聖人)은 반드시 사람 이상의 무엇을 가졌으리라 생각하였더니 내 대선생(최제우)을 쫓아 마음을 배운 뒤로부터는 성인도 별인이 아니라 오직 마음을 정함에 있는 것을 알았노라 마음을 정하면 곧 한울을 양(養)할 것이요 한울을 양하면 천과 인이 둘이 아님을 알리라."[31]

이는 곧 세상사람 모두가 특별하지 않고 다 같이 한울님을 모시고 있는 동일한 존재임을 의미한다. 또한 동귀일체는 나 자신 안에 내재하는 한울님을 자각함으로써 깨닫게 되는 존재 근거의 동일성을 말한다. 그리고 이러한 동귀일체로서의 동일성은 나와 다른 존재와의 차별성을 인정하지 않는다. 말하자면 나와 다른 존재, 즉 주체와 주체의 바깥에 존재하는 것으로서의 객체를 서로 다른 것으로 생각하지 않는다. 주체와 객체가 서로 떨어져 있는 존재, 즉 차별성을 갖는 것이라면, 인식에 있어서도 주체가 인식 대상을 생각하고 표상하는 것이지, 스스로를 자각하는 것이 될 수 없다. 이는 곧 '내 마음이 네 마음'이요, '인심이 곧 천심'이라는 한울님에 대한 깨달음이 없는 것이다. 이러한 차별성은 나를 한울님으로, 즉 한울님과 하나임을 자각하고 양(養)하고자 하면 할수록 나와 다른 것들이 차별성이 없어지게 된다. 이러한 양천주의 삶은 나와 너 그리고 자연과의 일치를 깨닫는 삶이며, 이를 통해 각자위심의 나, 즉 다른 것들과의 차별성으로서의 나를 버리고 동귀일체로서의 나, 즉 한울님을 나 자신에 모시고 있음을 자각하는 나로서의 삶, 즉 양천주 하는 삶을 가능케 한다.

이러한 해월의 양천주는 결국 시천주의 내재성을 더욱 뚜렷하게 드러내는 특징을 가진다. 수운의 천(天) 개념도 내재적 성격을 지니고 있다. "나는 도시 믿지 말고 하느님을 믿었어라 네 몸에 모셨으니(모심) 사근취원 하단말가"[32] 이 구절은 한울님을 몸에 모셨음을 뜻하는 시천주의 근거가 되는 내용이다. 여기서 한울님은 인간을 초월한 존재라기보다는 인간 내에 거주하고 있는 내재적인 신으로 묘사되고 있다. 한울님이 이처럼 인간의 내면에 거주하고 있는 존재라면 하느님의 마음은 사람의 마음, 즉 나의 마음이라고 할 수 있다. 즉 오심즉여심(吾心卽汝心)이다. 오심즉여심을 깨닫게 되면서, 즉 자신을 인식하면서 자기 스스로에 내재하고 있는 한울님을 인식하게 된다. 따라서 한울님은 저 천상의 존재가 아니라 우리 안에 모셔져 있고, 공경하여 모셔야 하는 존재, 즉 내재적인 존재인 것이다.[33]

"몸이 추워 떨리고 밖으로는 신령과 맞닿는 기운이 있고 안으로는 신비로운 가르침이 있었다. 보려해도 보이지 않고 들으려 해도 들리지 않아 마음은 더욱 이상스러웠다. 마음을 지키고 기운을 바르게 하여 '어째서 이렇게 되었는가?'라고 물었다. 말하기를 '내 마음이 곧 네 마음이다(오심즉여심). 사람들이

이 진리를 알겠는가? 사람들은 천지를 알지만 귀신은 모른다. 귀신이 바로 나다.'"[34]

이는 '내 마음이 곧 네 마음'이라는 오심즉여심의 신비체험은 한울님이 곧 인간 자신의 마음이라는 것을 깨달은 것이다. 이를 위해서는 한울님과 관계, 즉 접촉을 해야 하는데, 이것은 내부와 외부, 나와 한울님이 하나가 되는 것을 의미한다. 말하자면 한울님은 나와 분리되지 않은 바로 나 자신이며, 인간 마음과 다르지 않은 존재인 것이다.[35]

이러한 해월의 양천주하는 삶은 인즉천(人卽天)을 기반으로 하는 삶이며, 이를 해월은 인간 존중의 삶으로서의 사인여천이라고 생각한다. 즉 수운이 시천주(侍天主)의 전제조건으로 한울님 마음을 회복하여 그 마음을 지키고 그 기운을 바르게 한다는 뜻의 수심정기(守心正氣)를 제시하였다면, 해월은 인즉천의 기반위에 시천주를 받아들이고 다음 단계로 양천주(養天主)를 제시한 것이다. 달리 말하자면 이는 해월이 수운의 수심정기를 양천주로, 즉 한울님의 마음을 기르고 바르게 정(定)하는 것으로 해석한 것이다. 즉 양천주하는 것은 인격적 자기완성, 즉 깨달음의 방법인 것이다. 그래서 양천주는 수운의 수심정기와 마찬가지로 사람들이 모든 욕심, 즉 인욕을 버리고 자신에 내재하는 한울님을 성심을 다해 공경하는 수행인 것이다. 이는 곧 내 안에 한울을 키우는 생활은 시비(是非)하지 않는 생활이며, 물욕에 번잡하게 매이지 않는 생활이며, 스스로 높이지 않는 생활이며, 교만과 사치를 하지 않는 생활임을 의미하는 것이기도 하다.

"내 또한 오장이 있거니 어찌 물욕을 모르리요마는 그러나 내 이를 하지 않는 것은 [한울]을 양하지 못할까 두려워하노라. (...) 제군의 행위를 본즉 자존하는 자 많으니 가막(可嘆)할 일이로다. 내 또한 세상 사람이어니 어찌 이런 마음이 없겠느냐마는 내 이를 하지 아니함은 한울을 양(養)하지 못할까 두려워함이니라. (...) 그럼으로 내 평생에 외절(外節)을 피하고 내실을 주(主)하는 것은 오로지 한울을 양함에 유감이 없기를 기함이니라."[36]

　여기서 한울님을 양(養)한다는 것, 즉 한울님을 기른다는 것은 각 인간이 한울님을 모시고 있고, 따라서 사람이 곧 한울님이라는 인즉천 사상에 부합한다. 사람이 한울님을 모시고 있다는 것은 인간 존엄성을 분명하게 드러내는 인본주의를 의미한다. 그래서 해월은 인즉천을 사인여천으로 해석하고, 그것을 양천주 사상으로 발전시킨 것이다.

　또한 해월은 인즉천의 입장에서 양천주의 구체적인 실행 방법으로 향아설위(向我設位)를 제시한다. 향아설위는 세속적인 사람들의 일상생활인 제사와 연계된 행위에서 유래한다. 전통적인 제사의 모습은 벽을 향해 위를 베풀고 절하는, 즉 향벽설위(向壁設位)로서 나와 조상을 따로 놓고 보는 행위 예식이다. 이는 나와 조상, 더 나아가 나와 세상을 다른 존재로 보는 것이며, 각자위심하는 것이다. 또한 이는 나와 한울님 사이에 중간자로서 귀신을 인정하는 것이며, 이는 인즉천의 논리에 위배된다. 그래서 해월은 귀신을 공경할 줄은 알되 사람은 천대하는 제사 풍속은 죽은 부모의 혼은 공경하되 산 부모는 천대함과 같은 어리석음이라고 비판한다. 더 나아가 이는 왕과 평민들 사이에 양반 계급이 존재하는 당위성을 제공하는 것이며, 이로 인해 양반 계층이 왕(天)으로부터 평민들을 지배할 수 있는 권리를 받았다는 논리에 정당성을 부여하기도 한다. 이러한 비판 의식으로 인해 해월은 향벽설위 대신에 나를 향하여 위를 베풀어야 한다는 향아설위를 제시한다.

"신사 물으시기를 「제사 지낼 때에 벽을 향하여 위를 베푸는 것이 옳으냐, 나를 향하여 위를 베푸는 것이 옳으냐.」 손병희 대답하기를 「나를 향하여 위를 베푸는 것이 옳습니다.」 (...) 임규호 묻기를 「나를 향하여 위를 베푸는 이 치는 어떤 연고입니까.」 신사 대답하시기를 「나의 부모는 첫 조상으로부터 몇 만대에 이르도록 혈기를 계승하여 나에게 이른 것이요, 또 부모의 심령은 한울님으로부터 몇 만대를 이어 나에게 이른 것이니 부모가 죽은 뒤에도 혈기는 나에게 남아 있는 것이요, 심령과 정신도 나에게 남아있는 것이니라. 그러므로 제사를 받들고 위를 베푸는 것은 그 자손을 위하는 것이 본위이니, 평상시에 식사를 하듯이 위를 베푼 뒤에 지극한 정성을 다하여 심고하고, 부모가 살아계실 때의 교훈과 남기신 사업의 뜻을 생각하면서 맹세하는 것이 옳으니라.」"[37]

이는 곧 제사를 받들고 위를 베푸는 것의 본래 의도는 그 자손을 위하는 것임을 밝히는 것이며, 또한 '지금 현재' 제사 지내는 사람의 내면에, 즉 나 자신에 조상이나 한울님이 모셔져 있음을 의미한다. 그러므로 향아설위는 아심아경(我心我敬)이며 또한 경천(敬天)이기도 하다. 왜냐하면 내 마음을 내가 공경하면 한울이 또한 즐거워하기 때문이다. 이에 해월은 "내 마음을 공경치 않는 것은 천지를 공경치 않는 것이요, 내 마음이 편안치 않은 것은 천지가 편안치 않은 것이니라."[38]라고 말한다. 이러한 향아설위 사상은 인즉천(人卽天)의 입장에서 양천주하는 구체적인 실행 방법이며, 전근대적인 고답적인 사고방식에서 벗어나 인간존엄성과 평등을 주창하는 근대적 인본주의 사상의 극치를 보여준다고 할 수 있다.

2) 사인여천의 실천으로서의 대인접물(待人接物)

양천주(養天主)는 해월이 시천주를 실천적인 수련 또는 수행으로 발전시킨 모습이다. 말하자면 양천주란 시천주에 대한 깨달음이 인간 삶 속에서 어떠한 구체적인 모습으로 나타나고 발전하는 가를 제시하는 것이다. 그리고 구체적인 모습은 인간 상호간의 공동성과 인간과 자연과의 상호 유대관계를 등을 강조하는 것으로 나타난다. 또한 해월은 공동체를 통하여 다른 사람들과 함께 그리고 다른 사물, 천지만물들과 함께 모두가 한울님으로부터 나왔고 또한 모두 한울님을 모시고 있는 존재임을 깨닫고 기화할 것을 권한다. 그래서 해월은 양천주하는 방법으로 "군자의 덕은 스스로 고립되지 아니하고 사람으로 더불어 함께 크며 함께 자라나는 것이니 제군은 스스로 독선하지 말고 사람으로 더불어 같이 기화하기를 도모하라."[39]고 말한다.

해월은 1872년 1월 5일 49일간의 기도를 마치 뒤 '대인접물'이라는 제목의 법설을 한다. 당시는 영해 동학혁명으로 인하여 조정으로부터 일대 탄압을 받아 동학이 위기에 처해 있던 때였다. 이때 해월은 소백산의 깊은 골짜기에서 "사람을 대하는 곳에서 세상을 기화할 수 있고, 물건을 접하는 곳에서 천지자연의 이치를 깨달을 수 있으므로 도를 구하는 자는 이 두 가지 길에 충실해야 할 것"[40]이라고 가르쳤다. 이것은 해월이 사람과 더불어 기화한다는 양천주의 양식을 대인접물(待人接物) 사상으로 제시한 것이다.

"사람을 대하고 물건을 접함에 반드시 악을 숨기고 선을 찬양하는 것으로 주를 삼으라. 저 사람이 포악으로써 나를 대하면 나는 어질고 용서하는 마음으로써 대하고, 저 사람이 교활하고 교사하게 말을 꾸미거든 나는 정직하게 순히 받아들이면 자연히 돌아와 화하리라. 이 말은 비록 쉬우나 몸소 행하기는 지극히 어려우니 이런 때에 이르러 가히 도력을 볼 수 있느니라. 혹 도력이 차지 못하여 경솔하고 급작스러워 인내가 어려워지고 경솔하여 상충되는 일이 많으니, 이런 때를 당하여 마음을 쓰고 힘을 쓰는데 나를 순히 하여 나를 처신하면 쉽고, 나를 거슬려 나를 처신하면 어려우니라. 이러므로 사람을 대할 때에 욕을 참고 너그럽게 용서하여, 스스로 자기 잘못을 책하면서 나 자신을 살피는 것을 주로 하고, 사람의 잘못을 그대로 말하지 말라. (...) 만물이 시천주 아님이 없으니 능히 이 이치를 알면 살생은 금치 아니해도 자연히 금해지리라. 제비의 알을 깨치지 아니한 뒤에라야 봉황이 와서 거동하고, 초목의 싹을 꺽지 아니한 뒤에라야 산림이 무성하리라. 손수 꽃가지를 꺾으면 그 열매를 따지 못할 것이요. 폐물을 버리면 부자가 될 수 없느니라. 날짐승 삼천도 각각 그 종류가 잇고 털벌레 삼천도 각각 그 목숨이 있으니, 물건을 공경하면 덕이 만방에 미치리라."[41]

이는 곧 해월의 대인접물 사상이 두 가지의 방식을 가지고 있음을 말하는데, 첫째는 대인(待人)의 방식이요, 둘째는 접물(接物)의 방식이다. 우선, 대인(待人)의 방식은 인즉천, 즉 '사람이 곧 한울님이다'라는 사상에 기반을 두고 있는데, 이는 사람 섬기기를 한울님같이 하라는 사인여천(事人如天)의 의미를 갖는다.[42] 사인여천은 사람을 항상 어질고 용서하는 마음으로써 대하고 또한 정직하게 사람을 대하면 서로는 화(和)할 수 있음을 뜻하기도 한다. 이는 곧 서로를 한울님으로 대하고 서로의 한울님을 양(養)하여 이 세상의 모든 사람들이 다 같이 한울님으로서 평등하고 존중받는 삶을 영위토록 하는 것을 의미한다. 달리 말하면 스스로를 한울님으로 자각한 사람은 다른 사람들도 한울님으로 알고 그렇게 대하게 된다는 것이다. 이에는 그 어떤 예외도 없다.

"일체 모든 사람을 한울님으로 인정하라. 손이 오거든 한울님이 오셨다 하고 어린 아이를 때리지 말라. 이는 한울님을 치는 것이다."[43]

즉 귀천이나 적서, 장유나 남녀의 차이와 같이 그 어떤 차별도 예외일 수 없다는 것을 말한다. 이는 당시의 유교적 전통에서는 가히 상상할 수도 없는 급진적인 사고로서의 인간존중주의 혹은 평등주의라고 할 수 있을 것이다. 이러한 해월의 대인접물 사상, 그 중에서도 대인(待人)의 방식은 서로간의 사랑과 신뢰, 용서 등으로 표출되는 인간존중 의식과 평등주의 의식을 내포하고 있는 동귀일체(同歸一體)의 사상으로서 사인여천 사상의 토대라고 할 수 있다. 또한 해월은 사람만 한울님을 모시고 있는 존재라고 생각하지 않고, 우주의 일체 만물 모두를 한울님의 기화로 생각한다. 그래서 그는 만물을 한울같이 여기고 존중해야 한다고 말한다. 이것이 접물(接物)의 방식이다. 이는 곧 이천식천(以天食天)의 사상으로 설명된다.

"대개 천지, 귀신, 조화라는 것은 유일한 지기로 생긴 것이며 만물이 또한 지기의 소사이니 이렇게 보면 하필 사람뿐이 천주를 시(侍)하였으랴. 천지만물이 시천주 아님이 없나니. 그러므로 사람이 다른 물건을 먹음은 곧 이천식천이니라. 그러나 제군은 일생물을 무고히 해하지 말라. 이는 천주를 상함이니 대자대비하야 조화의 길에 순응하라."[44]

"접물은 우리 도의 거룩한 교화이니 제군은 일초일목이라도 무고히 이를 해치말라. (...) 이천사천은 천지의 대법이라 물물이 또한 나의 동포이며 물물이 또한 한울의 표현이니 물을 공경함은 한울을 공경함이요 한울을 양하는 것이니 천지신명이 물과 더불어 추이하는지라. 제군은 물을 식함을 천을 식하는 줄로 알며 인(人)이 래(來)함을 천(天)이 래(來)하는 줄로 알라."[45]

이는 곧 만물이 신령의 기화의 결과이며 한울님을 모신 시천주이므로 자연도 한울님을 모신 사람과 같이 귀한 존재이며, 따라서 사람이 만물, 즉 자연을 훼손하지 말고 소중히 모셔야 한다는 것이다. 사람이 자연, 즉 음식을 먹을 때도 한울님을 모시고 있는 사람이 한울님을 모시고 있는 자연, 즉 음식물을 먹는다는 이천식천의 마음으로 먹어야 한다. 말하자면 인간만이 귀한 존재가 아니라 만물, 즉 식물이나 동물 그리고 무생물까지도 모두 한울님을 모시고 있는 신령한 존재로 생각해야 한다는 것이다. 이는 곧 사인여천의 사상이 단지 인간에만 한정된 의미를 갖는 것이 아니라 만물에까지 그 의미를 지닌다고 하겠다. 이는 기존의 서양 근대 사상에서 볼 수 있는 인간존중이나 인간평등 사상에 그치는 것이 아니라 사인여천의 영역을 만물에까지 확장시키는 현대적인 새로운 의미, 즉 사인여천을 통한 생명존중의 의미를 지닌다고 하겠다.

5. 나가는 말

해월이 동학에서 그리는 이상사회는 모든 사람이 한울님처럼 대접받을 수 있는 사인여천의 사회이다. 이는 누구나 서로를 사인여천하고 자연을 이천식천으로 대하는 세상으로서의 이상사회이다. 이를 위해서 해월은 수운의 시천주 사상을 올바로 이해하는 것이 중요하다고 강조한다. 그리고 단지 시천주 사상을 이해하는 것으로만 머물러 있지 말고 직접 실천하는 것의 중요성을 더욱 강조하며, 이를 위해 몸과 마음을 닦고 수련할 것을 강조한다. 이것이 바로 해월이 말하는 수심정기이며 또한 양천주이다. 수심정기를 통해 시천주의 참된 의미를 이해하고 자신에 내재하는 한울님을 정성으로 양하고 키우며, 그것을 바탕으로 하여 사인여천의 삶을 준비할 수 있어야 함을 강조한다.

어쩌면 1871년 영해 동학혁명 이전의 해월의 삶은 사인여천의 삶을 준비하는 것으로 볼 수 있다. 그리고 영해 동학혁명 이후의 해월의 사상은 사인여천을 실천하는 삶이다. 왜냐하면 해월은 영해 동학혁명을 기점으로 하여 수운의 가르침인 시천주에 대한 이론적인 설법을 행하기보다는 영해 지역과 강원도 지역의 일반 백성들과 함께 고통을 나누며 항상 자신의 몸과 마음을 가지런하게 하여 자신에 내재하는 한울님을 공경하고 다른 사람들과 만물을 공경하는 삶을 보다 더 실천하고자 노력하였던 것 같다. 이는 자신 안의 한울님을 자각한 사람이 타인이나 자연에 대해서도 한울을 발견하고 기르는 양천주와 대인접물의 방법을 스스로 실천하고 보여주는 삶이자 또한 동학이 이룩하고자 하는 이상사회, 즉 사인여천의 세계를 스스로 보여주고자 하는 삶이기도 하였다.

동학혁명의 정신은 단지 사회적인 의미에서의 평등이나 인간 존엄성을 강조하는 것이 아니다. 동학의 인본주의는 해월의 사인여천(事人如天)의 정신이 그 바탕에 놓여 있다. 이는 곧 사인여천의 정신으로 인간을 바라본다는 것이며, 그것은 모든 인간을 본질적으로 동등하고 평등한 존재로 인식하고자 하는 것을 의미한다. 이를 위해 해월은 수운의 시천주(侍天主)사상을 새롭게 확대하고 실천적으로 해석하여 실천할 수 있는 방법을 제시코자 하였다. 이는 곧 시천주를 '사람이 곧 한울님'이라는 인즉천(人卽天) 혹은 인시천(人是天)으로 해석하여 사인여천의 삶을 강조하는 것으로 나타난다. 말하자면 해월은 사람이 곧 한울님이니 상하귀천이나 남녀 그리고 장유의 차별 없이 모두를 한울님처럼 대하는 것이 수운의 가르침이라고 생각하고, 이러한 가르침을 실천하는 것이 사인여천의 삶이며, 이에 대한 구체적인 실천 방법으로 양천주(養天主)와 대인접물(待人接物) 그리고 삼경사상(三敬思想) 등을 강조하였다. 그리고 해월은 인즉천의 입장에서 양천주의 구체적인 실행 방법으로 향아설위를 제시한다. 향아설위 사상은 인즉천의 입장에서 양천주하는 구체적인 실행 방법이며, 전근대적인 고답적인 사고방식에서 벗어나 인간존엄성과 평등을 주창하는 근대적 인본주의 사상의 극치를 보여준다. 또한 해월은 대인접물 사상을 통해 만물간의 사랑과 신뢰, 용서 등으로 표출되는 인간존중 의식과 평등주의 의식 그리고 자연 존중 의식을 강조한다. 그리고 이는 모두가 한울님으로부터 나온, 즉 한울님을 내포하고 있는 동귀일체(同歸一體)의 사상으로서 사인여천 사상의 토대라고 할 수 있다.

해월의 '사인여천' 사상은 수운의 '시천주' 사상에 바탕을 두고 있다. 수운의 시천주 사상은 기본적으로 인본주의 또는 인간 평등사상을 바탕으로 하고 있다. 이를 해월이 철학적으로 체계화하여 '사인여천'의 정신으로 고착시켰다고 할 수 있다. 말하자면 수운은 시천주 사상을 통하여 한울님을 인간 내면으로 가져왔고, 이를 해월이 인간 존엄성과 만인 평등을 부각시킨 사인여천 사상으로 세상에 널리 알렸다고 하겠다.

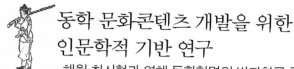

동학 문화콘텐츠 개발을 위한 인문학적 기반 연구

−해월 최시형과 영해 동학혁명의 발자취를 중심으로

조극훈__경기대학교 교양학부 교수

1. 서론

역사란 과거와 현재의 대화이며 시대정신의 반영이다. 과거는 현재의 시금석이며 미래를 모색하기 위한 터전이 되며 새로운 시대의 방향을 모색하는 데 교훈을 준다. 120년이 지난 지금 다시 동학농민혁명을 반성해야 하는 이유다. 1894년 일어난 동학농민혁명은 인간의 자유와 평등의 권리를 주장하고 외세의 침략에 대응한 반봉건 반외세 운동이었다.

그런데 갑오동학농민혁명보다 23년 앞서 일어나 사실상 동학농민혁명의 시발점을 이루고 있는 근대적 혁명이 있었으니 바로 그것이 영해 동학혁명이다. 1871년 3월 10일에 일어난 영해혁명은 최시형과 이필제 등 전국에서 모인 600여 명이 영해관아를 점령하고 봉건적 억압으로부터 벗어나 인간의 자유와 평등을 주장한 혁명이었다. 본 혁명보다 23년이나 앞서 일어나 그 역사적 의의가 큼에도 불구하고 영해혁명은 아직 크게 주목받지 못했다. 그 원인으로 자료발굴의 미진함과 함께 영해 동학혁명에 대한 역사적 인식의 한계를 들 수 있다.

동학혁명을 기억하고 현대적으로 전승하기 위한 방법 중의 하나는 동학의 정신과 문화적 유산을 문화기술 및 인문학적 사유와 접목하여 동학 문화 콘텐츠를 개발하는 것이다. 문화콘텐츠는 시간과 공간의 제약을 받지 않고 폭넓게 유통될 수 있기 때문에 동학의 문화를 알리는데 효과적인 수단이 되기 때문이다. 문화콘텐츠로 제작된 영해 동학혁명 유적지를 비롯한 동학 혁명의 문화 유적지는 스마트폰을 비롯한 각종 전자기기에 의해 어느 때나 어느 장소에서나 자유롭게 유통되고 소비될 수 있다. 그로 인해 동학 유적지에 담긴 동학의 정신이 일반인들에게도 거부감없이 수용되고 사람들의 의식에도 긍정적인 영향을 미칠 수 있을 것이다.

본 연구는 해월 최시형과 영해 동학혁명의 유적지를 문화콘텐츠로 만들기 위한 인문학적 기반을 연구함으로써 동학농민혁명의 시발점이면서 근대 민권운동의 선구적인 운동이었음에도 불구하고 그동안 주목받지 못했던 영해 동학혁명의 의미와 현대적 가치를 발굴하는 데 그 목적이 있다. 그런데 동학 문화콘텐츠 개발 관련 학계의 연구는 거의 전무하다시피 하다. 그 이유는 동학의 문화적 측면에 대한 연구가 주로 혁명 발생 지역의 유적지를 중심으로 유적지 보존방안에 관한 논의에 치중되거나 동학을 소재로 한 문학 작품을 분석하고 그 속에 담긴 동학의 정신을 발굴하는 데 한정되어 있기 때문인 것으로 보인다.

물론 이러한 연구도 동학의 정신을 현대적으로 계승하고 그 의의를 살피는데 도움이 될 것이다. 동학의 정신은 시대의 변화에 따라 다양한 문화매체로 표현되어 왔다. 가장 일반적인 문화매체는 문자매체로서 주로 소설과 희곡 및 시나리오 등을 들 수 있다. 특히 여러 작품으로 발표된 동학 소설은 동학의 정신을 이해하고 기억하는데 긍정적인 영향을 미쳤다. 70-80년대 오윤, 홍성담 등을 비롯한 판화가들의 동학을 소재로 한 판화제작도 동학의 정신을 표현하고 동학을 알리는데 도움을 주었으며, 80년대 걸개그림을 통해서 동학의 정신을 당시의 시대정신으로 승화하여 표현하기도 하였다. 또한 동학을 소재로 한 시나리오를 영화로 제작하여 관심을 일으키기도 했다.

이러한 동학을 예술적 형상으로 표현하려는 일련의 시도는 동학의 자유와 평등의 정신 더 나아가 각자위심의 세상을 동귀일체의 세상으로 변혁하려는 후천개벽의 이념을 보여주는 것으로 보인다. 이처럼 동학 정신의 예술적 형상화는 새로운 문화를 형성하는 데 영향을 미쳤으며, 일반인들의 동학에 대한 이해에도 유의미한 영향을 미쳤다고 볼 수 있다. 그럼에도 불구하고 이러한 작품활동과 이에 대한 연구는 동학문화를 세계적으로 확산하고 디지털 매체와의 결합을 통해 창조적으로 계승하기 위해 문화세대와 상호 소통해야 한다는 동학의 글로컬리제이션의 이념을 실현하기에는 역부족이다.

이 글에서는 동학 문화콘텐츠 개발을 위한 인문학적 기반을 제시함으로써 해월 최시형의 동학사상과 영해 동학혁명의 문화적 의미를 살피고자 한다. 이를 위해서 먼저 다시개벽의 문명론을 중심으로 동학의 정신을 논의하고 해월의 동학사상을 생명평화사상으로 정리한다. 둘째, 영해 혁명의 전개과정과 영해혁명 유적지를 정리하고 유적지 보존의 문화적 의의를 살펴본다. 셋째, 동학 문화콘텐츠 개념과 그 특징을 논의하고 인문학적 기반 및 방법론을 제시한다. 마지막으로 동학 문화콘텐츠 개발의 방향에 대하여 논의한다.

2. 해월 최시형과 동학의 정신

동학 문화콘텐츠 개발을 위한 인문학적 기반 마련이라는 본고의 목적을 위해서는 먼저 영해 동학혁명에 직접 참여했던 해월 최시형의 동학사상을 먼저 이해할 필요가 있다. 왜냐하면 문화란 시대정신의 반영이기 때문이다.

600명 이상의 동학교도들을 혁명으로 이끌고 목숨까지 바치게 했던 것이 무엇인지에 대해서는 영해부 관아 공격이라는 1871년의 역사적 사건만으로는 충분하게 설명하기 어렵고 그 이면에 살아있는 어떤 정신적인 에너지에 대한 이해를 통해서 설명될 수 있을 것이다. 그러한 정신적인 에너지는 다시개벽(후천개벽)이라는 시대정신으로 볼 수 있고 그 시대정신의 구현이 영해혁명으로 나타났고 그 흔적이 문화의 형태로 남아있는 것이다. 이 장에서는 그러한 시대정신을 다시개벽으로 정리하고 해월 최시형의 핵심사상을 소개한다. 특히 다시개벽과 해월의 동학사상은 동학 문화콘텐츠의 인문적 소재가 된다는 점을 강조한다.

1) 동학의 다시개벽과 문명의 전환

1860년 경신년 4월 5일 수운 최제우는 새로운 삶과 새로운 세계와 새로운 우주의 개벽을 알리는 커다란 깨달음을 얻었다. 이러한 깨달음을 바탕으로 그는 동학을 창도하고 새로운 세상을 위한 미래 비전을 제시했다. 미래는 한 개인의 삶이 바뀌는 것뿐만 아니라 문명 자체의 근원적인 변혁이 이루어지는 세상이다. 그는 이러한 문명전환의 논리를 다시개벽(후천개벽)으로 정립하고 이를 위한 종교적 수련과 개인적 사회적인 실천방법을 제시했다.

지극한 도란 문자를 통해 깨치는 것이 아니라 내 안에 모셔져 있는 한울님을 지극정성으로 모심으로써 깨치는 것이다. 최제우의 철학은 모심의 철학이다. 시천주, 천주를 모신다는 것은 나의 밖에 존재하는 신을 받드는 것이 아니라, 내 안에 신령이 있고, 밖에 기화가 있으니, 각각이 그 자리에 있음을 깨닫는 것이다. 수운 최제우의 시천주(侍天主)는 동학의 2대교주인 해월 최시형의 양천주(養天主)로 계승되었고, 3대 교주인 의암 손병희의 인내천(人乃天)으로 발전되었다.

최제우는 『용담유사』에서 경신년 4월 5일 자신이 득도하기 전의 시대를 선천개벽의 시대라고 부르고, 그 이후의 시대를 후천개벽의 시대로 부르면서 기존의 문명을 새롭게 바꾸는 전기를 마련했다고 본다. 선천개벽의 시대는 '개벽 후 5만년', '하원갑', '전만고'로 표현되는 '각자위심'(各自爲心)의 시대이며, 후천개벽의 시대는 '다시 개벽', '상원갑', '후만고', '오만년지운수'로 표현되는 '동귀일체'(同歸一體)의 시대가 될 것이라고 보았다.[1] 수운의 개벽사상은 해월과 의암을 거치면서 더욱 정교하게 발전되면서 동학의 핵심적인 이념으로 정립된다.

(1) 수운의 개벽사상

"상원갑(上元甲) 지내거든 하원갑(下元甲) 호시절에 만고없는 무극대도(無極大道) 이 세상에 날 것이니"(『용담유사』, 「몽중노소문답가」)

(2) 해월의 개벽사상

"성한 것이 오래되면 쇠하고 쇠한 것이 오래되면 성하고, 밝은 것이 오래되면 어둡고, 어두운 것이 오래되면 밝나니 성쇠명암은 천도의 운이요, 흉한 뒤에는 망하고 망한 뒤에는 흥하고, 길한 뒤에는 흉하고 흉한 뒤에는 길하나니 흥망길흉은 인도의 운이니라."(『해월신사법설』, 「개벽운수」)

(3) 의암의 개벽사상

"천지만물의 개벽은 공기로써 하고 인생만사의 개벽은 정신으로써 하나니, 너의 정신이 곧 천지의 공기이니라. 지금에 그대들은 가히 하지 못할 일을 생각지 말고 먼저 각자가 본래 있는 정신을 개벽하면, 만사의 개벽은 그 다음 차례의 일이니라.

정신을 개벽코자 하면 먼저 스스로 높은 체하는 마음을 모실 시(侍)자로 개벽하고, 스스로 높은 체하는 마음을 개벽코자 하면 의심스럽고 두려운 마음을 정할 정(定)자로 개벽하고, 의심스럽고 두려운 마음을 개벽코자 하면 아득하고 망녕된 생각을 알 지(知)자로 개벽하고, 아득하고 망녕된 생각을 개벽코자 하면 먼저 육신 관념을 성령으로 개벽하라."(『의암성사법설』, 「인여물개벽설」)

위에 인용한 동학의 개벽사상에는 두 가지 측면이 있음을 알 수 있다. 먼저 (1) 수운의 개벽사상과 (2) 해월의 개벽사상에서는 자연의 필연성이 강조되고, (3) 의암의 개벽사상에서는 인간의 자유가 강조되고 있음을 알 수 있다. 무극대도의 출현을 하원갑과 상원갑이라는 역학개념으로 설명하고 있다는 점은 개벽의 우주론적 불가피성을 보여주는 것이다. 개벽이후 새로이 도래할 무극대도의 세상은 인간의 자율적인 의지로서보다는 우주의 질서로서 설명된다. (2)의 해월의 개벽사상에서 천도의 운과 인도의 운이 각각 성쇠명암과 흥망길흉이라는 자연과 사회의 법칙에 달려있다는 것은 개벽의 필연성을 보여준다고 볼 수 있다.[2]

이 점에서 신일철은 동학의 개벽사상을 일종의 "천명적 자연법 사상"으로 규정하고 봉건왕조와 양반질서와 같은 각자위심의 세상은 불변적인 것이 아니라 변혁되어야 할 요소로 해석하였다. 그는 동학의 개벽사상의 특성으로 인간의 도덕적 의지와 선택의 측면보다는 자연적 필연성과 우주변화의 섭리의 측면을 강조한다.

"그의 혁명사관은 적극적으로 왕조의 교체를 명시하면서 천명이 갈아드는 혁명을 명시적으로 제시하지는 않았으나, 시운에는 성쇠가 있다는 변화에의 대망을 가지고 왕조의 시운이 지극하여 개벽될 것을 예언하고 있다. 수운은 왕조를 포함하여 양반사회 질서가 고정 불변적이 아니고 '무왕불복'(無往不復) 의 역리를 빌어 변혁되어야 할 자연법적 필연성이라고 역설했다."

그렇지만 의암의 개벽사상에서는 위와 같은 자연 필연성 측면뿐만 아니라 자유 의지의 측면도 강조되고 있음을 알 수 있다. 동학의 주문에서 본주문(시천주 조화정 영세불망 만사지)의 시정지(侍定知)를 강조하면서 개벽에 대한 인식의 중요성과 정신의 자발성을 강조하고 있다는 것은 자연의 필연성보다는 개벽의 의지의 자율성을 강조하고 있음을 보여주는 것이다.

모두가 평등하고 차별이 없고 인간의 자유와 권리가 존중받는 다시개벽의 논리에는 자연의 필연성과 인간의 자유라는 두 성격이 함께 들어있음을 알 수 있다. 사회변화와 우주의 변화, 문명사적 변화는 자연적 필연성과 자연의 법칙을 인식하고 현실사회를 그 질서에 부합하게 변화하려는 인간의 자율적 의지가 결합됨으로써 가능하다. 이것이 동학의 3대 지도자들이 말하고자 하는 개벽사상의 핵심으로 보인다.

모두가 차별과 불평등이 없고 평등한 세상을 지향한 동귀일체의 시대는 무엇에 비할 수 없는 지극한 도(無極大道)의 시대이며, 이 시대는 자타의 분별과 차별을 지양한 무위이화(無爲而化)의 원리가 실현된 시대이다. 따라서 개벽에 도래할 이상사회는 "무극대도로서의 동학의 시천주 신앙에 의한 도덕 사회요, 군자적 공동체로 이해되는 동귀일체"의 사회이다.[3] 이 사회는 모든 존재가 한울님처럼 존경받고 성화함으로써 생명을 얻는 사회이다. 자연 생태계가 생명을 회복하는 때, 온갖 죽임과 파괴와 약탈과 공해로부터 자기 생명을 풍성히 회복하는 그러한 역사적 시점을 의미하며, 모든 사람이 한울님같이 높이 공경을 받을 때, 인권이 절대적 차원에서 존중되어 한울님과 같이 성화(聖化)될 때, 개인적 성화만이 아니라 사회적으로 성화될 때를 가리킨다. 다시 말하면 모든 민중생명이 한울님처럼 존경받는 후천개벽의 역사적 시점이다.[4]

동학의 이러한 개벽적 세계관이나 시운관은 자연스럽게 개인의 영성 수련에서 시작하여 사회모순에 대한 저항으로 발전하게 되었다. 동학의 민중적인 생명의 세계관은 제일 먼저 영성 공동체 활동으로부터 시작되어 생활 공동체로 전개되고 소외와 억압과 약탈, 파괴라는 죽임의 세력에 저항하는 혁명적 후천적 개벽 운동으로 확장되었다.[5]

최제우는 『동경대전』의 「논학문」에서 '오심즉여심'(吾心卽汝心), '천심즉인심'(天心卽人心)이라는 표현을 통하여, 그리고 『용담유사』의 「교훈가」에서 "나는 도시 믿지 말고 한울님만 믿었어라. 네 몸에 모셨으니 사근취원하단 말가"라는 표현을 통하여 종래 우리 민족이 경건하게 모셔져 오던 한울님과 인간이 둘이 아님을 강조하였다. 박맹수는 동학의 시천주 사상을 근대적 평등사상으로 해석하였다. "그 어떤 사람이라 할지라도 신분의 고하에 관계없이 수련을 통하여 시천주함으로써 한울님과 일체화할 수 있고, 자기 안에 모셔진 한울님을 체험할 수 있다는 최제우의 시천주 사상은 바로 조선 민중의 근대적 평등사상으로 정립된 것이라는 데 역사적 의의가 있다. 최제우에 의해 확립된 동학의 평등사상은 그 후 해월 최시형을 통해 실천적으로 전개되어 1894년 동학농민혁명을 가능케 해주는 조선 민중의 폭발적 에너지를 결집하는 중요한 요소로 작용하게 된다."[6]

따라서 동학의 개벽사상에는 시천주라는 인간의 근원적 깨달음이 내포되어 있음을 알 수 있다. 영해 동학혁명의 종교적 문화적 정신의 근거가 되었던 시천주는 각자위심의 마음을 동귀일체의 마음으로 전환하여 평등하고 고요한 마음을 닦는 수심정기의 방법에 의해 실현되며 그 구체적인 문명 전환의 논리가 바로 개벽사상으로 표출된 것이다.

2) 해월 최시형의 생명평화사상

동학의 창시자 수운 최제우를 이어 동학의 제2대 교주가 된 해월 최시형 (1827-1898)은 1861년 6월경 동학에 입도하여, 1898년 4월 5일에 관병에 체포되고 6월 2일에 처형되기까지 38년을 동학 교단과 함께 했다. 스승 수운이 처형된 후 해월은 동학 교단의 핵심적인 역할을 담당했다. "동학 교리의 체계화, 동학 조직의 재건과 지역적 기반의 확대, 경전의 집성, 제도와 의식의 확립, 정기적 수련 제도의 실시를 통한 지도자의 양성"[7] 등이 해월의 중요한 업적이다. 특히 영해 동학혁명 이후 약 10여 년간의 그의 행적은 49일 기도를 비롯한 종교성의 강화, 도적과 경전의 발간을 통한 정통성의 확립과 종교적 교의의 확립과 같은 종교적 영성 수련이 중심이 되었다.[8]

여기에서는 영해 동학혁명에서 이필제와 함께 주도적인 역할을 한 해월의 사상을 중심으로 동학 문화콘텐츠의 인문학적 내용으로 삼을 수 있는 몇 가지 사례를 제시하고자 한다. 특히 해월의 동학사상을 생명평화사상으로 규정하고 그 그 실천 방법으로 사인여천, 불연기연, 수심정기, 삼경사상 등을 제시하고자 한다. 이 방법은 동학 문화콘텐츠 개발의 인문학적 내용으로 유용할 것이다.

(1) 삼경(三敬)의 생명평화사상

"사람은 한울을 공경함으로써 자기의 영원한 생명을 알게 될 것이요, 한울을 공경함으로써 모든 사람과 만물이 다 나의 동포라는 전체의 진리를 깨달은 것이요, 한울을 공경함으로써 남을 위하여 희생하는 마음과 세상을 위하여 의무를 다할 마음이 생길 수 있나니, 그러므로 한울을 공경함은 모든 진리의 중심이 되는 부분을 움켜잡는 것이니라."(『해월신사법설』「삼경」)

동학의 생명평화사상은 시천주, 성경신의 경우처럼, 모든 존재를 평등한 존재로 모시면서 천지인 삼재가 각각 형상과 위치는 다를지라도 본질에 있어서는 하나라는 생각이며, 모든 존재는 서로 유기적으로 연결되어 있다는 것이다. 하늘을 공경하고(경천(敬天)), 사람을 공경하고(경인(敬人)), 물건을 공경하라(경물(敬物)). 경천은 하늘을 공경한다는 의미로 해석되지만 사실은 내 마음을 공경하는 것을 의미한다. 왜냐하면 "내 마음을 공경함이 곧 한울을 공경하는 도를 바르게 아는 길"이기 때문이다. 이것은 동학 신관의 근본 전제인 오심즉여심, 한울을 공경한다는 것은 사실 나의 마음속에 들어있는 한울님을 공경한다는 것이다. 따라서 삼경은 모든 존재가 그 형상은 다르더라도 서로 연결되어 있다는 유기체적인 생명이라는 점, 그리고 남을 위한 희생의 마음과 세상을 위한 의무의 마음을 통한 평화의 실현이라는 점에서, 생명평화를 보여준다고 할 것이다.

(2) 사인여천(事人如天)의 평등사상

"사람이 바로 한울이니 사람 섬기기를 한울같이 하라. … 도인의 집에 사람이 오거든 사람이 왔다 이르지 말고 한울님이 강림하셨다 말하라." (『해월신사법설』「대인접물(待人接物)」)

사인여천은 사람을 한울처럼 섬기라는 것으로 어린이, 여성 등 사회적 약자에 대한 배려와 평등의식이 엿보인다. 모든 사람이 사실은 한울님을 모시고 있기 때문에 인간이면 인종, 성별, 직업, 종교, 민족 때문에 차별해서는 안 된다는 것이다. 오늘날 다문화사회의 논리로 적절하게 사용될 수 있을 것이다.[9]

이러한 평등사상은 당시에 차별받고 소외받은 사람들이 동학입교에 적극적으로 움직이게 한 원인이 되기도 하였다.

> "그런데 이때에 있어서 제일 인심을 끈 것은 커다란 주의나 목적보다도 또는 조화나 장래의 영광보다도 당장의 실익 그것이었습니다. 첫째, 입도만하면 사인여천(事人如天)이라는 주의 하에서 상하 · 귀천 · 남녀 · 존비 할 것 없이 꼭꼭 맞절을 하고 경어를 쓰며 서로 존경하는 데서 모두 심열성복이 되었고, 둘째, 죽이고 밥이고 아침이고 저녁이고 도인이면 서로 도와주고 서로 먹으라는 데서 모두 집안 식구같이 일심단결이 되었습니다. 그때야말로 참말 천국천민들이었지요."[10]

위의 서술은 〈신인간〉 34호, 1929년에 게재된 동학 입도자 홍종식의 서술이다. 형이상학적이고 추상적인 논변이 아니라 실제 생활과 삶에 생생하게 다가가는 사인여천의 사상이 그대로 전달되고 있다는 점이 동학도들에게 더욱 감명을 준다는 점을 알 수 있다.

(3) 수심정기(守心正氣)의 수련법

> "수심정기라 하는 법은 효 · 제 · 온 · 공이니 이 마음 보호하기를 갓난아이

보호하는 것같이 하며, 늘 조용하여 성내는 마음이 일어나지 않게 하고 늘 깨어 혼미한 마음이 없게 함이 옳으니라.

　마음이 기쁘고 즐겁지 않으면 한울이 감응치 아니하고, 마음이 언제나 기쁘고 즐거워야 한울이 언제나 감응하느니라. 내 마음을 내가 공경하면 한울이 또한 즐거워하느니라. 수심정기는 바로 천지를 내 마음에 가까이 하는 것이니, 참된 마음을 한울이 반드시 좋아하고 한울이 반드시 즐거워하느니라."

(『해월신사법설』「수심정기(守心正氣)」)

　동학의 수심정기는 시천주를 실천하는 방법이다. 인의예지가 유가의 가르침이었다면 수심정기는 유가와는 다른 동학의 고유한 가르침이었다고 한다.(「수심정기」 참조) 마음을 닦고 기운을 바르게 하는 것이 성인의 경지에 이르는 길임을 강조한다. 희로애락의 산란한 마음을 가라앉히고 맑은 기운을 유지하면 내 마음속에 있는 한울님 기운과 일치하여 맑고 공경하는 마음이 일어나 늘 기쁨 마음을 유지할 수 있는 것이다. 이러한 수심정기는 21자 주문수련과 함께 현대인의 불안과 분노를 치유할 수 있는 방법으로 활용될 수 있을 것이다.

(4) 불연기연(不然其然)의 변증법

　"천고의 만물이여, 각각 이름이 있고 각각 형상이 있도다. 보는 바로 말하면 그렇게 그런 듯하나 그부터 온 바를 헤아리면 멀고도 심히 멀도다. … 이러므로 기필키 어려운 것은 불연이요, 판단하기 쉬운 것은 기연이라. 먼데를 캐어 견주어 생각하면 그렇지 않고 그렇지 않고 또 그렇지 않은 일이요, 조물자에 부쳐 보면 그렇고 그렇고 또 그러한 이치인저."(『동경대전』「불연기연」)

불연기연은 원래『동경대전』에 나오는 것으로 최제우에 의해 제시된 동학의 인식론적 방법이지만 동학의 인문학적 방법론으로 활용하는데 도움이 되기 때문에 여기에 제시하였다. 기연은 그런 것, 즉 우리가 알 수 있는 것을 표현한 것이고, 불연은 그렇지 않은 것, 즉 우리가 알 수 없는 것을 표현한 것이다. 예를 들면 지금 눈에 보이는 인간과 세계는 우리가 알 수 있는 것이기 때문에 기연이지만, 그 기원과 이치를 따지면 알기 어렵기 때문에 불연이다. 그러나 이러한 불연기연의 논리는 현상적 논리이지 본질적 논리가 아니다. 그 근원과 본질에서 보면 불연은 기연이 되는 것이다. 영성적 관점, 본질적 관점의 인식을 강조한 것이다.

삼경, 사인여천, 수심정기, 불연기연 등은 각자위심의 선천시대를 동귀일체의 후천시대로 전환할 수 있는 구체적인 실천방법이다. 선천시대에서 후천시대로의 전환은 정치적 운동에 그치는 것이 아니라 인간의 근원적인 삶의 태도와 본성을 바꾸는 것이기 때문에 문명 자체의 전환을 의미한다. 1871년 3월 10일에 일어난 영해 동학혁명은 불평등과 차별이 없어지고 인간이 인간으로서 자유와 권리를 존중받는 동귀일체의 세상을 지향한 후천개벽의 문명운동으로 볼 수 있다.

3. 영해 동학혁명의 문화적 의미

1) 영해 동학혁명의 전개

영해 동학혁명은 1871년 3월 10일 수운 최제우의 순도일에 맞추어 최시형, 이필제, 박하선 등이 주도하여 전국에서 모인 600여명의 동학교도들이 영해부관아를 점령하여 무기를 탈취하고 영해부사를 단죄하고 그 다음날까지 머물면서 읍민을 위로하고 탈취한 돈 140냥을 나누어주면서 반봉건

세력의 부정부패를 단죄한 사건이었다.

일월산 형제봉 병풍바위 아래 모인 혁명군은 모두 청포를 쓰고 복장을 통일하였으며, 동학교도들은 청색의 군호를, 일반 평민들은 홍색의 군호를 사용하였다고 한다.[11] 동학 연구자인 김기현은 병풍바위에서 진행된 동학군의 축원의식의 의미를 다음과 같이 서술하고 있다. "하늘에 고하는 동학의 기본이념인 인간 존엄성과 가치를 찾기로 갈망하였고, 자존의 후천개벽과 무극의 평등세상을 이루는 소원을 축문에 담아 하늘에 고하면서 소의 피를 담은 그릇에 손가락 끝을 적셔서 엄숙하게 한얼삼신에 혼단하는 고축의식을 가졌다."[12]

혁명군은 주문을 외우면서 혁명을 준비하였다. 이때 모인 600여명은 전국 곳곳에서 온 사람이었다. 동학의 도의 기원을 밝힌 동학 측 문서인『도원기서』와 안핵사의 보고문인『교남공적』그리고 진영에서 작전문서인『적변문축』에 의하면, 혁명군은 당시에 강원도 지역이었던 울진과 영해를 비롯해, 경주, 울산 상주, 안동, 대구 출신이었다. 이는 영해를 비롯한 경상도 북부지역의 동학이 상당할 정도로 포교되었음을 의미한다.

영해 동학혁명은 결국 수많은 희생자를 남기고 끝났지만 혁명이 추구하는 개벽의 꿈과 자주와 민권운동은 23년 후 갑오년 동학농민혁명의 도화선이 되었고 기미년 삼일운동의 정신적인 이념이 되었다. 그런데 지금까지 영해혁명에 대한 평가가 서로 엇갈린다. 먼저 영해 혁명에 대하여 그 명칭을 '영해작변', '이필제의 난', '영해란'등으로 표현하고 이필제와 최시형의 혁명에 대한 태도를 부정적으로 해석하는 평가가 있지만,『도원기서』,『교남공적』,『적변문축』등 새로운 자료의 발굴과 연구에 의해 이러한 부정적인 평가 대신 영해혁명을 교조신원운동으로 보고 이필제와 최시형의 역할에 의미를 두면서 이들 인물의 활약상과 의미를 적극적으로 평가하는 경향이 있

다.[13]

영해 동학혁명은 모순된 제도를 타파하여 현대사회로의 개혁을 앞당기려는 인류 보편적 소망인 인간의 존엄과 가치와, 인내천의 평등을 찾기 위한 후천개벽의 세상에 대한 열망을 보여준다는 점에서 1894년 갑오동학혁명으로 이어졌다. 갑오동학농민혁명이 "우리 근대사에서 반봉건 민주화와 반외세 자주화를 함께 지향한 투쟁이었다"[14]고 평가할 수 있다면, 영해 동학혁명은 민주화와 자주화의 시발점이었다고 평가할 수 있을 것이다.

혁명의 과정에서 주목할 부분은 혁명의 과정과 그 이념이다. 기록에 의하면 최시형은 처음에는 무장봉기를 통해 교조신원운동을 일으키자는 이필제의 제안을 사리에 맞지 않는 것으로 일축했지만, 범상하지 않는 이필제의 외모와 비범함 때문에 이필제의 의견을 따른다.[15] 모의 과정에서 정치겸, 강수, 김인철, 남두병 등 여러 인물이 참가하였지만, 이렇게 서로의 견해가 다르더라도 그 차이를 극복하고 새로운 세상을 건설하겠다는 일념이 차이를 극복하게 되었다는 점은 높이 평가할 부분이다. 토론과 합의라는 민주주의 방법을 구현했던 것으로 보인다.

2) 병풍바위와 영해 동학혁명의 유적지

영해 지역 동학유적지는 다른 지역에 비해 제대로 된 표지석 하나 없을 정도로 홀대를 받고 있는 실정이다. 그 자리가 혁명의 자리이고 그 흔적이 있다는 것을 구전으로만 알 수 있어 빠른 시일 내에 유적지의 파악과 정비를 비롯 문화유산으로서의 위상을 정립할 필요가 있다. 영해 동학혁명 관련 유적지로는 대표적으로 다음과 같다.

○ 형제봉 천제단과 병풍바위(창수면 신기2리) : 이곳은 영해 동학혁명의 발원지로서 가장 중요한 유적지이다. 박사헌의 집이 있었고 이필제와 최시형

및 동학교도들이 모여 하늘에 제를 지내고 출정식을 가졌던 곳이다.

○ 강구의 하저리와 직천(상직리와 원직리) : 동학의 차도주 강사원의 거주지
이다.

○ 영해부성(현재 영해면사무소 일대) : 영해 동학혁명 격전지의 격전지로 영해
부 관아터와 영해읍성이 있던 자리이다.

○ 영해면 괴시리의 한옥마을 : 도유사 남유진 선생의 물소와 고택이 있
는 곳이다.

○ 영양군 일원면 용화리(웃재와 허리재) : 혁명의 성공을 기념하는 천제를
지내던 곳이며, 퇴각로이다.

3) 영해혁명의 정신과 유적지 보존의 문화적 의미[16]

박맹수는 동학혁명의 문화사적 의미를 연구하는 가운데 동학사상의 특
징을 다음과 같이 요약하고 있다. "다시개벽(후천개벽)과 무위이화 사상, 시천
주와 수심정기 사상, 치병과 유무상자 사상, 척왜양의 민족 주체사상, 『정감
록』적 민중 사상의 수용"등으로 요약하면서 이는 "기존의 문명, 기존의 문
화 체제, 즉 인간 삶의 모든 것을 새롭게 변화시키고자 하는 사상"이라고 해
석하였다.[17] 시천주와 개벽사상으로 요약할 수 있는 동학의 사상은 한국 근
대의 변혁기에 사회적, 역사적, 경제적, 영적 변화에 지대한 영향을 미치면
서 한국의 근대 문화를 형성하는데 중추적인 역할을 했다.

영해 동학혁명은 불평등한 신분사회를 타파하기 위해 동학의 기본이념
인 "인내천"을 기치로 만인평등과 인간의 존엄과 가치를 찾고, 인류의 보편
적인 행복추구로 각자의 능력에 따라 평등하게 사는 것이 우주만물의 이
치인 무극(無極)이라는 동학의 가르침을 이행하기 위한 노력의 결과였다.[18]
1871년 영해 동학혁명은 1894년 동학농민혁명의 도화선이 되었으며 봉건

사회의 모순을 타파하기 위한 근대적 정신을 보여준다. 동학혁명의 근대성은 우리의 역사를 봉건시대에서 근대로 바꾸어놓는 분수령으로 볼 수 있다. 이 정신은 일제하에서는 자주독립정신으로 분단독재 아래에서는 4·19의 민주정신과 5·18의 시민정신으로 이어져왔다. 그럼에도 불구하고 동학정신의 현대적 전승의 이면에는 여전히 동학혁명을 촉발시킨 모순이 해결되지 않은 채 지속되고 있다는 것을 의미한다. "역사적 사실은 항상 그것을 해석하는 현재적 입장과 무관할 수 없다. 백년 전의 사회적 모순이 그 많은 희생의 대가에도 불구하고 일제의 강점과 분단세력과 군사독재의 억압체제를 통해서 극복되지 않은 채 온존되어 오는 상황"에서 찾을 수 있다.[19]

영해 동학혁명의 특징은 정치적 운동이었을 뿐만 아니라 종교적 운동이라는 데 있다. 1871년 영해 동학혁명의 실패로 인해 모진 탄압을 받고 조직이 거의 와해되었음에도 불구하고 그로부터 23년 후인 1894년 동학농민혁명으로 이어질 수 있었던 것은 각고의 영성수련을 비롯한 종교적 운동이 없이는 불가능했을 것이기 때문이다. 조동일은 『동학 성립과 이야기』에서 동학의 정치적 성향과 종교적 성향의 상관성을 논의하면서 정치적 탄압이 심해질 때 종교적 경향성을 강하게 띤다고 보았다.

특히 동학의 2대 교주인 최시형은 영해 동학혁명의 경험을 통해 시천주 수련의 중요성을 인식하고 강한 의지력으로 49일 수련을 수시로 하는 한편 동학교도들에게도 수련의 중요성을 강조하면서 내적인 영적 성장을 키워갔다. 사인여천, 삼경, 양천주 등의 해월 사상이 정립될 수 있는 계기가 된 것이다. 영해 동학혁명의 이념인 개벽에의 열망은 영해부를 점령하는 정치운동이었지만, 그 속에 담긴 뜻은 인류가 만든 왜곡된 문명 자체를 근원적으로 변혁하는 것이었다. 영해혁명의 이념을 후천개벽, 다시개벽으로 보아야 하는 이유이다.

21자 주문을 우렁차게 외우면서 전의를 가다듬고 하늘에 천제를 지내던 모습은 영해혁명이 단순히 정치적인 운동이 아니라 이 세계의 문명을 근원적으로 바꾸는 보려는 다시개벽의 시도임을 보여준다. 이러한 종교적 영성 수련은 구체적으로 영해부 관아 점령이라는 정치적 행위로 나타났다. 이러한 정치적 활동의 이면에는 각자위심의 선천시대를 마감하고 차등과 불평등을 없애고 누구나 인간으로서의 권리와 자유 그리고 평등을 누려야 한다는 동귀일체의 평등한 개벽사회의 이념이 들어있다.

따라서 동학 유적지는 당시의 시대정신을 새롭게 인식하고 동학이 지향했던 이상사회에 대한 기억과 전승을 위해 보존될 필요가 있다. 더욱이 동학의 문화는 시천주, 인내천, 사인여천, 삼경사상과 같은 숭고한 정신을 담고 있기 때문에 현대사회의 문제들을 해결하는 데 유용한 자료가 되기 때문이다. 4장에서 논의할 것이지만 동학유적지 보존 활동은 물론 해당 유적지에 표지석을 세우거나 기념관을 건립하는 것에서 끝나서는 안 되는 일이다. 동학의 훌륭한 문화적 자산을 현대적인 문화도구를 활용하여 국내뿐만 아니라 세계적으로 알리고 확산하려는 데까지 나아가야 하며, 그 구체적인 방법이 바로 동학 문화콘텐츠를 개발하는 것이다.

4. 동학 문화콘텐츠와 인문학

1) 문화콘텐츠의 개념

문화콘텐츠는 다학제적 학문의 통합성, 그리고 디지털 기기의 발전과 활용이라는 특징을 갖는다.[20] 현대의 문화상황은 과거의 문화상황과 현저하게 다른 환경에 처해있다. 매체의 다양성과 비혼용성, 디지털 기기의 발전 및 융합성 등이 그러한 변화된 상황을 말해준다. 이러한 상황의 변화는 인간의 사고와 감성의 변화뿐만 아니라 문화의 생산과 유통의 변화를 초래했다.

> "문화콘텐츠는 곧 문화의 원형(original form + archetype) 또는 문화적 요소를 발굴하고 그 속에 담긴 의미와 가치(원형성, 잠재성, 활용성)을 찾아내어 매체(on-off line)를 결합하는 새로운 문화의 창조과정이다. 현재 문화콘텐츠 분야가 새로운 응용학문 분야로 주목받을 수 있는 배경이자 특성은 '다학문의 통합성과 다양한 문화가치의 창출, 그리고 시공을 초월한 활용성'이라고 정의할 수 있다."[21]

콘텐츠란 "말이나 문장 또는 여러 종류의 예술 작품과 같이 어떤 매체를 통해서 표현되어지는 내용" 또는 "문자, 영상, 소리 등의 정보를 제작하고 가공해서 소비자에게 전달하는 정보상품"을 뜻한다.[22] 콘텐츠는 경험으로 만들어진 체험상품이기 때문에 그것을 개발한다는 것은 인간의 경험요소를 구조화하는 것이라 정의할 수 있다.[23]

문화콘텐츠의 발전은 정보통신혁명의 발전과 밀접한 관련이 있다. 특히 정보통신기술(ICT)은 문화의 생산과 유통의 방식을 근본적으로 바꾸어 놓았다. 특히 모바일 기기의 확산은 세계의 탈경계화와 함께 엄청난 생활의 변화를 초래하였다. 구글 아트처럼 우리는 박물관을 직접 견학하지 않아도 세계 유명 박물관에 전시된 그림을 모두 볼 수 있다. 이러한 ICT의 발전은 문화적 환경을 크게 바꾸어놓았다.

> "오늘날 급변하는 문명사적 전환의 맥락에서 찾을 수 있다. 우선 그것은 정보통신 기술(Information and Communication Technologies; ICT)로 촉발된 빠른 확산과

문화적 지형의 근본적인 변화이다. 우선적으로 주목할 것은 미국을 중심으로 확산되는 커다란 흐름은 바로 모바일 기기의 첨단화이다는 점이다. 이것은 글로벌화를 촉진시키는 계기로 작용하고 있으며 특히 많은 젊은 세대들의 일상을 변화키시고 있다. 이른바 '디지털 내이티브' 디지털 '신인류'는 디지털과 영상 이미지 문화의 환경에서 태어나고 자란 세대이다. 신세대 디지털 노마드는 온라인 게임 등 인터넷 환경에서의 각종 놀이를 경험하며 스마트폰으로 세계와 소통하면서 앱스토어를 통해 유용한 정보와 지식을 얻는다. 최근 소셜미디어와 소셜 네트워크를 통한 트위터, 페이스북의 확산은 일상적 문화의 환경을 크게 바꿔놓고 있다."[24]

결국 이 시대의 문화는 더 이상 문화 그 자체만으로 우리에게 다가오지 않는다. 문화는 이제 삶의 세계 전반에 걸쳐 작용하는 현실적이고 경제적인 대상으로 진화하였다. 더욱이 디지털 미디어의 기술력은 우리들이 향유하는 모든 종류의 지적, 정신적, 심지어 정서적 무형자산들인 역사적 기록, 전통문화, 생활양식, 예술 작품은 물론 개인의 경험과 집단신화 등에 내재된 문화적 요소를 개인 혹은 수많은 사람들의 창의적 기획력과 상상력을 버무려 고부가 가치를 창출하는 문화콘텐츠로 변모시키고 있다.[25]

문화에 대한 고전적인 정의로 스튜어트 홀의 정의를 들 수 있다. 그는 문화를 요소와 정신적인 요소의 결합으로 이해하였다.[26]

(1) 토지, 곡식, 가축의 경작

(2) 정신, 예술, 문명의 배양

(3) 사회발전의 일반적 과정 그리고 보편적 과정으로서의 문화: 계몽주의적 관점

(4) 특수한 민족, 집단, 계급, 시간 속에서 공유되고 있는 의미, 가치, 생활

방식: 헤르더

(5) 의미를 생산하는 실천

홀이 정의한 것처럼 문화는 물질적 생산뿐만 아니라 정신적 가치와 실천까지 포함하는 다의적 개념이다. 이러한 정의는 동학 문화를 이해하는 데에도 도움이 된다. 왜냐하면 동학의 문화도 물질적 요소와 정신적 요소 등 다양한 요소가 결합되어 형성된 것이기 때문이다. 문화는 다양한 스펙트럼에서 공유된 가치로 보아야 한다. 그럼에도 불구하고 홀의 이러한 문화적 정의는 인문학과 정보통신기술이라는 두 가지 요소가 보완되어 할 것으로 보인다.

2) 동학 문화콘텐츠의 인문학적 기반

동학 문화콘텐츠 개발은 문화+콘텐츠+인문학의 3요소가 유기적인 관계 속에 결합됨으로써 가능하다. 근대이후 20세기 중반까지는 인간에게 유리한 물질과 기계에 대한 관심을 강조하던 '물질 기계' 중심의 시대였다면, 20세기 중반 이후에는 정보와 생명이 강조되는 '물질 기계+정보+생명' 중심의 과학기술 단계라고 할 수 있다. 오늘날에 와서는 과학기술은 '물질기계+생명+정보+인간마음' 중심의 인문학, 사회과학, 예술학 영역을 포괄하는 통합 융합문화시대로 변화하고 있다.[27]

특히 문화콘텐츠 개발에 인문학적 사유와 안목이 필요한 이유는, 문화콘텐츠 창출이 그 특성상 "창안-기획-제작-유통의 과정이 긴밀하게 연관된 작업이기 때문이다. 문화콘텐츠가 문화적 내용을 산업화시킨 것이라는 점을 전제할 때, 한 시대의 형이상학이라는 공통된 시대정신을 어떻게 공유하고, 어떻게 차별화해서 표현할 수 있는가"[28]에 대한 성찰이 필요하기 때문이다.

더구나 "문화콘텐츠에 담겨 있는 문화적 요소와 이 요소에 내재하는 정신적 혹은 정서적 속성은 필연적으로 인간과 인간의 문화에 관심을 갖는 인문학과 연결되"[29]어 있다는 점도 그 배경이 된다. 따라서 문화콘텐츠 연구자들은 "열린 사고와 쌍방향적 인식"을 가져야 한다.[30]

문화콘텐츠는 문화기술과 인문학의 융합이 전제되기 때문에 인문학적 지식뿐만 아니라 문화기술에 대한 전문지식도 또한 필요하다. 한국콘텐츠 진흥원에서 규정하고 있는 문화기술의 정의에 따르면, "CT는 문화(culture)와 기술(technology)의 접점을 찾아 융합하여 만들어낸 문화콘텐츠산업 관련 기술로 콘텐츠의 창작, 기획, 제작, 상품화, 유통과 관련된 서비스에 활용되는 기술이며 넓게는 디지털 첨단기술과 결합되어 활용하는 기술"이다.

디지털 기술, 특히 문화기술은 인문학의 연구방법론을 변화시키거나, 새로운 학문의 패러다임을 제공하는 역할을 하고 있다. 국립중앙박물관의 신라관에서의 황룡사의 디지털 복원기술, 디지털 복원을 통한 석굴암의 창건 당시의 모습 복원 등이 그 예이다. 중국의 둔황 석굴의 발굴과정에서 여러 나라로 흩어져 있던 약탈된 유물들을 디지털 기기로 모아 연구기반을 구축하는 것을 목표로 하는 디지털 둔황 프로젝트 등은, 디지털 기술이 인간에게 새로운 경험 영역을 창출하면서 새로운 문화를 만들어 내어, 시공간을 아우르고 통섭하는 바탕이 되고 있다.[31]

거꾸로 인문학도 문화기술에 기여할 수 있는 방법으로 인문학이 문화기술의 비전을 제시한다는 점, 인문학의 산출물을 문화기술의 대상으로 적용할 수 있는 정보학의 역할을 강화하는 점 등을 들 수 있다.

"정보통신혁명으로 인한 뉴미디어 환경의 변화와 전방위적으로 진행되는 글로벌화 시대, 감성의 일상성의 복원이 중시되는 시대에 기존의 문화연구의 핵심 개념과 방법론이 여전히 유효성을 지니는가에 대해서는 많은 논의가 필요하다고 본다. … 새로운 문화콘텐츠 연구는 통시적이고 공시적 관점을 동시에 갖추면서 인문학의 보다 깊은 기저에서 의미와 가치를 획득하여, 그것을 콘텐츠, 뉴미디어, 아방가르드 아트 등과 횡단적으로 접합시키는 인문적 테크놀로지와 창조적 엔지니어링이 될 것이다."[32]

예를 들어 장소콘텐츠의 개발에서 인문학이 어떻게 개입하고 역할을 하는지 살펴보자. 장소 콘텐츠는 가장 긴 개발과정과 다학문 융합적 성격이 매우 강하다. 장소콘텐츠 가운데 박물관이나 관광콘텐츠는 소재의존도가 매우 높고 소요되는 소재 정보량도 매우 많이 요구된다. 특히 아이디어를 이미지로 표현하는 과정이 필수적이고 매체 디자인을 공간 인테리어 설계와 연결하는 작업 또한 요구된다. 과정 가운데 요구분석, 환경분석(인문환경), 소재조사, 창의발상, 개념설계, 스토리텔링 등의 단계에서는 인문학과의 연계 요구가 매우 크다고 볼 수 있다.[33]

문화콘텐츠 기획과정에서 인문학 연계부분은 경험상품인 콘텐츠의 영혼이라고 할 수 있는 사용자(user), 아이디어(idea), 소재(object), 개념(concept), 스토리(story) 등의 5가지이다. 유동환은 문화콘텐츠 개발에서 인문학이 개입할 수 있는 영역을 5가지로 나누고, 다시 인문학 정보소재, 인문학 방법론, 그리고 스토리텔링으로 범주화하여 인문학이 어떻게 관여하는지 연구하였다. 이 연구를 통해 인문학은 문화콘텐츠 기획단계에서 핵심적인 역할을 한다는 점을 지적하였다. 콘텐츠 기획 과정에서 요구분석, 창의발상, 소재조사, 개념도출의 4단계는 심리학, 철학, 역사 등의 분야와 사용자 심리, 창의발상, 개념이해, 원천자료 조사방법론과 밀접한 관계가 있음을 강조하였다.[34]

3) 동학 문화콘텐츠의 방법론과 감성인문학

인문학의 학문결과물, 연구방법론, 정보구조를 콘텐츠의 자원(소재), 방법(모델), 구조(스토리텔링) 3가지와 연결관계를 고려하면, 콘텐츠 기획에 있어서 콘텐츠 체험 구성을 위한 인문학 분야별 논리와 방법이 필요하다는 것을 알 수 있다. 요구분석, 창의발상, 소재조사, 개념도출의 4단계는 심리학, 철학, 인류학, 역사학 분야가 발전시켜 온 사용자 심리, 창의발상과 개념도출 자료조사방법론 등의 도입의 원천이 될 수 있다. 아래 표는 유동환이 제시한 문화콘텐츠 개발의 융합인문학적 성격을 필자가 재정리한 것이다.[35]

〈표1〉 동학 문화콘텐츠 개발의 융합인문학적 성격

기획 분야	요구 분석	창의 발상	소재 조사	개념 도출	스토리텔링
학문 분야	심리학	철학	인류학	역사학	문학
방법론	사용자 심리 분석	확산 및 수렴적 사고	자료조사 방법론	현상학적 방법	서사적 방법
인문학 연계	사용자(user)	아이디어(idea)	소재(object)	개념(concept)	스토리(story)

심리학, 철학, 인류학, 역사학, 문학과 같은 인문학 연계 영역이 전체 속에 유기적으로 통일되어야 효과적이다. 사용자의 니즈를 파악하기 위해서는 일차적으로 사용자가 그 콘텐츠를 통해 얻고자 하는 것이 무엇인지를 파악하는 것이 필요하다. 철학은 여러 가지 아이디어 발상법을 통해서 창의적인 아이디를 착안하는 일을 한다. 인류학은 자료조사의 방법론으로 유용하며, 역사학은 이렇게 나온 소재를 전체적으로 윤곽을 그려주는 역할을 하며, 마지막으로 문학은 서사적 방법을 사용하여 스토리텔링을 한다.

문화콘텐츠 개발에 참여하는 인문학은 논리적이며 비판적인 인문학이 아니라 공감하고 직관하는 감성의 인문학이다.

"문화가 인간 삶을 재가치화하고 살만한 것으로 만드는 힘이 있다면 그것은 성찰적 사유와 예술에 대한 충동과 열정에서 찾을 수 있을 것이다. 예술은 문화의 요체로서 삶의 가장 고귀한 성취와 다른 것이 아니다. 인간은 예술을 통해 삶의 의미와 정체성 그리고 이상을 구현할 수 있다. … 과거의 인문적 교육이 논리적 사고, 객관적 비판에 중점을 두었다면 미래의 인문학은 성찰성, 통찰, 직관과 함께 심미적 감수성, 공감력을 포괄하는 인문적인 성격을 지닌다."[36]

이에 대한 근거로는 인문학의 어원을 들 수 있다. 원래 인문학은 사람의 무늬를 쫓는 학문이었다. 동양의 인문학에서는 인문이란 자연에 새겨진 인간의 무늬를 밝히는 것이며, 문화는 인간 자신의 노력에 의해 삶의 환경을 아름답게 바꾸어나가는 일이다.[37] 『주역(周易)』에 의하면,

"문명한 가운데 그치므로 사람의 무늬이다.(文明以止 人文也) 하늘의 무늬를 관찰해서 때의 변화를 살피며, 사람의 무늬를 관찰해서 천하를 교화하여 이루어 나간다.(觀乎天文 以察時變) 觀乎人文 以化成天下)"[38]

또한 중국문학의 가장 기초적인 텍스트 중의 하나인 『문심조룡(文心雕龍)』에서도 인문학의 깊은 의미를 읽을 수 있다. 마음의 작용으로 문장을 짓는 원리와 문장을 정교하게 다듬는 수사법이 제시되어 있는 이 책에서는 문이 지극히 우주론적인 질서와 형상의 표현임을 강조하고 천지인 삼재의 무늬를 표현하고 있는 것으로 설명되었다. 〈문심〉은 마음의 작용으로 문장을 짓는 원리를 말하며 〈조룡〉은 문장을 정교하게 갈고 닦는 수사법을 말한다.

"문의 속성은 지극히 포괄적이다. 그것은 천지와 함께 생겨났다. 어째서 그런가? … 위를 쳐다보면 해와 달이 빛을 발하고, 아래를 내려다보면 산과 하천이 아름다운 무늬처럼 펼쳐져 있으니, 이는 위와 아래의 위치가 확정된 것으로, 이로써 하늘과 땅이 생겨난 것이다. 오로지 인간만이 같이 어울릴 수 있으며 영혼을 지니고 있기에 이를 삼재라고 부른다."[39]

『주역』과 『문심조룡』의 동양의 두 전거에 의하면 인문은 인간의 무늬를 밝히는 것인데, 주목해야 할 점은 이때의 인간은 전인적 인간, 우주적 인간, 영혼의 인간을 의미한다는 것이다. 심미적 이성이라고 규정할 수 있는 이러한 인문의 능력이 인간에게는 있고 그 구체적인 표현이 문화와 같은 인간의 발자취인 것이다.

그렇다면 공감과 감성, 문화콘텐츠를 개발할 때 인문적 감성이 필요한 이유는 무엇인가? 그것은 궁극적으로 문화의 목적이 행복에 있기 때문이다. 행복은 정서적 안정감과 심미적 감성, 그리고 정서적 유대감이 있어야 가능하다.

"행복은 인간의 늘 고단하고 비루하고 고통스럽지만 작은 인간 공동체의 공생공락의 삶 속에서 묻어나오는 우정, 관용, 친절, 배려의 순간들은 일상을 견디게 만든다. 이러한 작은 행복의 가치들은 냉혹하고 부정의한 시대일수록 더욱더 삶을 견디게 하는 버팀목인 것이다. … 그것은 글로벌 의식으로서 이성이나 경직된 논리가 아닌 확장된 의미의 감성 사회의 구성을 말한다. 공감과 감성은 글로벌화로 촉진된 신유목민 시대에 사회공동체의 유대감을 형성하는 윤리적 심미적 요소로 작용한다."[40]

동학의 문화재를 문화콘텐츠로 개발해야 하는 이유는 지역적인 차원이 아니라 지구적 차원에서 진행되고 있는 새로운 문화매체의 발달로 대중들의 문화적 욕구가 변화되고 있기 때문이다. 디지털 매체와 플랫폼에 콘텐츠를 탑재한 새로운 문화 환경이 조성됨으로써 이제 동학의 문화재는 새로운 형식과 내용으로 재구성되어 전파되어야 한다.

"첨단 IT 기제와 커뮤니케이션 확산의 큰 흐름 기저에서 주목해야 할 것은 메가트렌드를 구성하는 시대정신과 문화적 감성의 패러다임 변화이다. 21세기 문명 자체가 문화예술적 감성을 중시여기는 방향으로 전환하고 있는 것이다. 시대정신과 에토스는 혼종성, 감성, 공감, 심미성, 다양성, 공동체적 유대감으로 정의된다. 이것은 도구적 합리성, 포드시스템, 맥도날드 세계화로 대변되는 메마르고 비인간적인 산업사회가 배제했던 인간과 사회의 정서적, 심미적, 정신적 가치인 것이다."[41]

이를 도표로 정리하면 다음과 같다.

〈표2〉 문화적 감성의 패러다임의 변화

시대 구분	시대 정신의 변화	가치관의 변화
산업시대	도구적 합리성. 포드시스템. 단일성. 원자적 개별성. 목적합리성	합리적, 계산적, 물질적 가치
문화시대	혼종성. 감성. 공감. 심미성. 다양성. 공동체적 유대감. 가치합리성	정서적, 심미적, 정신적 가치

세계는 글로벌 스탠더드 시대에서 글로벌 네트워크 시대로 전환하고 있다. 감성의 시대에는 사용자의 개성과 정서를 파악하고 문화상품에 담긴 이야기를 제공해야 한다. 20세기는 규격화된 '글로벌 스탠다드'(global standard)

가 통했다면 21세기 '글로벌 네트워크'(global network) 시대에는 사용자의 다양한 감정과 개성을 파악하고 그것을 충족하는 문화상품이 통한다. 출판평론가 한기호는 글로벌 네트워크 시대에 출판 상황의 변화를 추적하면서 글로벌 스탠더드 시대와는 현저히 다른 발상의 전환과 방법이 필요하다는 점을 강조했다.

> "바야흐로 감성의 시대다. 컴퓨터의 등장 이후 관념이나 물질도 디지털 '정보'로 바꿀 수 있는 세상이 됐다. 이제 인간을 근본적으로 이해할 수 있는 지혜가 필요하다. 이런 세상에서는 인문적 지식만으로는 한계가 명확하다. 따라서 인문과학과 자연과학이라는 두 과학을 잘 결합해 독자 스스로 지혜를 찾아갈 수 있는 가능성을 열어놓은 책이어만 한다."[42]

인터넷이 세상을 어떻게 바꾸는가를 집중적으로 연구해온 철학자이자 과학기술 전문가이기도 한 데이비드 와인버거는 사람들의 생각을 묶어주는 네트워크가 지식의 형태와 본질을 어떻게 바꿀 것인가에 대한 통찰을 제시했다. 그에 의하면 세상은 우리가 알기에는 너무나 크기("TOO BIG TO KNOW") 때문에 지식의 네트워크가 필요하며 똑똑한 네트워크를 만드는 것이 중요하다는 점을 강조한다.

인터넷은 장단점이 존재한다. 누구나 웹에 접속해 지식의 형성에 기여할 수 있을 뿐만 아니라 대가없이 지식을 소유할 수도 있다. 전문가가 아니더라도 인터넷 클릭 몇 번만이라도 교육받은 전문가처럼 말할 수 있게 된 것이다. 반면에 네트워크화된 지식은 정보 과잉 속에 사람들을 오래 생각하지도, 고민하지도 않게 만든다. 그 결과 인간 사고의 폭은 좁아지고, 소수의 전문가는 몰락한다. 그럼에도 와인버거는 인터넷의 장점을 충분히 발휘할 수 있는 네트워크 구축이 필요하다는 점을 강조한다.

> "지식은 좋은 이유와 나쁜 이유 모두에서 인터넷의 특성을 가진 네트워크
> 가 되었다. ⋯ 현재 시점에서 가장 확실해 보이는 건, 네트워크화 된 지식이
> 우리를 지식에 대한 진실에 가깝게 다가가게 해주고 있다는 사실이다."[43]

동학의 정신과 문화를 글로컬 시대의 보편적 문화로 정립하기 위해서는 문화콘텐츠 개발이 필수적이다. 이는 두 가지 방향으로 모색할 수 있다. 첫째는 동학의 정신과 문화를 글로벌 문화 담론으로 높이기 위한 보편적 아젠다를 개발하는 방법이나, 좀더 적극적인 방식으로 디지털 기기의 플랫폼을 통해서 글로벌 아젠다를 선점하고 그것을 문화콘텐츠로 제작하여 확산하는 방법이다.

이를 위해서는 지역 문화의 다양성과 인류 문화의 보편성을 종합할 수 있는 방향으로 문화콘텐츠가 개발되어야 한다. 투 웨이밍 교수의 말처럼, 문화, 종교, 전통 간의 대화와 보편적 가치에 대한 합의가 필요하다.[44] 그에 의하면 서구 근대주의 가치와 유교문화를 통합하여 융합적이고 중도적인 가치를 만들어내는 것이 세계적인 가치를 창출하는 방법이다. 동학혁명의 이념인 반봉건 반외세와 동귀일체, 개벽사상, 시천주, 사인여천의 개념은 인류 보편의 가치인 양심, 평화, 평등, 인본주의와 맞닿아 있다.

인문학은 인간과 세계의 고통을 따뜻한 감성으로 포용할 수 있는 감성의 역할을 할 뿐만 아니라 인류문명에 대한 인간의 편견과 선입견을 시정하는 비판적인 역할을 한다. 이를 통해서 새로운 시대정신을 모색하는 것 역시 인문학의 중요한 기능중의 하나이다. 에드워드 사이드(Edward W. Said)는 『오리엔탈리즘』을 통해서 서국인의 왜곡된 동양에 대한 시각을 비판함으로써

서양화된 동양의 이미지를 바로 잡으려는 학문적인 노력을 하였으며,『저항의 인문학』에서는 인문학의 목적을 역사에 대한 왜곡을 비판적으로 검토하는 데 있다고 주장하였다.

> "인문주의의 실천과 시민 참여의 실천 사이에 모순이라고는 존재하지 않습니다. 인문주의는 철회나 배제에 관한 것이 아닙니다. 오히려 그 반대이지요. 인문주의의 목적은 해방과 계몽에 쏟은 인간 노동과 에너지의 산물들, 더 중요하게는 집합적 과거와 현재에 대한 인간의 오독이나 오해 등을 비판적 검토의 대상으로 만드는 것입니다."[45]

5. 동학 문화콘텐츠의 개발 방향

1) 동학 문화의 정체성 제고

동아시아적 담론과 서구적 담론이 혼성모방 되고 전근대적인 것과 현대적인 것 그리고 탈현대적인 것이 공존하는 글로컬 시대에 동학 문화의 정체성을 어디에서 찾아야 할 것인가? 먼저 동학 문화의 정체성이 무엇인지부터 묻지 않을 수 없다. 동학이 원래 서학과의 차별성을 두기 위해 만들어진 용어이며 아무래도 동양적인 특색이 강할 수밖에 없다. 그러나 오늘날 동양과 서양, 전통과 현대, 아날로그와 디지털의 경계는 이미 무너졌다. 앞으로 동학 문화가 글로벌 문화에서 정체성을 갖는 문화로 거듭나기 위해서는 과감한 자기변화와 혁신이 필요하다는 것을 암시한다.

동학의 역사는 은도시대-현도시대-문화시대로 변화 발전하여 오늘에 이르고 있다. 은도시대란 최제우와 최시형의 시대로 아직 동학이 공인되지 못해 탄압을 받던 시기를 말하며, 현도시대란 1905년 동학이 천도교로 개편된 이후(대고천하) 공인된 시기를 말하며, 문화시대란 1910년대 이후 교육문화운동이 진행되던 시기를 말한다. 천도교 신파 세력들은 일본문화를 비롯한 서구문화의 수용을 통해서 청년 여성의 계몽교육을 실시하였다.[46] 이러한 점을 상기할 때 동학이 글로컬한 문화로 정착하기 위해서는 자기혁신과 변화를 통해 새로운 문화정체성을 갖기 위한 노력이 필요하다.

한류문화가 성공할 수 있었던 요인을 분석한 연구 결과를 타산지석으로 삼을 수 있다. 한류문화는 아시아적 가치에 기여함으로써 성공할 수 있었다. (1) 한류문화는 아시아인의 집단정체성 형성에 기여한다. 한류는 전통적 유교문화와 현대적 서구문화를 성공적으로 종합하여 아시아인의 대안적 문화 욕구를 만족시킨다. (2) 한류문화는 타자와의 화해를 통한 동일성의 가치관의 형성에 기여한다. 타자를 배제하는 할리우드식의 폭력적인 자기동일성의 문화가 아닌 항상심과 사랑을 매개로 하여 세상의 장애와 화해하는 과정을 중시한 화해적 동일성의 가치관을 중시하기 때문이다. (3) 한류문화는 문명공존의 가치관의 형성에 기여한다. 특히 한국의 문화상황은 전근대과 근대 그리고 탈근대의 가치관과 문화적 양상이 공존한다. (4) 한류문화는 하드파워에서 소프트파워로의 경제력의 변환을 촉진한다. K-Pop의 해외진출이 가능했던 것은 SM이나 JYP등과 같은 대형 엔터기업의 소프트파워의 발전 덕분이다. (5) 한류문화는 인류보편적인 감성이미지 형성에 기여한다. SM엔터테인먼트 소속 아이돌 그룹의 2011년에 펼쳐진 6월의 파리 공연, 9월 도쿄 공연, 10월의 뉴욕 공연 등은 아시아적 가치를 서구의 가치와 융합, 인류 보편적 가치로 승화시키고 있음을 보여준다.[47]

2) 동학의 글로컬리제이션(glocalization)의 실현

동학의 글로컬리제이션을 실현하고 동학의 문화콘텐츠 개발을 위한 인문학적 토대를 마련하기 위해서는 글로벌 아젠다를 제안하는 것이 무엇보다 필요하다. 이는 동학의 문화적 가치와 정신을 지역적인 차원뿐만 아니라 세계적인 차원에서 유통하고 전달하기 위한 문화콘텐츠를 개발한다는 것을 의미한다. 예를 들면 동학 천도교의 핵심 교리인 '시천주', '동귀일체', '사인여천', '이천식천', '삼경'과 같은 인문학적 이념을[48] 현대 사회에 글로벌 이슈를 해결하는 데 핵심 아젠다로 설정하고 이를 문화콘텐츠로 제작하는 것이다.

> "인문정신을 바탕으로 한 문화콘텐츠학이 단순한 문화산업의 시녀가 아니라 융합학문으로서 자리 잡기 위해서는 문명사적 아젠다를 학문적 교육적 의제로 삼아야 한다. 예컨대 환경위기와 기후변화, 인간적 차원, 초월적 차원의 소멸, 정보통신 혁명 등 전 지구적이고 동시에 국지적인 문제를 아우르는 동시에 인간적 차원에서 귀중한 인문적 가치와 문화적 자산 등을 통찰하고 모색하는 과정에서 그 방법을 찾아야 할 것이다. 이것은 지금까지 역사 문화재 원형복원이나 한국적인 테제에 머물렀던 문화콘텐츠를 동북아 지역의 교류와 협력은 물론 글로벌이라는 보다 보편적인 세계로 열리는 계기가 될 것이다."[49]

동학의 글로컬리제이션의 가능성을 우리는 동학 문화콘텐츠 개발을 통해서 찾아보고자 한다. 동학의 시천주, 오심즉여심, 사인여천, 삼경, 인내천주의는 현대사회의 글로벌 이슈에 대한 대안으로 제시해도 좋은 것이다. 강한 사회비판적 인식과 실천을 담고 있으면서도 자유와 평등 그리고 근원적인 인간애를 담고 있는 동학사상은 사회변혁사상일 뿐만 아니라 불평등하고 소외된 이 세계를 정신적으로 승화하여 영적 성숙을 통해 성화하려는 고도의 영성 운동이기도 하다. 의암의 성령출세설 법설 또는 이신환성 법설은 사회경제적 변혁운동을 정신의 영성운동으로 승화하는 숭고한 성화의식을 보여준다.

프랑스 혁명이 자유, 평등, 박애라는 근대적 인간의 자기의식을 보여주었다는 점에서 근대 시민사회를 정립하기 위한 혁명이었음에도 불구하고 구제도의 타파라는 제도 변혁에 머물렀기 때문에 극단적인 파괴로 치달았다면, 동학농민혁명은 비록 국내 봉건 세력과 외세에 의해 진압됨으로써 외형적으로는 실패하는 것으로 보일지라도, 해월의 극한적인 구도의 정신과 포덕활동이 보여주듯이, 영성운동으로 승화함으로써 그 내밀한 정신이 오늘날 민족정신으로 지양되어 전승되고 있는 것이다. 물질 개벽은 실패했지만 정신 개벽은 성공하여 한국의 근대정신으로 지속하고 있는 것이다.

이 점에서 동학의 글로컬리제이션은 위에서 제시한 동학의 핵심사상을 글로벌 아젠다로 선점하려는 노력에 의해 가능할 것이다. 이를 위해서는 그 아젠다를 하나의 문화콘텐츠로 개발하여 현실화하고 문화기술 플랫폼을 이용하여 세계적으로 확산할 필요가 있다. 문화콘텐츠는 겉으로 볼 때에는 모순된 어휘로 보인다. 문화는 정신적인 것이고 콘텐츠는 기술적인 것이며 양자는 그 방법과 성격이 다르기 때문이다. 그러나 정신적인 것이 기술적인 것에 의해 구체화되고 기술적인 것도 그 콘텐츠를 문화에서 가져올 수 있다는 점에서 양자는 상호배타적인 관계가 아니라 상호보완적인 관계이며 동학의 글로컬리제이션을 실현하는데 중요한 도구이다.

3) 치유 문화(healing culture)으로서의 동학 문화

인문학과 문화가 개인과 구성원들 간의 동질성 구축과 공동체적 유대 강화에 도움을 주는 치유(healing) 수단으로 동학 문화를 모색하는 것이다. 가치, 정신, 유대감, 공감, 관용, 다양성 등과 같은 인문학적 특성들을 활용한 문화콘텐츠를 개발함으로써 개인과 개인, 개인과 공동체간의 소통과 연대 감을 형성하는데 기여할 것이다.

예를 들면 동학 문화콘텐츠 개발에 동학 천도교의 21자 주문수련이나 수 심정기법을 현대적으로 발전시켜 문화 유저들에게 영성체험을 할 수 있는 기회를 제공하는 것을 들 수 있다. 동학의 정신과 문화가 읽기나 듣기자료 또는 영상자료의 습득과 관람에 머물러 깊이 있는 내면화로 이어지지 못하 는 문제에 대한 대안으로 생각해볼 수 있는 것이다.

특히 동학 천도교의 21자 주문수련을 활용하여 일반인들이 영적 체험을 경험할 수 있도록 하는 것이다. 동학혁명 당시에도 주문수련을 통해서 내적 인 안정과 광제창생의 의지를 키우기도 했다. 주문수련을 통한 영적 체험은 불안하고 외롭고 소외감을 느끼는 현대인의 마음을 어루만지는 힐링의 역 할을 할 것으로 기대된다. 체험의 징후는 주로 강령현상으로 나타나는데 우 주의 기운과 안의 신령이 만나는 지점에 이르면[50] 통제할 수 없는 눈물과 울 음이 나오면서 내면에 쌓인 불안과 고통과 같은 부정적인 심리적 요소가 해 소되는 것이다. 물론 이때의 눈물은 슬픔에서 나오는 감정의 눈물이 아니라 인간의 깊은 내면에서 우주의 무한한 기운과 나의 유한한 기운이 마주할 때 나오는 존재의 눈물이다.

동학 문화를 힐링 문화로 개발하기 위한 방법으로 천도교의 수도원 공간 을 활용하여 현대인의 정서와 감성에 맞는 다양한 힐링 프로그램을 개발하 는 것을 들 수 있다.[51] 불교의 경우에는 템플스테이 프로그램이 활성화되어 외국인들도 찾아올 정도로 인기가 높다. 템플스테이 프로그램처럼 동학의 힐링 프로그램도 현대인의 상처와 아픔을 안아주는 역할을 해야 하는데, 특 히 수도원이 천도교인들이 주문공부를 하는 장소에서 탈피하여 일반인 누구나 체험프로그램에 참가하여 지치고 외로운 마음과 영혼을 달래줄 수 있는 평화로운 안식처로서의 장소로 전환되어야 한다. 또한 여러 종교단체에서 진행하고 있는 상담프로그램을 시행하는 것도 생각해볼 수 있다. 사랑의 전화와 같은 상담전화를 비롯해 소외된 이웃의 고민을 함께할 수 있는 방법을 모색할 필요가 있다.

4) 동학 유적지에 대한 기억과 전승

문화유적지를 보존하는 것은 유적지에 담긴 정신과 발자취를 통해서 과거의 기억과 현재의 반성 그리고 미래 세대의 전승이라는 의미를 지닌다. 동학혁명에 대한 인식은 그 명칭의 변화와 함께 한다. 동학혁명을 난으로, 운동으로, 혁명으로, 전쟁으로 다양하게 호칭한다는 것은 단지 그 호칭의 문제가 아니라 그 호칭에 담긴 인식의 정도와 깊이의 문제와 밀접한 관련을 맺고 있다. '역사는 무엇인가?'라는 카(E.H. Carr)의 질문은 '역사란 누구의 역사인가?'라는 질문으로 바뀌어야 한다. 즉 호칭의 주체에 따라 동학혁명의 명칭도 여러 가지로 바뀌었으며, 그 호칭을 호칭하는 세력의 정치적 인식과 역사의식을 보여주는 것이다. 이는 곧 역사가 역사로서 진실을 보여주기보다는 그 호칭을 호칭하는 지배 세력의 편의와 정치적 의도 및 정권의 합리화를 보여준다.

영해 동학혁명이 지금까지 "이필제의 난" 정도로 호칭되어왔다는 것을 예로 들 수 있다. 최근까지도 관변자료 등에 의해 영해 동학혁명은 민란 등으로 불려 왔으며, 그 호칭을 사용하는 주체의 영해 동학혁명에 대한 인식과 깊이를 그대로 보여준다. 또한 동학혁명에 대한 기억의 한계도 지적할 수 있다. 동학혁명에 대한 기억이 여전히 전라도와 충청도 일부에 국한되어 있다는 것은 영해 동학혁명이 그동안 주목받지 못한 결정적인 원인이다. 장소성의 한계 때문에 영해 동학혁명은 기억 속에 전승될 수가 없었던 것이다.

동학 문화콘텐츠를 개발하기 위해서는 먼저 원천 자료라고 할 수 있는 동학혁명 유적지를 조사하고 조사된 유적지를 발굴하면서 그것을 콘텐츠로 제작하는 것이 필요하다. 1871년 영해 동학혁명 유적지의 경우, 영해혁명의 발원지인 병풍바위와 천제단, 차도주 강사원의 거주지인 강구의 직천리, 영해혁명의 격전지인 영해부성이 있었던 영해면사무소 일대 등에 우선 표석이나 비석을 세우면서 그곳이 역사적 사실과 의미를 전달하고 현대적으로 계승할 수 있는 시간을 가져야 한다. 역사의식을 기념물이 되기 위해서는 다음과 같은 요소가 필요할 것이다.

이경화는 기념탑, 위령탑, 동상, 기념관 등의 동학농민혁명 기념물에 대한 자료 조사와 연구를 통해서 현재 세워진 기념물의 문제점을 지적하면서 유의미한 역사적인 기억물이 되기 위한 방향을 제시하고 있다. 동학혁명기념물이 역사의 기억물로 세워졌지만 정치적 이데올로기에 의해 역사적 의미를 상실했다.

> "양호한 기념물은 사회 주도 이념의 도덕성과 관련되고 문화요소와 진정성을 발휘한 기념물은 역사와 기억을 매개하는 효과적인 기능을 한다. 곧 동학농민혁명에 대한 재해석은 새로운 기억을 마련하고 의미있는 다양한 조형작업은 기억을 관리하는 장치가 될 것이다."[52]

그럼에도 불구하고 아직 영해와 영덕 관련 동학유적지에 대한 자세한 조사보고서가 나오지 않았으며 변변한 표지판조차 제대로 갖추어져 있지 않다. 이곳이 역사적으로 어떤 장소인지, 그곳에서 어떤 일이 일어났는지, 왜 그 일이 벌어졌는지, 그 일을 통해서 어떤 것을 달성하려고 했는지, 오늘날 그 정신과 행동이 현대인에게 어떤 의미를 지니는지, 과거에 대한 정확한 역사인식에 기초한 동학문화에 대한 기억과 전승이 필요하다.

6. 결론

1871년 3월 10일 일어난 영해 동학혁명은 23년 후에 일어난 갑오동학농민혁명의 시발점이면서 자유와 평등이라는 근대적 이념을 구현한 한국 근대사의 중요한 사건임에도 불구하고 그동안 크게 주목을 받지 못했다. 영해 동학혁명의 전개과정과 역사적 의미를 기억하고 전승하는 일은 다각적인 방면에서 수행될 수 있지만, 본 연구에서는 동학 문화콘텐츠의 방법을 제시했다. 그동안 이 분야의 연구가 많지 않음에도 불구하고 역사를 기억하고 전승하는 보편적이고 파급력이 강한 방법이 바로 문화콘텐츠 개발이기 때문이다. 문화콘텐츠는 문화-콘텐츠-인문학-문화기술이 융합되어 디지털시대의 보편적인 문화상품을 의미한다.

2장에서는 동학의 정신을 다시개벽으로 정리하면서 동학혁명은 정치운동만이 아니고 문명자체를 자체를 바꾸는 문명운동임을 논의하였으며, 해월의 동학정신을 삼경의 생명평화사상, 사인여천의 평등사상, 수심정기의 수련법 등으로 제시하였다. 이렇게 정리한 이유는 이러한 정신적인 문화유산은 동학 문화콘텐츠 개발의 인문적 내용으로 사용될 수 있기 때문이다. 3장에서는 영해혁명의 개요를 제시하면서 유적지를 정리하였으며 유적지 보존의 문화적 의미도 논의하였다. 4장에서는 문화콘텐츠의 욕구가 생긴 이유와 그 개념 및 특징을 논의하면서 문화콘텐츠 개발을 위해서는 감성과 공감 그리고 배려의 인문학이 필요하다는 점을 논의하였다. 아울러 동학 문화콘텐츠의 방법으로 심리학, 철학, 인류학, 역사학, 문학 간의 학제연구가 필요하다는 점도 논의하였다. 5장에서는 동학 문화콘텐츠 개발 방향을 제시하였는데, 구체적인 항목으로 동학 문화의 정체성 제고, 동학의 글로컬리제이션의 실현, 힐링 문화로서의 동학문화의 가능성과 동학 유적지에 대한 기억과 전승을 들었다.

다만 본 연구에서는 동학 문화콘텐츠의 구체적인 내용에 대해서는 논의하지 못하고 그 가능성만 제시했다. 문화콘텐츠를 개발한다는 것은 문화재를 상품화한다는 것만을 의미하는 것은 아니다. 그것은 문화 소재에 대한 사실인식과 함께 그 속에 담긴 시대정신과 그 당신의 사람들의 감정을 느껴보면서 공감하고 기억하고 미래를 설계할 수 있는 기호를 주는 것을 의미한다. 특히 동학의 문화 및 문화유적에는 강력한 개벽의지와 이상 세계에 대한 열망이 들어 있으며 현실의 고통을 수련을 통해 영성으로 고양하는 높은 종교심도 들어있다. 앞으로 동학 콘텐츠 개발뿐만 아니라 동학 문화제 행사를 개최하거나 비문을 하나 세울 때에도 고려해야 하는 덕목이라고 생각한다.

| 부 록 |

1871년 영해동학혁명 관련 연표

1871년 영해동학혁명 관련 사진자료

1871년 영해동학혁명 관련 연표

서기	날짜	영해동학혁명 관련 주요 사건	근거 문서
1861(신유)	봄	○ 동학교조 수운 최제우선생이 포덕문을 짓다.	도원기서
	6월	○ 방문 제자에게 입도 시키고 21자 주문을 전하다. - 도를 천도라 하고 이름을 동학(東學)이라 함.	
	12월	○ 남원 은적암에서 도수사, 동학론, 권학가를 짓다.	
1862(임술)	12월	○ 각처에 접주를 처음으로 정하다. - 영해접주 : 박하선(朴夏善)	
1863(계해)	10.28	○ 영덕의 직천 마을에서 생일잔치를 하다. - 제자들에게 "무극대도의 후천개벽 오만년 자존(自尊)의 시대가 도래함을 널리 알리라."고 설교함	도원기서 및 시천교종역사
	11.12	○ 조정에서 암행어사 정운구에게 밀명을 내리다. - 동학괴수를 탐문하여 잡아들이도록 임무를 부여	조선왕조실록 1220자
	12.7	○ 수운의 압송행렬이 과천에서 철종의 국상이 나다. - 대구감영으로 돌아가 처리하라고 명함	도원기서
	12.20	○ 암행어사 정운구의 장계를 왕조실록에 기록하다. - 조령에서 경주까지 동학을 모르는 이가 없었음.	조선왕조실록 1220자
	12.29	○ 수운의 압송수레 행렬이 문경새재를 되돌아가다. - 이필제접주가 인솔한 제자 수백명이 수레탈취를 시도하려 하자 암상에서 설법하여 돌려 보냄.	동학의 원류
1864(갑자)	1.6	○ 수운 최제우가 대구감영으로 돌아가서 갇히다.	동학의 원류
	2.29	○ 수운을 사도난정률로 사형선고를 하다.	승정원일기
	3.2	○ 국왕이 수운의 사형을 윤허하는 전교를 내리다. - 대원군 이경하가 조대비에게 보고하여 윤허받음.	조선왕조실록(이하 왕조실록) 및 도원기서
	3.3	○ 수운 선생이 후세에 전하는 유시를 담배 대에 넣어 제자에게 전하자 이를 확인한다. - 등명수상무혐극 주사고형력유여 오순수천명 여고 비원주	
	3.10	○ 수운 선생을 대구 관덕정에서 사형을 집행하다. ○ 해월 최시형은 도인들의 집으로 피해다니다. - 안동, 영덕, 영해, 평해, 죽변 등	
1865(을축)	7월부터	○ 해월 최시형(당시는 개명하기 전 최경상, 최경오)은 영양 용화리 상죽현 일월산에서 은도하다.	
1866(병인)		○ 동학접주 이필제가 영해 우정동에 잠입하다. - 무예를 익히고 문장에도 능하여 동학교도 이수용과 사귀고 울진의 남두병과도 사귐.	나암수록
1870(경오)	11월	○ 이필제가 영해동학혁명을 일으키기로 의논하다. - 영해 이수용 김낙균 최경오 유성원 강사원 박사헌 박종찬, 평해 전영규 전인철 등과 접촉함 ○ 이필제는 젊은 유생 권영화에게 장차 국난에 대비하여 의병이 되자고 권하며 도록을 작성함.	나암수록 및 영해부 적변문축(이하 적변문축)
1871(신미)	2월	○ 울진 매일리의 유학자 남두병이 국난을 대비하여 의병이 되자는 소문을 짓다. ○ 평해 월야동 현역장교 전인철이 영해동학혁명에 대비하여 죽창 180개를 준비하다.	적변문축 교남공적

1871(신미)	3.6	○ 평해 월야동 전동규 전영규 전윤환 전정환 김귀철이 병풍바위 박사헌(박영관)의 집에 다녀오다.	적변문축
	3.8	○ 전국 각지에서 영해동학혁명 참가자들이 우정동 병풍바위 아래 모여들기 시작하여 야영을 하다. - 이 날 200명이 넘다.	교남공적(전정환 진술)
	3.10	○ 전국 각지에서 영해동학혁명 참가자들이 영해 우정동 병풍바위 아래로 계속 모여 들다. - 당일 500명이 넘다. ○ 오전에는 형제봉에 제단을 만들고 오후에는 소 두 마리를 잡아서 천제를 지내다. - 독축자 : 최경오 이필제 김진균 강사원 박영관 전영규 전인철 정치겸 장성진 ○ 천제가 끝난 후 술해시 경 10km 밖의 영해부 관아에 진입하다. - 입성시 성문에서 관군이 쏜 대포에 4,5명이 죽고, 부상자가 속출하자 부사와 수석포교를 처단함. ○ 관청을 접수하고 성 밑 5개동 두민(頭民 동장급)을 불러 빈한한 백성들에게 돈을 나누어 주었다. - 路下洞 墻門洞 路東洞 路上洞 城內洞(지금은 성내 1,2,3,4,5리로 변경되었다.)	도원기서 교남공적 신미아변시일기 적변문축
	3.11	○ 혁명 참가자 제1진은 해월 최시형이 인솔하여 동트기 전에 일월산으로 향하여 먼저 퇴각하고, 본진은 오후 2시경 서쪽 방향으로 퇴각하다. ○ 남쪽으로 퇴각하던 혁명군 일부는 기암리 곰창마을에서 영덕관군과 교전하다 죽기도하고 붙잡히다. ○ 북쪽으로 퇴각하던 혁명군 일부 중 부상자는 백석리에서 붙잡히고, 평해군수를 잡았다 놓아주다. ○ 혁명군 본진이 퇴각하면서 인량리, 가산리, 신기리에서 1일차 유숙하다. - 촌로 들에게 글을 써서 선무하며 민권통치함.	신미아변시일기 교남공적 적변문축
	3.12	○ 관군 측에서 형제봉 병풍바위 아래 증거물을 찾아내고 동학인들이 일으킨 혁명임을 확인하다. - 야영한 도구와 가마솥 6개, 소머리 둘, 각 읍, 각 도에서 모였다는 증거물을 다 확인함. ○ 행방을 알 수 없던 이방 신택순을 봉지산 아래서 찾아 가마에 태워서 오다. ○ 퇴각하던 혁명군이 오촌리에서 2일차 유숙하다. - 방문을 붙여 선무활동과 민권통치를 함.	
	3.13	○ 영해부 관리들이 관인이 없어 공형문장을 작성하여 인근 고을과 진영에 통문을 보내니 이를 받은 안동부사가 급히 말을 타고 서울로 향하다. ○ 혁명참가자 선발대 6,7명이 영양읍을 정탐하다가 장성진이 붙잡혀서 탄로가 나다. ○ 퇴각하던 혁명군 본대는 인천리에서 3일차 유숙하며 선무활동과 민권통치를 하다.	
	3.14	○ 혁명참가자 제1진이 일월산에 도달하여 소를 잡아 천제를 지낼 준비를 하다.	교남공적
	3.15	○ 혁명참가자 본진도 일월산에 도달하여 천제를 지내다.	교남공적

1871(신미)	3.16	○ 사시(오전 10시) 일월산에서 관군들이 대포를 쏘며 동학혁명군과 결전하다. ○ 신시(오후 4시) 결전이 종결되고, 관군들은 잃어버린 관인을 제단에서 되찾다. - 혁명군 시신13구, 생포한 남자 10여 명, 여자와 아이 수십 명을 포박해 감. ○ 혁명지도자들은 일월산 서북 기슭인 울연전(당시 안동부 재산면 갈산리)으로 탈출하다. - 주요인물 : 최시형 이필제 강사원 김낙균 전성문	적변문축 교남공적
	3.12~ 7.17	○ 각 마을에 경순막(야전군 막사)을 설치하여 혁명 참가 혐의자와 밥을 해준 아녀자, 동학교도를 잡아들이다.	적변문축 교남공적
	4.22~ 5.25	○ 붙잡힌 혁명참가 혐의자, 직무태만 관원, 민권통치에 돈 받은 각동 두민, 밥해준 아녀자 등을 4차례 까지 국문하고 대질심문하다.	적변문축 교남공적
	6.23	○ 영해동학혁명에 참가한 영웅들 32명을 효수형에 처하는 등 처벌하는 내용을 국왕이 윤허하다.	왕조실록
	8.2	○ 민족 웅지의 고토를 수복할 북벌의 꿈을 가진 이필제장군이 문경조령 초곡에서 붙잡히다.	왕조실록
	12.23	○ 이필제장군, 현 서울 프레스쎈타가 있는 군기시에서 능지처사되다.	왕조실록
1875(을해)	10.18	○ 해월 최경상(최경오는 자호)은 최시형(崔時亨)으로, 강수는 강시원(姜時元)으로, 유인상은 유시헌(劉時憲)으로 개명하다.	도원기서
1880(경진)	6.15	○ 강원도 인제 갑둔리에서 해월 최시형 등 동경대전 간행을 완성하다.	도원기서
1882(임오)	1월	○ 의암 손병희(제3대 교주, 삼일독립선언민족대표) 선생이 당시 22세 때 동학에 입도하다.	동학교단
1885(을유)	5월	○ 강시원(강수 강사원) 충청감영에 붙잡혀 8월에 처형되다. (단양군수 최희진, 관찰사 심상훈)	시천교종역사
1898(무술)	3.17	○ 해월 최시형선생 원주 송곡에서 붙잡히다. - 송경인에게 체포되어 서울로 압송됨.	동학교단
	6.2	○ 해월선생 현 서울 단성사터 좌포청에서 처형되다.	

1871년 영해동학혁명 관련 사진자료

1. 교남공적

교남공적은 영해동학혁명의 안핵사인 안동부사가 조정에 보고한 죄인문초기록이다.

전체 원문 140쪽 중에 1쪽과 2쪽은 1871년 4월 22일 경주(200리)에서 참가하여 효수형을 당한 박명관과 울산(300리)에서 참가하여 절도 정배를 당한 서군효의 질문과 진술 내용이다.

2. 영해부적변문축

영해부적변문축(영해동학혁명 참가자 체포 작전일지, 순한문 140쪽) 동학혁명군에게 밥을 해 준 아녀자들까지 모두 잡아들였다.

남두병의 소모문. 나라의 위기에서 살아남는 길을 찾아 의병이 되자는 글이다.

3. 병풍바위(가을)

영해동학혁명군이 영해부로 진격하기 위해 집결한 곳

4. 병풍바위(여름)

5. 형제봉(704미터)

해월 최시형, 이필제 등 혁명의 영웅들이 출정에 앞서 천제를 지낸 형제봉 빨간색 공표시가 있는 부근이 병풍바위가 있는 골짜기다.

형제봉 정상에 있는 바위

6. 형제봉 정상의 바위 근접사진

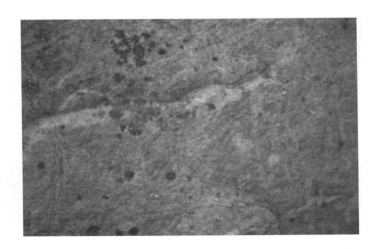

7. 일월산 동쪽 기슭에 제사터로 짐작되는 제단터

형제봉에서 200리 떨어진 일월산에 도달한 혁명의 주력부대는 1871년 3월 15일 다음 날 결전에 앞서 소를 잡아 천제를 지냈다.

8. 동학 2세 교조 해월 최시형

영해동학혁명에 후군을 지휘하였던 해월 최시형

9. 주원장의 영정

북벌을 계획하며 중국을 창업하려던 이필제의 꿈, 그는 주원장을 닮았다고 했다.

10. 동학 창도주 수운 최제우 선생 유허비(집터)

고 박정희 전 대통령은 동학란을 동학혁명이라 했다.(친필 비문)

11. 횃불행진(영해 3.1운동 재현)

1871년 4월 29일(음력 3월 10일) 형제봉에서 소 두 마리로 천제를 지내면서 하느님에게 고하는 축문을 낭독하고 해월 최시형 제2대 교주와 이필제를 비롯한 600여 명의 영해동학혁명 참가자들은 소의 피를 손가락 끝에 바르며 맹세하는 흔단(釁端) 의식을 치렀다.

천제를 마친 동학군들은 약 10km 되는 영해부 관아로 진격하였다. 술해(오후 8시~10시)경에 이들은 횃불을 들고 영해관아에 속속 진입하였다. 왕조실록에 보면 그해 7월4일 효수형이 집행된 32명 중 횃불을 들었다는 진술만으로도 10명이 효수형을 당했다.

12-1. 장육사

고려 공민왕의 왕사인 나옹왕사가 창건한 사찰 장육사
"영해동학혁명에 참가하여 효수형을 당한 권영화의 진술에 의하면 1871년 3월 11일 밤 혁명군
일부가 이 사찰에서도 유숙했다고 한다."

12-2 나옹왕사 조사당(여주 신륵사)

13. 동해안 일출

동학은 동쪽에서 나서 동쪽에서 받았으니 동학이다.

14. 인량리 마을

영해동학혁명에 참가한 혁명군 일부가 이곳 인량리에서 유숙했다고 한다.

15. 축산항(1970년대)

영해부는 넓은 들판과 풍부한 수산물로 조선시대에도 물자가 풍부했다. 수군만호가 있던 축산항

16. 직천마을

이곳 직천마을에서 수운 선생은 마지막 생일 잔치를 열고 후천개벽 오만년의 무극대도가 도래한다는 가르침을 세상에 전하라고 했다.

17. 일월산(1219미터)

일월산은 해월 선생이 은도했던 곳이고 영해동학혁명의 마지막 격전지이기도 하다.

18. 혁명지도자들이 탈출한 울연전

"일월산 서북쪽에 있는 기슭에 지금은 31번국도 일월산 터널이 끝나는 곳 오른 쪽이다. 당시 해월 최시형 교주 이필제 장군 강사원 책사 김낙균 무사 전성문 등 5명의 혁명지도자들이 생환한 전승지이다. 이들이 생환하지 못했으면 갑오동학혁명도, 박성빈 성주접주도, 제3대 교주 의암 손병희 선생의 기미독립운동도, 김구접주 상해임시정부도, 오늘의 대한민국 법통이 이어졌을까요."

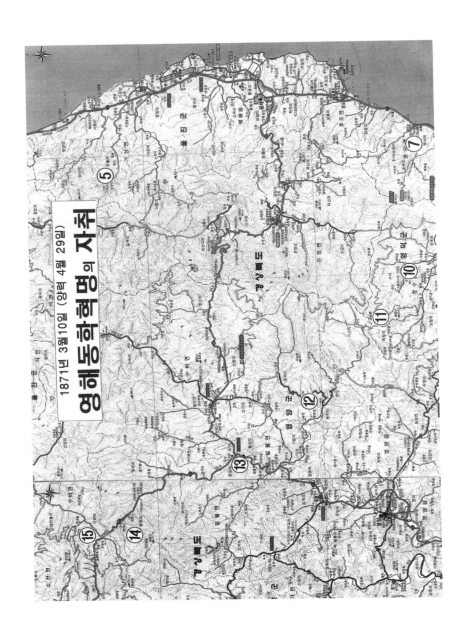

1871년 3월10일 (양력 4월 29일)
서원리
영해동학혁명의 자취

〔색 인 표〕

① 직천마을
② 뱀풍바위
③ 형제봉
④ 영해관아
⑤ 율아동
⑥ 기암리
⑦ 백석리
⑧ 인량리
⑨ 오서면
⑩ 수리석문
⑪ 인천리
⑫ 북수리
⑬ 문암리
⑭ 옹화리
⑮ 율연전

19. 영양군 일월산 용화리 큰골(대태골) 상죽현(윗댓치) 마을

영해 동학혁명 당시까지 해월 최시형선생이 은둔하던 마을이다.

20. 울진군 방률리 입구 전동규 추모비문

앞면에 전의철이라고 쓰여 있고 측면에 본명이 전동규라고 하는데 대구에서 처형되고 의관만
돌려받아 의관장을 지냈다고 한 '전인철 장교'와 비슷한데 글짜 한자가 틀린다. 후손은 황보리에
살고 있다.

주석

1871년 영해 동학혁명의 사료와 자취_김기현

1 한국정신문화연구원(현 한국학중앙연구원), 『韓國史學』 제10집(연구론총 89-1), 1989,
   영인원문 137쪽.
2 「시천교종역사」(영인본) 『한국학자료총서』 제9집, 한국정신문화연구원, 1996, 559-
   560쪽.
3 趙基周, 『東學의 原流』, 천도교중앙총부출판부, 1982, 66-68쪽.
4 「최선생문집도원기서」(영인본), 『한국학자료총서』 제9집, 한국정신문화연구원, 1996,
   229-230쪽.
5 김기현, 『후천개벽의 횃불』, 현우사, 2008 참조.
6 위의 책, 377쪽 참조(원본 『영해부적변문축』).
7 한국정신문화연구원(현 한국학중앙연구원), 『韓國史學』 제10집, 1989, 1쪽.
8 위의 책, 127~140쪽.
9 박주대, 「나암수록」, 『한국사료총서』 제27집, 국사편찬위원회. 1980, 87쪽, 103쪽.
10 앞의 책, 『韓國史學』 제10집, 1989, 137쪽.
11 「최선생문집도원기서」(영인본), 『한국학자료총서』 제9집, 한국정신문화연구원(현
   한국학중앙연구원), 1996, 238-240쪽.

초기 동학 교단과 영해지역의 동학_성주현

1 동학에서는 이를 '신유포덕(辛酉布德)'이라고 한다.
2 1871년 3월 10일 전개된 동학교단의 첫 사회운동에 대한 평가는 다양하다. 동학교단은
   초기에는 '이필제의 난'이라고 불렸지만 최초의 교조신원운동으로 평가되고 있다.(이에
   대한 반대 의견도 있지만) 또한 동학혁명의 시발점으로 평가하는 새로운 시도가 없지
   않다. 『도원기서』에 의하면 187년 영해사건을 주도한 이필제에 대해 '蚊將軍'이라고
   하였지만, 당시 동학교인 5백여 명이 동원되었고 동학의 최고 책임자인 해월 최시형이
   교인들을 동원하는데 중요한 역할을 하였다는 점에서 교조신원운동으로 볼 수 있다고
   판단된다.
3 1871년 영해에서 전개되었던 신원운동과 주도 인물이었던 이필제에 대한 연구 성과는
   다음과 같다.
   윤대원, 「이필제난의 연구」, 『한국사론』 16, 서울대 국사학과, 1987; 장영민, 「1871년
   영해 동학란」, 『한국학보』 47, 일지사, 1987; 연갑수, 「이필제 연구」, 『동학학보』 6,
   동학학회, 2003; 표영삼, 「동학의 신미 영해 교조신원운동에 관한 소고」, 『한국사상』
   21, 한국사상연구회, 1989; 박맹수, 「해월 최시형 연구-초기(1861~1871) 행적을

중심으로-」, 한국정신문화연구원 석사학위논문, 1986; 표영삼, 「영해 교조신원운동」,
『한국사상』 24, 한국사상연구회, 1998.

4 『최선생문집 도원기서』(이하『도원기서』), 경신년조. 첫 포교와 관련된 내용은 다음과
 같다. "또한 주문 두 건을 지으니, 한 건의 주문은 선생이 읽는 것이요, 다른 한 건은
 아들과 조카에게 전수하는 것이다." 즉 첫 포교는 아들과 조카 맹륜이었다.

5 『도원기서』, 신유년조.

6 『해월선생문집』, 신유년조. 이에 비해 관변문서에는 1866년에 입도하였다고 하였다.
 그러나 「서헌순장계」에 의하면 적어도 1864년 이전에 입도하였음을 알 수 있다.

7 『수운행록』.

8 본군은 연일군이다. 김이서는 1862년 11월 말경 연일접주로 임명되었다.

9 『시천교종역사』 제2편 제1장 임술년조;『동학농민혁명국역총서』 11, 동학농민혁명
 기념재단, 2013, 233쪽.

10 『도원기서』, 임술년조; 윤석산 역주, 『도원기서』, 문덕사, 1991, 42쪽.

11 일부 기록에는 '영덕 둥지'로 기록되었다.

12 『도원기서』, 계해년조; 윤석산, 위의 책, 43쪽.

13 이에 대해서는 다음 절에서 자세하게 다루고자 한다.

14 『시천교종역사』, 계해년조;『동학농민혁명국역총서』 11, 221쪽. 이에 대해『도원기서』
 에는 다음과 같이 기록하고 있다.; "그 후 영해 사람 박하선이 글을 지어 선생께
 보이니, 선생께서 말하기를 '내가 반드시 명을 받고 제목을 받겠다.'하며 붓을 잡고
 잠시 멈추어 쉬니, 제(題)를 내렸다. 제서에 말하기를 '얻기도 어렵고 구하기도
 어려우나 실제로 이것은 어려운 것이 아니다. 마음이 화하고 기운이 화해서 봄 같이
 화해지기를 기다리라.' 이러한 글이었다."

15 특히 유림에서는 동학을 '直一巫史鬼呪者'라고 할 정도였다. 이에 대해서는 최승희,
 「서원(유림세력)의 동학배척운동 소고」, 『한우근박사정년기념사학논총』, 1981을
 참조할 것.

16 『동경대전』, 「수덕문」.

17 『도원기서』, 갑자년조.

18 『도원기서』, 갑자년조.

19 『도원기서』, 갑자년조.

20 영해지역의 향촌 세력은 기존의 향촌세력인 구향과 서얼 차별의 해제로 신분을
 상승한 서얼 출신의 신향으로 구분되었다. 이러한 현상은 조선후기에 형성되었고 두
 세력 간 적지 않은 갈등이 있었다.

21 이는 신분상승을 꾀하는 신향들에게 동학은 새로운 메시지였다. 더욱이 재가녀의
 출신인 수운 최제우가 동학을 창도하였다는 것도 영해의 신향들에게는 적지 않은
 영향을 미쳤을 것으로 판단된다. 동학의 평등사상은 그동안 신분적으로 차별을
 받아왔던 신향들에게는 동학을 수용하는데 좀더 적극적이었을 것이다. 이에 대해서는
 다음 장에서 다루고자 한다.

22 『대선생문집』은 『수운문집』의 다른 이름이다. 수운 최제우에 대한 최초의 기록으로

추정된다. 필자 역시 확인할 수 없으나 영해접주 박하선으로 추정된다. 표영삼에 따르면 수운 최제우 처형 이후 가정리에 있는 수운 최제우의 조카 최세조의 말을 참고로 집필했다고 보고 있다. 이는 수운 최제우 체포 당시 최제우의 측근 인물들이 거의 같이 체포되어 유배되었기 때문이다. 특히 수운 최제우의 문하에 출입이 잦았던 제자는 5, 6명에 정도 되었는데, 문장력은 박하선이 가장 뛰어났다. 그리고 『수운문집』에 나오는 인물 중 박하선의 이름이 언제나 최경상보다 먼저 나올 뿐만 아니라 여러 번 나오고 있으며, 일부에서는 박하선을 중심으로 서술되어 있기 때문이다.

23 표영삼, 「용강본 대선생사적」(하), 『신인간』 495, 1991.6, 25쪽. "是歲三月 新寧人河致旭 問於朴夏善日 或知先生之居處乎 答日 昨夜夢與朴大汝共見先生 今欲往拜也 二人偕行 路遇崔慶翔 料外訪到 先生日 君等或聞而來耶 答日 生等何以知之 自有欲來之志 故來之矣 先生笑日 君可眞然而來耶"

24 표영삼, 앞의 글, 29쪽. "當期晦日 先生親定各處接主 (중략) 寧海朴夏善定授"

25 표영삼, 앞의 글, 31쪽. "八月十三日作興比 無所傳日之際 夏善與慶翔等六七人"

26 표영삼, 앞의 글, 34쪽. "寧海人朴夏善 聞而作狀往見先生"

27 표영삼, 앞의 글, 37쪽. "喪行到慈仁 縣西後淵酒店 日己夕矣 請夜之止宿 主人日 自何以來 朴夏善日 自大邱來 店主知其事機"

28 『도원기서』, 계해년조.

29 이돈화, 『천도교창건사』, 제1편, 45쪽.

30 『수운행록』, 계해년조.

31 이에 대해서는 몇 가지 의문점이 든다. 종통을 전하는 자리는 공식적인 자리이고 공개적인 것이어야 하는데 『도원기서』에는 수운 최제우와 해월 최시형만 있다. 이로 보아 『도원기서』가 해월 최시형을 중심으로 기록되었음을 알 수 있다. 이러한 점은 동학교단 내에 해월 최시형의 측근이었던 박하선과 강수와의 역학 관계에서 비롯되었지 않았나 생각된다.

32 다른 이름은 박영관이다.

33 표영삼, 『동학』 2, 통나무, 2004, 364쪽.

34 『천도교창건사』, 제2편, 2쪽.

35 장영민, 『동학의 정치사상운동』, 경인출판사, 2004, 118-119쪽.

36 『영덕군지』.

37 1840년 영해향전에 대해서는 장영민, 「1840년 영해향전과 그 배경에 관한 소고」, 『충남사학』 2, 충남대학교 사학과, 1987을 참조.
한편 영해 향변이 일어나기 백여 년 전인 1744년 10월 26일에 영덕현의 신안서원을 둘러싼 사족간의 갈등이 있었는데, 그 대략적인 내막은 영덕현에 사는 신세적(申世績) 외에 9인이 야밤에 신안서원(新安書院)의 담장을 넘어 들어가서 주부자(朱夫子)와 문정공 송시열의 진상(眞像)을 훔쳐 불태운 사건이 있었다는 상소에 따라 영조 임금이 영남어사 한광조(韓光肇)를 파견하여 진상을 조사하도록 하는 데서부터 사건이 시작되었다. 어사 한광조는 다년간의 조사 후에 1747년 6월 15일에 영조 임금을 친히 배알하면서 이 사건을 보고하는데, 보고에 의하면 이 사건은 영덕현 내에서 대대로 내려오는 고가(故家)와 대족(大族)인 남인 계열과 새로이 신향이라 하는 서인 계열의 신안서원 간의 알력이라고 결론 짓고, 그 책임을 신안서원에 있다고 하였다. 신안서원 측에서 서원에 봉안되어 있던 상기(上記) 두 진상(眞像)이 빗물 등에 의하여 훼손되자 이의 문책을 두려워한 신안서원 측이 꾸민 자작극이었다는 것이다. 따라서 이러한 변괴를 일으킨 남용하(南龍河)를 섬으로 귀양 보내고, 나머지 연루자는 각처에 유배를 보내는 것으로 사건을 마무리 지었다고 하였다. 물론 이 과정에서 정소(呈訴) 당한 사람들은 영덕현에서 많은 고초를 당하였다고 하였다. 이때가 1747년 8월 4일로 이 사건으로 지역 향촌 내의 갈등은 더욱 더 깊어졌다고 하겠다.(『영덕군지』)

38 인계서원은 경상북도 영덕군 창수면 인천리에 있었던 서원으로 1573년(선조 6)에 지방유림의 공의로 송시열(宋時烈)의 학문과 덕행을 추모하기 위해 창건하여 위패를 모셨다. 당시의 경내 건물로는 사우(祠宇)·신문(神門)·강당·동재(東齋)·전사청(奠祀廳)·주소(廚所) 등이 있었다. 선현배향과 지방교육의 일익을 담당하여 오던 중 대원군의 서원철폐령으로 1868년(고종 5)에 훼철된 뒤 복원하지 못하였다.(『한국민족문화대백과사전』)

39 호계서원은 경상북도 안동시 임하면 임하리에 있는 서원이다. 1573년(선조 6)에 지방유림의 공의로 이황(李滉)의 학문과 덕행을 추모하기 위하여 월곡면 도곡동에 창건하여 위패를 모셨으며, 이때에는 여강서원(廬江書院)이라고 하였다. 1620년(광해군 12)에 김성일(金誠一)과 유성룡(柳成龍)을 추가 배향하였으며, 1676년(숙종 2)에 '호계(虎溪)'라 사액되었다. 그 뒤 이황은 도산서원, 김성일은 임천서원, 유성룡은 병산서원에서 주향(主享)함에 따라 호계서원은 강당만 남게 되었다. 그 뒤 1973년안동댐건설로 수몰하게 되어 현재의 위치로 이건하였다. 강당은 경상북도 유형문화재 제35호로 지정되어 있다.(『한국민족문화대백과사전』)

40 『교남공적』.

41 『신미아변시일기』, 3월 17일조.

42 『교남공적』.

43 『신미영해부적변문축』, 4월 초2일조. 여기에는 '朴河成'이 나오는데, 이는 '박하선'으로 추정된다. 족보상에서 박하선의 기록은 확인할 수 없었다. 그러나 함양박씨들이 동학을 적극적으로 수용하였던 것은 구향보다는 신향에 가까웠다. 구향의 경우 동학을 배척하였다는 점에서 박하선이 구향과는 적지 않은 갈등관계를 가지고 있었고, 구향은 동학을 중심인물이었던 박하선을 감영에 고발한 적이 있다. 이로 볼 때 박하선은 신향이었고, 그럼 점에서 서얼 출신이라고 할 수 있다.

44 이처럼 이필제가 주도하였기 때문에 '병란'으로 보는 경우도 없지 않다. 그런데 이필제가 1870년 말 영해에 와서 이듬해인 1871년 3월 10일 신원운동을 할 수 있었던 것은 그만큼 동학교인들과 신뢰 관계를 형성하였기 때문이라고 할 수 있다. 이런 점에서 이필제는 동학교인이었음을 알 수 있다. 이는 이미 1866년 영해에 왔을 때 동학교인들과 교류한 것이 크게 작용하였을 것으로 풀이된다.

45 『나암수록』 및 『신미영해부작변문축』.

46 그러나 이필제는 해월 최시형을 만났을 때 수운 최제우에게 도를 받았다고 하였다. 이는 이필제가 신원운동을 위한 명분과 해월 최시형보다 우위적인 지위를 내세우기 위한 것으로 보인다. 이필제가 동학에 입교한 시기에 대해서는 여러 가지 설이 있다. 동학을 처음 접한 것은 관에 체포된 수운 최제우가 과천까지 갔다가 다시 대구로 오는 중 문경을 거친 적이 있는데 이때 이필제가 수운 최제우를 처음 보았고, 적지 않은 감명을 받았다고 한 바 있으며(이이화, 「이필제, 홍경래와 전봉준을 잇는 탁월한 혁명가」, 『이야기 인물 한국사』 4, 한길사, 1993), 1863년 용담으로 찾아가 수운에 입도하였다(표영삼, 「동학의 신미영해교조신원에 관한 소고」, 『한국사상』 21, 한국사상연구회, 1989)는 설이 있다.

47 『도원기서』, 신미년조.

48 박성수 역주, 『저상일월』 상, 서울신문사, 1993, 132쪽.

49 『교남공적』.

50 『고종실록』 9권, 1872년 1월 18일조.

51 『도원기서』, 신미년조: 윤석산, 앞의 책, 87~88쪽.

52 김기현 편저, 『최초의 동학혁명』, 황금알, 2005, 88-89쪽.

53 위의 책, 90쪽.

54 『도원기서』, 신미년조: 윤석산, 앞의 책, 96쪽.

55 『도원기서』, 임신년조: 윤석산, 위의 책, 99쪽

56 이에 대해서는 『도원기서』를 지은 강수의 의중이 많이 반영된 것으로 추정된다. 강수는 이필제를 도와 신원운동에 적극 가담하였다. 이에 따라 자신의 활동에 대한 면피성으로 그러한 것이 아닌가 한다. 왜냐하면 강수가 쓴 『도원기서』와 박하선이 쓴 것으로 추정되는 『수운행록』은 해월 최시형에 대한 입장이 적지 않게 차이를 보이고 있기 때문이다.

혁명가 이필제의 생애와 영해__임형진

1 지금까지 나온 이필제 연구의 주요 저서는 尹大遠, 「李弼濟亂의 硏究」, 『韓國史論』 16, 서울대 國史學科, 1987; 朴孟洙, 「海月 崔時亨의 初期行跡과 思想」, 『淸溪史學』 3, 한국정신문화연구원 1986; 張泳敏, 「1871年 寧海 東學亂」, 『韓國學報』 47, 一志社, 1987; 이이화 「이필제 홍경래와 전봉준을 잇는 탁월한 혁명가」, 『이야기인물한국사』 4, 한길사 1993; 연갑수, 「이필제 연구」, 『동학학보』, 제6호, 2003, 12 그리고 1차 자료로 동학교단 자료인 『道源記書』, 『天道敎會史草稿』, 『天道敎創建史』, 『侍天敎歷史』, 『東學史』 등이 있다.

2 『慶尙監營啓錄』, 경오년조. 이이화, 「이필제」, 『한국근대인물의 해명』, 학민사, 1985, 141쪽 재인용.

3 「罪人弼濟等捧結案」, 『日省錄』(고종8년 12월 23일).

4 감상용의 후손들은 병자호란 이후 명문가로 꼽힌 대표적인 집안이었다.

5 몰락한 양반가 출신이라고 알려지기도 했지만 그는 안동 김씨와 혼인을 할 정도의 양반가였다.

6 『推案及鞫案』, 「진주죄인등국안」, 이이화, 앞의 책 142쪽 재인용.

7 이 밖에도 이필제의 학문적 능력에 대해서는 많은 사람들이 공통적으로 인정하고 있다. 풍기의 허선은 1850년 이필제의 시를 보고 그가 절세의 재능을 갖고 있다고 인정하였고, 정언을 지낸 김희국은 1870년 청풍으로 찾아온 이필제와 만나 대화를 나누면서 그가 호한(豪悍)한 인물이라고 평가하였다. 특히 1860년에 이필제를 우연히 만났다는 진사 심홍택은 그의 풍채가 초초(草草)하지 않고 평생 처음보는 기남자(奇男子)로서 무과급제자 신분에만 머물러 있는 것을 안타깝게 여기고 재정지원도 마다하지 않을 정도로 그를 아꼈다. 연갑수, 앞의 글, 188-189쪽 참조. 한편 이필제에게는 여러 권의 저술이 있었던 것으로 사료된다. 그러나 진천작변 때 관에 압수되어 그 내용은 전해지지 않고 있다. 李泓之數卷文字 旣有下鑑 則其爲人可燭左 捕廳謄錄』己巳 4월 18일 沈相蕎 供招.

8 이이화는 그의 외모가 처음부터 무관 타입이었기에 그러했을 것이라고 추측하기도 한다. 이이화, 앞의 글.

9 『慶尙監營啓錄』, 庚午 5월 19일 鄭晩植 供招.

10 『慶尙監營啓錄』, 庚午 5월 12일 崔鳳儀 供招.

11 이이화 앞의 글, 142-143쪽 참조.

12 『忠淸道監營狀啓謄錄』, 辛未 12월 18일 狀啓後錄 林健永 供招; 『右捕廳謄錄』, 辛未 8월 29일 鄭岐鉉 供招.

13 영천 유배 원인에 대해 이필제가 사람들을 속여 재물을 모으는 등 나쁜 짓을 능사로 여기다가 양반으로서 불미스러운 일을 행하였기 때문이라거나, 교활하다는 명목 때문이었다는 등의 공초 기록만이 남아있을 뿐이다.(안종덕 박회진 공초)

14 이 부분에 대해서 朴孟洙는 1859년 木川作變을 모의함으로써 유배갔다고 하고(朴孟洙, 「崔時亨硏究」, 60쪽) 연갑수는 승지를 매입해 주는 과정에서 일어난 절취 사건이라고 하고 있다.(연갑수, 앞의 글 190-191쪽)

15 이필제가 언제부터 북벌에의 의지를 가졌는지는 정확히 알 수 없다. 다만 그가 25세 이전에 남정록을 썼다는 사실로 미루어 보아 그의 청년기에 이미 북벌에 대한 강한 의지가 완성되었을 것으로 사료된다.

16 林(德裕)·崔(應奎)兩人 答曰 李弘 (中略) 今雖亡命 意在南伐倭 北伐胡 其志大矣 必須 7善待(『右捕廳謄錄』, 辛未 8월 29일 鄭岐鉉 供招.

17 『右捕廳謄錄』, 辛未 8월 29일, 李弸濟 供招.

18 『左捕廳謄錄』, 己巳 4월 18일, 朴會震 供招.

19 이이화, 앞의 글, 144쪽 참조.

20 연갑수, 「이필제 연구」, 앞의 글, 197쪽.

21 『道源記書』, 145쪽.

22 당시의 유배형은 특별히 위리안치(圍籬安置)가 아닌 이상 죄인들의 활동에 다소간 자유롭게 놓아 두었다. 더욱이 당시의 상황에서 적당히 관리들에게 뇌물 등을 쓰면 큰

제재 없이 활동이 가능했었다.

23 이필제가 언제 입도했느냐 아니면 동학에 입도한 적이 없다는 등의 말이 많으니 여러 정황을 고려해 볼 때 이때 조령에서 동학에 입도한 것은 틀림없어 보인다. 일설에는 당시 수운 일행이 조령에서 도둑을 만나는데 이때 도둑떼의 두목이 이필제였다는 이야기도 있다(이이화, 앞의 글, 145-146쪽 참조) 또는 계해년(1863)에 용담으로 찾아가 수운으로부터 도를 받았다고 하였다고도 한다(표영삼, 「동학의 신미 영해 교조신원운동에 관한 소고」, 『한국사상』제21집, 1989).

24 이필제는 개인적으로 지리산에 들어가 수도한 적이 있다고 했고 나름대로 포덕에도 열심이었다고 하는데 증거는 없지만 그가 사람들을 설득시키는데 정감록적 신비주의와 동학의 개벽사상이 접목되었을 가능성은 충분하다.

25 『右捕廳謄錄』, 辛未 8월 29일, 沈弘澤 供招.

26 위의 글; 이이화 앞의 글, 146-147쪽.

27 진천작변이 드러난 계기는 김병립이 돈을 빌려준 현경서와의 다툼 과정에서 발각된다. 즉, 돈을 빌려간 현경서가 갚지를 않자 김병립이 재촉하는 과정에서 싸움이 붙었고 그러던 중 현경서가 너희 형제들이 이필제와 모의하여 난을 꾸미는 것을 내가 아는데 이를 고변하겠다고 엄포를 놓았다. 이에 지레 겁을 먹은 김병립이 서울로 올라와 이필제의 모의를 고발함으로써 사전에 발각된 것이다.

28 『추안급국안』, 「진주죄인등국안」, 이이화 앞의 책 150쪽 재인용.

29 김낙균을 정확히 언제 만났는지는 모르겠으나 분명한 사실은 이후 두 사람은 늘 함께하고 있었다는 점이다. 따라서 진주작변의 실패 후 태백산 일대를 중심으로 피신생활을 하던 중에 만난 것으로 사료된다.

30 평풍(병풍)바위는 형제봉(兄弟峰, 703.8m)에서 동쪽으로 800m 정도 떨어진 해발 490m 산중 고지대에 있는 골짜기로, 이곳은 마을에서 10리나 떨어진 곳이라 여기서 어떤 일을 꾸며도 알 수 없는 곳이다.

31 영해지역에서는 1840년대 이후 향청의 자리를 놓고 유림 간의 다툼이 있었는데 토박이 중심의 구향층이 서얼 중심의 신향층을 공격하고 있었다. 당시 많은 신향층이 동학에 입도하기도 했다. 특히 동학도들은 구향층의 고발로 탄압을 받았는데 박사헌의 부친 박하선도 이때 죽임을 당했다.

32 이하의 내용은 『도원기서』를 중심으로 정리 작성함.

33 이필제는 영해에 들어와 이름을 정모(鄭某)라고 바꾸었다.

34 이필제가 이렇게 집요하게 해월을 설득하려고 한 이유는 그가 영해지방의 동학도들을 규합하는 데는 성공했지만 그 숫자로는 부족하고 한편 보다 넓은 지역에서의 참여를 유도하기 위해 이웃인 울진, 평해 등지를 돌아다니며 동지들을 모았지만 이에 동조하는 사람들이 별로 없었기 때문에 확실한 동학 조직의 지도자인 해월에 집착한 것이다.

35 다분히 오만하기까지 한 이필제의 언행이 도원기서에는 기록되어 있다. 심지어 영해민란은 이필제의 협박 때문에 참여한 것이라는 내용까지 있는데 이는 동학교단을 지키려는 저자 강수의 의도가 담겨 있기 때문이다. 또한 교조신원에 대한 언급도 빠진 이유가 여기에 있을 것 같다.

36 『天道敎會史草稿』.

37 『嶠南公蹟』 김천석(金千石) 갱추(更推)에 "2월 17일 밤에 형님 백이(伯伊)의 의부(義父, 장성진)는 지금 큰일을 꾸미고 있다. 머지 않아 영해에서 변란이 일어날 것이다. … 보름 경에는 영양 죽현에 사는 최갑이(崔甲伊, 해월의 양자)가 와서 자고 의부 장성진과 같이 나갔다."고 하였다. 이 기록으로 미루어 해월신사는 2월 14일경에 돌아와 이군협·정치겸·장성진과 협의하고 16일 경부터 양자까지 동원하여 활동을 개시한 것으로 보인다.

38 표영삼, 앞의 글 참조.

39 『신미영해부적변문축(辛未寧海府賊變文軸』에는 "선봉장은 경주 북면에 사는 박동혁(朴東赫)이었으나 총에 맞아 죽게 되자 영덕에 사는 강수(姜洙)가 중군(中軍)을 맡아 선봉에 나섰다."고 했다. 별무사인 "김창덕(金昌德), 정창학(鄭昌鶴), 한상엽(韓相燁) 등은 분대를 거느리고 따랐으며 김천석(金千石), 이기수(李基秀), 남기진(南基鎭) 등은 서로 다투어 군기를 탈취하였다. 그리고 신화범(申和範)은 동헌으로 들어가 문을 부수었고 권석두(權石斗)는 포청으로 달려가 동정을 살폈다." 위의 글, 130쪽.

40 『羅巖隨錄』에는 "이정이 영해읍을 다스릴 때 비할 데 없이 부정하게 재물을 탐했다. 생일에 경내(境內)의 대소민들을 모두 불러다가 잔치를 베풀면서 떡국 한 그릇에 30금씩 거두어 들였다."고 하였다. 이정 부사는 삼척부사로 재임할 때에도 탐관오리의 악정을 폈다 하며 1870년 봄에 영해부사로 부임하자 전형적인 탐관오리의 행패를 부렸다고 한다. 위의 글, 136쪽.

41 그러나 탐관오리였던 이정을 『고종실록』에는 "인부(印符)를 굳게 지키며 의로 항거하다 변을 당한 것"을 높이 사서 그에게 이조판서 벼슬을 추서했다고 하였다.

42 동학도들은 당초부터 다른 군·현을 공격할 계획이 없었던 것으로 보인다. 『嶠南公蹟』 박영수 문초에는 "형님(박영관)이 무리들을 이끌고 우리 집을 지나갈 때 나에게 말하기를 내일 영해읍을 떠나 태백산 황지(潢池)로 가려 하니 너는 식구를 거느리고 따라오라."고 하였다. 거사 전에 이미 영해읍성만 점령한 다음 철수하기로 약속되어 있었던 것이다. 결국 동학도들은 영해 관아만을 습격하는 것으로 계획되었던 것으로 보인다.

43 이이화, 앞의 글, 157쪽.

44 이필제 무리가 영양 쪽으로 달아나면서 민가에 불을 지르고 약탈했다는 증언은 있지만 이는 대부분이 고을에서 악명 높은 악질 지주와 양반층에 국한된 이야기였다.

45 『영해부적변문축』에는 경주진영 영장은 별포(別砲)와 이교 120여 명을, 장기 현감은 별포 및 이교 110여 명을 이끌고 당일(15일) 당도하였다고 하였다. 또한 안동진영에서도 상당수의 병력을 보내왔다고 하였다. 한편 안동진영의 명령을 받은 영양(英陽) 현감 서중보(徐中輔)는 15일 아침에 별포를 이끌고 동학도가 모여 있다는 일월산 윗대치로 출동하였다. 표영삼, 앞의 글 130-140쪽 참조.

46 영해의 난으로 인해 5월 2일 현재 영해, 청하, 평해, 영양, 영덕, 청송, 경주, 밀양, 울진, 삼척, 전라도 남원 등지에서 체포된 동학도는 모두 93명에 이르렀다. 5월 초순께

안핵사는 안동진 옥사가 비좁아 여러 군·현에 죄인들을 분산하였다. 대구, 청도, 성주, 고령, 태곡, 경주 등지의 감옥으로 나누어 보냈으며 죄가 가벼운 23명은 해당 군·현에서 처분하도록 위임해 버렸다. 각 군·현별로 이송 수감된 인원을 보면 대구부 48명, 청도군 7명, 고령현 6명. 성주목 4명, 칠곡부 8명, 경주진 1명. 각해읍 환수자 23명이다. 6월 중순경에 일단 심문은 종결되었으며 정부는 6월 24일에 형량을 정하였다. 심문 중에 물고(物故)된 이는 12명이었으며, 형을 받고 효수된 이가 32명, 엄형 3차 후 원악도 정배간 이가 2명, 엄형 2차 후 절도(絶島)로 정배간 이가 5명, 엄형 1차후 원지(遠地)에 정배간 이가 14명이었다. 그리고 29명은 경상감사에게 위임하여 경중을 가려 처리토록 하였으며 나머지 15명은 방면하였다. 자진자와 물고자 그리고 참형되어 목숨을 잃은 자가 45명이다. 위의 글, 140-145쪽에는 희생자의 이름까지 명기되어 있다.

47 표영삼, 『동학2-해월의 고난 역정』, 통나무, 2005, 16쪽 참조.

48 이 일에 대해 조령별장은 이렇게 보고했다. "초 2일 수상한 사람 50-60명이 본동 점막에 와서 머문다고 하기에 교졸을 보내 어두운 속에 포를 쏘며 군기를 지키게 했다. 밤중에 위의 과한들이 소리를 질러대며 군기고로 달려들었는데, 김태일이란 자가 다리에 떨어져 동민들이 붙잡았다. 태일을 붙잡아 와 문초하였더니 당초 작당한 자가 수천 명이었는데 조령에 모여서 군가를 탈취하여 기병을 도모한 자가 오래였다고 말했다. 또 귀 걱정거리를 물었더니 매복한 자가 천여 명이라 하기에 곧바로 군사를 보내 매복한 것을 뒤져 군기고를 엿보던 도둑놈들을 계속 잡아들인 것이 44명이었다." 『일성록』, 고종8년 11일 조. 확실히 별장의 과장된 보고임이 확실하나 이필제가 꾸민 조령에서의 거사에도 상당한 수의 참여자들이 있음을 반증한다고 하겠다.

49 이필제를 심문한 문사낭청(問事郞廳)은 후일 친일파가 되는 박응양과 김규식이었고 기록을 담당한 자가 동학농민혁명의 불씨를 제공한 고부 군수 조병갑이었다.

50 『推案及鞫案』권9, 「逆賊弼濟岐鉉等鞫案」.

51 위의 글.

52 이이화, 앞의 글, 162-163쪽.

53 『日省錄』고종 8년 12월 24일.

54 이필제는 구국의 의지를 실천한 혁명적 인물이라는 긍정적 평가에서부터 사회 불만 세력을 선동해 난을 일으키는 직업 혁명가라는 다소 부정적인 평가까지 논란의 여지가 매우 많은 인물이다. 본 연구는 이필제를 객관적으로 재조명해 보자는 의도로 시작되었으니 전자에 가까운 연구 결과였다.

55 이필제는 정감록에 바탕한 민란을 준비해서인지 늘 정씨 성을 가진 자가 조선의 주인이 되어야 한다고 생각했다. 그래서 자신은 정씨 성을 가진 자의 뒤에 있었으며 스스로는 북벌에 나설 것임을 주장했다. 이는 그가 민란을 준비한 곳마다 다른 이름을 사용했다는 점에서도 그는 매명보다는 일의 성취에 더 관심이 많았던 지도자였음이 틀림없다.

56 이러한 해석에 대해서는 이이화의 분석을 참조 바람. 이이화, 앞의 글, 164-165쪽.

57 이필제의 서양 인식에 대해서는 다소 혼돈스럽다. 그는 거사의 명분으로 외세의

침입으로 인한 국가의 위기를 체포된 뒤에 다음과 같이 거론하기도 하였다. "지금의 시세는 양요가 자주 발생하고, 북쪽 국경이 소란스러워 아침저녁으로 강을 건널까 우려되며 왜구가 빈틈을 엿보고 있으며 섬의 여러 곳에는 또한 도적이 많아 국세가 위태로우므로 나의 거사는 나라를 위한 일이다.(『慶尙監營啓錄』, 庚午 6월 14일 楊永烈 供招) 그러나 이필제가 파악하고 있는 서양세력은 동양 전체를 압살할 수도 있는 새롭고 커다란 적이 아니라 중화질서를 어지럽히는 수준의 적일 뿐이었다. 따라서 이필제가 파악하기에는 서양 세력은 북벌을 성사시킬 수 있는 좋은 기회를 제공하는 존재일 수도 있었다.

58 『도원기서』.
59 표영삼, 앞의 글, 152쪽 참조.
60 그렇기에 영해의 난을 이필제의 난으로 하기보다는 영해동학농민의 난으로 규정하는 것이 올바를 것이다.
61 이른바 신미사변이라고 불리는 탄압으로 이후 상당 기간 동안 영해지방에서는 동학도들이 자취를 감추었을 정도였다.

1894년 영남의 동학농민군과 동남부 일대의 상황 _신영우

1 吳宖默, 『固城府叢瑣錄』 4월 6일자. 이하 본문의 날짜는 양력에 따른다.
2 위자료. "蓋聞自昨年恩騷鬧之後 匪類漸熾 或云湖南聚黨 或云知禮三道峰下屯結 或云晉州德山窩窟之說 在在狼藉."
3 동학주문을 기록한 것이나 기록할 때 誤字가 난 것일 수 있다.
4 『주한일본공사관기록』 1권, 二. 全羅民擾報告 宮闕內騷擾의 件 二 (16) 慶尙道內 東學黨 狀況 探聞 報告. 이 보고는 양력 6월 13일자로 작성되었다.
5 崔鳳吉, 『歲藏年錄』 1894년 3월 11일(양력 4월 16일).
6 표영삼, 「경상 남서부 동학혁명」, 『교사교리연구』 제6호, 2000.
7 起包는 사전에서 "동학의 包 조직을 중심으로 하여 蜂起하던 일"이라고 정의하고 있다. 덕산기포는 봉기를 위한 사전 단계처럼 보이며, 전라도나 충청도처럼 무장한 집단이 읍내에 들어가 관아를 점거하는 등 兵亂으로 기록된 활동상과는 다른 모습을 보이고 있다.
8 韓若愚, 『柏谷誌』. "호남에서 큰 난리가 일어나자 … 이때에 백낙도(백도홍)는 덕산에 웅거하고 있었으며 그 도당들은 사방에 흩어져 있었다. … 영장 박희방이 3백 명을 이끌고 가서 포착하니 … 극성스러운 5~6명도 잡아 같이 처단하였다."
9 『주한일본공사관기록』 1권, 二. 全羅民擾報告 宮闕內騷擾의 件 二 (15) 東學黨近況探聞記.
10 위자료, (16) 慶尙道內 東學黨 狀況 探聞 報告.
11 潘在元, 『甲午斥邪錄』.
12 崔鳳吉, 『歲藏年錄』, 4월 16일(양력 5월 20일)

13 위자료.

14 『記聞錄』, 6월 27일(양력 7월 29일).

15 崔鳳吉, 『歲藏年錄』, 6월 21일(양력 7월 23일).

16 「JACAR(アジア歴史資料センター)Ref.C13110302500 命令訓令 自明治 27年 6月至明治 28年 6月(防衛省防衛研究所)」. 참모총장이 각 사단에 보낸 1894년 6월 11일자 內牒.

17 위자료, 1894년 6월 12일자 命令 電報.

18 『주한일본공사관기록』 1권, 二. 全羅民擾報告 宮闕內騷擾의 件 二 (21) 淸國軍牙山上陸에 따른 諸報告. "이번 청나라 군사의 상륙으로 이곳 아산에서 天安縣까지의 사이(이 사이 거리는 약 60리)에 전신을 가설하기로 결정하여, 이미 아산현 擡作이라고 하는 곳에서 李水使라는 사람이 소유한 山林으로부터 松材 400그루를 벌채할 예정이었으나, 오늘 아침 경성에서 보류하라는 통지가 있어 보류하였다."

19 위자료. "전신 대신 인편으로 한다고 한다. 위 전신이 중지되었기 때문에 전신을 대신해서 각 읍에 인부를 두어 서로 이어 가며 급보를 전할 것이라고 한다. 또는 산위에서 신호를 보낼지도 모르겠지만 지금은 불분명하다."

20 참모본부 편, 『明治二十七八年日淸戰史』1, 東京印刷株式會社, 1965 ; 姜孝淑, 「日淸戰爭と第二次東學農民戰爭」, 千葉大學大學院 社會文化硏究科 修士論文, 2000, 9쪽 ; 『한국독립운동의 역사』 제9권 한말 전기의병 / 제6장 일본군과의 항전 / 1. 일제의 전선가설기대의 설치와 군용전신선 가설.

21 이 노선은 가와카미 참모차장이 상주에서 충주를 거치는 것으로 변경하고 7월 11일에 체신대신에게 통보한다. 『주한일본공사관기록』 4권, 六. 歐文電報往復控 一 (229) 電信線의 架設經由地 변경 통보. "(35) 川上陸軍中將 requests me to inform you that instructions have been sent to first and second 軍用電信隊 respectively, that first project for the construction of telegraph line has been altered and new project which is to run from 釜山 through 大邱 尙州 忠州 to 京城 has been adopted."

22 吉見精은 일본육군사관학교 1기생으로 1886년 육군대학교 교관으로 있을 때 독일에서 초빙한 메켈(Klemens Wilhelm Jacob Meckel, 1842~1906) 소좌에게 군사학 지식을 배우고, 이 시기에 조선에 가설하는 전신대의 책임을 맡게 된다. 청일전쟁 이후에는 중좌로 진급해서 신설된 철도대대의 대대장이 된다.

23 「JACAR(アジア歴史資料センター)Ref.C13110302500 命令訓令 自明治27年 6月至明治28年 6月(防衛省防衛研究所), 電線架設枝隊職員表와 電線架設枝隊編制表.

24 위의 자료.

25 위의 자료, 第一電線架設枝隊司令官에게 주는 訓令.

26 『주한일본공사관기록』1권, 九. 諸方機密公信往 一 (14)京釜間 軍用電信 架設件

27 「JACAR(アジア歴史資料センター)Ref.C06060795300 明治27年7月~8月「着電綴(三)」(防衛省防衛研究所)」, 7月 19日 馬場少佐発 川上中将宛 京釜間電線架設に着手す.

28 「JACAR(アジア歴史資料センター)Ref.C06060710500 明治27年自 7月 1日至 8月 24日

「発電綴(二)」(防衛省防衛研究所)」, 月22日 兵站総監発 吉見少佐宛.

29 吳宖黙, 『固城府叢瑣錄』 7월 3일자(양력 8월 3일).

30 陸軍省-日清戦役戦役日記-M27-2-86(所蔵館：防衛省防衛研究所), 軍務局에서 京城釜山間兵站線路에 필요한 器具材料輸送의 件.

31 「JACAR(アジア歴史資料センター)Ref.C13110302500 命令訓令 自明治27年 6月 至明治28年 6月(防衛省防衛研究所)」, 6월 28일 第5師團에 주는 命令.

32 위의 자료, 7월 27일자 第5師團長에 주는 命令.

33 「JACAR(アジア歴史資料センター)Ref.C06060166500 明治27年 「秘密 日清朝事件 第5師団混成旅団報告綴」(防衛省防衛研究所)」, 師団報告第1号 申報.

34 「JACAR(アジア歴史資料センター)Ref.C06062205400 明治27年 9月 「中路兵站監督部 陣中日誌 第2号」(防衛省防衛研究所)」, 9月.

35 崔鳳吉, 『歲藏年錄』 1894년 7월 2일(양력 8월 2일).

36 吳宖黙, 『固城府叢瑣錄』, 1894년 8월 17일(양력 9월 16일).

37 위의 자료, 9월 6일(양력 10월 4일).

38 『주한일본공사관기록』 2권, 二. 京城·釜山·仁川·元山機密來信 (9) 日本兵站部 소재지 지방관의 편의제공.

39 『고종실록』, 1894년 7월 26일(양력 8월 26일). 慶尚道에 내린 綸音.

40 吳宖黙, 『固城府叢瑣錄』, 1894년 7월 10일(양력 8월 10일).

41 위의 자료.

42 朴周大, 『羅巖隨錄』 제3책, 湖西忠義徐相轍 布告文; 『주한일본공사관기록』 1권, 四. 東學黨에 關한 件 附巡査派遣의 件 一 (6) 安東亂民巨魁 徐相轍의 檄文入手 송부. 이 포고문은 일본군에게 탐지되어 주목을 받았다. 경복궁 습격 이후 양반유생들에게서 나온 첫 번째 의병 봉기 격문이었기 때문이다.

43 『주한일본공사관기록』 2권, 二. 京城·釜山·仁川·元山機密來信 (11) 軍用電線 切斷者 단속책에 관한 具申.

44 위의 자료.

45 경상도 북서부의 동학농민군 활동에 관한 이 글의 내용은 다음 논문을 참고한다. 신영우, 「1894年 嶺南 醴泉의 農民軍과 保守執綱所」, 『東方學志』 44, 1984; 신영우, 「1894年 嶺南 尚州의 農民軍과 召募營」, 『東方學志』 51~52, 1986; 신영우, 「1894年 嶺南 金山의 農民軍과 兩班地主層」, 『東方學志』 74, 1991.

46 崔鳳吉, 『歲藏年錄』 1894년 8월.

47 신영우, 「19세기 嶺南 金山의 兩班地主層과 鄕內 事情」, 『東方學志』 70, 1991.

48 崔鳳吉, 『歲藏年錄』 1894년 8월.

49 위자료, 1894년 8월 6일(양력 9월 5일).

50 위자료, 1894년 9월 24일(양력 10월 22일). "막내 누이동생 呂室이 于禮할 적에 내가 데리고 갔다. 이른바 上客과 轎前婢 모두 도보로 갔다. 말을 타고 가면 道人들이 말을 탈취해 가므로 혼인하는 집안의 사람들이 모두 도보로 갔다."

51 潘在元, 『甲午斥邪錄』 1894년 7월 26일(양력 8월 26일).

52 기포는 무장봉기를 의미하며, 경상도 북서부에서는 9월 말 예천전투와 석문전투부터 동학농민군으로 사용하는 것이 가능하다.

53 『주한일본공사관기록』 3권, 七. 和文電報往復控 (39) 聞慶地方과 大邱의 東學黨情況.

54 위자료 2권, 二. 京城·釜山·仁川·元山機密來信 (12) 東學黨 再發 및 鎭撫方法의 件.

55 위자료 1권, 四. 東學黨에 關한 件 附巡査派遣의 件 一 (8) 聞慶近傍 東學黨과 戰鬪報告 3) 聞慶東徒와의 接戰狀況 및 戰果通報.

56 『동요일기』.

57 吳宖黙, 『固城府叢瑣錄』, 1894년 9월 6일(양력 10월 4일).

58 위자료, 1894년 8월 6일(양력 9월 5일).

59 『주한일본공사관기록』 2권, 二. 京城·釜山·仁川·元山機密來信 (14) 東萊府使 및 監理의 東學黨 厚待의 件.

60 1886년에 庭試文科를 급제한 후 요직을 잇달아 거쳤다. 1891년 성균관 대사성을 역임하고 1893년에 동래부사가 되어 갑오년을 맞는다. 1901년 이후 미국·영국·벨기에의 특명전권공사를 지낸다.

61 위자료, 別紙 丙號, 「川上 書記生이 監理署員으로부터 청취한 것」.

62 『朴鳳陽經歷書』.

63 『오하기문』, 갑오 9월.

64 「JACAR(アジア歴史資料センター)Ref.C11080788600 陸軍報告 第 1 册(防衛省防衛研究所)」.

65 「경상도관찰사장계」 1894년 11월 4일자.

66 『주한일본공사관기록』 1권, 四. 東學黨에 關한 件 附巡査派遣의 件 一 (17) 河東附近 東學黨의 群集과 日軍出兵에 따른 地方官의 편의제공 문제

67 『주한일본공사관기록』 1권, 四. 東學黨에 關한 件 附巡査派遣의 件 一 (21) 東學黨의 檄文通報 및 情報通知 요청

68 이 때문에 진주병사 민준호는 엄한 형벌을 받게 된다.(『고종실록』 1894년 2월 23일. "법무대신 서광범이 아뢰기를, '경상 전 우병사 민준호가 비적을 잡지 않은 죄는 제서유위율(制書有違律)에 따라 형장 100대에 해당하는 사사로운 죄로서 속전(贖錢)을 거두고 고신을 추탈하는 것이 어떻겠습니까?' 하니, 윤허하였다.")

69 『주한일본공사관기록』 1권, 五. 東學黨ニ關スル件 附巡査派遣ノ件 二 (1) 慶尙右道東學黨擾亂 景況과 이에 대한 意見.

70 「JACAR(アジア歴史資料センター)Ref.C11080803600 陸軍報告 第 3 册(防衛省防衛研究所)」, 『주한일본공사관기록』 1권, 六. 東學黨征討關係에 關한 諸報告 (4) 晉州附近 東學黨擊破 詳報 送付.

71 『嶺南隨錄』.

72 『甲午軍功錄』.

73 『東學黨征討人錄』의 安東義旅 추가인물은 前參奉 權載經, 前主事 徐相璧이다.

74 『東學黨征討人錄』의 居昌義旅 추가인물은 前監察 愼世海, 前司果 兪永煥, 前都事 李鉉奎, 前主事 李埈學, 前中軍 鄭燦健, 河宗浩, 愼桂根, 鄭海錫, 愼榮善, 姜達用,

李埈喆, 愼達弘, 李鉉斗이다.

75 『주한일본공사관기록』 2권, 二. 京城 ·釜山·仁川·元山機密來信 (22) 室田 領事의
   歸國과 卑見 上申, [別紙 丙] 朝鮮 南道의 民亂을 根治하는 方策.

76 『別啓』 갑오 11월 封啓.

77 자연재해로 災結을 인정하는 항목은 覆沙災, 未移災, 晚移災, 枯損災, 水沈災, 雹損災,
   直立災 등으로 구분하는데 1894년의 재결은 未移災, 枯損災, 直立災의 3종만 거론하고
   있다.

78 『別啓』 갑오 11월 封啓.

79 吳宖黙, 『固城府叢瑣錄』 9월 6일(양력 10월 4일).

80 『주한일본공사관기록』 1권, 二. 全羅民擾報告 宮闕內騷擾의 件 二 (2) 金海民亂 槪況

81 원문에는 김해부사 민영계(閔泳啓)로 나오지만 민영은의 오기이다.(『고종실록』
   1894년 10월 24일)

82 『승정원일기』 1894년 7월 27일(양력 8월 27일).

83 『札移電存案』 1894년 8월 23일(양력 9월 22일).

84 『일성록』 1894년 5월 1일(양력 6월 11일).

85 『錦藩集略』 1894년 6월 26일(양력 7월 28일).

86 영해 농민항쟁의 처리 결과는 다음 자료에 나온다. 『승정원일기』 1894년 9월
   1일·2일·29일·30일; 『일성록』 1894년 9월 1일·2일·29일·30일; 『고종실록』
   1894년 9월 29일; 『관보』 개국 503년 9월 27일·29일·30일.

87 『公文編案』 청구기호 奎 18154, 1894년 11월 2일(양력 11월 28일).

88 "本道의 각 고을 結價에 4등급이 있어 漕邑이 가장 높고 그 아래로 水邑 山郡 嶺底의
   순서이며 山郡과 嶺底邑의 結價는 漕邑이나 水邑과 비교하면 많은 차이가 나는데,
   更張 이후 山郡과 嶺底邑의 結價를 25兩씩 책정하는 것은 지나치므로, 嶺底 12읍과
   山郡 중 결가가 가장 낮은 읍의 1893年條 結價를 後錄하고 각 고을의 元成册을
   同封하여 上送하니 다시 논의해 주기 바란다."

89 『啓草存案』 1894년 8월 10일(양력 9월 9일).

90 『승정원일기』 1894년 9월 29일(양력 10월 27일).

91 『승정원일기』 1894년 9월 30일(양력 10월 28일).

92 『公文編案』 奎 18154, 1895년 6월 10일. 이것은 탁지부에서 안동에 보내서 공납
   완수를 재촉한 것이다.

93 『고종실록』 1894년 12월 27일.

94 이 보고 내용은 널리 알려져서 김상기가 동아일보에 1931년 9월 17일에 연재한
   「東學과 東學亂」의 22회분에도 소개된다.

95 『別啓』 을미 2월 12일 別報.

1 본문에서 다루게 되겠지만, 현재까지의 논의로만 보면 대체로 이필제라는 인물에 대한
  동학 관련성은 크게 부각되어 있지 않을뿐더러, 최시형의 영해 봉기 가담 정도 역시
  그리 크지 않은 것으로 정리되어 있는 추세이다. 비록 소수이기는 하지만 이 중 특히
  후자의 입장 정리에 적극적으로 반대하는 연구자들은 영해 봉기의 동학 관련성을
  보여주는 관변 측 한문 자료인『교남공적』을 근거로 삼고 있다.

2 채길순,「동학의 사상적 특성과 흐름 분석: 경상북도 지역의 동학 활동 연구 – 사적지
  를 중심으로」,『동학학보』Vol.27, 2013, 106-107쪽.

3 위의 논문, 97쪽.

4 윤대원,「이필제, 때이른 민중운동의 지도자」,『내일을 여는 역사』Vol.21, 2005, 38쪽.

5 봉기 과정에서 구호로 나왔다는 〈직향경성〉 등의 진술은 모두『좌(우)포청등록』이나
 『경상감영계록』, 혹은『동래부계록』등과 같은 관변 자료에 의존한 것으로, 윤대원
  역시 자료의 인용에서 그 신뢰성을 고려하여 "관변 측 자료이긴 하지만"이라는
  단서를 달고 있다. cf. 윤대원,「이필제난 연구」,『한국사론』Vol.16, 1987, 144쪽.
  특히,『경상감영계록』에 등장하는 〈직향경성〉이란 표현은 이필제와 그 동조자들이
  시도조차 하지 못하고 스스로 포기한 소위 '남해거사'의 계획 단계에서 처음 나왔던
  것으로, 이는 1870년 2월 진주작변에서 체포된 양영렬이란 사람에 대한 취조 과정에서
  나온 말에 불과하다. cf. 위의 논문, 152쪽. 뒤에 다루겠지만, 영해 민중 봉기에 대한
  최시형의 적극 개입설 근거로 사용된『교남공적』의 진술 역시 동일한 사안에 대해
  사람마다 다르고, 더구나 동일 인물이 동일한 사안에 대해 진술을 번복하는 경우마저
  있었다. 이는 바로 공권력에 체포되어 그 취조 과정에서 나온 진술 내용의 신빙성을
  의심하게 만드는 대목이다. 불과 몇 십 년 전까지만 해도 거짓 진술과 자백 강요가
  모두 사라지지 않았던 국가 공권력의 관행에 미루어 볼 때, 특히 당시와 같이 봉건적
  수탈이 심화되고 민심이 흉흉하던 혼란기에 관과 민의 대립 정황을 기록한 관변
  자료의 보고 내용을 문자 그대로 수용하기에는 분명 어려움이 있어 보인다.

6 윤대원(1987), 위의 논문, 166쪽.

7 위의 논문, 38쪽. 윤대원 스스로는 거론하지 않았지만, 그의 학문적 담론에는 시간의
  흐름과 함께 적지 않은 관점의 차이가 나타나고 있다. 예컨대 1987년의 저술에서
  그는 영해의 민중 봉기에 대해 '이필제난'이라는 시각을 가졌던 반면, 2005년의
  저술에서는 이를 '영해봉기'로 이해하고 있다. 이러한 관점의 변화는 아마도 영해
  봉기의 동학 관련성 여부에 대한 인식 변화에 기인하는 듯하다.『교남공적』이 학계에
  알려지기 시작한 시기는 1986년 이후의 일로 이를 미처 참고하지 못했을 가능성이
  있기 때문이다. 윤대원에게 보이는 또 다른 관점의 차이는 바로 봉기 참가자들의
  해산 동기에 있다. 그렇지만 '자진 퇴거(1987)'에서 '관군에 의한 어쩔 수 없는
  퇴각(2005)'이라는 관점 변화의 차이를 추적해 볼 수 있는 출처는 각각 관변 자료
  일방에 의한 것이거나(『동래부계록』,『영해부적변문축』), 혹은 그 출처 간 내용 차이에
  대한 설명이 생략되어 있어 명확한 이유를 가늠하기 어렵다. 이러한 상이한 관점의

양립과 검증 불가능성에도 불구하고, 본 논문에서는 경험칙상 시기적으로 후기에 속하는 입장을 해당 연구자의 최종 입장으로 채택하였다.

8 김기현(편저), 『최초의 동학혁명 – 병풍바위의 영웅들』, 2005, 32-34쪽.

9 표영삼, 「신사 최시형의 생애」, 『동학연구』 Vol.7, 2000, 31-32쪽.

10 위의 논문, 32쪽.

11 김기선, 『동학정사 2: 최해월과 동학』, 2010, 94-95쪽.

12 반면, 연갑수는 이 봉기가 닷새 만에 진압된 이유를 일반 민중들의 호응을 받지 못한 점에서 찾고 있다. cf. 연갑수, 「이필제 연구」, 『동학학보』 Vol.6, 2003, 183쪽.

13 김기선, 앞의 책, 95쪽.

14 영해 지역을 넘어선 확장된 전선에 따른 논리적 귀결로 김기선이 보고하는 봉기 희생자의 수는 1백여 명에 이르며, 이는 다른 어떤 연구자의 희생자 추정치보다 높은 수치이다. cf. 위의 책, 96쪽.

15 연갑수, 앞의 논문, 183쪽.

16 『동래부계록』 제7책(奎 15105), 신미 3월 15일. 윤대원(1987), 위의 논문, 166쪽에서 재인용.

17 앞의 책, "조반 30여 상과 술 3盆을 사서 가져갔으며"

18 관변자료인 『교남공적』에는 관아를 점령한 무리들에게 아침식사를 해다 준 경위를 추궁하는 과정에서 유위택이라는 사람이 다음과 같은 답변을 하는 장면이 나온다(인용 내용에서 편저자가 봉기군을 칭하는 표현은 필자 임의로 중립적 의미로 바꾸어 옮겼다. 심문관이나 피심문자가 봉기군을 '혁명의 참가자'들이라고 칭하지는 않았을 것이기 때문이다.): '내가 사는 동리는 관아를 점령한 무리들의 시위가 대단하여 주는 돈을 받지 않았다면 당장에 몰매를 맞았을 것이다. 그래서 다른 동 두민 대표인 신석훈 등과도 상의해서 20냥씩 받아 동민들에게 나누어주었다. 해당 관리도 그렇게 해도 좋다고 했고, 관아를 점령한 무리들이 성내 동민들에게 밥을 시켜서 먹고 돈을 준 것도 관청 관리들이 시인했다.' cf. 김기현, 앞의 편저, 164쪽.

19 채길순, 앞의 논문, 97쪽. 〈경상북도 동학 교세 확장 구도〉 그림1. 참조.

20 『영해부적변문축』. 윤대원(1987), 앞의 논문, 168쪽에서 재인용.

21 김기선, 앞의 책, 95쪽.

22 윤석산(역), 『도원기서』, 1991, 83쪽.

23 김기선, 앞의 책, 91쪽. 이와 유사하게, 2002년 천도교 교령을 지낸 김철은 이필제를 "폭력주창자"로 단정하고 있다. 김철, 「동학 대도주 해월 최시형 선생과 동학혁명 전봉준장군의 기본사상 차이점」, 『동학연구』 Vol.12, 2002, 315쪽.

24 『경상감영계록』 경오, 여러 사람에 대한 공초. 윤대원(1987), 앞의 논문, 160쪽에서 재인용.

25 『우포청등록』 을미 4월, 안종덕, 박회진 공초. 윤대원(1987), 앞의 논문, 147쪽에서 재인용. 반드시 동일한 맥락이라고 할 수는 없으나, 이필제는 자신의 이름을 여러 가지로 바꾸어왔다. 이필제를 직접 심문한 기록이 담긴 『좌포청등록』에 따르면, 이필제의 본명은 이근수이며, 영해 봉기 당시 사용했던 이름은 이제발이었다.

『좌포청등록』신미 8월 29일 이필제 공초. 윤대원(1987), 위의 논문, 146쪽에서 재인용. 이필제가 본명 대신 현재의 이름으로 지금까지 알려진 이유는 아마도 그의 마지막 봉기에서 관군에 의해 체포될 당시의 이름이 이것이기 때문이었을 것으로 보인다. 즉, 함께 잡힌 사람들이 그에 대한 진술을 할 때 그들에게 알려진 이필제라는 이름으로 호칭했을 것이고, 이것은 이내 공문서로 기록되어 공식화되었을 것이기 때문이다.

26 김기선, 앞의 책, 91쪽.

27 연갑수, 앞의 논문, 188쪽.

28 이점에서, 윤대원은 이필제를 무과에 급제하고도 임관되지 못한 불우한 양반으로 해석하여, 그로부터 이필제에게는 현실에 대한 불만과 개혁 의지가 남달랐을 것이라 추론하고 있다. cf. 윤대원(1987), 앞의 논문, 180-181쪽.

29 『좌포청등록』신미 8월 29일, 정기현 공초, 위의 논문, 175쪽에서 재인용.

30 윤석산, 앞의 역서, 101쪽.

31 김기선, 앞의 책, 95쪽.

32 『일성록』고종 6년 4월 21일, 『우포청등록』을미 4월, 김병회 3초. 윤대원(1987), 앞의 논문, 145-146쪽에서 재인용.

33 『경상감영계록』경오 6월 16일 양영렬 2초, 위의 논문, 152쪽에서 재인용.

34 조성운, 「해월 최시형의 도교 전수와 초기 포교활동(1862-1875)」, 『동학연구』 Vol.7, 2000, 4쪽.

35 윤대원(2005), 앞의 논문, 39쪽.

36 cf. 윤대원(1987), 앞의 논문, 199-200쪽.

37 『경상감영계록』경오 6월 16일 양영렬 2초. 위의 논문, 152쪽에서 재인용.

38 천도교중앙총부(편), 「海月神師法說」, 『天道敎經典』, 1997(3판), 6-1, "세상 사람은 천령의 영함을 알지 못하고 또한 심령의 영함도 알지 못하고, 다만 잡신의 영함만을 아니 어찌 병이 아니겠는가. 지금 세속에서 이르는 성황이니 제석이니 성주니 토왕이니 산신이니 수신이니 석신이니 목신이니 하는 등의 음사는 붓으로 다 기록하기 어려운 것이니라. [...] 썩은 유생과 속된 선비도 왕왕 흘러들어 습관과 풍속을 이루었으니, 가히 한심한 것이라 이르리로다."

39 김기선, 앞의 책, 251쪽.

40 cf. 윤대원(1987), 앞의 논문, 176쪽.

41 표영삼, 『동학 2. 해월의 고난 역정』, 2005, 19쪽.

42 윤석산, 앞의 역서, 101쪽. "8월에 이르러 홀연히 문정의 변을 듣고, 마음이 문득 놀래어 실제를 캐어 들어본즉, 필제가 또 기현과 거사를 한 것이다." 반면, 김기선의 보고에 의하면, 이필제는 최시형에게 동참할 것을 강력히 요구했으나 최시형이 이를 끝까지 거부한 것으로 보인다. "최해월 동학대도주께서 순순히 타일러 무력봉기를 극구 제지하였으나 이를 뿌리치고 도리어 최해월 선생에게 욕하면서 독자적으로 스승의 원수를 갚는다고 하며[..]" 김기선, 앞의 책, 96쪽.

43 cf. 윤대원(1987), 앞의 논문, 177-179쪽.

44 김기선, 앞의 책, 95쪽. 유생과 도적떼라는 얼핏 어울리지 않아 보이는 조합의 이해를 위해 4차에 걸친 이필제의 봉기를 참가 계층별로 분류한 윤대원의 연구는 면밀히 참조해 볼 만한 가치를 갖는다. 이에 따르면, 봉기의 주도층은 주로 이필제와 같은 몰락한 양반·유생들이었고, 이들이 봉기에 동원하려고 끌어들였던 계층은 대개 조선시대 최하위 계층인 빈농이나 하루벌이 삶을 살아가는 노동자들이었다. 윤대원(2005), 앞의 논문, 41쪽.

45 『좌포청등록』의 기록에 따르면, 이필제는 명나라의 태조도 처음에는 걸인 300명으로 시작했다는 이야기를 즐겨 인용하며 자신이 추구하는 역성혁명의 옹호 논리로 삼았다고 한다. 윤대원(1987), 앞의 논문, 151쪽. 그리고 여기엔 너무 성급한 일반화의 오류가 자리하고 있다. 어쩌면 이필제는 이 때문에 단 60여 명의 인원으로 4차 봉기를 일으켰는지 모르지만, 이는 그에게 너무 혹독한 결과를 가져오고 말았다.

46 이필제와 〈정감록〉의 관계를 추정할 수 있는 (거의) 모든 자료의 출처가 관변측 자료인 한, 여기엔 앞서 각주 5)에서 언급한 자료의 특성 문제가 또 다시 제기된다.

47 김기현, 앞의 편저, 81, 147-148쪽.

48 위의 편저, 157쪽.

49 위의 편저, 91쪽, 159쪽.

50 임태홍, 「최시형의 양천주 사상 형성과정」, 『종교와 문화』 Vol.12, 2006, 104-105쪽.

51 cf. 연갑수, 앞의 논문, 205-207쪽.

52 영해 봉기의 지역 및 참가 계층의 다양성에 대해서는 각각 『경상감영계록』과 『교남공적』을 근거로 기술한 윤대원(1987: 179-196쪽)과 김기현(앞의 편저)의 저술 참조.

53 cf. 임상욱, 「슈퍼리더십의 관점에서 바라본 최시형의 수양론」, 『동학학보』 Vol.24, 2012.

54 그리고 여기에 잠재된 동학사상의 선진적 근대성은 분명 비폭력 시민혁명이었던 3월 1일의 행사를 가능하게 해준 열쇠라고 판단된다.

55 김교빈, 「동아시아 민중운동에 나타난 유토피아 사상: 갑오농민전쟁 과정에서 설치된 집강소를 중심으로」, 『시대와 철학』 Vol.10, No.1, 1999, 20쪽.

56 윤대원(1987), 앞의 논문, 189-190쪽.

57 차남희, 「노동의 신성화와 동학의 근대성 - 최시형을 중심으로」, 『한국사회역사학회』 Vol.13, No.2, 2010, 50쪽.

58 윤승용, 「한국 근대 종교의 탄생: 한국의 근대 신종교, 근대적 종교로서의 정착과 그 한계; 개벽사상을 중심으로」, 『종교문화비평』 Vol.22, 2012, 169쪽.

59 김교빈, 앞의 논문, 20-21쪽.

60 위의 논문, 21쪽.

1 오문환은 해월이 주장하는 평등주의와 서구적 평등주의를 구분한다. 즉 서구적 평등주의가 합리적, 이성적인데 반하여, 해월의 평등주의는 하늘적·영적 평등주의이며 인간 평등의 근거는 모든 인간이 한울님을 모시고 사는 존재라는 것이다.(오문환, 『하늘이 사람이다』, 1996, 107-115쪽 참조)

2 『해월신사법설』, 「천지부모」.

3 『해월신사법설』, 「도결」 참조.

4 『천도교창건사』, 106-107쪽.

5 『천도교백년약사』, 150쪽.

6 『해월신사법설』, 「성경신」.

7 『해월신사법설』, 「내수도문」.

8 『해월신사법설』, 「삼경」.

9 이돈화, 『천도교창건사』, 1982, 7쪽.

10 위의 책, 9-10쪽.

11 『용담유사』, 「교훈가」.

12 윤석산, 『동학 교조 수운 최제우』, 221쪽 참조.

13 신일철, 『동학사상의 이해』, 53-54쪽 참조.

14 수심정기는 시천주의 구체적인 방법이면서, 한울님의 강림을 직접 체험하고 또한 믿어서 지성(至誠)으로 공경하는 심적(心的), 신적(身的) 태도를 의미한다. (황선희 『한국 근대사상과 민족운동1, 동학·천도교편』, 혜안, 1996, 66.)

15 『해월신사법설』, 「수심정기」.

16 『동경대전』, 「논학문」.

17 『동경대전』, 「수덕문」.

18 물론 수운은 유학의 인의예지 자체를 부정하지는 않는다.

19 수심의 궁극적인 지향은 한울님 본래의 선천심을 회복하여 그 마음을 지키는 것이 된다. 이것을 종합적으로 보면 수심(守心) 공부는 결국 나의 후천심을 돌이켜서 한울님으로부터 품부 받은 그 마음을 회복하고, 그 마음을 지키는 것을 뜻한다고 하겠다. 윤석산, 『동학교조 수운 최제우』, 237쪽 참조.

20 『해월신사법설』, 「수심정기」.

21 김춘성, 「동학·천도교 수련과 생명사상 연구」, 66쪽 참조.

22 『의암성사법설』, 「위생보호장」.

23 위의 글.

24 오문환은 수심정기하는 수양법의 핵심을 '생활(生活)의 성화(聖化)'라고 표현한다. 오문환, 『해월 최시형의 정치사상』, (모시는사람들, 2003), 19쪽 참조.

25 『해월신사법설』, 「천지인 귀신 음양」.

26 『해월신사법설』, 「대인접물」.

27 해월은 양천주의 가르침과 함께 삼경, 즉 경천, 경인, 경물에 대해서도 말한다. "경천만

있고 경인이 없으면 이는 농사의 이치는 알되 실지로 종자를 땅에 뿌리지 않는 행위와 같다."(『해월신사법설』,「삼경」)고 하여 도인은 사람을 한울님으로 섬김으로써 이치를 제대로 행하게 된다고 한다. 또한 "사람을 버리고 한울을 공경한다는 것은 물을 버리고 해갈을 구하는 자와 같다."(『해월신사법설』,「삼경」)고 하여, 경천은 반드시 경인을 통하여 실천될 수 있음을 강조한다. 이러한 생각은 사람뿐 아니라 만물들에게도 동일하게 적용하는데, 이를 해월은 경물로써 설명한다.

28 『해월신사법설』,「양천주」.

29 『해월신사법설』,「수심정기」, 이는 시천주의 수양법인 수심정기하는 요령으로서의 효제온공, 즉 즉 부모에게 효도하고 형제에게 우애 있게 하고 항상 남에게 따뜻하고 공손하게 대하는 것과 동일한 의미를 같는다.

30 『용담유사』,「흥비가」.

31 이돈화, 『천도교창건사』, 9-10쪽.

32 『용담유사』,「교훈가」.

33 해월은 천의 내재성을 실천적 측면에서 강조하고 있다.

34 『동경대전』,「논학문」.

35 이는 서양의 초월적인 종교와 분명하게 구분되는 특징이다. 서양의 종교는 통상 신을 대상화하여 외적 실재(존재)로 정의하고자 한다. 그러나 동학에서는 신의 초월성 보다는 신령의 내재성을 강조한다. 말하자면 시천주의 내재성을 강조한다. 예컨대 오지영은 "시천주라 함은 세상 사람들이 이른바 저 허공 중에 별개의 신을 두고 이름이 아니오, 사람 자체에 自在한 神을 두고 이름이라"하며, 또 "인내천이라 함은 하느님이 저 허공 속에 있다고 하는 말을 부인한 것이요, 하느님이 우리 사람들에게 있다고 인정한 말씀이다."라고 말한다.(오지영, 『동학사』, 박영사, 1974, 4-6쪽 참조)

36 이돈화, 『천도교창건사』, 98-99쪽.

37 『해월신사법설』,「향아설위」.

38 『해월신사법설』,「수심정기」.

39 이돈화, 『천도교창건사』, 17쪽.

40 『해월신사법설』,「삼경편」.

41 『해월신사법설』,「대인접물」.

42 해월은 인즉천(人卽天)을 사인여천으로 풀이하여 양천주사상을 정립하는데, 말하자면 해월은 수운의 수심정기를 양천주로, 즉 한울님의 마음을 기르고 바르게 정(定)하는 것으로 해석하였다. 그러므로 양천주하는 것은 인격적 자기완성, 즉 깨달음의 방법인 것이다. 그래서 양천주는 수운의 수심정기와 마찬가지로 사람들이 모든 욕심, 즉 인욕을 버리고 자신에 내재하는 한울님을 성심을 다해 공경하는 수행인 것이다.

43 이돈화, 『천도교창건사』, 40쪽.

44 위의 책, II-36.

45 위의 책, II-18.

1 『용담유사』, 천도교중앙총부, 『천도교경전』, 천도교중앙총부 출판부, 2000.

2 조극훈, 「동학 개벽사상의 역사철학적 의미」, 『동학학보』 17권, 동학학회, 2013, 77-78쪽 참조.

3 신일철, 『동학사상의 이해』, 사회비평사, 1995, 96-97쪽.

4 라원식, 「동학농민혁명과 미술」, 『미술세계』 통권 112호, 1994, 65쪽 참조.

5 김지하, 『동학이야기』, 솔, 1994, 13쪽.

6 박맹수, 「동학혁명의 문화사적 의미」, 『문학과 사회』 25, 문학과 지성사, 1994, 285쪽.

7 위의 논문, 290쪽.

8 영해 동학혁명 이후 1870년대와 1880년대 초반의 해월의 행적을 종교성의 측면에서 연구한 성과로는 윤석산, 「해월 선생의 행적」(『동학연구』 20집, 한국동학학회, 2006)을 들 수 있다.

9 최시형은 사인여천을 유일한 설법의 화제로 삼을 정도로 신분 차별을 타파하고 평등사상을 실현하려고 주력하였다. "이러한 최시형의 설법은 당시 신분제하에서 고통받고 있던 양반들 중 서얼 출신과 중인층, 그리고 일반 평민과 천민들의 강력한 지지를 얻으면서 동학 교세 확대에 크게 기여하게 된다." 이러한 평등사상은 1860년대 경상도 영해 영덕 지역에서 새로운 신분 상승 세력으로 등장했던 신향들이 동학에 입교한 동기가 되며, 1880년대 초반 손병희의 동학 입교 동기, 그리고 1890년대 초반 김구의 동학 입교의 동기가 되었다.(박맹수, 「동학혁명의 문화사적 의미」, 『문학과 사회』 25, 문학과 지성사, 1994, 291쪽.)

10 『나라사랑』 제15집, 1974, 174쪽

11 특히 영해 동학혁명과 관련하여 해월에 관한 내용을 알 수 있는 자료로 영해혁명에 참가한 이필제 관련자들을 문초한 기록인 『교남공적(嶠南公蹟)』이 있다. 교남공적에는 민중의 노래인 "새야 새야 파랑새야 녹두밭에 앉지 마라"하는 노래가 동학혁명의 노래가 된 이유가 나타나 있다. 서군직이 진술한 내용에 따르면 군호로 사용한 말이 청은 동학교인, 홍은 평민으로 구분되는 말이고, 또 당일 참가한 동학교인은 유건을 쓰고 청포를 입었기 때문에 동학인 하면 푸른색을 상징했음을 알 수 있다.(김기현, 『최초의 동학혁명』, 황금알, 67쪽)

12 김기현, 『후천개벽의 횃불』, 현우사. 2008, 228쪽.

13 해월 최시형과 이필제, 그리고 혁명의 이념(후천개벽, 교조신원운동)에 대한 긍정적인 평가 또는 부정적인 평가에 대해서는 다음과 같은 문헌을 참고할 수 있다.
김의환, 「신미년 이필제난」, 『전통시대의 민중의 난』 하, 풀빛, 1981.
이이화, 「동학혁명의 선구 이필제」, 『학원』 1호, 1985.
박맹수, 「해월 최시형의 초기행적과 사상」, 『청계사학』 3집, 한국정신문화연구원, 1986.
윤대원, 「이필제난의 연구」, 『한국사론』 16집, 서울대, 1987.
장영민, 「1871년 영해 동학난 연구」, 『한국학보』 47권, 일지사, 1987.

연갑수, 「이필제 연구」, 『동학학보』 제6호, 동학학회, 2003.

김기현, 『최초의 동학혁명』, 황금알, 2005.

윤석산, 「해월 선생의 행적」, 『동학연구』 20집, 한국동학학회, 2006.

김기현, 『후천개벽의 횃불』, 현우사, 2008.

김탁, 「조선후기의 예언사상」, 『한국종교』 34집, 원광대학교 종교문제연구소, 2010.

14 김영동, 「갑오동학농민혁명의 예술적 지평」, 『미술세계』(통권 112호), 1974, 69쪽.

15 김탁, 「조선후기의 예언사상」, 『한국종교』 34집, 원광대학교 종교문제연구소, 2010. 58쪽 참조. 당시 이필제와 최시형의 문답에 관해서는 동학 천도교단측 자료인 『도원기서』 2장에 상세하게 설명되어 있다.

16 현재 동학농민혁명 관련 유적지를 분석한 자료로는 『전북도민일보』(2014. 03. 06일자)가 기획한 「동학농민혁명 120년 특별기획 (8)」의 "동학농민혁명 유적지 문화재 등록" 기사를 참고할 수 있다. 이 기사에 의하면 동학농민혁명 관련 유적지는 전국적으로 354개소에 이르며, 이중 문화재청이 지정한 국가지정문화재인 전봉준고택(사적 293호), 황토현전적지(사적 295호), 우금치전적지(사적 387호), 황룡전적지(사적 406호), 백산성(사적 409호), 석대들전적지(사적 498호) 등 6건이 있으며, 시·도지정문화재로는 만석보터(전북기념물 제33호), 홍천풍암리 전적지(강원도기념물 제25호), 손병희선생 유허지(충북기념물 제30호), 금성토평비(전남문화재자료 제175호), 하동 고성산전투지(경남기념물 제142호), 수운최제우 유허지(울산기념물 제12호), 강재일사(전남유형문화재 제206호), 상주 동학교당(경북민속자료 제120호), 말목장터와 감나무(전북기념물 제110호), 고부관아터(전북기념물 제122호), 금성정의록(전남유형문화재 제286호) 등 총 11건이 있으며, 시·군 향토유적으로 최시형선생묘(여주군향토유적 제8호), 송장배미(공주시향토문화유적기념물 제4호), 문바위골(옥천군향토유적 제2009-2호) 등이 있다.(『전북도민일보』, 2014. 3. 6일자. 「동학농민혁명 120년 특별기획(8)」 (http://www.domin.co.kr/news/articleView.html?idxno=1016457) 참조.)

17 박맹수, 앞의 「동학혁명의 문화사적 의미」, 282쪽.

18 김기현, 앞의 『최초의 동학혁명』, 33-34쪽. 영해 동학혁명 관련 유적지에 관한 연구로는 채길순, 「경상북도 지역의 동학활동 연구」, 『동학학보』 제27호, 동학학회, 2013을 참고할 수 있다.

19 김영동, 「갑오동학농민혁명의 예술적 지평」, 『미술세계』(통권 112호), 1974, 66쪽.

20 문화콘텐츠 관련 용어로는 기술에 담기는 내용물을 표현함에 있어 형식에 치중하면 '디지털콘텐츠'라 부르고, 내용에 치중하면 '문화콘텐츠', 내용 창출과 방향성을 염두에 두면 '인문콘텐츠'라고 불린다.(인문콘텐츠학회, 『문화콘텐츠 입문』, 북코리아, 2006, 17쪽)

21 심승구, 「한국 술문화의 원형과 콘텐츠화」, 『인문콘텐츠학회 학술 심포지엄 발표자료 집』, 2005.

22 인문콘텐츠학회, 『문화콘텐츠 입문』, 북코리아, 2006. 14쪽. 문화콘텐츠진흥법에서 정의하고 있는 콘텐츠의 개념은 다음과 같다. "콘텐츠란 부호·문자·도형·색체·음

성·음향·이미지 및 영상 등(이들의 복합체를 포함한다.)의 자료 또는 정보를 말한다."(「문화산업진흥기본법」, 2조 3항)

23 김진우는 콘텐츠와 관련하여 인간의 경험을 여섯 가지로 제시하였다. 먼저, 감각(sense)은 시각, 촉각, 청각, 후각, 미각 5감을 가리키며, 인간 경험의 가장 기초적인 요소이다. 패턴(pattern)은 반복적인 감각을 통해서 형성된 일종의 일관된 느낌을 말한다. 언어(language)는 글이나 말처럼 직접 언어를 통한 경험과 함께 비언어적 표현들이지만 의미를 표현하고 있는 아이콘과 이미지가 포함된다. 지성(Thought)은 사용자에게 문제해결과정을 경험하게 하는 것이다. 좋은 인지를 이끌기 위해서는, 긍정적인 놀람, 유발, 도발적인 자극이 필요하다. 행동(action)은 사용자에게 신체적인 경험을 제공함으로써 주로 다른 사람들과 어울리는 경험을 하도록 만드는 것이다. 관계(relation)는 개인에게 다른 사람들이나 다른 문화와 상호관계를 맺을 수 있는 경험을 제공하는 것이다.(김진우, 『DIGITAL CONTENTS@HCL Lab』, 영진닷컴, 2002, 65-77쪽 참조)

24 김동윤, 「창조적 문화와 문화콘텐츠의 창발을 위한 인문학적 기반 연구」, 『인문콘텐츠』 제19호, 인문콘텐츠학회, 2010, 420쪽.

25 김기국, 「문화콘텐츠의 인문학적 분석과 비판」, 김영순·김현 외, 『인문학과 문화콘텐츠』, 다할미디어, 2006, 226쪽.

26 스튜어트 홀 외, 진효관 외 옮김, 『현대성과 현대문화』, 현실문화연구, 2001, 341쪽. 젠크스는 문화를 범주화하여 다음과 같은 네 가지로 분류하였다. (1) 인식범주로서의 문화 (2) 집합적인 개념으로서의 문화 (3) 기술적 구체적 범주로서의 문화 (4) 사회적 범주로서의 문화(크리스 젠크스, 『문화란 무엇인가』, 현대미학사, 1996, 25-26쪽)

27 유동환, 「문화콘텐츠 기획과정에서 인문학 가공의 문제」, 『인문콘텐츠』 제28호, 인문콘텐츠학회, 2013, 56쪽 참조,

28 인문콘텐츠학회, 『문화콘텐츠 입문』, 북코리아, 2006, 14쪽.

29 김기국, 「문화콘텐츠의 인문학적 분석과 비판」, 김영순·김현 외, 『인문학과 문화콘텐츠』, 다할미디어, 2006, 228쪽.

30 박홍식, 「이야기학의 정립을 위하여」, 인문콘텐츠학회│경제·인문사회연구회, 『인문콘텐츠의 사회적 공헌』, 북코리아, 2013, 56-57쪽.

31 한동숭 외, 「미디어 문화기술 그리고 인문콘텐츠」, 인문콘텐츠학회경제·인문사회연구회, 『인문콘텐츠의 사회적 공헌』, 북코리아, 2013, 262-265쪽.

32 김동윤, 앞의 논문, 430쪽.

33 유동환, 앞의 논문, 62쪽 참조,

34 유동환, 위의 논문, 2013 참조.

35 유동환, 위의 논문, 70쪽 참조.

36 김동윤, 앞의 논문, 434쪽.

37 이승환, 「동양의 학문과 인문정신」, 『인문정신과 인문학-지식의 지평 2』, 한국학술협의회 편, 아카넷, 2007, 28-44쪽 참조.

38 왕필, 임채우 역, 『주역왕필주』, 길, 2000, 184쪽.

39 유협, 최동호 역,『文心雕龍』, 민음사, 1994, 31-35쪽.

40 김동윤, 앞의 논문, 435쪽.

41 김동윤, 위의 논문, 418쪽.

42 「[한기호의 책통]감성의 시대, 책장에 흐르는 '신사상'」,『머니투데이』 2014. 02. 15일자.

43 데이비드 와인버거, 이진원 옮김,『지식의 미래』, 리더스북, 2014, 343쪽.

44 뚜웨이밍,『문명들간의 대화』, humanist, 2006. 6장 중화문명과 세계문명 참조. 정우철,『글로컬시대의 문화와 국제경영』, 박영사, 2013, 156쪽.

45 에드워드 W. 사이드(Edward W. Said),『저항의 인문학』, 마티, 2012, 42-43쪽.

46 천도교의 교육문화 운동에 관해서는 조규태의 책(『천도교의 문화운동론과 문화운동』, 국학자료원, 2006)과 조극훈의 글(「춘암 박인호의 동학 이해와 근대성-천도교 개편과 민족문화운동을 중심으로」,『동학학보』 제17권 3호, 동학학회, 2013)을 참고할 수 있다.

47 진행남,「신한류와 동아시아 문화 네트워크」, 제주평화연구원,『JPI정책포럼』, 2011, 13-15쪽 참조.

48 천도교 구파 정당인 천도교 보국당의 당시(黨示)에 제시된 동학의 이념도 글로벌 아젠다를 수립하기 위한 인문학적 기반으로 사용할 수 있을 것이다. (1)인내천주의의 교정일치 실현, (2)오심즉여심의 민족적 자주 독립국가 건설, (3)동귀일체의 세계적 평화의 수립.(천도교중앙총부 교서편찬위원회,『천도교약사』, 천도교중앙총부출판부, 2006, 402쪽)

49 김동윤, 앞의 논문, 418-419쪽.

50 동학 수련의 핵심인 21자 주문(지기금지원위대강 시천주조화정영세불망만사지)은 시정지(侍定知) 세 글자로 요약할 수 있다. 특히 시천주에서 모심을 경전에서는 "내유신령, 외유기화, 각지불이"로 해석할 정도로 그 중요성은 크다. 동학 주문수련 체험은 몸이 떨리는 현상인 강령뿐만 아니라 시를 받는 강시, 천어를 받는 강화 등이 있다.

51 천도교의 수도원으로는 모두 10개가 있다.
용담수도원(경상북두 경주시 현곡면). 의창수도원(서울시 도봉구 우이동). 가리산수도원(강원도 홍천군 두촌면). 강릉수도원(강원도 강릉시 노암동). 명동산수도원(경상북도 영덕군 지품면). 법원수도원(경기도 파주시 법원읍). 북호동수도원(경상북도 김천시 구성면). 원동수도원(경상남도 양산시 원동면). 호암수도원(전라북도 부안군 상서면). 화악산수도원(경기도 가평군 북면).

52 이경화,「기념물을 통한 동학농민혁명의 기억과 전승」,『인문콘텐츠』, 제10호, 2007, 187-188쪽.

참고문헌

1871년 영해 동학혁명의 사료와 자취__김기현

김기현, 『후천개벽의 횃불』, 현우사, 2008.

――――, 『최초의 동학혁명』, 황금알, 2002.

노태구, 『동학혁명의 연구』, 백산서당, 1982.

박맹수, 『사료로 보는 동학과 동학농민혁명』, 모시는사람들, 2011.

배항섭, 「동학농민전쟁의 배경」, 『근현대사강좌』 5, 한울, 1994.

성주현, 『동학과 동학혁명의 재인식』, 국학자료원, 2010.

신용하, 『동학과 갑오농민전쟁』, 일조각, 1993.

유병덕, 『동학 · 천도교』, ㈜교문사, 1993.

윤석산, 『초기동학의 역사 도원기서』, 신서원, 2000.

이돈화, 『천도교창건사』, 천도교중앙종리원, 1933.

조극훈, 「헤겔의 정신철학과 동학」, 『동학학보』 제19호, 2010.

조기주, 『동학의 원류』, 천도교중앙총부출판부, 1982.

채길순, 「경상북도 지역의 동학 활동연구」, 『동학학보』 제27호, 2013.

――――, 「동학기행」, 『신인간』, 신인간사, 2008.

영인 자료

「교남공적」, 『한국사학』 제10집, 한국정신문화연구원, 1989.

「나암수록」, 『한국사료총서』 제27집, 국사편찬위원회, 1980.

「시천교종역사」, 『한국학자료총서』 제9집, 한국정신문화연구원, 1996.

『영해부적변문축』, 연세대학교 도서관소장, No951.59, 2008.

「최선생문집도원기서」, 『한국학자료총서』 제9집, 한국정신문화연구원, 1996.

초기 동학 교단과 영해지역의 동학__성주현

『최선생문집 도원기서』 『해월선생문집』

『수운행록』 『시천교종역사』

『동경대전』 『천도교창건사』

『한국민족문화대백과사전』 『교남공적』

『신미아변시일기』 『신미영해부적변문축』

『나암수록』 『고종실록』

『동학농민혁명국역총서』

김기현 편저,『최초의 동학혁명』, 황금알, 2005.
박성수 역주,『저상일월』상, 서울신문사, 1993.
장영민,『동학의 정치사상운동』, 경인출판사, 2004.
표영삼,『동학』2, 통나무, 2004.
박맹수,「해월 최시형 연구-초기(1861~1871) 행적을 중심으로-」, 한국정신문화연구원
　　석사학위논문, 1986.
연갑수,「이필제 연구」,『동학학보』6, 동학학회, 2003.
윤대원,「이필제난의 연구」,『한국사론』16, 서울대 국사학과, 1987.
장영민,「1840년 영해향전과 그 배경에 관한 소고」,『충남사학』2, 충남대학교 사학과,
　　1987.
──────,「1871년 영해 동학란」,『한국학보』47, 일지사, 1987.
표영삼,「동학의 신미 영해 교조신원운동에 관한 소고」,『한국사상』21, 한국사상연구회,
　　1989.
──────,「영해 교조신원운동」,『한국사상』24, 한국사상연구회, 1998.
──────,「용강본 대선생사적」(하),『신인간』495호, 1991.6.

혁명가 이필제의 생애와 영해__임형진

『慶尙監營啓錄』　　　　　『高宗實錄』
『嶠南公蹟』　　　　　　　『道源記書』
『東經大全』　　　　　　　『東學史』
『羅巖隨錄』　　　　　　　『侍天敎歷史』
『辛未寧海府賊變文軸』　　『용담유사』
『日省錄』　　　　　　　　『左捕廳謄錄』
『天道敎創建史』　　　　　『天道敎會史草稿』
『推案及鞫案』　　　　　　『忠淸道監營狀啓謄錄』

金庠基,『東學과 東學亂』, 춘추문고, 1975.
朴孟洙,「海月 崔時亨의 初期行跡과 思想」,『淸溪史學』3, 한국정신문화연구원, 1986.
朴孟洙,「崔時亨硏究」, 한국정신문화연구원박사학위논문, 1996.
연갑수,「이필제 연구」,『동학학보』, 제6호, 2003, 12.
尹大遠,「李弼濟亂의 硏究」,『韓國史論』16, 서울대 國史學科, 1987.
이이화,「이필제」,『한국근대인물의 해명』, 학민사, 1985.
──────,「이필제 홍경래와 전봉준을 잇는 탁월한 혁명가」,『이야기인물한국사』4, 한길사
　　1993.
張泳敏,「1871年 寧海 東學亂」,『韓國學報』47, 一志社, 1987.
표영삼,「동학의 신미 영해 교조신원운동에 관한 소고」,『한국사상』제21집, 1989.

표영삼,『해월의 고난 역정 동학』2, 통나무, 2005.
韓㳓劤,『東學2亂 起因에관한硏究』, 서울대학교출판부, 1971.

1894년 영남의 동학농민군과 동남부 일대의 상황 _ 신영우

『高宗實錄』『承政院日記』『日省錄』　　　吳宖黙,『固城府叢瑣錄』
崔鳳吉,『歲藏年錄』　　　　　　　　　韓若愚,『柏谷誌』
潘在元,『甲午斥邪錄』　　　　　　　　朴鳳陽,『朴鳳陽經歷書』
朴周大,『羅巖隨錄』　　　　　　　　　都漢基,『東擾日記』
全羅監營 編,『嶠南隨錄』　　　　　　　李金+憲永,『錦藩集略』
黃玹,『梧下記聞』　　　　　　　　　　『記聞錄』
『甲午軍功錄』　　　　　　　　　　　　『東學黨征討人錄』
「慶尙道觀察使狀啓」　　　　　　　　『公文編案』
『啓草存案』

『駐韓日本公使館記錄』1권, 2권, 3권, 4권.
「JACAR(アジア歷史資料センター)Ref.C11080788600 陸軍報告 第1冊(防衛省防衛研究所)」.
「JACAR(アジア歷史資料センター)Ref.C13110302500 命令訓令 自明治27年6月 至明治28年6月(防衛省防衛研究所)」.
「JACAR(アジア歷史資料センター)Ref.C13110302500 命令訓令 自明治27年6月 至明治28年6月(防衛省防衛研究所).
「JACAR(アジア歷史資料センター)Ref.C06060795300 明治27年7月~8月「着電綴(三)」(防衛省防衛研究所)」.
「JACAR(アジア歷史資料センター)Ref.C13110302500 命令訓令 自明治27年 6月 至明治28年 6月(防衛省防衛研究所)」.
「JACAR(アジア歷史資料センター)Ref.C06060166500 明治27年「秘密 日淸朝事件 第5師団混成旅団報告綴」(防衛省防衛研究所).
「JACAR(アジア歷史資料センター)Ref.C06062205400 明治27年 9月「中路兵站監督部陣中日誌 第2号」(防衛省防衛研究所).
「JACAR(アジア歷史資料センター)Ref.C11080803600 陸軍報告 第3冊(防衛省防衛研究所).

參謀本部 編,『明治二十七八年日淸戰史』1, 東京印刷株式會社, 1965.
김상기,『한국독립운동의 역사』제9권.
신영우,「1894年 嶺南 醴泉의 農民軍과 保守執綱所」『東方學志』44, 1984.
────,「1894年 嶺南 尙州의 農民軍과 召募營」『東方學志』51~52, 1986.

신영우, 「19세기 嶺南 金山의 兩班地主層과 鄕內 事情」『東方學志』70, 1991.

———, 「1894年 嶺南 金山의 農民軍과 兩班地主層」『東方學志』74, 1991.

표영삼, 「경상 남서부 동학혁명」『교사교리연구』제6호, 2000.

姜孝淑, 「日淸戰爭と第二次東學農民戰爭」, 千葉大學大學院 社會文化研究科 修士論文, 2000.

이필제와 최시형__임상욱

고승제 외, 『전통시대의 민중운동(하)』, 풀빛, 1981.

김기선, 『동학정사 2: 최해월과 동학』, 정민사, 2010.

김기현(편저), 『최초의 동학혁명-병풍바위의 영웅들』, 황금알, 2005.

김교빈, 「동아시아 민중운동에 나타난 유토피아 사상: 갑오농민전쟁 과정에서 설치된 집강소를 중심으로」, 『시대와 철학』 Vol.10, No.1, 1999.

김용휘, 「해월 최시형의 기초문헌연구; 해월의 마음의 철학」, 『동학학보』 Vol.4, 2002.

김정호, 「해월 최시형 사상에 나타난 정치사회적 실천론의 인식론적 토대와 의의」, 『동학학보』 Vol.15, 2008.

김철, 「동학 대도주 해월 최시형 선생과 동학혁명 전봉준장군의 기본사상 차이점」, 『동학연구』 Vol.12, 2002.

문영석, 「해월 최시형의 사상 연구; 신관, 인간관, 자연관을 중심으로」, 『동학학보』 Vol.3, 2002.

박맹수, 『교남공적 해제』, 한국정신문화연구원, 1991.

_____, 「최시형의 종교사적 위치」, 『한국종교사학회』 Vol.5, 1996.

_____, 『사료로 보는 동학과 동학농민혁명』, 모시는사람들, 2009.

_____, 『개벽의 꿈, 동아시아를 깨우다』, 모시는사람들, 2011.

신복룡, 『동학사상과 갑오농민혁명』, 선인, 2006.

연갑수, 「이필제 연구」, 『동학학보』 Vol.6, 2003.

윤대원, 「이필제난 연구」, 『한국사론』 Vol.16, 1987.

_____, 「이필제, 때 이른 민중운동의 지도자」, 『내일을 여는 역사』 Vol.21, 2005.

윤석산(역), 『도원기서』, 문덕사, 1991.

_____, 「해월 최시형의 기초문헌연구; 최시형 법설의 기초문헌연구」, 『동학학보』 Vol.4, 2002.

윤승용, 「한국 근대 종교의 탄생: 한국의 근대 신종교, 근대적 종교로서의 정착과 그 한계; 개벽사상을 중심으로」, 『종교문화비평』 Vol.22, 2012.

이돈화, 『천도교창건사』, 경인문화사, 1970.

이이화, 『인물한국사』, 한길사, 1988.

_____, 『발굴 동학농민전쟁 인물열전』, 한겨레신문사, 1994.

이현희, 「동학혁명의 전개와 근대성」, 『동학학보』 Vol.3, 2002.

이현희, 「동학과 근대성」, 『민족사상』 Vol.2, No.2, 2008.

임상욱, 「슈퍼리더십의 관점에서 바라본 최시형의 수양론」, 『동학학보』 Vol.24, 2012.

임중재, 「동학사상의 근대적 개체성 논리와 인간관에 관한 고찰」, 『동학학보』 Vol.4, 2002.

임태홍, 「최시형의 양천주 사상 형성과정」, 『종교와 문화』 Vol.12, 서울대학교 종교문제연구소, 2006.

조경달, 『이단의 민중반란』, 역사비평사, 2008.

조성운, 「해월 최시형의 도교 전수와 초기 포교활동(1862-1875)」, 『동학연구』 Vol.7, 2000.

차남희, 「노동의 신성화와 동학의 근대성-최시형을 중심으로」, 『한국사회역사학회』 Vol.13, No.2, 2010.

천도교중앙총부(편), 『천도교백년약사(상권)』, 미래문화사, 1981.

_____, 『天道教經典』, 천도교중앙총부 출판부, 1997(3판).

채길순, 「동학의 사상적 특성과 흐름 분석: 경상북도 지역의 동학 활동 연구-사적지를 중심으로」, 『동학학보』 Vol.27, 2013.

표영삼, 「해월신사 연대기」, 『해월 최시형과 동학사상』, 예문서원, 1999.

_____, 「신사 최시형의 생애」, 『동학연구』 Vol.7, 2000.

_____, 『동학 2. 해월의 고난 역정』, 통나무, 2005.

황묘희, 「해월 최시형의 기초문헌연구; 동학혁명운동과 남북접 문제」, 『동학학보』 Vol.4, 2002.

_____, 「동학의 근대성에 대한 고찰」, 『민족사상』 Vol.1, No.1, 2007.

'영해 동학혁명'과 해월의 삶에 나타난 사인여천 사상_김영철

1. 일차자료

『東經大全』　　　　　　　　　　　『海月神師法說』

『海月文集』　　　　　　　　　　　『崔先生文集道源記書』

『天道教創建史』　　　　　　　　　李敦化, 『天道教創建史』, 京仁文化社,

2. 단행본

김용천, 『海月神師의 生涯와 思想』, 천도교중앙총부, 1969.

김월해, 『天道教思想』, 천도교중앙총부, 1982.

김인환, 『동학의 이해』, 고려대출판부, 1994.

동학농민혁명기념사업회, 『동학농민혁명과 사회운동』, 하늘, 1993.

동학연구소 편, 『해월 최시형과 동학사상』, 서울:예문서원, 1999.

라명재, 『천도교 경전 공부하기』, 모시는사람들, 2003.

신복룡, 『東學思想과 甲午農民革命』, 서울:평민사, 1985.

------, 『동학사상과 한국민족주의』, 평민사, 1978.

신일철, 『동학사상의 이해』, 서울:사회비평사, 1995.

오문환,『사람이 하늘이다』, 서울:솔, 1996.

──────,『동학의 정치철학』, 서울:모시는사람들, 2004.

──────,『해월 최시형의 정치사상』, 서울:모시는사람들, 2004.

원용문 外 編,『해월신사법설주해』, 동학종단협의회중앙총부,1978.

윤석산,『東經大全 註解』,서울:동학사,1996.

──────,『동학교조 수운 최제우』, 서울:모시는사람들, 2004.

윤석산 역,『道源記書』, 서울:문덕사, 1991.

이현희,『동학혁명과 민중』, 대광서림,1985.

이현희 편,『동학사상과 동학혁명』, 청아출판사, 1985.

임형진,『동학의 정치사상-천도교청우당을 중심으로』, 서울:모시는사람들, 2004.

정운채,『인내천진리와 사인여천주의』, 성음사, 1973.

정혜정,『동학·천도교의 교육사상과 실천』, 서울:혜안, 2001.

최기성,『동학과 동학농민혁명운동 연구』, 서울:서경문화사, 2002.

최동희,『東學의 思想과 運動』, 성균관대학교출판부, 1980.

표영삼,『동학창도과정』, 천도교중앙총부출판부,1989.

황선희,『한국근대사상과 민족운동1-동학·천도교편』, 서울:혜안, 1996.

3. 논문

오문환,「海月 崔時亨의 生活政治 思想 연구」, 연세대 박사논문, 1995

이원희,「東學의 侍天主 思想에 關한 연구」, 대구가톨릭대 박사논문, 2003.

정혜정,「東學·天道敎의 敎育思想과 實踐의 歷史的 意義」, 동국대 박사논문, 2001.

박맹수,「崔時亨 연구-主要活動과 思想을 中心으로」, 한국정신문화원 박사논문, 1996.

황선희,「東學의 思想變遷과 民族運動 연구」, 단국대 박사논문, 1990

강재언,「갑오농민전쟁과 동학사상」,『季刊 三千里』,1982. 3.

김경일,「인본주의에서 본 동학사상」,『정신문화연구』26, 한국정신문화연구원,1985.

김경재,「수운의 시천주 체험과 동학의 신관」,『동학연구』4, 한국동학학회, 1999.

김용덕,「해월의 생애」,『동학사의 연구』, 1971.

김용준,「東學의 人間觀」,『韓國思想』, No.21, 1989.

박맹수,「海月 崔時亨의 初期 行績과 思想」,『淸溪史學』3, 1986. 12.

성주현,「해월 최시형과 동학혁명」,『문명연지』, 4권, 3호.

신일철,「최시형의 범천론적 동학사상」,『동학사상의 이해』, 사회비평사.1995.

윤석산,「동학의 인본사상」,『겨레문학』, 4/4, 지평, 1990. 6.

──────,「해월 선생의 행적」,『동학연구』, 27집.

조순,「해월 최시형의 현실인식과 동학의 대중화」,『동학연구』, 19집.

최동희,「동학사상의 고유성과 다양성」,『한국학』3, 중앙대 한국학연구소, 1974. 3.

──────,「水雲의 人間觀」,『韓國思想』, No.1/2, 1957. 7.

──────,「해월신사의 양천주 사상」,『신인간』, 218, 1959.9.

표영삼,「최선생문집도원기서 해제」,『신인간』, 465, 1988. 12.

표영삼,「水雲大神師의 生涯」,『韓國思想』, No. 20, 1985.
한자경,「동학의 종교성」,『동학연구』, 제16집.
황선희,「동학사상 연구」,『상명여대논문집』, 1985. 10.
———,「동학사상의 인본주의적 요소」,『동학연구』3, 한국동학학회, 1998. 9.
허호익,「해월 최시형의 삼경론의 삼태극적 구조와 천지인 신관」,『한국기독교신학논총』,
    28집.

동학 문화콘텐츠 개발을 위한 인문학적 기반 연구__조극훈

천도교중앙총부,『천도교경전』, 천도교중앙총부출판사, 2000.
강형구 외,『문화콘텐츠와 인문학적 상상력』, 글누림, 2005.
김기덕,「콘텐츠의 개념과 인문콘텐츠」,『인문콘텐츠』 창간호, 인문콘텐츠학회, 2003.
김기현,『최초의 동학혁명』, 황금알, 2005.
———,『후천개벽의 횃불』, 현우사, 2008.
김동윤,「창조적 문화와 문화콘텐츠의 창발을 위한 인문학적 기반 연구」,『인문콘텐츠』
    제19호, 인문콘텐츠학회, 2010.
김영순·김현 외,『인문학과 문화콘텐츠』, 다할미디어, 2006.
김지하,『동학이야기』, 솔, 1994.
김탁,「조선후기의 예언사상」,『한국종교』 제34집, 원광대학교 종교문제연구소, 2010.
동학농민혁명기념사업회,『동학농민혁명의 지역적 전개와 사회변동』, 새길아카데미,
    2012
라원식,「동학농민혁명과 미술」,『미술세계』 112호, 1994.
박맹수,「해월 최시형의 초기 행적과 사상」,『청계사학』 3, 1986.
———,「동학혁명의 문화사적 의미」,『문학과 사회』 25, 문학과 지성사, 1994.
———,『사료로 보는 동학과 동학농민혁명』, 모시는사람들, 2009.
신일철,『동학사상의 이해』, 사회비평사, 1995.
에드워드 W. 사이드(Edward W. Said),『저항의 인문학』, 마티, 2012.
오문환,『해월 최시형의 정치사상』, 모시는사람들, 2003
와인버거, 데이비드,『지식의 미래』, 이진원 옮김, 리더스북, 2014.
왕필,『주역왕필주』, 임채우 역, 길, 1999.
원승룡,『문화이론과 문화철학』, 서광사, 2008.
유동환,「문화콘텐츠 기획과정에서 인문학 가공의 문제」,『인문콘텐츠』 제28호,
    인문콘텐츠학회, 2013.
유협,『文心雕龍』, 최동호 역, 민음사, 1994.
윤석산,「해월 선생의 행적」,『동학연구』 제20집, 한국동학학회, 2006.
———,『초기 동학의 역사』, 신서원, 2000.
———,『(時人 尹錫山 의)東學踏査記』, 新書苑, 2000.

윤석산 역주, 『도원기서』, 모시는사람들, 2012.

이경화, 「기념물을 통한 동학농민혁명의 기억과 전승」, 『인문콘텐츠』 제10호, 인문콘텐츠학회, 2007.

이승환, 「동양의 학문과 인문정신」, 『인문정신과 인문학-지식의 지평 2』, 한국학술협의회 편, 아카넷, 2007.

이태수, 「인문학의 두 계기」, 장회익 외, 『삶, 반성, 인문학』, 태학사, 2004.

이현희 엮음, 『동학사상과 동학혁명』, 청아출판사, 1984.

이현희, 「동학의 근대성」, 『민족사상』 제12권 제2호, 한국민족사상학회, 2008.

인문콘텐츠학회 l 경제 · 인문사회연구회, 『인문콘텐츠의 사회적 공헌』, 북코리아, 2013.

인문콘텐츠학회, 『문화콘텐츠 입문』, 북코리아, 2006.

장회익 외, 『삶, 반성, 인문학』, 태학사, 2004.

정우철, 『글로컬시대의 문화와 국제경영』, 박영사, 2013.

조규태, 『천도교의 문화운동론과 문화운동』, 국학자료원, 2006.

조기주, 『동학의 원류』, 보성사, 1979.

조극훈, 「동학의 불연기연과 변증법」, 『동학연구』 제29집, 한국동학학회, 2010.

--------, 「한류문화에 나타난 전통과 현대의 변증법」, 『인문과학논집』 제23집, 강남대학교 인문과학연구소, 2012.

--------, 「동학 천도교의 '청수(淸水)의 철학적 의미」, 『동학학보』 제26호, 동학학회, 2012.

--------, 「의암 손병희의 '이신환성'(以身換性)에 나타난 철학적 의미」, 『동학학보』 제24호, 동학학회, 2012.

--------, 「동학 개벽사상의 역사철학적 의미」, 『동학학보』 제27호, 동학학회, 2013.

진행남, 「신한류와 동아시아 문화 네트워크」, 『JPI정책포럼』, 제주평화연구원, 2011.

채길순, 「경상북도 지역의 동학활동 연구」, 『동학학보』 제27호, 동학학회, 2013.

천도교중앙총부 교서편찬위원회, 『천도교약사』, 천도교중앙총부출판부, 2006.

최민자, 「동학의 정치철학적 원형과 리더십론」, 『동학학보』 10권, 동학학회, 2006.

최희수, 「인문학과 문화기술의 상생을 위한 과제」, 『인문콘텐츠』 제27호, 인문콘텐츠학회, 2012.

한기호, 「[한기호의 책통] 감성의 시대, 책장에 흐르는 '신사상'」, 『머니투데이』 2014.02.15 일자.

한동숭 외, 「미디어 문화기술 그리고 인문콘텐츠」, 『인문콘텐츠의 사회적 공헌』, 북코리아, 인문콘텐츠학회 l 경제 · 인문사회연구회, 2013.

『전북도민일보』, 2014. 3. 6일자. 「동학농민혁명 120년 특별기획(8)」.

찾아보기

[ㄱ]

가렴주구 119, 168, 188, 193, 194
가족 96
감성인문학 278
『갑오척사록』 155, 172
강사원 58
개벽사상 259, 260, 261, 262, 263, 270, 283
개벽시대 22
검악포덕 97
격문 21, 132, 136, 180
경물 230
경상감사 163, 166, 177, 187, 190, 194, 199, 200
경인 230
경전 230
경주 105, 116, 117
경주 용담 102, 146
계 19
고승당산 전투 183, 184
고종 92, 95, 190, 191
『고종실록』 83
공동 조직체 19
공동체 14
광제창생 147
교남공적 32, 35, 57, 85, 110, 114, 216
교조신원 219, 220
교조신원운동 25, 111, 137, 148
구향 69, 99, 104, 104, 107, 108, 117, 146
군기창 61

근대 시민혁명 33
근대성 221, 222, 223
근대화 94, 147
글로컬리제이션 257, 285, 286, 287, 292
김헌수 190, 191, 192

[ㄴ]

『나암수록』 84
남두병 41
남영병 184
농민항쟁 21, 185

[ㄷ]

다시개벽 258, 270, 291
대인접물 228, 231, 249, 250, 254
『도원기서』 40, 86, 100, 104, 113
『동경대전』 262
동귀일체 244
동남부 일대 149, 150, 185
동학 13, 29, 30, 92, 95, 105, 106, 111, 115, 116, 146, 148, 151, 221, 252, 262, 284, 286, 297
동학 문화 287
동학 소설 256
동학 조직 109, 112, 116, 117, 149, 151, 171, 176, 199, 218, 223, 227
동학 탄압 33, 35
동학교단 96, 99
동학교도 23, 27
동학군 32
동학농민군 19, 149, 150, 172, 181, 184,

188, 196, 197, 199
동학농민혁명 120, 121, 255
동학농민혁명 기념물 290
동학도 134, 147, 151, 152, 153, 171, 173, 175, 220
동학문화 257
동학사상 83, 213, 222, 224, 228
동학세력 13
동학인 32
동학접주 89
동학정신 221
두레 17, 18, 19

[ㅁ]

마을 공동체 17
명예회복 92
무극대도 32, 33, 36, 37, 260, 261
무위이화 261
무장봉기 174
문경새재 37
문장군 117
문화 기술 276
문화콘텐츠 255, 256, 257, 258, 263, 272, 273, 274, 275, 276, 277, 278, 280, 281, 283, 284, 286, 287, 290, 291, 292
물물천 사사천 234
민보군 176, 185, 199
민씨정권 200
민영동 179, 180
민주화운동 148
민중 133, 141, 144, 145, 147, 202, 219,

220, 232, 233, 234, 262
민중 봉기 201, 209, 218
민중운동 148
밀고 129, 212

[ㅂ]

박사헌 24, 25, 136
박하선 32, 96, 100, 101, 102, 103, 104, 105, 110, 135, 146
백성 26, 33, 34, 144, 154, 169, 191, 195, 206, 229, 231
변혁운동 13, 22, 30
병참부 198
병참사령부 165
병풍바위 268, 269, 290
보국안민 147
봉기 119, 175, 219
봉기군 26, 27, 208
불연기연 266, 267
비밀결사체 20

[ㅅ]

사인여천 227, 228, 232, 249, 252, 253, 254, 264, 267
사인여천 사상 227, 229, 230, 231, 237, 241
사회계약 221, 223, 224
삼경 267
삼정문란 20
삼경사상 235, 254
삼남농민봉기 20

삼남지방 21
삼정이정청 22
생명 220
서얼계층 107
석문전투 177, 181
세상 46, 104, 115, 126, 129, 138, 146, 228,
    232, 237, 247, 249, 250, 252, 254,
    257, 258, 259, 260, 267, 269, 282
수련 271
수련법 265
수심정기 231, 238, 239, 240, 246, 265,
    266, 267, 270, 291
수양법 239
수운 35, 38, 39, 88, 231, 237, 253, 254, 259
수운 최제우 96, 97, 99, 100, 102, 111, 115,
    116, 129, 147
수탈체제 16
순교 35
시민운동 222
시천주 37, 237, 239, 242, 249, 254, 258,
    260, 262, 263, 264, 266, 271, 283,
    286
시천주 사상 228, 231, 232, 238, 253
신문 112, 115
신미사변 29
『신미아변시일기』 34, 35, 46, 109, 137
신원운동 104, 109, 111, 113, 114, 115,
    116, 117, 134, 147
신향 13, 22, 107, 116, 117

[ㅇ]

양주동 130

양천주 228, 231, 232, 241, 242, 245, 246,
    249, 254
어윤중 30
역사 30, 31, 48, 84, 89, 90, 91, 93, 123,
    227, 255
영덕 23, 24, 106, 117, 119, 144, 146, 201,
    229
영해 22, 23, 24, 29, 31, 34, 59, 75, 80, 95,
    98, 106, 111, 114, 127, 133, 139,
    146, 150, 185, 190, 199, 206, 223,
    229
영해 동학혁명 31, 35, 41, 72, 84, 88, 90,
    93, 227, 229, 234, 253, 255, 256,
    257, 262, 267, 268, 269, 270, 271,
    289, 290, 291
영해 민중 봉기 202, 219
영해 변혁운동 29
영해 봉기 206, 209, 216, 220
영해관아 32, 33
영해교조신원운동 112
영해독립만세운동 148
영해동학농민 119, 133, 148
영해동학농민의 난 148
영해부사 191
영해접주 103
영해지방 22, 30, 35, 146, 148
영해지역 95, 97, 105, 106, 109, 116, 117,
    147, 229
영해작변 203, 268
영해향전 107, 109, 116
오심즉여심 245
용담 105
윗대치 134, 140

윤음 167, 168, 169
의관착용 35
의병봉기 170
의병활동 167
의암 240, 258, 259, 260, 261, 287
이름 266
이수용 133
이제발 58, 59, 72
이천식천 251
이필제 22, 23, 24, 25, 26, 27, 29, 38, 40,
        89, 111, 112, 116, 117, 119, 120,
        121, 122, 124, 126, 130, 134, 136,
        137, 138, 141, 201, 202, 210, 211,
        221, 224
이필제의 난 84, 90, 120, 210, 268, 289
이향 16
인간 평등사상 254
인문학 255, 267, 275, 276, 277, 278, 279,
        283, 286, 287, 291
인본주의 227, 230, 231, 237, 247, 248,
        253, 254, 283
인시천 22
일본군 166, 167, 189, 197, 198
일본군 5사단 150, 159, 165
일본영사관 159, 180, 189, 199
일월산 39, 134, 140, 268
입도 23, 105

[ㅈ]

자주의식 148
저항정신 148
전봉준 30, 89, 92, 148, 178

정감록 126, 127, 213, 214, 216
정기헌 141
정체성 211, 219, 284
제세안민 148
조선후기 13, 17
좌도난정 22
중원정벌 127
지방 유생 170
지방관 15, 151, 162, 167, 172, 178, 180,
        181, 184, 188, 189, 193, 194, 195,
        199, 200
지방관아 151, 154, 156
진명숙 148
진주민란 119
진주작변 128
진천작변 128, 131, 132
집강소 19, 176, 179, 189

[ㅊ]

천도교 30
천주 100
천지 230
천지부모 230
첩지 32, 46, 58, 62, 68, 69, 70
체포 39, 112
촌계 17, 19
최명헌 108
최선생문집도원기서 137, 205
최시형 24, 25, 32, 98, 104, 105, 112, 134,
        201, 202, 210, 216, 218, 221, 224,
        257, 262, 271
최제우 22, 219, 262

축문 85
치유 문화 287

[ㅌ]

태백산 112, 133
토벌군 27, 204, 205
통문 28

[ㅍ]

평등사상 264
폐정 27개조 224
포고문 170
포교 97, 106, 116
포교과정 116
포태설 230
표영삼 26, 30, 205, 206, 209

[ㅎ]

하계 17
한류문화 285
한울님 234, 252
항조운동 20
해월 30, 32, 40, 135, 136, 137, 228, 231,
    232, 234, 236, 242, 249, 252, 253,
    254
향사례 14
향아설위 247, 254
향약 15, 16, 17, 19
향음주례 14
향전 116

향촌 세력 105
향촌사회 13
향촌 지배구조 16
향촌 질서 13, 30
향회 19
허선 124, 125, 126, 127
혁명가 119
혼성제9여단 164, 189
홍경래 20, 21, 145
효수 112
후천개벽 257
흥선대원군 22
흥해 25, 97, 105, 106, 116, 137
힐링 288, 292

[기타]

1871년 31, 93, 96, 104, 115, 120, 201, 232,
    255, 267, 270, 271
21자 주문 37
21자 주문수련 288

동학총서 001

1871년 경상도 영해 동학혁명

등록 1994.7.1 제1-1071
1쇄 발행 2014년 6월 30일

기 획 동학학회
지은이 이이화 김기현 성주현 임형진 신영우 임상욱 김영철 조극훈
펴낸이 박길수
편집인 소경희
편 집 조영준
디자인 이주향
펴낸곳 도서출판 모시는사람들
         110-775 서울시 종로구 삼일대로 457(경운동 88번지) 수운회관 1207호
전 화 02-735-7173, 02-737-7173 / 팩스 02-730-7173

인 쇄 상지사P&B(031-955-3636)
배 본 문화유통북스(031-937-6100)
홈페이지 http:// blog.daum.net/donghak21

값은 뒤표지에 있습니다.
ISBN 978-89-97472-73-4   94900
SET   978-89-97472-72-7   94900